Ost-Kanada

E-Magazin *inklusive*

Das digitale Reisemagazin herunterladen – so einfach geht's:

1. Besuchen Sie www.vistapoint.de/reisemagazin.
2. Klicken Sie dort auf den Button »VISTA POINT Reisemagazin«.
3. Geben Sie Ihre E-Mail-Adresse und den folgenden Download-Code ein.

   Code: ABZ-FGH2-6GFD-15

4. Klicken Sie auf »Code absenden«.
5. Das E-Magazin wird als E-PDF gespeichert und kann auf Tablets, Smartphones und ausgewählten E-Readern gelesen werden.

Ausführliche Hinweise zum Download-Vorgang finden Sie hier:
www.vistapoint.de/reisemagazin

Eine Übersichtskarte von Ost-Kanada mit den eingezeichneten Reiseregionen finden Sie in der vorderen Umschlagklappe.

Heike und Bernd Wagner

Ost-Kanada

VISTA POINT

Erlebnisreich und geschichtsträchtig
Eine Reise durch den Osten Kanadas

In den endlosen Weiten Nordamerikas liegt das zweitgrößte Land der Erde, das mit fast 36 Millionen Einwohnern eher spärlich besiedelt ist. An den östlichen Rand des Kontinents, gleichermaßen in den Wellen des Atlantiks auslaufend, schmiegt sich Ost-Kanada – wer denkt da nicht gleich an rotbraune Ahornbäume, einsame Wälder, pittoreske Fischerdörfer, rotgekleidete, berittene Polizisten und reichlich Eis und Schnee?

Beim Anflug auf Toronto sieht man nichts, was dieser Erwartung entspricht, sondern nur endlose Häuserfluchten und vielspurige Autobahnen, die sich wie die Asphaltarme einer US-amerikanischen Mega-City ausstrecken. Bei einem Blick vom Aussichtsdeck des CN Tower in 447 Metern Höhe auf die größten Hochhäuser des Landes wird deutlich, dass die ultramoderne Metropole Toronto eine wichtige Facette des heutigen Kanada ist: ein quirliges Business-

Die Skyline von Toronto mit CN Tower und Rogers Centre

Idylle in Nova Scotia: Holz-sägemühle bei Sherbrooke

zentrum, das den USA im wirtschaftlichen Konkurrenzkampf eben-bürtig ist.

Weiter im Nordosten, am St.-Lorenz-Strom, sind fast ebenso viele Einwohner in der lebhaften frankophonen Millionenstadt Montréal zu Hause, die sich genauso endlos ausbreitet wie Toronto, in der das

De facto ist Kanada bilingual: frankophon in Québec und in Teilen von New Bruns-wick und anglophon im restlichen Gebiet, abgesehen von den zahlreichen Sprachen der Ureinwohner. »Echte« Zweisprachig-keit gibt es außer in New Brunswick kaum, die zweite Sprache wird meist eher mäßig beherrscht.

Leben aber in einem ganz anderen Rhythmus und in einer anderen Atmosphäre verläuft. Eine französisch geprägte Stadt, weltgewandt und charmant, eine Stadt, die das französische Lebensgefühl, die *joie de vivre*, auch Fremden gegenüber auslebt. Touristischer Magnet ist Vieux-Montréal, die malerische Altstadt mit vielen originalen Häusern aus dem 18. und 19. Jahrhundert, die den Bauboom der Moderne relativ unbeschadet überstanden hat. Tagsüber wie auch abends treffen sich Montréaler und Touristen in den Kneipen, Kinos und Restaurants des historischen Stadtzentrums.

Ihren ureigenen, unverwechselbaren Charme versprüht auch Québec, die Grande Dame unter den ost-kanadischen Städten und Hauptstadt der gleichnamigen Provinz, die schon seit der großen Zeit der Eisenbahnen eine Reise wert ist. Vielen gilt Vieux-Québec als schönste Altstadt Nordamerikas. Und zu guter Letzt ist da im äußersten Osten Ontarios die kanadische Hauptstadt Ottawa, die zunehmend attraktiv und nicht nur im Regierungsviertel einnehmend britisch wirkt und darüber hinaus zahlreiche hochinteressante Museen vorweisen kann.

Zweifelsohne verleihen die vier großen Metropolen mit ihren unterschiedlichen Gesichtern Ost-Kanada seinen besonderen Reiz. Aber zwei Sprachen? Zwei Kulturen? Wie passt das in die Vorstellung einer homogenen Nation? Unter dem Dach »Kanada« fanden einst zwei große europäische Kulturen ein Zuhause, die nie so recht zusammenkommen mochten und noch immer durch die Sprachbarriere getrennt sind.

Von Ost-Kanadas 24,3 Millionen Einwohnern leben 13,6 Millionen in Ontario und 8,2 Millionen in der Provinz Québec, konzentriert auf wenige Zentren entlang dem St.-Lorenz-Strom bzw. den Großen Seen. Seit vielen Jahrzehnten stagniert die Gesamtbevölkerung der vier Atlantikprovinzen New Brunswick, Nova Scotia, Prince Edward Island und Newfoundland unterhalb von 2,4 Millionen Einwohnern.

In einem Land von diesen Ausmaßen spielt ein gut ausgebautes Verkehrsnetz eine wichtige Rolle. Von Newfoundland ausgehend zieht sich der Trans-Canada Highway wie eine Ader durch das gesamte Land; er windet sich durch alle Ostprovinzen, bevor er sich schließlich in den Prärien des Westens verliert.

Wo sich die Bevölkerung so ungleichmäßig verteilt, bleiben natürlich viele Freiräume. Abseits des Stadttrubels schlagen am sturmumtosten Rand des Kontinents die Wellen des rauen Nordatlantiks an einsame, lang gestreckte Sandstrände und gewaltige Klippen. Das menschenleere Landesinnere durchziehen oft weite Felder und riesige, seenreiche Wälder, in denen sich Bär und Elch »Gute Nacht« sagen. Praktisch unbewohnt ist der Norden von Québec und Ontario, nicht einmal Straßen führen dorthin, was dem Bild vom unberührten Kanada durchaus seine Berechtigung gibt.

Sozusagen im Mittelfeld zwischen Zivilisation und Wildnis bewegt sich der vorliegende Reiseführer. In vielerlei Hinsicht präsentiert er den kanadischen Osten als weitgehend unbekannte, etwas vergessene, aber interessante und vielfältige Urlaubsregion: mit weiten Flusslandschaften am St.-Lorenz-Strom, einer einzigartigen Küstenstraße auf Cape Breton Island, kleinen akadischen Dörfern in New Brunswick, Abertausenden von Seevögeln, die auf unzugänglichen Felsklippen an sturmumtosten Küsten nisten,

Junger Elch im Algonquin Provincial Park

In Kanada kann jedermann wie zur Zeit der Pioniere und »voyageurs« reißende Flüsse bezwingen, über einsame Seen in die Strahlen der Abendsonne hineinpaddeln, Lachse angeln, auf unbewohnten Inseln, wo vielleicht nie zuvor eines Menschen Fuß gestanden hat, übernachten – Elche, Bären und großartige Szenerien inklusive.

»Atlantic Canada«: die
bunten Häuser von Peggy's
Cove in Nova Scotia

bunten Fischerbooten in den vielen, teils abgelegenen Dörfern von
Québec über Prince Edward Island bis hin nach Newfoundland –
und überall mit freundlichen, hilfsbereiten Menschen. Jede der
kleinen Städte und jedes der Dörfer, durch die die Reise führt, hat
einen eigenen Charakter und besonderen Charme – mal französisch wie Gaspé, mal britisch wie Niagara-on-the-Lake.

Von jeher lebt die Stadt Gaspé in der Provinz Québec vom Meer
und von den Fischfangflotten. Seit vielen Jahrhunderten wacht dort
die massive Kathedrale inmitten des gewachsenen, historischen
Ortskerns über die katholische Tradition. Stolz sind die frankokanadischen Bewohner darauf, ihre Sprache und Kultur auch in der
Gegenwart zu behaupten. Man trifft sich zum Café au lait, mit einem
freundlichen »Au revoir« verabschiedet man sich – ja, auch die Reisenden versprechen ein Wiedersehen.

Ob Québec auch in Zukunft Teil Kanadas bleiben wird – eigentlich will und kann das niemand so genau sagen. Aber es scheint hier
(wie auch landesweit) wichtigere Probleme zu geben, beispielsweise die Überfischung des Ozeans, durch die viele Arbeitsplätze und
Existenzen ganzer Familien bedroht sind.

Ganz anders wirkt das von seiner britischen Vergangenheit geprägte Niagara-on-the-Lake, das 1791–96 die erste Hauptstadt von
Ontario, dem damaligen *Upper Canada*, war. Es gibt eine anglikanische Kirche und ein altes britisches Fort, Theaterfestivals erinnern
an den großen Schriftsteller George Bernard Shaw, und das Royal
George Theatre an der Queen Street ist nach dem englischen König
George III. benannt.

Auch tiefer im Land machen sich heute noch die Einflüsse europäischer Einwanderer bemerkbar, die von Anfang an die Gesichter der Regionen prägten, in denen sie sich niederließen. Blickt man auf das von deutschstämmigen Mennoniten aus Pennsylvania gegründete Städtchen St. Jacobs in Ontario, sieht man die glaubensstrengen *Old-Order*-Mennoniten, die aufgrund ihrer Ablehnung der modernen (motorisierten) Welt noch immer kleine, unscheinbare Pferdewagen kutschieren. Wenn des Sonntags Touristen die Hauptstraße von St. Jacobs bevölkern, auf der Mennoniten, in gedeckten Farben gekleidet, zur Kirche fahren, dann vibrieren die kulturellen Gegensätze, die Kanada ausmachen.

Schottische Traditionen prägen die Region um St. Ann's auf Cape Breton Island. Aus den unwirtlichen schottischen Highlands wanderten die Vorfahren der heutigen Bewohner nach Amerika aus, genauer in die nach ihrer Heimat benannte Provinz Nova Scotia. Dort leben sie nun auf einer winzigen gälischen Sprachinsel, die als ein weiterer Baustein das Mosaik Kanada vervollständigt.

Aktivitäten unter freiem Himmel und die Begegnung mit der weiten Natur sind für den Europäer ein entscheidender Reiseanreiz. Wo der menschliche Einfluss unentwegt in die Wildnis vordringt, bleibt die Natur nicht ungestört. Auch ein riesiges Land wie Kanada kann davor nicht die Augen verschließen und muss Areale vor dem menschlichen Landhunger durch die Einrichtung zahlreicher, zum Teil riesiger Naturschutzgebiete retten. Zu den Juwelen des kanadischen Nationalparksystems im Osten gehört der Gros Morne National Park in Newfoundland. Eine Wanderung auf das Gipfelplateau des Gros Morne oder eine Bootstour auf dem Western Brook Pond wird mit unvergesslichen Landschaftseindrücken belohnt. Mit einer ungewöhnlich schönen Panoramastraße und zerklüfteten Küsten zu beiden Seiten des Hochlands von Nova Scotia beeindruckt der Cape Breton Highlands National Park, während die Küste des Fundy National Park in New Brunswick mit extremen Gezeitenunterschieden lockt. Rote Strände begrenzen den Prince Edward Island National Park, glasklares Wasser und weiße Kalksteinklippen sind die Attraktionen des Bruce Peninsula National Park in Ontario.

Niemand sollte sich eine Kanutour entgehen lassen: Kanufahren als traditionelle Fortbewegungsart der Indianer und Pelzhändler ist heute eine der schönsten und populärsten Freizeitbeschäftigungen überhaupt. Wie ein Pionier auf unbekannten Gewässern ein Land zu erforschen ist die Verwirklichung eines uralten Traums – ob im Algonquin Provincial Park, im Kejimkujik National Park, im Kouchibouguac National Park oder im Parc National de la Mauricie – kaum ein anderes Land bietet in dieser Hinsicht mehr als Kanada.

Mit Herz und Verstand versucht der vorliegende Reiseführer, Interesse für die Städte, die Naturparks und die unterschiedlichen Kulturlandschaften zu wecken und zugleich das abwechslungsreiche Menü Ost-Kanada in optimalen Portionen zu servieren. Das Buch beschreibt die verschiedenen Reiseregionen und liefert so Möglichkeiten und Alternativen zur individuellen Planung. Und so wird man Kanada das schönste Kompliment aussprechen, das man einem Urlaubsland machen kann: dass man gerne wiederkommt. ✹

Rote Frühlingstulpen vor den Türmen und Türmchen der Parliament Building in Ottawa

Chronik Ost-Kanadas
Daten zur Geschichte

Ca. 10 000 v. Chr.
Die erste (historisch gesicherte) Einwanderungswelle nach Nord-amerika erfolgt während der Pleistozän-Eiszeiten von Sibirien über die zu dieser Zeit trockene Bering-Landbrücke nach Alaska.

Ca. 4000 v. Chr.
In der östlichen Arktis, von Labrador bis Grönland, siedeln die Inuit (Eskimos) der Dorset-Kultur. Sie jagen Karibus und Robben und wohnen in Fellzelten.

1000 n. Chr.
Die Dorset-Kultur wird von der Thule-Kultur abgelöst. Die geschick-ten Walfänger wohnen in stabilen Hütten mit Grassodendächern und Dachsparren aus Walknochen.

Wikinger unter der Führung von Leif Eriksson machen sich von Island bzw. Grönland aus – wahrscheinlich entlang den Küstenbe-reichen von Baffin Island und Labrador – auf den Weg nach Südwes-ten. Den Sagas zufolge bezeichnen sie die Region südlich von Lab-rador als »Vinland« (vermutlich »Land mit Wiesen und Weidegrün-den«). Dort liegt mit L'Anse-aux-Meadows in Newfoundland die ein-zige nachgewiesene Wikinger-Siedlung in Nordamerika.

1497
Der Venezianer Giovanni Caboto (John Cabot) segelt unter engli-scher Flagge von England nach Newfoundland, wo er englische Ansprüche begründet. Daheim berichtet er von ertragreichen Fisch-gründen. Während seiner zweiten Nordamerikareise im darauffol-genden Jahr bleibt Caboto verschollen.

1534–42
Bereits kurz nach Cabotos Entdeckungsfahrt tummeln sich zahlrei-che Schiffe aus England, Frankreich, Portugal und Spanien zum Dorschfang in den fischreichen Gewässern vor Newfoundland. Vor Labrador gesellen sich Walfänger speziell aus dem Baskenland hin-zu. Die Fangboote ergänzen an den Küsten zwischen Newfoundland und der Gaspé-Halbinsel Proviant und Trinkwasservorräte und segeln rechtzeitig vor Wintereinbruch in ihre europäische Heimat zurück.

Die kanadische Ostküste ist daher in groben Zügen erforscht – stellenweise existieren sogar Sommersiedlungen –, bevor Jacques Cartier, der nominelle Begründer des französischen Kolonialreiches in Nordamerika, zu seiner ersten planmäßigen Expedition auf-bricht. Auf der Suche nach einer Nordwestpassage, die Atlantik und

Er begründete das französi-sche Kolonialreich: Jacques Cartier (Musée de la Marine, Paris)

Pazifik miteinander verbindet, gelangt Cartier 1534 nach Newfoundland und in den Golf von Sankt Lorenz. Während seiner zweiten Reise im folgenden Jahr erreicht der Seefahrer die Irokesen-Siedlungen Stadacona (heute Québec) und Hochelaga (heute Montréal) und hört das Irokesen-Wort *kanata* (»Dorf« oder »Siedlung«), aus dem später der Name »Kanada« abgeleitet wird. Nach einer entbehrungsreichen Überwinterung am Sankt-Lorenz-Strom während seiner dritten Expedition 1541/42 verzichtet er endgültig auf weitere Siedlungsversuche; der französische Anspruch auf das Land bleibt jedoch bestehen.

1583
Sir Humphrey Gilbert nimmt Teile von Newfoundland für die englische Krone in Besitz.

1603–35
Samuel de Champlain gelangt erstmals 1603 als Teilnehmer der Expedition von François de Pont-Gravé zum Sankt-Lorenz-Strom. Während seiner zweiten Reise nach Nordamerika wird unter Leitung von Sieur de Monts und François de Pont-Gravé 1605 das Dorf Port-Royal (das heutige Annapolis Royal) in der französischen Kolonie Akadien gegründet, dem heutigen Nova Scotia. Es ist der erste erfolgreiche Siedlungsversuch in der jungen Kolonie.

1608
Die Geburtsstunde der Stadt Québec und der französischen Kolonie Nouvelle-France entlang dem Sankt-Lorenz-Strom schlägt: Champlain, diesmal Expeditionsleiter, etabliert einen Handelsposten an den flussverengenden und somit strategisch wichtigen Klippen bei Stadacona. In den Folgejahren stellt er die Kolonie auf feste Beine; bei seinem Tod im Jahr 1635 zählt das spätere Québec knapp 300 Seelen.

Zu Champlains Zeiten ist die Sankt-Lorenz-Strom-Region ein Niemandsland zwischen zwei feindlichen Indianergruppen. Südlich des Flusses, im heutigen US-Bundesstaat New York, siedelt der Irokesen-Bund der fünf Nationen mit alliierten Stämmen, nördlich leben die Montagnais-Indianer. Mit ihnen verbündet sind die Algon-

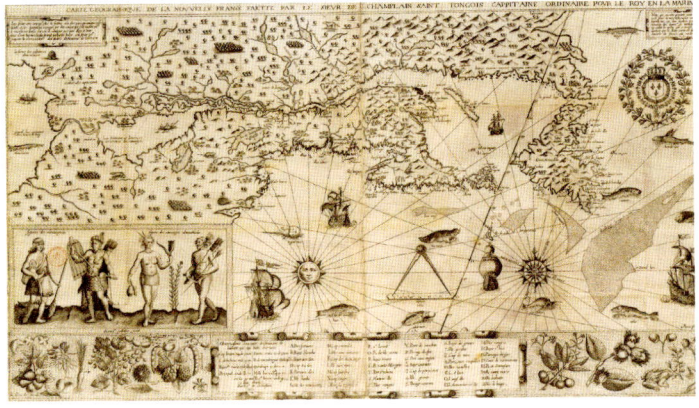

Karte von Neufrankreich (Nouvelle-France; 1612) nach den Reisen Samuel de Champlains

quin-Indianer am Ottawa River und an der Georgian Bay des Lake Huron die mächtigen Huronen (oder *Wendat*, wie sie sich nennen), ein irokesisch sprechender Stammesverbund, der in traditioneller Rivalität zum Irokesen-Bund steht.

Da der profitable Pelzhandel wegen der anhaltenden Indianer-kämpfe am Sankt-Lorenz-Strom weiter nördlich auf Huronen-, Algonquin- und Montagnais-Territorium stattfindet, kämpft Champlain auf Seiten dieser Stämme. Er begleitet 1609 deren Kriegszug gegen die Irokesen zum Lake Champlain an der Grenze der heutigen US-Bundesstaaten Vermont und New York. Dank der Hilfe französischer Gewehre werden die Irokesen vernichtend geschlagen; die Huronen gewinnen eine eindeutige Vormachtstellung und kontrollieren schließlich den Handel zwischen Frankreich und den pelztierjagenden Indianern im Inland. Unter dem Schutz der Huronen reist Champlain als einer der ersten Europäer 1615 zum Lake Huron.

Ab 1625 ziehen französische Missionare unter Pater Jean de Brébeuf ins entlegene Hinterland zu den Huronen. Sie missionieren Teile des Stammes und erzeugen Konflikte zwischen christlichen und nicht-christlichen Stammesmitgliedern.

1649

In den zurückliegenden Jahren hat sich das Kräfteverhältnis zwischen den Indianerstämmen allmählich verschoben; die Franzosen haben auf die falsche Karte gesetzt. Mit einer anderen Kampftaktik und europäischen Waffen aus holländischen und englischen Beständen werden die Huronen in einem unerbittlichen Krieg von den Irokesen praktisch bis auf den letzten Mann ausgerottet. Die katholischen Pater müssen das Huronen-Gebiet verlassen, und die den Franzosen feindlich gesinnten Irokesen bedrohen bzw. unterbinden den Handelsverkehr entlang dem Ottawa River und ins Inland.

Ludwig XIV., Porträt von Hyacinthe Rigaud, 1701

Mitte 17. Jh.

Anfangs hatte der Pelzankauf und -transport zu den französischen Handelsposten ausschließlich in indianischen Händen gelegen. Daher sind die Europäer – je nach den Machtverhältnissen zwischen den einzelnen Indianerstämmen – auf ständig wechselnde Handelspartner angewiesen. Um sich aus dieser Abhängigkeit zu lösen, ziehen französische *Coureurs de bois*, Waldläufer, in die Wildnis – weniger zu Fuß, wie der Name vermuten lässt, sondern mit dem Kanu. Sie erkunden Pelztier-Reviere, ringen Indianern Durchgangsrechte ab, treiben unmittelbar mit ihnen Handel und kaufen Pelze vor Ort. Später erhalten sie einen *congé*, einen offiziellen Passierschein: Der Berufsstand des *Voyageur* ist geboren. Die Voyageurs sind die eigentlichen Erforscher Kanadas; ohne sie wäre das riesige Land nicht so schnell durchdrungen worden.

1663

Bis zu diesem Zeitpunkt geht die Besiedlung der Kolonie Nouvelle-France mäßig voran. Rund 3000 Siedler leben in Neufrankreich (gegenüber 100 000 Siedlern in den englischen Kolonien Nordamerikas). Die Wirtschaft lebt hauptsächlich vom Pelzhandel, der wiederum vom Wohlwollen der Indianer abhängig ist.

Der französische Sonnenkönig Ludwig XIV. unterstellt Nouvelle-France als königliche Kolonie unmittelbar seiner Verwaltung. Die rapide verstärkten Truppen bieten dem Irokesen-Bund erfolgreich Paroli und ringen den Indianern 1667 einen Friedensvertrag ab. Um dem Frauenmangel in der Kolonie zu begegnen, schickt der Monarch vorwiegend aus Waisenhäusern stammende Mädchen, die sogenannten *Filles du roi*, »Töchter des Königs«, nach Nouvelle-France.

1670

Schnell reagiert der englische König Charles II. auf die französische Expansion. Die unter englischer Flagge segelnden französischen Forscher Médard Chouart Sieur des Groseilliers und dessen Schwager Pierre-Esprit Radisson waren im Jahr zuvor mit besten Pelzen aus der Hudson Bay zurückgekehrt, woraufhin die Handelsgesellschaft »Hudson's Bay Company« gegründet wurde. Ihre Ausdehnung umfasst das gesamte Land, dessen Gewässer in die Hudson Bay münden. Das *Rupert's Land* genannte Gebiet reicht, wie sich erst viel später herausstellt, bis an den Rand der Rocky Mountains und ist 15-mal größer als das heutige Großbritannien. Mit dem profitablen Pelzhandel schaffen sich die Engländer eine ausgezeichnete Basis. Die Handelswege sind im Vergleich zur französischen Route über Montréal wesentlich kürzer; im Hinterland von Nouvelle-France entsteht so unweigerlich die Keimzelle einer englischen Kolonie.

In der Folgezeit kommt es bei der Inbesitznahme des Landes immer häufiger zu blutigen Konfrontationen zwischen französischen und englischen Pelzhändlern. Die Franzosen erobern in einem Kleinkrieg die Handelsposten der Engländer an der James Bay und gründen ihrerseits dort Forts.

1682

René-Robert Cavelier Sieur de LaSalle gelangt von den Großen Seen über den Mississippi bis zu dessen Mündung in den Golf von Mexiko, nachdem er bereits vier Jahre zuvor die Niagarafälle entdeckt hatte. Eigentlich war er auf der Suche nach einer Route zum Orient gewesen, und so wurde der Ausgangspunkt, eine Insel bei Montréal, »Lachine« – China – genannt. Unterschiede zwischen englischer und französischer Kolonisation sind nun offensichtlich: Die Franzosen erschließen dank der Waldläufer das Inland, die Engländer dagegen die Küstenbereiche.

1713

Der im Spanischen Erbfolgekrieg (Queen Anne's War) arg gebeutelte französische König Ludwig XIV. tritt im Frieden von Utrecht einen Teil des französischen Akadien – das heutige Nova Scotia ohne

*Tod von General Montgomery nach der Schlacht um Québec 1759
(London 1798; Musée McCord, Montréal)*

Cape Breton Island – sowie die Ansprüche auf Teile von Newfoundland und auf die Hudson Bay an Großbritannien ab. Während des Krieges hatten die Irokesen 1701 ihre Neutralität gegenüber Frankreich und Großbritannien erklärt, da sie ihre Kräfte nicht zwischen den Fronten aufreiben lassen wollten.

1745
Die Briten erobern im King George's War (Österreichischer Erbfolgekrieg) die Festung Louisbourg auf der Île Royale, dem heutigen Cape Breton Island.

1748
Die britischen Annexionen während des vorangegangenen Krieges werden im Frieden von Aachen aufgehoben, Louisbourg wird wieder französisch. Als Gegenpol gründen die Briten im folgenden Jahr die Festung Halifax in ihrer immer noch überwiegend von französischen Akadiern bewohnten Kolonie Nova Scotia.

1755
Obwohl offiziell noch kein Krieg zwischen Großbritannien und Frankreich herrscht, soll aus militärischen Erwägungen die französischsprachige Bevölkerung aus Nova Scotia abziehen. *Le grand dérangement*, die großangelegte Zwangsumsiedlung von mindestens 10 000 Akadiern in andere britische Kolonien, ist die dunkelste Stunde in der akadischen Geschichte. In späteren Jahrzehnten und Jahrhunderten kehren die Akadier zurück und gründen ein neues Akadien – nicht in Nova Scotia, sondern auf der Acadian Peninsula im nordöstlichen New Brunswick.

1756–63
Im Siebenjährigen Krieg (French and Indian War) fällt 1759 die Stadt Québec, ein Jahr darauf Montréal an die Briten. Vorbei sind die Zeiten, in denen Franzosen und Briten um die Vormachtstellung in Nordamerika kämpften: Im Frieden von Paris 1763 muss Frankreich endgültig seinen kanadischen Landbesitz an Großbritannien abtreten.

1774

Angesichts der Wirren in den nordamerikanischen Kolonien begegnen die Briten möglichen frankokanadischen Unabhängigkeitsbestrebungen mit frühzeitigen politischen Zugeständnissen. Der »Québec Act« garantiert die Eigenständigkeit der französischen Kultur, das Recht auf Ausübung der katholischen anstelle der britisch-anglikanischen Religion und die Beibehaltung des französischen Rechtssystems. Damit kann die frankophone Bevölkerung, die zahlenmäßig in Kanada ohnehin die Mehrheit stellt, ein eigenständiges französisches Québec innerhalb des britischen Kolonialreiches behaupten und sich dem anglophonen Assimilationsdruck erfolgreich erwehren.

1775–83

Nordamerikanischer Unabhängigkeitskrieg (War of Independence): Im ersten Jahr erobern US-Truppen Montréal und belagern Québec vergeblich.

1783

Im Frieden von Versailles wird die Unabhängigkeit der USA anerkannt und eine Grenze zwischen Kanada und den USA fixiert. Nach Beendigung des Nordamerikanischen Unabhängigkeitskrieges fliehen 60 000 Loyalisten, königstreue Briten, nach Kanada, wo sie aufgrund großzügiger Landschenkungen eine neue Heimat finden. Erst mit diesen Zuwanderern wird Kanada von einer überwiegend frankophonen zu einer zweisprachigen Kolonie mit annähernd gleichstarken Seiten. Allein die Bevölkerung von Nova Scotia verdoppelt sich auf über 60 000, und im fast menschenleeren New Brunswick siedeln sich 15 000 neue Bürger an.

1791

Die britische Regierung teilt 1791 mit dem »Constitution Act of 1791« das bisherige Québec in zwei Provinzen auf, in das anglophone *Upper Canada* (heute Ontario) und das frankophone *Lower Canada* (heute Québec) mit dem Ottawa River als Grenze. Beide Provinzen können nun – mit jeweils selbständigem Verwaltungsstatus – ihren Weg in die Autonomie gehen.

*Die Eroberung von Québec
1759*

1793
Gründung von Fort York, dem späteren Toronto.

1812–14
Britisch-Amerikanischer Krieg (War of 1812). 1813 besetzen US-Truppen York (Toronto), während die Forts an den Niagarafällen wechselweise in gegnerische Hände fallen. Abgesehen von zwei größeren britischen Angriffen auf Washington, D.C. und New Orleans spielt sich der Krieg von 1812–14 eher als regionaler Konflikt mit kleineren Gefechten an der US-kanadischen Grenze ab. Ansonsten wird selbst zu Kriegszeiten der Handel zwischen beiden Ländern aufrecht erhalten: Fabriken in den USA hoffen auf britische Lieferungen und Bestellungen, die Neuenglandstaaten versorgen Kanada mit lebensnotwendigen Waren, und entlang den Küsten von Sperrgebieten floriert der Schmuggel.

1814
Im Friedensvertrag von Gent wird der bereits vor dem Britisch-Amerikanischen Krieg bestehende Grenzverlauf zwischen den USA und Kanada endgültig fixiert.

1818
Großbritannien und die USA einigen sich auf den 49. Breitengrad als Landesgrenze westlich von Ontario.

1836
Die erste kanadische Eisenbahn verkehrt vis à vis von Montréal am Südufer des Sankt-Lorenz-Stroms.

1837
Unmutsäußerungen über verkrustete politische Verhältnisse und Vetternwirtschaft kulminieren in zwei Rebellionen. Während der *Upper Canadian Rebellion* marschiert der ehemalige Bürgermeister von Toronto, William Lyon Mackenzie, mit 800 bewaffneten Anhän-

Die Schlacht bei Chippewa 1814 während des Britisch-Amerikanischen Krieges in der Nähe des Niagara River

*Friedlicher Alltag der
Mi'kmaq-Indianer um 1850
(National Gallery of Cana-
da, Ottawa)*

gern durch die Stadt; bald darauf muss er in die USA fliehen. Der
Rebell Louis-Joseph Papineau, ehemaliger Führer der französischen
Parti Canadien, herrscht während der *Lower Canadian Rebellion* mit
1000 Anhängern über die Wälder rund um Montréal, ehe er sich
ebenfalls in die USA absetzen muss.

1841
Als Reaktion auf die Rebellionen werden in einer durchgreifenden
Verwaltungsreform die beiden Provinzen *Lower Canada* und *Upper
Canada* zu den *United Provinces of Canada* vereinigt.

1842
Der bisher nicht eindeutig geklärte US-kanadische Grenzverlauf im
Osten wird endgültig fixiert, unter anderem mit größeren Gebiets-
korrekturen zwischen Maine und New Brunswick. Noch drei Jahre
zuvor, als Holzfäller aus Kanada und den USA in der derselben
umstrittenen Grenzregion aktiv waren, standen in beiden Ländern
Milizen Gewehr bei Fuß (Aroostook War).

1849
In Montréal, der momentanen Hauptstadt der United Provinces of
Canada, setzt ein vorwiegend englischsprachiger Mob das Parlamentsgebäude in Brand. In den Folgejahren wird der Regierungssitz mehrmals verlegt.

1857
Königin Victoria ernennt den kleinen Ort Ottawa am Berührungs-
punkt von Upper und Lower Canada zur kanadischen Hauptstadt.

1864–67
Die Werftindustrie in Nova Scotia floriert; die hier gebauten Schiffe
werden zusammen mit einer Ladung Holz nach Großbritannien verkauft. Allerdings verpassen die Atlantikprovinzen den rasanten

Übergang von der Holz- zur Eisenbauweise, und so verlieren die Werften schnell an Bedeutung. Nach dem politischen Zusammenschluss Kanadas im Jahr 1867 stehen die bisher wirtschaftlich auf die USA und Europa ausgerichteten Atlantikprovinzen eher abseits des kanadischen Wirtschaftsraumes. Da infolge moderner Schiffsbautechnik auf der Transatlantikroute Zwischenstopps in den Atlantikprovinzen unrentabel werden, gibt die legendäre »Cunard Line« im gleichen Jahr Halifax als Heimathafen auf.

1867

Im »British North America Act«, der noch heute gültigen kanadischen Verfassung, deklariert Königin Victoria den Zusammenschluss der vier Provinzen New Brunswick, Nova Scotia, Ontario und Québec zum unabhängigen *Dominion of Canada*. Bereits 1864 hatten sich kanadische Politiker in Charlottetown auf Prince Edward Island mit der Konstitution einer kanadischen Konföderation befasst.

Kanada wird eine parlamentarische Monarchie, ein Bundesstaat mit Gewaltenteilung zwischen Bund und Provinzen – eine bis heute gültige Regelung. Das Bundesparlament besteht aus dem im Mehrheitswahlrecht gewählten *House of Commons* und den vom Generalgouverneur ernannten Mitgliedern der Senate. Der Generalgouverneur vertritt den englischen Monarchen, der noch heute offizielles Staatsoberhaupt ist.

Sir John A. MacDonald wird der erste Premierminister der jungen Nation und lenkt die Entwicklung Kanadas im ausgehenden 19. Jahrhundert mit nur einer Unterbrechung bis zu seinem Tod 24 Jahre lang.

Dem Dominion of Canada schließen sich später Manitoba (1870), British Columbia (1871), Prince Edward Island (1873), Alberta und Saskatchewan (jeweils 1905) sowie Newfoundland (1949) als weitere Provinzen an.

1885

Die erste transkontinentale Eisenbahn durchquert Kanada und fördert damit das nationale Zusammengehörigkeitsgefühl. British Columbia war dem Dominion of Canada nur unter der Voraussetzung beigetreten, dass eine transkontinentale Eisenbahn Ost- und Westprovinzen miteinander verbände.

1896

In Kanada regiert zum ersten Mal ein frankokanadischer Premierminister, Sir Wilfrid Laurier, der bis 1911 die britische Dominanz ein wenig einschränkt. Aber noch immer sind Banken, Versicherungen und Großhandel fest in britischer Hand.

1914

Kanada tritt in den Ersten Weltkrieg ein.

1917

Das Frauenwahlrecht bei Wahlen zum Bundesparlament wird eingeführt.

*Zeuge der Jahrhundert-
wende: Dampfer auf dem
Rideau Canal (1905)*

1931
Mit dem »Statute of Westminster« erhält Kanada volle Autonomie im Commonwealth und damit die nominelle Unabhängigkeit.

1933
Die Weltwirtschaftskrise trifft Kanada hart, die Löhne sinken und ein gutes Viertel der Bevölkerung ist arbeitslos; das Pro-Kopf-Einkommen hat sich seit Ende der 20er Jahre um 48 Prozent verringert.

1939
Kanada tritt an der Seite Großbritanniens in den Zweiten Weltkrieg ein.

1945
Kanada wird Gründungsmitglied der Vereinten Nationen und später auch Mitglied der NATO (1949).

1959
Der Sankt-Lorenz-Seeweg entlang der US-kanadischen Grenze wird eröffnet. Das grenzüberschreitende Projekt schafft einen für die Hochseeschifffahrt geeigneten Seeweg vom Atlantik bis zu den Großen Seen; mehrere große Wasserkraftwerke entstehen.

1965
Kanada erhält eine neue Flagge mit einem roten Ahornblatt *(maple leaf)* mittig auf weißem Grund.

1967
Der als Gast zur Weltausstellung EXPO ’67 in Montréal geladene französische Staatspräsident Charles de Gaulle heizt die Stimmung der ekstatischen Menge mit »Vive Montréal! Vive le Québec! Vive le Québec libre!« an. Seine griffige Parole »Es lebe das freie Québec!« gibt dem Separatismus in Québec den nötigen Nährboden und ruft zugleich eine Welle der Entrüstung im restlichen Kanada hervor.

1969
Der »Official Languages Act«, der die Gleichstellung der englischen und der französischen Sprache in Regierung und Verwaltung statu-

iert, macht Kanada offiziell zu einem zweisprachigen Land, obwohl die Bevölkerung entweder die eine oder die andere Sprache beherrscht, aber selten wirklich zweisprachig ist.

1970

Der Konflikt zwischen Franko- und Anglokanadiern geht weiter: Straßenkrawalle erschüttern Montréal, und der britische Handelskommissar James Cross wird entführt. Kurze Zeit später wird Pierre Laporte, Arbeitsminister von Québec, von der extremistischen *Front de Libération du Québec* (FLQ, Befreiungsfront für Québec) entführt und ermordet. Daraufhin erklärt Premierminister Trudeau das Kriegsrecht und entsendet Milizen nach Québec.

1975

Erster Weltwirtschaftsgipfel der sieben wichtigsten westlichen Industrienationen (G7), zu denen auch Kanada zählt, in Halifax.

1976

In Montréal finden die Olympischen Sommerspiele statt.
Obwohl während der Regierungszeit des Premierministers Pierre Trudeau die französischen Anliegen in Kanada besonders berücksichtigt werden, gewinnt die separatistische *Parti Québécois* die Provinzwahlen in Québec. Neuer Ministerpräsident wird René Lévesque. Bereits ein Jahr später wird Französisch zur einzigen offiziellen Sprache für amtliche Mitteilungen, Reklametafeln etc. erklärt.

1980

René Lévesque lässt ein Referendum über die Frage der Unabhängigkeit von Québec abhalten. Eine Mehrheit von 60 Prozent der Provinzbevölkerung spricht sich für den Verbleib im Bundesstaat Kanada aus.

1982

Die englische Königin Elizabeth II. unterschreibt den »Constitution Act«, der Kanada völlige staatliche Unabhängigkeit von Großbritannien garantiert.

1987

Im »Meech Lake Accord« soll unter anderem der Provinz Québec verfassungsmäßig eine kulturelle und sprachliche Sonderstellung garantiert werden. Das Übereinkommen scheitert 1990 an der fehlenden Ratifizierung einiger Provinzparlamente.

1990

Indianer vom Stamm der Mohawk besetzen mehrere Wochen lang die Honoré-Mercier-Brücke in Montréal. Die Auseinandersetzungen, in deren Verlauf ein Polizist getötet wird, hatten sich zuvor über dem Bau eines Golfplatzes auf Indianerland in Oka entzündet.

1992

In einem nationalen Referendum werden die konstitutionellen Zusätze des »Charlottetown Accord«, die unter anderem Québec zur *distinct society* mit Sonderstatus erklären, abgelehnt.

Heute noch beliebt: Pick-nick im Algonquin Provincial Park

1995
In einem Referendum sprechen sich 50,6 Prozent der Wahlberech-tigten von Québec für den Verbleib im kanadischen Bundesstaat aus. Daraufhin tritt Jacques Parizeau, Regierungschef der Provinz und Mitglied der separatistischen Parti Québécois, zurück.

1999
In dem aus den Northwest Territories abgespaltenen Nunavut Ter-ritory erhalten die Inuit weitgehende Selbstverwaltungsrechte.

2000
In der Burnt Church Indian Reservation in New Brunswick konfis-zieren Regierungsbeamte Hummerfallen und Fischerboote. Dage-gen protestieren die Mi'kmaq-Indianer mit Straßensperren.

2002
Kanada wählt als Tagungsort für den G8-Gipfel das von Gegende-monstranten abgeschirmte Kananaskis Village in den Rocky Moun-tains aus.

2006
Bei vorgezogenen Neuwahlen unterliegt die bisherige Regierungs-partei, die Liberal Party unter Paul Martin. Als klarer Wahlsieger stellt die Conservative Party nach 13 Jahren Oppositionsarbeit mit Stephen J. Harper den neuen Premierminister.

2008
Kanada betont seine Souveränität über die Arktis und verlangt von Schiffen, die die Nordwestpassage befahren wollen, dass sie sich bei der kanadischen Küstenwache registrieren. Der Einfluss von Kana-das Umweltgesetzen wurde darüber hinaus auf eine Zone von 370 Kilometern jenseits der Küstenlinien ausgeweitet.

2014
Im Nationalsport Nummer eins, Eishockey, wiederholt Team Cana-da bei den Olympischen Winterspielen in Sotschi den Olympiasieg von 2010 von Vancouver.

2017
Zum 150. Geburtstag Kanadas ist der Eintritt in die Nationalparks des Landes frei.

*Der Rocher Percé –
markantester Felsen
Ost-Kanadas und Wahr-
zeichen von Percé in
Québec*

Die schönsten Reiseregionen Ost-Kanadas

Toronto
Die kanadische Mega-Metropole

In abendlicher Beleuchtung: Downtown Toronto

Am Westufer des Lake Ontario nennen knapp sechs Millionen Kanadier den großstädtischen Ballungsraum um das Zentrum Toronto (2,75 Millionen Einwohner innerhalb der Stadtgrenzen) ihre Heimat. Augenfällig ist die unübertroffene Skyline mit den fünf höchsten Wolkenkratzern Kanadas und dem alles überragenden CN Tower, Wahrzeichen der Stadt und höchster freistehender Turm der Welt, mit der welthöchsten Aussichtsetage sowie dem modernen Rogers Centre zu seinen Füßen.

Toronto ist Einkaufsstadt mit Geschäften über und unter der Erde, hinter modernem Glas und Stahl oder hinter historischen Fassaden. Und Toronto ist Weltstadt mit Herz, das auch abends noch schlägt: Wenn im Business District die Lichter ausgehen, stehen die Türen der Kneipen und Restaurants an Queen Street West und King Street West, an Bloor Street und Yorkville Avenue noch offen.

Toronto präsentiert sich nach New York und London als drittwichtigste Theaterstadt der englischsprachigen Welt mit renommierten Veranstaltungen in über 50 Theatern. Und nur eine Fährfahrt weit entfernt erstreckt sich auf den Toronto Islands vor der belebten Stadt eine grüne Oase mit spektakulärem Panorama. Von den Inseln aus wirkt die Skyline der Stadt selbst wie eine im See liegende Insel.

In Kanadas größter Metropole und seinen Nachbarstädten leben weit mehr als doppelt so viele Menschen wie in den Atlantikprovinzen Newfoundland, New Brunswick, Nova Scotia und Prince Edward Island zusammengenommen.

Toronto ist eine multikulturelle Region. Den Hauptanteil der Bevölkerung stellen zwar noch immer die Nachfahren europäischer Siedler, doch die Zeiten, in denen Einwanderer zunächst ausschließlich aus Großbritannien und Irland, später aus ganz Europa kamen, sind längst vorbei. Heute stammen die Immigranten zum überwiegenden Teil aus Asien, wie die größte Chinatown Kanadas beweist, aber auch aus der Karibik und aus Lateinamerika.

Das aus einem Huronen-Dialekt stammende Wort »toronto« bedeutet so viel wie »Treffpunkt« – und diesen suchte Etienne Brûlé 1615 als erster Europäer auf. Franzosen gründeten dort 1750 die Handelsniederlassung Fort Rouillé, die sie nach nur 13 Jahren, als Großbritannien im Frieden von Paris Kanada zugesprochen erhielt, aufgeben mussten.

Nach dem Ende des Nordamerikanischen Unabhängigkeitskriegs (1775 bis 1783) wanderten königstreue Loyalisten aus den USA in die fast menschenleere Region ein. 1793 wurde das Fort York errichtet und der kleine Ort York zur Hauptstadt von Upper Canada (dem heutigen Ontario) deklariert. Genau ein Jahrzehnt später, im Verlauf des Britisch-Amerikanischen Kriegs, eroberten und zerstörten US-Soldaten das Fort. Einem zweiten Sturmangriff hielt das knapp 1000 Einwohner zählende York im Folgejahr stand.

1834 wurde die mit nunmehr 15 000 Einwohnern größte Stadt Ontarios in »Toronto« umgetauft. Kurze Zeit später folgten zum letzten Male unruhige Zeiten: der ehemalige erste Bürgermeister von Toronto, William Lyon Mackenzie, protestierte gegen die *family compact*, die Cliquenwirtschaft einflussreicher Regierungsbeamter in der Stadt. Mit 800 bewaffneten Aufständischen marschierte er 1837 durch die Stadt, musste sich aber bald den Milizen beugen.

Mit Fertigstellung der »Grand Trunk Railway«-Eisenbahn von Toronto nach Montréal 1856 wurde eine zeitgemäße Infrastruktur aufgebaut und der Aufschwung endgültig eingeläutet. Ein Jahrhundert später war Toronto bevölkerungsreichste Stadt Kanadas und stieg zum unbestrittenen Finanz- und Wirtschaftszentrum der Nation auf.

Spaziergang durch Downtown

Der Stadtrundgang beginnt an dem 1803 eröffneten **St. Lawrence Market** an der Front Street, die ihren Namen wegen ihrer ursprünglichen Lage am Wasser erhalten hatte; durch Landaufschüttungen wurde die Uferlinie verlagert. Die jetzige Heimat des Markts diente zuvor von 1845–99 als erstes Rathaus von Toronto. Der South Market – wo frisches Obst, Gemüse, Fleisch, Milchprodukte, Backwaren und Fisch verkauft werden – eignet sich gut zu einem Lunch-Stopp oder für einen Snack zwischendurch. Am Samstag wird das Angebot durch den Farmers' Market mit über 50 regionalen Produzenten im Nordteil ergänzt. Ins Auge fällt das aufgrund seiner Bügeleisen-Form auch Flatiron Building genannte, rotbraune **Gooderham Building** an der Einmündung der Wellington Street East in die Front Street. Auf der breiteren Gebäudewestseite entzückt das 1980 von Derek

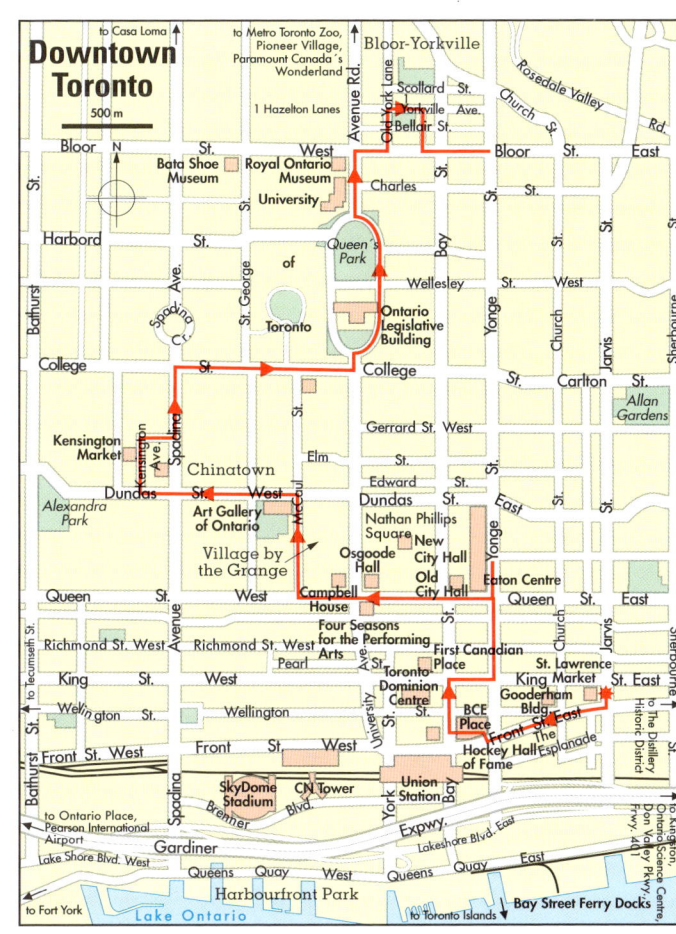

Alt und Neu: die Old City Hall am Nathan Phillips Square

Fairmont Royal York, Toronto

Hockey, das heißt in Kanada ausschließlich Eishockey, und das rasante Spiel mit der kleinen Hartgummischeibe ist der Nationalsport schlechthin.

Besant geschaffene Wandgemälde, das die Fenster des Perkins Warehouse auf der Front Street täuschend echt nachahmt. Hinter dem markanten Gooderham Building steigen die vom CN Tower überragten, modernen vielfenstrigen Türme des **Brookfield Place** empor und spiegeln die architektonische Vielfalt Torontos wider. Der fünf Hektar große, moderne Bürokomplex Ecke Yonge und Front Street wurde 1990 fertiggestellt. Das architektonische Schmuckstück besteht aus zwei Wolkenkratzern (53 Stockwerke, 263 m Höhe), die durch die äußerst attraktive **Allen Lambert Galleria** verbunden sind. In dem hohen, glasüberdachten Einkaufszentrum hat man, nostalgischen Gefühlen folgend, die Fassade der Commercial Bank von 1845 wiederaufgebaut, die ursprünglich diese Stelle einnahm.

An die Südwestseite des Brookfield Place schmiegt sich die **Hockey Hall of Fame** im Bank of Montreal Building von 1885. Die Hockey-Hochburg Toronto verfügt mit den Toronto Maple Leafs über das zweitbeste nordamerikanische Hockeyteam aller Zeiten (nach den Canadiens de Montréal). Das Museum stellt Bilder und Biographien vielgeliebter Hockey-Heroen dar, Kurzfilme und Schauräume zeigen Höhepunkte, Kurioses und Besonderes aus der Hockeygeschichte. Vom Brookfield Place aus ist übrigens das Air Canada Centre, wo die Toronto Maple Leafs spielen, nur einen Katzensprung entfernt.

Von Brookfield Place bzw. Union Station bis zum Eaton Centre bietet ein zehn Kilometer langes, mit **PATH** bestens ausgeschildertes, durchgehendes Wegenetz Zuflucht bei Wind und Wetter. Zumeist unterirdisch von den U-Bahn-Haltestellen oder teils auf glasumschlossenen Übergängen *(skywalks)* zwischen den oberen Stockwerken der Straßenblocks gelangt man trockenen Fußes zu den Geschäften und Kaufhäusern, Hotels und Bürohochhäusern des Zentrums.

Im Kreuzungsbereich Bay und King Street recken sich viele Köpfe in die Höhe, um einen Blick auf die Spitzen von vier der fünf höchsten kanadischen Wolkenkratzer zu werfen. Mit 298 Metern überragt wird der Business District nordwestlich vom weiß-marmornen, 72 Stockwerke zählenden **First Canadian Place** (100 King St. W.) mit großer Shopping Mall. Hinter dem Einkaufszentrum schließt sich die **Toronto Börse TMX** im Exchange Tower an. Nordöstlich liegt, mit 275 Metern etwas niedriger, der glänzend rote Granitturm des 68 Stockwerke zählenden **Scotia Plaza** (40 King St. W.). Südöstlich ist der markante 239 Meter hohe **Commerce Court West** (199 Bay St.) ein 57 Stockwerke hoher Glas-und-Stahl-Gigant und südwestlich ragen die auffälligen schwarzen Türme des 56-stöckigen **Toronto-Dominion Bank Tower** (66 Wellington St.) 223 Meter in den Himmel.

Die lebhafte **Yonge Street**, an der das Eaton Centre liegt, war zu Beginn des 20. Jahrhunderts die kommerzielle und kulturelle Schlagader Torontos. Doch 50 Jahre später hatte sie viel von ihrem Elan verloren, die Theater waren zum größten Teil heruntergewirtschaftet oder geschlossen. Erst mit dem grandiosen Erfolg des **Eaton Centre**, das wöchentlich über eine Million Menschen besuchen, erlebte der benachbarte Theatre District einen grundlegenden Aufschwung. Die wichtigsten Theater der wiedererwachten Yonge Street sind der 1913 erbaute Komplex aus Elgin Theatre und Winter Garden Theatre und das Pantages Theatre (heute Canon Theatre) aus dem Jahr 1920.

Downtown Toronto: Das ist auch der **Nathan Phillips Square** mit seiner kontrastreichen Architektur, an der östlichen Seite eingerahmt von der Old City Hall, an der nordwestlichen Seite flankiert von den beiden schlanken, halbrunden Formen der **New City Hall** mit geriffelten Betonaußenfassaden. Das neue Rathaus galt zu seiner Fertigstellung 1965 als ein modernes architektonisches Meisterwerk. Eingebunden in die Gestaltung des Platzes sind der erhöhte Promenadenweg, ebenfalls aus Beton, und der von Betonbögen überspannte Reflecting Pool in der Mitte des Platzes, der mit seinem lebhaft sprudelnden Springbrunnen die Aufmerksamkeit auf sich zieht. Freude unter Torontos Eisläufern kommt auf, wenn das Wasserbecken im Winter zur Eislaufbahn umfunktioniert wird.

Heutzutage besticht der betondominierte Charakter des Nathan Phillips Square mehr durch Weitläufigkeit und Großzügigkeit als durch Schönheit. Aber als Veranstaltungsort von vielen Festivals, Kunstausstellungen und Kundgebungen spielt der Platz eine wichtige Rolle. Zur Mittagszeit, in der Lunch-Pause der großen umliegenden Firmen, entpuppt sich der Platz als populärer Treffpunkt für ein Schwätzchen. Kraftvoll kontrastiert die 1889–99 im neoromanischen Stil erbaute **Old City Hall**, das alte, wuchtige Rathaus, mit den klaren Formen des Platzes. Unmittelbar daneben und dahinter wachsen schnörkellose Glasfassaden in den Himmel: eine Symbiose von moderner Funktionalität und Ästhetik.

Westlich des Nathan Phillips Square geht es durch den Park der **Osgoode Hall** von 1829. Ein filigraner schmiedeeiserner Zaun trennt die idyllische Oase des im georgianischen Stil errichteten prächtigen Gerichtsgebäudes vom hektischen Stadtbetrieb. Spaziergänger legen auf der von Blumenbeeten gesäumten Wiese gerne eine Pause ein. Um die Ecke, 160 Queen Street West, befindet sich das 1822 erbaute georgianische **Campbell House**, das frühere Domizil des Obersten Richters von Upper Canada. An der Südostseite der Kreuzung University und Queen Street liefert das neuerbaute **Four Seasons Centre for the Performing Arts**, Heimat von Canadian Opera Company und National Ballet of Canada, ein Kontrastprogramm moderner Architektur.

An der Ecke McCaul und Dundas Streets markieren die geschwungenen Formen der treffend »Two Large Forms« genannten Skulpturen von Henry Moore den Eingang der **Art Gallery of Ontario**, die mit über 900 Zeichnungen und Skulpturen die bedeutendste Kollektion des britischen Bildhauers beherbergt. Als eines der größten kanadischen Kunstmuseen widmet die Art Gallery die Hälfte ihrer Ausstellungen kanadischen Künstlern, daneben zählt u.a. die afrikanische Kunst als weiterer Schwerpunkt. Zum Komplex gehören ferner das 1817 erbaute **The Grange**, das älteste Backsteinhaus Torontos mit einem Café, und der ausgezeichnete Museumsshop mit einer hervorragen-

Eine der größten in Nordamerika: Chinatown Toronto

27

*In Chinatown lebt
Torontos asiatische
Bevölkerung- und
kauft auch dort ein; es
ist kein Touristendorf
und kein Etiketten-
schwindel.*

*Das Royal Ontario
Museum nennt eine
der größten Kollektio-
nen chinesischer
Kunstwerke außerhalb
Chinas sein Eigen,
dazu die wohl bedeu-
tendste Sammlung chi-
nesischer Tempelanla-
gen und Steinskulptu-
ren. In einem weiteren
brillanten Schwer-
punkt, den Ausstellun-
gen über die amerika-
nischen Ureinwohner,
beeindrucken zahlrei-
che hohe Totempfähle
der Nisgaa- und Haida-
Indianer. International
renommierte Kollek-
tionen präsentieren
zudem ägyptische und
nubische Kunstwerke
sowie römische und
griechische Artefakte.
Zu den Favoriten
zählen weiterhin viele
gut erhaltene Dinosau-
rierskelette und eine
Fledermaushöhle.*

den Auswahl an Kunstkalendern, -büchern und vielen anderen kunstbezo-
genen Artikeln.

Das ursprünglich entlang von Dundas und Elizabeth Street gelegene, schon
lang etablierte **Chinesenviertel** musste Anfang der 1960er Jahre dem Bau
der New City Hall weichen. Chinatown hat diese schonungslose Verlegung
überraschend gut verkraftet; ihr Herz schlägt seither entlang Dundas Street
West und Spadina Avenue.

Anwohner und Touristen bevölkern die Bürgersteige, über denen die exoti-
schen Schriftzüge chinesischer Leuchtreklamen grellbunt alle Aufmerksamkeit auf sich zu ziehen versuchen und in denen sich die Auslagen unzähliger
kleiner Geschäfte präsentieren; hier versorgen sich die Anwohner mit frischen
Lebensmitteln. Hinter Schaufenstern und an Straßenständen locken fernöstli-
che Produkte, deren Bandbreite von Obst und Gemüse über Fleisch und Geflügel bis hin zu Haushaltsgegenständen, Kunststoffartikeln und Kleidung reicht.

Einen Block westlich der Spadina Avenue liegt der quirlige **Kensington
Market**. Der Markt mit einfachen Ständen (als Kontrastprogramm zu den
schicken Shops von Bloor-Yorkville am Ende dieses Rundgangs) besticht
durch sein buntes Durcheinander, das von
einer multikulturellen Händlergemein-
schaft, einer internationalen Besucher-
schar und einem vielfältigen, durchaus fan-
tasiereichen und preisgünstigen Angebot
geprägt wird.

In östlicher Richtung führt die College
Street an den altehrwürdigen Gebäuden der
University of Toronto vorbei zur Univer-
sity Avenue und zum mächtigen **Ontario
Legislative Building** von 1893 im **Queen's
Park**. Die Rasenflächen vor den Parlaments-
gebäuden im *Romanesque-Revival*-Baustil
sind oft Schauplatz von Veranstaltungen,
Versammlungen und Kundgebungen.

Nördlich des Parlaments sticht die markante Optik des kulturhistorischen und naturwissenschaftlichen **Royal Ontario Museum**, kurz »ROM« genannt, ins Auge. Nach
Fertigstellung der Erweiterung 2006 lehnen
sich in Kanadas größtem Museum mehrere
nebeneinander verschachtelte Glasprismen
an das Originalgebäude von 1914 an.

Auf der Avenue Road erreicht man nach
einigen Minuten das noble Shoppingvier-
tel **Bloor-Yorkville**, das sich entlang von
Bloor Street, Cumberland Street und Yorkville Avenue zwischen Yonge Street und
Avenue Road erstreckt. Was zur Flower-
Power-Zeit Ende der 1960er Jahre ein quirliges, buntgemischtes Zentrum der Protest-
bewegungen war und kleine, wenig finanz-
kräftige Läden aus dem teuren Downtown
anlockte, kultivierte sich im Laufe der Zeit
zu einer exklusiven Wohngegend, die von
ihrer ruhigen Lage in Innenstadtnähe profitierte. Strenge Bauauflagen haben den
Charme der Vergangenheit erhalten, und
so blieb Bloor-Yorkville von allgemeinen
flächendeckenden Modernisierungswellen,
Hochhäusern und Hightech-Konstruktio-
nen verschont. Heute stehen die nostalgisch

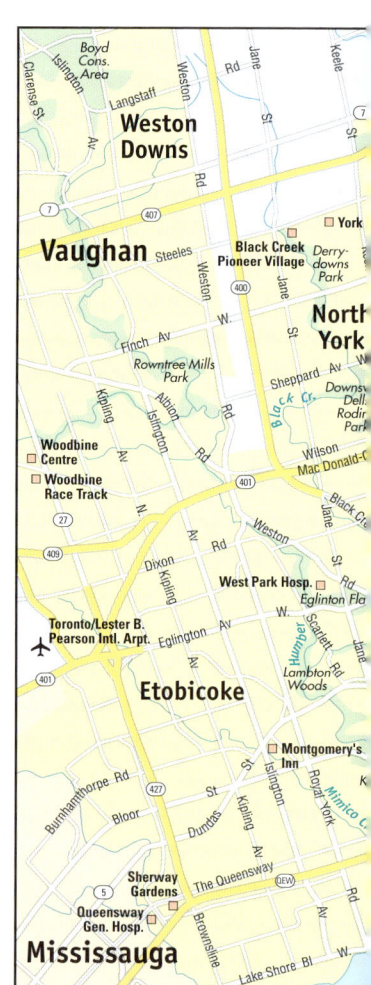

angehauchten Straßenzüge in dem Viertel mit ihren schicken Modeboutiquen und hochwertigen Einzelhandelsgeschäften, mit ihren exquisiten Kunstgalerien und ausgesuchten Antiquitätenläden ganz oben auf der Liste der städtischen Einkaufsziele. Zum Verschnaufen lässt es sich in den zahlreichen und nicht zu teuren Terrassencafés und -restaurants gut aushalten. In den Einbahnstraßen *cruisen* – vom Ferrari bis zum Porsche – unentwegt Cabrios mit offenem Verdeck herum. Am beliebtesten Treffpunkt, dem »the Rock« im Village von Yorkville Park, sonnen sich Jung und Alt. Der Granitfelsen an der Einmündung der Old York Lane, der engsten Gasse im Viertel, in die Cumberland Street liegt am Südende der Hazelton Lane.

Harbourfront, Radtour auf den Toronto Islands, abends nach Downtown

Als morgendliches Ziel locken **Harbourfront** und Toronto Islands. Nach der Einweihung des Sankt-Lorenz-Seewegs 1959, der die Großen Seen mit dem

Ein absolutes Highlight, das man sich nicht entgehen lassen sollte, ist eine Fährfahrt zu den Toronto Islands.

Atlantik verband, stieg der Güterumschlag im Hafen von Toronto ein Jahrzehnt lang unentwegt auf neue Rekordhöhen. Aber mit den folgenden Wirtschaftsflauten und der Vollendung des Gardiner Expressway, der die südliche Stadtspitze mit der Hafenfront vom Zentrum abschnitt, hatte der nunmehr isolierte Stadtteil keinen Anteil mehr an Torontos rasantem Aufstieg zur Mega-Metropole. Erst seit Ende der 1980er Jahre beleben statt der Güterumschlagplätze neue Passagen und Gebäudekomplexe die Szenerie, namentlich das Harbourfront Centre und die Bay Street Ferry Docks mit den Anlegestellen zu den Inseln.

Allein schon wegen des beeindruckenden Downtown-Panoramas lohnt sich die Überfahrt zu den **Toronto Islands**, auch wenn man nur einen kurzen Fotostopp auf den Inseln einlegt. Die zehnminütige Passage gewinnt noch zusätzlich an Reiz, wenn die Sonne am Vormittag die Glasfassaden der Innenstadt beleuchtet oder am Abend glutrot hinter der Skyline versinkt.

Perfekt lässt sich die Inseltour mit einer Erkundungsfahrt per Leihfahrrad abrunden. Es gibt nichts Schöneres, als vor der Kulisse der Skyline im Sommerwind geruhsam über die mit Brücken verbundenen, autofreien Inseln zu radeln (ca. 6 km zwischen den drei Fähranlegern). Unterwegs bleibt noch Zeit zu einer Verschnaufpause am Badestrand – Toronto für Genießer! Und für Kinder gibt es den weitläufigen **Centreville Amusement Park** mit Kirmesvergnügungen und Leckereien.

Mittags lohnt sich ein Abstecher zum **Fort York**. Torontos Keimzelle entstand 1793, wurde 1813 von den US-Amerikanern in Schutt und Asche gelegt und von den Briten umgehend wieder aufgebaut. Die acht Originalgebäude, die Zeit und Atmosphäre von Torontos Gründertagen widerspiegeln, und das weitläufige Gelände des Forts westlich von Downtown bilden heute einen fotogenen Kontrast zur modernen Skyline der Stadt. Im Sommer demonstrieren historisch gekleidete »Soldaten« den militärischen Drill und das Alltagsleben im Fort des frühen 19. Jahrhundert.

Torontos Wahrzeichen, der **CN Tower**, erhebt sich am südlichen Stadtzentrum mächtig und unübersehbar über die Metropole. Hat man die zur Hauptsaison langen Warteschlangen hinter sich gelassen, sausen verglaste Panorama-Aufzüge an den Turmaußenseiten zu den mittleren Aussichtsetagen auf 342 Metern (Outdoor Observation Deck, Glass Floor mit Blick durch eine Glasplatte senkrecht in die Tiefe), 346 Metern (Indoor Observation Deck, Horizon's Café) und 351 Metern (360 The Restaurant at the Tower), wo es sich bei einer Umdrehung pro 72 Minuten gut speisen lässt. Vom Mitteldeck führen kleinere Aufzüge zum 447 Meter hohen »Sky Pod«. Die Sicht aus den Panoramafenstern auf das landkartengleich ausgebreitete Toronto ist großartig. Im Nordosten liegen einem die höchsten Wolkenkratzer Kanadas zu Füßen, sie werden nachmittags besonders schön vom Sonnenlicht beleuchtet. Im Süden wirken die Fähren zur herrlichen Inselwelt der Toronto Islands wie ferngesteuerte kleine Nussschalen. Und 70 Kilometer Luftlinie entfernt erspäht man im Südosten die Gischtwolken der Niagarafälle.

Der nicht minder berühmte Nachbar **Rogers Centre** erweist sich als ultramodernes, vollständig überdachtes Stadion mit einem Hightech-Kuppeldach aus vier Komponenten, von denen die drei beweglichen Teile in 20 Minuten unter das vierte geschoben werden können. Bei geöffnetem Dach befindet sich das Spielfeld sogar vollständig unter freiem Himmel.

Sonnenuntergang über Downtown Toronto

Service & Tipps:

ⓘ Ontario Travel Information Centre
20 Dundas St.
Toronto, Ont. M5G 2C2
✆ (416) 314-5899 und 1-800-668-2746
www.ontariotravel.net
Info Centre der Provinz Ontario
im Einkaufszentrum Atrium
(www.atriumtoronto.com).

ⓘ Toronto Tourism
207 Queens Quay W.
Toronto, Ont. M5J 1A7
✆ (416) 203-2600 und 1-800-499-2514
www.seetorontonow.com

**🏛 Art Gallery of Ontario
The Grange**
317 Dundas St. W.
Toronto, Ont. M5T 1G4
✆(416) 979-6648, 1-877-225-4246
www.ago.net
Di–So 10–17.30, Mi bis 20.30 Uhr
Eintritt $ 20/11
Eines der größten Kunstmuseen
Kanadas, Schwerpunkt kanadische
Kunst und Exponate des britischen
Bildhauers Henry Moore. Während
der $ 254 Mio. teuren Umbauphase
bis Herbst 2008 wurden Tausende
von Kunstwerken in 110 Galerien
neu installiert.

🏛 Bata Shoe Museum
327 Bloor St. W.
Toronto, Ont. M5S 1W7
✆ (416) 979-7799
www.batashoemuseum.ca
Mo–Sa 10–17, So 12–17, Do bis 20 Uhr
Eintritt $ 14/5
Auf fünf Stockwerken vermitteln über
10 000 Schuhe von allen Kontinenten
und aus allen Zeitepochen eine
Impression von der Entwicklung der
Schuhmode. Die brillante Kollektion
reicht von leichten ägyptischen Sanda-
len über schwere Rentierstiefel bis hin
zu Marilyn Monroes roten Leder-
pumps. Nähe Royal Ontario Museum.

🏛 Black Creek Pioneer Village
1000 Murray Ross Pkwy.
Toronto, Ont. M3J 2P3
✆ (416) 736-1733
www.blackcreek.ca
Mai/Juni und Sept.–Dez. Mo–Fr
9.30–16, Sa/So 11–17, Juli/Aug. Mo–Fr

10–17, Sa/So 11–17 Uhr
Eintritt $ 15/11
Das viktorianische Dorf mit 35 res-
taurierten Gebäuden aus den 1860er
Jahren ist ein lebendes Freilichtmuse-
um mit Handwerksdemonstrationen,
Farmtieren, zeitgenössischen Ge-
schäften (Andenkenverkauf) und
Restaurant. Nordwestlich von Toron-
to, Hwy. 400 auf Steeles Ave.

🏛 Fort York
250 Fort York Blvd.
Toronto, Ont. M5V 3K9
✆ (416) 392-6907
www.toronto.ca/fortyork
Mitte Mai–Anfang Sept. tägl. 10–
17, sonst 10–16 Uhr
Eintritt $ 9/6
Keimzelle Torontos von 1793. Lebendes Museum mit acht Originalgebäu-
den und militärischen Übungen (Kanonenschuss, Drill, Musik nur Juli/
Aug.), Zufahrt über Queen's Quay W.,
vor Exhibition/Ontario Place abbiegen.

🏛 Hockey Hall of Fame
30 Yonge St.
Toronto, Ont. M5E 1X8
✆ (416) 360-7765, www.hhof.com
Ende Juni–Anfang Sept. Mo–Sa
9.30–18, So 10–18, sonst Mo–Fr 10–17,
Sa 9.30–18, So 10.30–17 Uhr
Eintritt $ 18/12
Die Ruhmeshalle des Eishockeys im
Brookfield Place (www.brookfield
properties.com) ist dem kanadischen
Nationalsport und seinen Helden
gewidmet. Bilder, Biographien, Memo-
rabilien und Filme dokumentieren
Höhepunkte der Hockeygeschichte.

🏛 Ontario Science Centre
770 Don Mills Rd.
Toronto, Ont. M3C 1T3
✆(416) 696-1000, 1-888-696-1110
www.ontariosciencecentre.ca
Tägl. Ende Juni–Anfang Sept.
10–17, sonst 10–16 Uhr
Eintritt $ 22/13, Omnimax $ 13, Kombiticket $ 28/19
Naturwissenschaftlich-technisches
Museum mit zahlreichen Do-it-your-
self-Versuchen und Omnimax-Kino;
von Don Valley Pkwy. Ausfahrt auf
Eglinton Ave.

🏛 Osgoode Hall
130 Queen St. W.

Winterfreuden: Eisskulptur

31

Toronto, Ont. M5H 2N5
✆ (416) 947-3300
www.osgoodehall.com
Mo–Fr 9–17 Uhr, Eintritt frei
1829 erbautes, prächtiges Gerichts-
gebäude. Mit Restaurant in schönem
Ambiente (✆ (416) 947-3361).

 Royal Ontario Museum
100 Queen's Park
Toronto, Ont. M5S 2C6
✆ (416) 586-8000
www.rom.on.ca, tägl. 10–17.30, Fr bis
20.30 Uhr, Eintritt $ 16/13
Größtes kanadisches Museum mit
exzellenten kulturhistorischen und
naturwissenschaftlichen Kollektionen, dazu George R. Gardiner Museum of Ceramic Arts (www.gardiner
museum.on.ca, Eintritt $ 15).

 Casa Loma
1 Austin Terrace
Toronto, Ont. M5R 1X8
✆ (416) 923-1171
www.casaloma.org
Tägl. 9.30–17 Uhr
Eintritt $ 22/13
Das in einer Art neogotischem Stil an-
gelegte Stadtschloss wurde zu Anfang
des 20. Jh. von dem exzentrischen Sir
Henry Mill Pellatt erbaut; mit zeitgenössisch möblierten Räumen, diversen Türmen und Geheimgängen. Casa
Loma thront fotogen auf einer Hügel-
spitze nordwestlich der City.

Centreville Amusement Park
Toronto Islands
Toronto, Ont. M5J 2G2
✆ (416) 203-0405

*Das Royal Ontario
Museum des US-ameri-
kanischen Architekten
Daniel Libeskind (Toronto)*

www.centreisland.ca
Tägl. Ende Mai–Anfang Sept. ab 10.30,
Juli/Aug. bis 20 Uhr
Tagespass $ 37, Kinder $ 26
Vergnügungspark für Kinder auf
Centre Island.

 CN Tower
301 Front St. W.
 Toronto, Ont. M5V 2T6
✆ (416) 868-6937
www.cntower.ca
Tägl. im Sommer 9–22.30 Uhr,
im Winter kürzer
Aufzug zum Mitteldeck $ 32/24, Auf-
zug zum Oberdeck Sky Pod $ 12, für
Restaurantbesucher kostenlos
Edgewalk, www.edgewalkcntower.ca,
$ 175
Aufzüge zu den drei mittleren Aussichtsdecks (»Horizon's Café«, rotie-
rendes »360 The Restaurant at the
Tower«); anschließend Umsteigen zum
»Sky Pod«, dem welthöchsten Aussichtsdeck, auf 447 m Höhe; Edgewalk
im Freien für Wagemutige.

 Harbourfront Centre
235 Queen's Quay W.
 Toronto, Ont. M5J 2G8
✆ (416) 973-40 00
www.harbourfrontcentre.com
Hafenfront südlich des Gardiner
Expwy. (Einmündung York St.)
mit Jachthafen, Park, Restaurants, Terrassencafés und Hotels.
Zum Komplex zählen die Kunstgalerien und Kunstausstellungen im Bill
Boyle Artport, das Craft Studio, in
dem Kunsthandwerker in verschiedenen Werkstätten ihre Fertigkeiten demonstrieren, und das Queen's Quay
Terminal mit über 30 Geschäften,
Restaurants etc.

 Ontario Legislative Building
111 Wellesley St. W.
Queen's Park
Toronto, Ont. M7A 1A2
✆ (416) 325-7500
www.ontla.on.ca
Mo–Fr 8–18 Uhr, Eintritt frei
1893 erbautes Parlamentsgebäude
der Provinz Ontario.

 Ontario Place
955 Lakeshore Blvd. W.
 Toronto, Ont. M6K 3B9
✆ (416) 314-9900

www.ontarioplace.com
Eintritt nur für das Gelände frei
Großer Vergnügungspark.

 Canada's Wonderland
9580 Jane St.
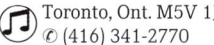 Vaughan, Ont. L6A 1S6
℘ (905) 832-8131
www.canadaswonderland.com
Ende Mai–Anfang Sept. tägl. 10–20/22
Uhr, Sept. nur Sa/So
Tagespass $ 57 (für 2 Tage)
Riesiger Vergnügungspark vor den
nördlichen Stadttoren Torontos (Hwy.
400, Ausfahrt Nr. 33 auf Rutherford
Rd.). Mit 16 Achterbahnen (z.B.
Leviathan, eine der weltgrößten),
Wasserpark, Fahrsimulatoren, Eis-
laufshow, Konzerten etc.

 Rogers Centre
1 Blue Jays Way
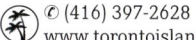 Toronto, Ont. M5V 1J1
℘ (416) 341-2770
www.rogerscentre.com
Einstündige Führungen tägl. 11–16
Uhr stündlich, Eintritt $16/10
Markantes Sportstadion für 51 000
bzw. 67 000 Zuschauer mit einem
äußerst raffinierten, zu öffnenden Kup-
peldach sowie Restaurants und Hotels.

 Toronto Island Park
Toronto, Ont. M5J 2G2
℘ (416) 397-2628
www.torontoislands.org
Autofreier Stadtpark auf den
mit Brücken verbundenen
Inseln im Lake Ontario. Mit Jachthafen, Wiesen zum Picknicken, Bade-
stränden – das wunderschöne Panorama der Skyline mit CN Tower und
Rogers Centre inbegriffen – und Radwegen zwischen den Anlegestellen;
Fahrradverleih bei Toronto Island
Bicycle Rental ($ 8 pro Stunde, ℘ 416-
203-0009, www.torontoislandbicycle
rental.com).

 Toronto Zoo
361 A Old Finch Ave.
Toronto, Ont. M1B 5K7
(416) 392-5929
www.torontozoo.com
Tägl. Mai–Anfang Sept. 9–19, sonst
9.30–16.30 Uhr
Eintritt $ 28/18
Imponierender Zoo mit 5000 Tieren
aus allen Erdteilen und acht tropi-

schen Pavillons. Zoomobile und
Monorail transportieren die Besucher
durch die Anlagen. Als absolute Top-
Attraktion im Zoo zieht ein Großgehe-
ge für zwei Pandas mitsamt eigenem
Visitor Centre die meisten Besucher
an.

 Toronto Island Ferry
9 Queen's Quay W.
Toronto, Ont. M5J 2V3
℘ (416) 392-8193
www.toronto.ca/parks/island/
ferry-schedule.htm
Abfahrten tägl. 6.35–23.45 Uhr
Ticket $ 7/3.50 (hin und zurück)
Personenfähre (keine Autos!) vom
Ferry Dock an der Einmündung der
Bay Street direkt zu Füßen des mar-
kanten Westin Harbour Castle Hotel.
Tägl. zahlreiche Fahrten (Dauer 10
Min.) zu den Anlegestellen Ward's Is-
land, Centre Island und Hanlan's Point.

 Ethiopiques
227 Church St.
Toronto, Ont. M5B 1Y7
℘ (416) 363-0884, www.ethiopiques.ca
Äthiopisches Restaurant im Theatre
District östlich der Younge St. $$

 Bangkok Garden
18 Elm St.
Toronto, Ont. M5G 1G7
℘ (416) 977-6748
www.bangkokgarden.ca
Mo–Fr Lunch, tägl. Dinner

*Architektonische Meister-
leistung: das Rogers Centre*

*Rogers Centre
Immerhin 51 000
Zuschauer passen bei
den Baseballspielen
der »Toronto Blue
Jays« in das Mega-
Stadion, bei Konzerten
erhöht sich die Kapa-
zität der Vielzweckhal-
le gar auf 67 000 Per-
sonen.*

*Östlich des Harbour-
front Centre legen die
Fähren zu den Toronto
Islands ab.*

Die empfohlenen Restaurants sind nach folgenden Preiskategorien für ein Abendessen (ohne Getränke und Dessert) gestaffelt:

$ – bis 10 Can. Dollar
$$ – 10–20 Can. Dollar
$$$ – 20–30 Can. Dollar
$$$$ – über 30 Can. Dollar

*Towers von Downtown
Toronto*

Erstklassiges Thai-Restaurant in Downtown, Nähe Bay St. $$

Black Bull Tavern
298 Queen St. W.
Toronto, Ont. M5V 2A1
✆ (416) 593-2766
www.blackbulltavern.ca
Schon seit Urzeiten existierende Kneipe, sehr populäre Terrasse zu allen Tageszeiten Szenetreffpunkt, u.a. für Motorradfahrer, einfache Menüs. $

Victoria's
37 King St. E.
Toronto, Ont. M5C 1E9
✆ (416) 863-4125
www.omnihotels.com
Elegante Atmosphäre mit Barock-Ornamenten und hohen Fenstern im Traditionshotel Omni King Edward, Sonntags Brunch, Nähe Yonge St. $$$

Fionn MacCool's
70 The Esplanade
Toronto, Ont. M5E 1R2
✆ (416) 362-2495
www.primepubs.com
Tägl. 11–24, Sa/So ab 10 Uhr
Authentischer irischer Pub in Downtown mit vollmundigem Bier, herzhaften Speisen und keltischer Livemusik von der »grünen Insel«. $$

La Fenice
319 King St. W.
Toronto, Ont. M5V 1J5
✆ (416) 585-2377, www.lafenice.ca
Mo–Fr 11.30–22, Sa ab 17 Uhr
Italienisches Ristorante mit sehr guten Fischgerichten, nördlich des CN Tower. $$

The Distillery Historic District

55 Mill St.
Toronto, Ont. M5A 3C4

Santa Claus Parade in Toronto

 ✆ (416) 364-1177
www.thedistillerydistrict.com
In dem sehenswerten Viertel mit Pflasterstraßen östlich von Downtown wurde ab 1837 Whiskey gebrannt. Heute beherbergen dort 44 viktorianische Gebäude und Fabrikhallen einen attraktiven Mix aus Restaurants, Cafés, Hausbrauerei und vielen Kunstgalerien.

Madison Ave Pub
14 Madison Ave.
Toronto, Ont. M5R 2S1
✆ (416) 927-1722
www.madisonavenuepub.com
Sechs britisch gestylte Pubs in drei viktorianischen Häusern, mit fünf Biergärten, guter Speisekarte und 150 verschiedenen Biersorten, Nähe Bloor/Yorkville. $$

Medieval Times Dinner and Tournament
10 Dufferin St., Exhibition Place
Toronto, Ont. M6K 3C3
✆ 1-866-543-9637
www.medievaltimes.com
Eintritt $ 66, Kinder $ 43
Turbulente Ritterspiele, bei denen die Zuschauergruppen *ihren* Ritter anfeuern. Dabei wird ein »mittelalterliches«

Menü verspeist, ganz ohne Besteck – ein Vergnügen für Jung und Alt. $$$

 Mill Street Brew Pub
21 Tank House Lane
Toronto, ON M5A 3C4
✆ (416) 681-0338
www.millstreetbrewpub.ca
Tägl. 11–23, Fr/Sa bis 2 Uhr
Gemütliche Hausbrauerei von 2002 im Mill-Street-Komplex. Eine Schwesterbrauerei sitzt in Ottawa. $$

 P.J. O'Brien Irish Pub & Restaurant
39 Colborne St.
Toronto, Ont. M5E 1E3
✆ (416) 815-7562, www.pjobrien.com
Kleiner, gemütlicher irischer Pub mit guter Küche und Entertainment, Downtown hinter Omni King Edward Hotel. $$

 Shopsy's Delicatessen Restaurant
96 Richmond St. W., im Sheraton Centre
Toronto, Ont. M5H 2A3
✆ (416) 365-3354
www.shopsys.ca
Mo–Fr 8–21, Sa/So ab 9 Uhr
Das Restaurant mit einfachem, aber

herzhaften Angebot in Downtown existiert seit 1921, Spezialität: Corned Beef. $

 The Old Spaghetti Factory
54 The Esplanade

Im Kensington Market Toronto: Folk-Hero Bob Snider

Toronto, Ont. M5E 1A6
℅ (416) 864-9761
www.oldspaghettifactory.ca
Tägl. 11.30–22, Sa/So bis 23 Uhr
Preiswerte und gute Pasta-Speziali-
täten, originelle Dekoration, beste
Plätze in der Straßenbahn, westlich
der Union Station.
$

 **First Canadian Place
Shopping Centre**
100 King St. W.
Toronto, Ont. M5X 1A9
℅ (416) 862-8138
www.fcpfirst.com
Das dreistöckige Einkaufszentrum
mit knapp 100 Geschäften und
Restaurants zählt mit 298 m zum
Komplex des höchsten Wolkenkrat-
zers Kanadas.

 Craft Ontario
118 Cumberland St.
Toronto, Ont. M5R 1A6
℅ (416) 921-1721
www.craftontario.com
Mo–Sa 10–18, Do/Fr bis 19, So 12–17
Uhr
Das Geschäft der Ontario-Künstlergil-
de verkauft kanadische Handwerkskunst aus Leder, Glas, Holz und anderen Materialien.

Das Toronto Eaton Centre – Shopper's Paradise auf vier Stockwerken – wurde zum Vorbild für viele Innenstadt-Malls in Nordamerika.

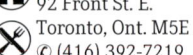 **St. Lawrence Market**
 92 Front St. E.
Toronto, Ont. M5E 1C3
℅ (416) 392-7219
www.stlawrencemarket.com
Di–Fr 8–18 Uhr
Farmers' Market Sa 5–15 Uhr
Wochenmarkt in dem 1845 erbauten
ehemaligen Rathaus von Toronto, mit
Restaurants, Sa Bauernmarkt.

 Toronto Antiques on King
284 King St. W.
Toronto, Ont. M5V 1J2
℅ (416) 260-9951
www.torontoantiquesonking.com
Mo–Fr 10–21.30, Sa 9.30–21.30, So
10–19 Uhr
Antiquitätengeschäft.

 Toronto Eaton Centre
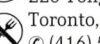 220 Yonge St.
Toronto, Ont. M5B 2H1
℅ (416) 598-8560
 www.torontoeatoncentre.com
Mo–Fr 10–21, Sa 9.30–19, So 11–
18 Uhr
Eine riesige, lang gezogene Glaskup-
pel überdacht das größte Einkaufszentrum Ost-Kanadas mit 230 Geschäften, Boutiquen, Kaufhäusern,
vielen Restaurants und einem Kino-
komplex – es nimmt einen ganzen
Straßenblock zwischen Dundas und
Queen Street ein.

 T.O. Tix
5 Dundas St. E.
Toronto, Ont. M5B 2R8
www.totix.ca
Di–Sa 12–18.30 Uhr
Tickets zum halben Preis für Kurzent-
schlossene, offizielle Verkaufsstelle
(gegenüber Eaton Centre) der Toronto
Alliance for the Performing Arts
(www.tapa.ca) für die meisten Thea-
ter-, Tanz- und Musikveranstaltungen
in Toronto, Kartenausgabe nur am
Veranstaltungstag.

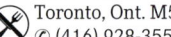 **Bloor-Yorkville**
1200 Bay St.
Toronto, Ont. M5R 2A5
℅ (416) 928-3553
www.bloor-yorkville.com
Vornehmes Viertel nördlich von
Downtown, originell ist der dortige
Village of Yorkville Park an der Cumberland Street.

Brookfield Place
181 Bay St.

Toronto, Ont. M5J 2T3
✆ (416) 777-6480

www.brookfieldplacenewsand
events.com
Das Einkaufszentrum mit der Allen
Lambert Galleria und der Hockey
Hall of Fame liegt im Herzen des
Finanzdistrikts.

Vaughan Mills
1 Bass Pro Mills Dr.

Vaughan, Ont. L4K 5W4
✆ (905) 879-2110

www.vaughanmills.com
Mo–Sa 10–21, So 11–19 Uhr
Die Supermall mit über 200 Outlets
und Restaurants (2015 Erweiterung
um voraussichtlich 50 Geschäfte)
liegt 30 km nördlich von Toronto an
der Autobahn 400, Ausfahrt Bass Pro
Mills Drive.

**Canadian National
Exhibition**

Exhibition Place
Toronto, Ont. M6K 3C3
✆ (416) 263-3330

www.theex.com

An 18 Tagen von Mitte August bis
Anfang September findet die bunte
Mischung aus Volksfest, Kirmes mit
Jahrmarktbuden, Landwirtschafts-
messe, großer Air-Show und Livemusik statt. Mit 1,3 Mio. Besuchern die
größte Veranstaltung in Kanada.

Caribbean Carnival Toronto
✆ (416) 391-5608
www.torontocaribbeancarnival.com
Mitte Juli–Anfang Aug.
Über zwei Wochen lang erfüllen kari-
bische Rhythmen die Stadt; mit fast
1,4 Mio. Besuchern das größte Highlight in ganz Nordamerika. Der riesige
Straßenumzug zum Abschluss am
ersten Samstag im August zählt ebenfalls zu den größten Kanadas (am
Lakeshore Blvd.).

Honda Indy Toronto
Exhibition Place
Toronto, Ont. M5V 3J3
✆ (416) 588-7223 und 1-877-503-6869
www.hondaindytoronto.com
Drei Tage Mitte Juli
Das Autorennen VIC Series in der
Indy-Klasse ist eine der größten
Sportveranstaltungen Kanadas.

*Eine der großen Einkaufs-
und Geschäftsstraßen
Torontos: King Street*

Ottawa
Vom Holzfällerdorf zur Bundeshauptstadt

Zusammen mit anderen attraktiven Strecken durch Ottawa und Gatineau ist der Colonel By Drive während der »Alcatel-Lucent Sunday Bikedays« an den Sonntagvormittagen der Sommermonate für den Autoverkehr gesperrt und zum Radfahren, Rollerbladen oder Laufen freigegeben.

Längst hat Ottawa das Provinzielle, das der Stadt noch bis weit ins 20. Jahrhundert anhaftete, mit einer multikulturellen Vielfalt getauscht; zugleich hat sich die Stadt ihren nostalgisch-liebenswerten Charakter erhalten. Dank der Regierung als größtem Arbeitgeber blieb die Hauptstadt weitgehend frei von industrieller Ansiedlung. Den Platz nehmen statt dessen eine Reihe schöner Stadtparks, baumbestandene Straßen, einzigartige Museen und andere bedeutende kulturelle Attraktionen ein. Alt und Neu konnten sich ungestört nebeneinander ent-

Einen Stadtplan von Downtown Ottawa finden Sie S. 41.

Der Rideau Canal, Ottawas Flaniermeile auf dem Wasser

wickeln, und so spiegeln sich in den glänzenden Glasfassaden der Bürohochhäuser noch heute die Steinbauten des 19. Jahrhunderts. Und ungeachtet aller Regierungsaktivitäten blieb immer genügend Zeit zum Feiern – entsprechend nennt sich Ottawa auch »City of Festivals« und lässt am Canada Day, dem Nationalfeiertag am 1. Juli, das schönste Feuerwerk des Landes über dem Hauptstadthimmel erstrahlen.

Die kanadische Hauptstadt Ottawa (900 000 Einwohner) liegt direkt an der Grenze zur Provinz Québec. Über 1,31 Millionen Menschen leben im großstädtischen Ballungsraum zusammen mit der Schwesterstadt Gatineau auf der gegenüberliegenden Seite des Ottawa River. Doch im Gegensatz zu anderen kanadischen Metropolen, die ihre jeweils anglophone oder frankophone Seite eindeutig akzentuieren, beherrschen viele der Einwohner Ottawas beide Sprachen, ist das Verhältnis von Franko- und Anglokanadiern ausgeglichen.

Als erste politische Adresse Kanadas beheimatet Ottawa den Sitz des Generalgouverneurs, des Premierministers, des Bundesparlaments sowie interna-

Festivals in Ottawa:
In der ersten Maihälfte lockt Ottawa mit dem elftägigen »Canadian Tulip Festival« (www.tulipfestival.ca) mit Konzerten, Feuerwerk, einer Bootsparade etc. Tausende von Tulpen blühen dann in allen Farben. Es erinnert daran, dass Ottawa Prinzessin Juliana während des Zweiten Weltkriegs Exil gewährt und das niederländische Königshaus im Herbst 1945 rund 100 000 Tulpenzwiebeln als Dank nach Ottawa geschickt hatte.

Anfang Juli findet das elftägige »Ottawa Blues Festival« (www.ottawablues fest.ca) statt, das größte Kanadas und das zweitwichtigste Nordamerikas.

Und am ersten Septemberwochenende steigen im Parc de la Baie in Gatineau beim fünftägigen »Festival de Montgolfières de Gatineau« (www.mont golfieresgatineau.com) in der Nachbarprovinz Québec rund 150 bunte Heißluftballons in den Himmel.

Wo im Sommer weiße Boote schippern und Blumen die Pfade schmücken, entsteht im Winter die längste Eislaufbahn der Welt, auf der sogar die Büroangestellten in ihren grauen Flanellanzügen auf Schlittschuhen ins Büro gleiten. Am Ufer des Rideau-Kanals wird dann heißer Kaffee verkauft.

tionale Abgesandte. Botschaften reihen sich insbesondere am **Sussex Drive** auf, der kilometerlangen »Mile of History«, wo sich auch die von dem renommierten Québecer Architekten Moshe Safdie entworfene **City Hall** sowie Rideau Hall, Canada Pavilion und der hübsche Rockcliffe Park befinden.

Angenehm übersichtlich schmiegt sich die Innenstadt an den Ottawa River, in den der Rideau River (*rideau* = frz. Vorhang) mit einem breiten Wasserfall mündet, und an den **Rideau Canal**, der sich in Nord-Süd-Richtung durch die Stadt zieht. Eingerahmt wird der Kanal – mit seinem Schleusensystem eine der Attraktionen – von mehreren Stadtparks, dem Queen Elizabeth Driveway entlang dem Westufer und dem Colonel By Drive entlang dem Ostufer.

Ein Blick auf die Landkarte führt Ottawas verkehrsgünstige Lage an Ottawa River, Rideau River und Rivière Gatineau vor Augen. Diese wusste schon Samuel de Champlain zu schätzen: Als erster Europäer gelangte er 1613 in diese Ecke des Landes und paddelte den wilden Ottawa River ein Stück hinauf. Er sah unermesslichen Waldreichtum und Pelztiere und öffnete daraufhin die unerschlossene Wildnis den neugierigen Augen der Welt. Pelzhändler und Forscher kamen und gingen, gefolgt von den ersten geschäftstüchtigen Händlern. An den kreuzenden Wasserwegen des späteren Ottawa trafen sie sich und stießen von hier aus in das Innere des Landes vor.

Erst um 1800 ließen sich die ersten Europäer auf der Seite des heutigen Gatineau in Québec nieder, mit Blick auf die hohen Klippen, auf denen einmal die Parlamentsgebäude stehen sollten. Mit dem Versprechen, einen Kanal zu bauen, lockten die britischen Landesherren die Siedler auf die Ontario-Seite.

Erst die Spätfolgen des Britisch-Amerikanischen Kriegs ließen die Siedlungen aus dem Dornröschenschlaf erwachen. Aus Angst vor erneuten amerikanischen Übergriffen begannen britische Militäringenieure unter der Leitung von Colonel John By 1826 mit dem Bau des Rideau Canal nach Kingston am Lake Ontario. Auf dem insgesamt 200 Kilometer langen Wasserweg – einer geschickten Vernetzung von Kanälen, Seen und Flüssen – konnten Güter schneller, aber auch vor potentiellen amerikanischen Übergriffen geschützter befördert werden.

Der 1832 fertiggestellte Kanal brachte den beabsichtigten kommerziellen Erfolg, und an der Mündung des Rideau Canal in den Ottawa River wuchs die während der Bauzeit des Kanals entstandene Siedlung Bytown heran. Bald

Wachablösung auf dem Parliament Hill in Ottawa

40

schon qualmten die ersten Holz- und Papierfabriken am Ottawa River, und wenig später wurde die emsige kleine Stadt nach dem Begriff der Algonquin-Indianer für »die Händler« in »Ottawa« umgetauft.

1857 geschah dann Unerwartetes. In einem mutigen, etwas eigenmächtigen Zug erhob Queen Victoria das kleine Ottawa zur zukünftigen Hauptstadt und zog damit einen Schlussstrich unter die Streitigkeiten zwischen den konkurrierenden Städten Toronto, Kingston und Montréal. Zwischen 1859 und 1865 entstanden die markanten Parlamentsgebäude, und 1867 erfolgte – gleichzeitig mit der Gründung des *Dominion of Canada* – die offizielle Ernennung zur Hauptstadt der Konföderation.

Rundgang durch Ottawa

Ein Rundgang durch Ottawa beginnt am besten an den **Parliament Buildings**. Auf dem Felsvorsprung oberhalb des Ottawa River, wo sich die Siedler seinerzeit nur widerstrebend niedergelassen hatten, werden heute zahllose Besucherscharen durch die im neogotischen Stil erbauten Parlamentsgebäude geführt.

1916 hatte ein Feuer den später nach Originalplänen rekonstruierten Mittelbau zerstört, und nur die Bibliothek mit der bewundernswerten Rotunde war verschont geblieben. Der 90 Meter hohe **Peace Tower** besitzt nicht nur 53 Glocken, von denen die schwerste über zehn Tonnen wiegt und die werktags aus luftiger Höhe Glockenspielkonzerte erklingen lassen, sondern auch das Privileg einer hinreißenden Aussicht.

Immer ist etwas los auf den weiten Rasenflächen vor dem Parliament Hill, wo die zum 100. Geburtstag des **Dominion of Canada** entzündete ewige **Centennial Flame** brennt. In den Sommermonaten wird das große, gepflegte Rasenfeld täglich um zehn Uhr zum Schauplatz eines viel fotografierten Schauspiels: dem Aufmarsch und zeremoniellen **Changing the Guard** zweier kanadischer Regimenter. Abends präsentiert die Licht- und Tonschau **»Sound and Light Show on Parliament Hill«** Reflexionen zur Geschichte Kanadas. Wie der Wachwechsel steht auch dieses attraktive Spektakel auf dem Programm der meisten Ottawa-Besucher.

Wahrzeichen Ottawas sind die würdevollen Parlamentsgebäude auf dem Parliament Hill.

Prächtig anzusehen sind die schmucken Truppen der rotberockten »Governor General's Foot Guards« und der »Canadian Grenadier Guards« – täglich um 9.40 Uhr formieren sie sich an der Cartier Square Drill Hall und marschieren hinauf zum Parliament Hill.

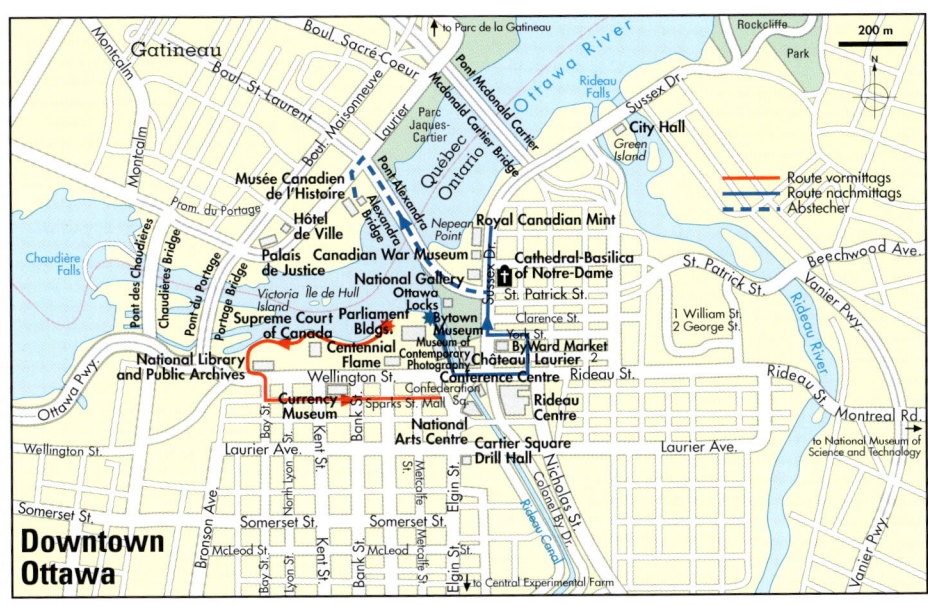

41

Geruhsam führt der Spaziergang vorbei am **Supreme Court of Canada**, dem Obersten Gerichtshof des Landes, in dessen Nachbarschaft sich an der Wellington Street die **National Library** und die **Public Archives** befinden, zur **Sparks Street Mall**. Geschäfte, Straßencafés und mit Bäumen und Blumen bestückte Pflanzenkübel beleben neben Marktständen und dem Sparks Shopping Centre die Szenerie. Zu ihrer Eröffnung im Jahre 1961 war die geschäftige kleine Fußgängerzone zwischen Elgin und Lyon Streets eine Aufsehen erregende Novität in Kanada. Zur Mittagszeit strömen die Angestellten aus ihren klimatisierten Büros mit Lunch-Päckchen und Cola-Dosen in die grünen Nischen der Geschäftsstraße. Auch die Elgin Street um die Ecke ist eine beliebte Einkaufsstraße.

Ostwärts führt die Sparks Street Mall zum **Confederation Square** mit dem Kriegerdenkmal, dem Verkehrsknotenpunkt des Stadtzentrums. Unübersehbar breitet sich daneben Ottawas Kulturzentrum, das **National Arts Centre**, aus. Anziehungspunkt ist jedoch erstmal das Ufer des **Rideau Canal**, dessen Bau die Grundlagen für die Stadtgründung geschaffen hat.

Auf dem als Militär- und Transportweg längst ausgemusterten und in ein reines Freizeitgewässer umgewandelten Kanal ziehen heute unter Aufsicht der kanadischen Nationalparkverwaltung *Parks Canada* Kanus, Motor- und Segelboote ihre Bahnen. Im Mai blühen entlang der Ufer Tausende von Tulpen in prächtigen Farbkombinationen. Wer gut zu Fuß ist, spaziert von Downtown bis zu den Hartwell Locks insgesamt acht Kilometer den Kanal entlang. Zahlreiche Bänke laden zur Ruhepause mit kleinem Picknick ein, und Radfahrer, Skater und Jogger nutzen den Pfad ebenfalls gern. Einen langen Fußweg spart man mit den hübschen Ausflugsbooten der »Paul's Boat Lines«, die in geruhsamem Tempo einen Überblick über die Sehenswürdigkeiten am Kanal geben.

Ein beliebter kurzer Spaziergang führt vom National Arts Centre zu den acht Schleusen der **Ottawa Locks** vor der Flussmündung des Kanals. Über diese Eingangsschleusen bewältigen die Boote von und zum Ottawa River den 25-Meter-Höhenunterschied. Auf dem westlichen Fußweg entlang der Schleusen erzählt das kleine **Bytown Museum** anhand historischer Ausstellungsstücke von der lokalen Geschichte und dem Kanalbau.

Während nur ein Stückchen weiter auf der westlichen Seite des Rideau Canal die Türme und Türmchen der **Parliament Buildings** in die Höhe ragen, erhebt sich auf der östlichen Seite das **Château Laurier** mit seinen ebenfalls zahlreichen Türmen, Spitzen und grünspanüberzogenen Kupferdächern. Das 1912 von der kanadischen Eisenbahngesellschaft »Canadian Pacific Railway« im Stil eines französischen Loire-Schlosses errichtete Luxushotel zählt zu den Paradepferden der großen kanadischen Eisenbahnhotels. Zwischen Château Laurier und Rideau Canal fand sich bis 2006 ein museales Kleinod, das Canadian Museum of Contemporary Photography mit bemerkenswerten Ausstellungen moderner kanadischer Fotografie. Die Sammlung wird jetzt in der National Gallery gezeigt. Dem Château Laurier gegenüber befindet sich direkt am Kanal auch die prächtige **Union Station** aus dem Jahre 1912. In seinen Mauern residiert heute das Konferenzzentrum der Regierung. Den neuen Bahnhof dagegen hat man an den östlichen Stadtrand verbannt. Zum Einkaufsbummel lädt das gleich neben der Union Station angesiedelte moderne Einkaufszentrum **Rideau Centre** mit Kaufhäusern, Geschäften und Restaurants.

Wer eine weit gefächerte Auswahl kleiner, interessanter Restaurants oder Kneipen sucht, tut gut mit einem Besuch des **ByWard-Market-Viertels** nördlich der Rideau Street und östlich des Sussex Drive. Während früher Ottawas Kneipen um ein Uhr schlossen und die des benachbarten Gatineau/Hull um drei Uhr, haben sich beide Seiten nunmehr auf eine gemeinsame Schließungszeit von zwei Uhr geeinigt.

Am Sussex Drive ragen die Zwillingstürme der **Cathedral-Basilica of Notre-Dame** empor. Sehenswert sind die Buntglasfenster dieser ältesten Kirche der Stadt. Ihr gegenüber beeindruckt die **National Gallery of Canada**, ein innovatives Gebäude aus Glas, mit lichtdurchfluteter Kolonnade und markantem

ByWard Market ist seit über 150 Jahren ein traditioneller und beliebter Farmers' Market. Parallel zum Marktbetrieb hat sich in den letzten Jahren zwischen York und George Streets und in den angrenzenden Straßen ein populäres Restaurant- und Kneipenviertel entwickelt. Trendshops und Boutiquen laden zum Einkaufsbummel ein, und im alten Marktgebäude von 1927 werden heute Kunst und Kunsthandwerk ausgestellt.

Turm – ein Meisterwerk des Architekten Moshe Safdie. Obgleich ein Kontrast zu den vielen historischen Gebäuden der Stadt, fügt sich das moderne Gebäude doch harmonisch in das Gesamtbild ein. Exzellente permanente Kollektionen, darunter europäische, amerikanische und kanadische Kunst aus verschiedenen Epochen inklusive der Moderne, sind in der Nationalgalerie beheimatet. Zu den Höhepunkten zählen die Gemäldekollektionen der »Group of Seven« und Inuit-Kunst, die vor allem ansprechende, glatte Steinfiguren, seltsam eindringliche Knochenskulpturen sowie Drucke und Zeichnungen umfasst, die das Leben in der Arktis darstellen. Auch eine komplette Kapelle, die aus dem 19. Jahrhundert stammende Rideau Chapel, befindet sich unter den Kunstschätzen des Museums. Von der Great Hall aus genießt man den Blick auf Parlamentsgebäude und Ottawa River.

Weiter geht es zur **Royal Canadian Mint**, einem schlossähnlichen Gebäude, das mit mächtigen Türmen und Zinnen seiner gewichtigen Rolle einen passenden Rahmen gibt. In ihrem Inneren präsentiert die kanadische Münze eine Goldausstellung und erläutert im Rahmen einer Führung die Münzproduktion. Hinter der Royal Canadian Mint liegt der **Nepean Point**. Der beste Aussichtspunkt Ottawas bietet an der Statue des Forschers Samuel de Champlain ein schönes Flusstal-Panorama mit Blick auf beide Flussufer.

Ein Abstecher per Auto führt zum anthropologischen **Musée Canadien de l'Histoire** in die Schwesterstadt Gatineau in Québec. Das von Douglas Cardinal konzipierte Museum am Ottawa River beeindruckt auf den ersten Blick durch seine der Umgebung angepasste Architektur. Die harmonisch gerundeten Formen stehen im Einklang mit der sanften Hügellandschaft der Laurentides, seine Lage am Ottawa River erlaubt eine exzellente Sicht auf die Skyline der Hauptstadt. Einen monumentalen Eindruck vermittelt die Grand Hall mit Häuserfassaden, Totempfählen und Ausstellungen über die Nordwestküsten-Indianer Kanadas und einem modernen Deckengemälde von Alex Janvier. In der Canada Hall tauchen Besucher in andere Zeiten ein; in chronologischer Reihenfolge wird die sozialhistorische Entwicklung der kanadischen Gesellschaft nachvollzogen. Faszinierend echt wirkende Dioramen, oft sogar mit lebenden, historisch gekleideten Personen, vermitteln verständlich aufbereitete Informationen von den Indianern bis zu den europäischen Kolonisten. Vorbei geht die Zeitreise an Pelzhändlern und Siedlern, durch ein Walfängerschiff und eine Kleinstadt, durch eine Fülle vielfältiger »begehbarer« und »erfassbarer« Ausstellungsbereiche.

»Group of Seven« nennt sich eine Gruppe kanadischer Maler, die sich den kanadischen Landschaften und besonders den Großen Seen gewidmet hat.

Zweifelsohne gehört das Musée Canadien de l'Histoire mitsamt IMAX-Kino neben dem Besuch der Nationalgalerie zu den Höhepunkten eines Ottawa-Aufenthaltes.

»Eye-catching«: Skulpturen am National Arts Centre

Service & Tipps:

(i) **Ottawa Tourism and Convention Authority**
150 Elgin St., Ottawa, Ont. K2P 1L4
✆ (613) 237-5150 und 1-800-363-4465
www.ottawatourism.ca

(i) **Capital Information Kiosk**
90 Wellington St.
Ottawa, Ont. K1P 5L1
✆ (613) 239-5000 und 1-800-465-1867
www.canadascapital.gc.ca

Bytown Museum
1 Canal Lane, an den Ottawa
Locks, Ottawa, Ont. K1P 5P6
✆ (613) 234-4570
www.bytownmuseum.com
Mitte Mai–Mitte Okt. tägl. 10–17,
sonst Di–So 11–16 Uhr
Eintritt $ 7/5
Kleines Museum zur Geschichte
Ottawas mit der Keimzelle Bytown.
Im alten Commisariat Building, dem
ältesten Steinhaus Ottawas.

Canada Agriculture and Food Museum
901 Prince of Wales Dr.
Ottawa, Ont. K2C 3K1
✆ (613) 991-3044 und 1-866-442-4416
www.cafmuseum.techno-science.ca
März–Okt. tägl. 9–17 Uhr
Eintritt $10/7
Aktiver, 500 ha großer Bauernhof mit
Museum zur kanadischen Landwirt-
schaft sowie Ställen und Weiden mit
Schafen, Schweinen, Kühen und
Pferden.

Canada Aviation and Space Museum
11 Aviation Pkwy., nahe dem Rock-
cliffe Airport
Ottawa, Ont. K1G 5A3
✆ (613) 993-2010
www.museeaec.techno-science.ca
Mai–Anfang Sept. tägl. 9–17, sonst
tägl. außer Di 10–17 Uhr
Eintritt $ 13/8
Interaktive Ausstellungsbereiche,
Filme und Vorführungen beleuchten
Kanadas Luft- und Raumfahrtge-
schichte. Ausstellungen historischer
Flugzeuge.

Canada Science and Technology Museum
1867 St. Laurent Blvd. (Ausfahrt
115 von Hwy. 417)
Ottawa, Ont. K1G 5A3
✆ (613) 991-3044 und 1-866-442-4416
www.sciencetech.technomuses.ca
Mai–Anfang Sept. tägl. 9–17 Uhr,
sonst Mo geschl., Eintritt $ 12/8
Wissenschaftsmuseum mit Do-it-
yourself-Experimenten, an denen
Kinder und Erwachsene gleichermaßen Spaß haben.

Canadian Museum of Nature
240 McLeod St. (unweit des
Rideau Canal)
Ottawa, Ont. K2P 2R1
✆ (613) 566-4700 und 1-800-263-4433
www.nature.ca
Tägl. 9–18, Do/Fr bis 20 Uhr
Eintritt $ 13/9
Sechs große Ausstellungsbereiche
von Meerestieren bis zu Fossilien.
Eine Reise durch die Entwicklungsgeschichte der Erde; mit Dioramen
und audiovisuellen Shows.

Currency Museum of the Bank of Canada
Im Bank of Canada Building
245 Sparks St., Ottawa, Ont. K1A 0G9
✆ (613) 782-8914
www.currencymuseum.ca
wegen Umbau zur Zeit geschl.
Eintritt frei
Museum mit Währungen aus allen
Jahrhunderten der kanadischen Siedlungsgeschichte, darunter auch
Biberfelle und internationales Geld.

Laurier House
335 Laurier Ave. E.
Ottawa, Ont. K1N 6R4
✆ (613) 992-8142
www.pc.gc.ca/laurierhouse
Juli–Anfang Sept. tägl. 10–17, sonst
Do–Mo 10–17 Uhr
Eintritt $ 4/2
In dieser prächtigen Villa residierten
in der ersten Hälfte des 20. Jh. zwei
kanadische Premierminister: Sir Wilfrid Laurier und William Lyon
Mackenzie King.

National Gallery of Canada
380 Sussex Dr.
Ottawa, Ont. K1N 9N4
✆ (613) 990-1985
www.gallery.ca
Mai–Sept. tägl. 10–17, Do bis 20 Uhr,

*Ein lohnender Besuch,
besonders für Reisen-
de mit Kindern, führt
zum Canada Agricul-
ture and Food Museum
am Prince of Wales
Drive.*

sonst Mo geschl., Eintritt $ 9
Kanadas bedeutendstes Kunstmuseum. Als architektonisches Meisterwerk selbst gilt das von Moshe Safdie, dem Architekten der Habitat 67 in Montréal, konzipierte Gebäude. Die Galerie beherbergt auch die Sammlung des Canadian Museum of Contemporary Photography.

Rideau Hall
1 Sussex Dr.
Ottawa, Ont. K1A 0A1
✆ (866) 842-4422, www.gg.ca
Juli–Anfang Sept. tägl. 10–16 Uhr, sonst nur am Wochenende
Eintritt frei
Rideau Hall ist der offizielle Wohn- und Amtssitz eines jeden Generalgouverneurs von Kanada seit 1867.

Notre-Dame Cathedral Basilica
385 Sussex Dr.
Ottawa, Ont. K1N 5J9
✆ (613) 241-7496
www.notredameottawa.com
Mo–Sa 10–18, So 8–20 Uhr
Eintritt frei
In der zweiten Hälfte des 19. Jh. erbaute römisch-katholische Kathedrale und älteste Kirche Ottawas.

Ottawa Locks
✆ (613) 283-5170 und
1-888-773-8888, www.pc.gc.ca/rideau
An der Mündung des Rideau Canal in den Ottawa River befinden sich acht Schleusen, die eine Pegeldifferenz von 25 m ausgleichen.

Parliament Buildings
7 Wellington St.
Ottawa, Ont. K1A 0A9
✆ (613) 992-4793 und 1-866-599-4999
www.parl.gc.ca
Führungen tägl. Mai–Juni 9–19.30, sonst 9–16.30 Uhr, Eintritt frei
Im neogotischen Stil errichtete Parlamentsgebäude der kanadischen Bundesregierung, das Wahrzeichen der Stadt. Führungen durch das mittlere der drei Gebäude, u.a. zur prächtigen Library of Parliament, anschließend geht es auf den Peace Tower hinauf. Morgens »Changing the Guard« (s. u.), abends »Mosaika Sound and Light Show on Parliament Hill«.

Changing the Guard
Vor den Parliament Buildings
✆ 1-800-465-1867
www.foodguards.ca
www.grenadiers.ca
Ende Juni–Aug. tägl. 10–10.30 Uhr
Eintritt frei
Zeremonieller Wachwechsel zweier historischer kanadischer Regimenter, der »Governor General's Foot Guards« und der »Canadian Grenadier Guards«. Beginn der Parade um 9.40 Uhr an der Cartier Square Drill Hall (2 Queen Elizabeth Dr.).

Mosaika Sound and Light Show on Parliament Hill
Vor den Parliament Buildings
✆ 1-800-465-1867
www.parl.gc.ca/visitors
Tägl. Anfang Juli–Mitte Aug. 22, bis Ende Aug. 21.30, bis Anfang Sept. 21 Uhr, Eintritt frei
30-minütige Licht- und Tonschau zweisprachig in Französisch und Englisch zur Geschichte Kanadas.

Ein architektonisches Meisterwerk: die National Gallery of Canada in Ottawa

45

Lady Dive Tours
59 Sparks St.
Ottawa, Ont. K0C 2B0
✆ (613) 223-6211
www.amphibus.com
Mai–Mitte Okt. Abfahrt tägl. 10.30–
15, Juli/Aug. bis 20 Uhr
Ticket $ 31/22
Einstündige abwechslungsreiche
Rundtour mit einem Amphibienfahrzeug, zunächst an Land zu den wichtigsten Downtown-Attraktionen,
dann auf dem Ottawa River unterhalb der Parliament Buildings (nachmittags im besten Sonnenlicht).

Royal Canadian Mint
320 Sussex Dr.
Ottawa, Ont. K1A 0G8
✆ (613) 993-8990 und 1-800-276-7714
www.mint.ca
Tägl. 10–17 Uhr
Führungen $ 6/3, Sa/So $ 4.50/2.25
(ohne Führung)
In der kanadischen Münze werden
Medaillen und Gedenkmünzen geprägt; interaktive Münzausstellung.

**Royal Canadian Mounted
Police**
Musical Ride Centre, 1 Sandridge Rd.
Rockcliffe Stables
Ottawa, Ont. K1G 3J2
✆ (613) 741-4285, www.rcmp.ca
Mai–Aug. tägl. 9–15.30, sonst Di und
Do 10–13.30 Uhr, Eintritt frei
Das Zuhause der Mounties und ihrer
schwarzen Pferde, wo auch der legen-
däre »Royal Canadian Mounted Police
Musical Ride« trainiert wird, eine Art
Ballett zu Pferde. Andenkenladen
Mountieshop: www.themountieshop.ca

**Supreme Court of Canada
301 Wellington St.**

Ottawa, Ont. K1A 0J1
✆ (613) 995-4330 und 1-888-551-1185
www.scc-csc.gc.ca
Der Sitz des Obersten Gerichts von
Kanada liegt unweit des Parlaments.

National Arts Centre
53 Elgin St.
Ottawa, Ont. K1P 5W1
✆ (613) 947-7000 und
1-866-850-2787
www.nac.ca
Kulturzentrum am Rideau Canal mit
Theater, Konzertbühne, Restaurant.

Paul's Boat Lines
2 Rideau St.
Ottawa, Ont. K1N 8X5
✆ (613) 235-8409
www.paulsboatcruises.com
Touren Mitte Mai–Mitte Okt.
Ticket ab $ 22/12 und $ 25/15
Tägl. bis zu sechs Bootstouren auf
dem Rideau Canal (1 ¼ Std.) und bis
zu vier auf dem Ottawa River (1 ½
Std.)
Anlegestelle am Kanal gegenüber
dem Château Laurier.

**Le Cordon Bleu Signatures
Restaurant**
453 Laurier Ave. E.
Ottawa, Ont. K1N 6R4
✆ (613) 236-2499 und 1-888-289-6302
www.signaturesrestaurant.com
Mi–Fr 11.30–15.30, Mi–Sa
17.30–23.30 Uhr
Elegantes französisches Restaurant
im Herzen der Stadt. Di–Sa, nur Dinner. $$$$

**Mambo Restaurante Nuevo
Latino**
77 Clarence St.
Ottawa, Ont. K1N 5P5
✆ (613) 562-2500
www.mambonuevolatino.com
Das Restaurant im ByWard Market
serviert südamerikanische Küche
und heiße Rhythmen. $$$$

Le Café
53 Elgin St.
Ottawa, Ont. K1P 5W1
✆ (613) 594-5127, tägl. Lunch und
Dinner, im Winter So geschl.
Kanadische Spezialitäten im National
Arts Centre direkt am Rideau Canal;
mit Sonnenterrasse. $$$

Stella Osteria
81 Clarence St.
Ottawa, Ont. K1N 5P5
✆ (613) 241-2200
www.stellaosteria.com
Gut besuchtes Bistro im ByWard
Market; abwechslungsreiche, moder-
ne italienische Küche. Terrasse $$,
Restaurant $$$

Blue Cactus Bar & Grill
2 ByWard Market
Ottawa, Ont. K1N 7A1
✆ (613) 241-7061

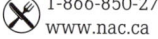

www.bluecactusbarandgrill.com
Restaurant im mexikanischen Canti-
na-Stil; Tex-Mex-Gerichte und internationale Küche. Lunch $, Dinner $$

 Mamma Grazzi's
25 George St.
Ottawa, Ont. K1N 8W5
℡ (613) 699-6732
www.mammagrazzis.com
Tägl. 11.30–21 Uhr
Tolles Ambiente im gepflasterten Cla-
rendon Courtyard, italienische Küche
in einem Hof am ByWard Market. $$

 Vineyards Wine Bar & Bistro
54 York St., Ottawa, Ont. K1N 5T1
℡ (613) 241-4270, www.vineyards.ca
Das Bistro-Restaurant im ByWard
Market serviert 300 Wein- und 100
Biersorten. $$

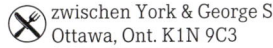 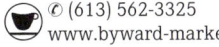 **Zak's Diner**
14 ByWard Market Sq.
Ottawa, Ont. K1N 7A1
℡ (613) 241-2401
www.zaksdiner.com
Tägl. 7–21.30, Fr/Sa bis 24 Uhr
Ein Classic 50's Diner: mit Soda Foun-
tain und Jukeboxes. $$

 ByWard Market
Ein Block nördl. der Rideau St.,
zwischen York & George St.
Ottawa, Ont. K1N 9C3
℡ (613) 562-3325
www.byward-market.com
Tägl. 7–18 Uhr
Bis zu 260 Verkaufsstände unter frei-
em Himmel.

 Rideau Centre
50 Rideau St.
Ottawa, Ont. K1N 9J7
℡ (613) 236-6565
www.rideaucentre.net
Mo–Fr 9.30–21, Sa 9.30–18, So 11–17
Uhr
Einkaufszentrum mit den Kaufhäu-
sern Sears, The Bay und über 180
Geschäften, Boutiquen, Restaurants
sowie dem Westin Ottawa Hotel und
mehreren Kinos. Ein Block östlich
des Parliament Hill.

**Alcatel-Lucent Sunday
Bikedays**
℡ 1-800-465-1867
www.ncc-ccn.gc.ca/places-to-

visit/parks-paths
Ende Mai–Anfang Sept.
Radfahren, Rollerbladen oder Laufen:
insgesamt 52 km sehenswerte
Strecken durch Ottawa und Gatineau,
z. B. auch der Colonel By Drive, sind
sonntags zwischen 9 und 13 Uhr für
den motorisierten Verkehr gesperrt
und ausschließlich dem Freizeitsport
freigegeben.

Ausflugsziel:

 **Musée Canadien de
l'Histoire**
 100 boul. Laurier
Gatineau, Qué. K1A 0M8
 ℡ (819) 776-7000 und
1-800-555-5621
www.civilization.ca
Juni–Anfang Sept. tägl. 9.30–18, sonst
9.30–17, Do bis 20 Uhr
Eintritt Museum $ 13/8, Kino $ 11/7,
Kombiticket ab $ 20/12, Museum Do
16–20 Uhr gratis
Auch architektonisch ein wahres
Meisterstück: das moderne anthro-
pologische Museum in Gatineau.
Erstklassige Ausstellungen zur
kanadischen Geschichte, darunter
die größte Sammlung an Totem-
pfählen. Des Weiteren gibt es hier
das Canadian Children Museum, das
Canadian Stamp Collection, ein
IMAX-Riesenleinwand-Kino sowie
ein Restaurant.

*ByWard Market: Hier
gibt's frisches Obst,
Gemüse, Pflanzen,
Backwaren und Kunst-
handwerk aus dem
Ottawa-Tal und dem
benachbarten Québec;
im Winter Weihnachts-
bäume und Feuerholz.*

*Musée Canadien de
l'Histoire in Gatineau*

Niagara
Falls

Niagara Falls
Die beliebtesten Wasserfälle der Welt

Zweifelsohne gehören die Niagarafälle zu den meistbesuchten Naturwundern Nordamerikas, und sie präsentieren sich – ob vom Boot, vom Aussichtsturm, vom roten Doppeldeckerbus, von der Uferpromenade oder vom Hubschrauber – aus allen Perspektiven beeindruckend. Beileibe sind die Niagara Falls nicht die höchsten, aber mit Abstand die mächtigsten Wasserfälle Nordamerikas.

Nur zu gern kommen Brautpaare aus Kanada und den USA nach Niagara Falls, der »Honeymoon Capital of the World« – kaum ein Hotel, das nicht mit Honeymoon-Suiten und Badewannen in Herzform wirbt. Im Großraum mit St. Catherines verzeichnet Niagara Falls beeindruckende 406 000 Einwohner.

»I love Niagara Falls«, wer dieses liebevolle Bekenntnis nicht selbst mittels T-Shirt-Druck mit sich trägt, sieht es bei anderen Urlaubern auf Hemden und Hosen, auf Tassen, Gläsern, Plakaten und knallig-bunten Postkarten prangen. Beinahe übertrifft das touristische Drumherum der kanadisch-amerikanischen Touristenstadt schon die natürliche Schönheit der Niagarafälle und ihrer Umgebung.

Verbunden werden die beiderseits des Niagara River gelegenen Städte namens Niagara Falls, Ont., ca. 83 000 Einwohner und Niagara Falls, New York, ca. 52 000 Einwohner, durch die Rainbow Bridge im Zentrum und die Whirlpool Bridge weiter nördlich. Der 58 Kilometer lange **Niagara River**, der vom Lake Erie im Süden zum Lake Ontario im Norden fließt, teilt sich hier in drei Wasserfälle auf. Zum größten Teil auf kanadischer Seite tosen die 52 Meter hohen und 675 Meter breiten hufeisenförmigen **Horseshoe Falls** – auch

Touristenmagnet: Niagarafälle, Niagara River und die Doppelstadt Niagara Falls

»Canadian Falls« genannt – die Abbruchkante hinunter. Von den **American Falls** auf US-amerikanischer Seite sind sie durch die direkt oberhalb der Fälle im Strom liegende Insel Goat Island getrennt. Die kleine Nachbarinsel Luna Island grenzt die 56 Meter hohen und »nur« 328 Meter breiten American Falls von den vergleichsweise winzigen **Bridal Veil Falls** ab.

Zur Umgehung der Fälle dient westlich des Niagara River der **Welland Canal**, ein Teilstück des Sankt-Lorenz-Seewegs zwischen Atlantik und Großen Seen. Den besten Platz, um die riesigen Dampfer bei der Durchschleusung zu erleben, gewährt das Lock 3 bei **St. Catharines**. Dort sind die voraussichtlichen Passierzeiten der Schiffe angeschlagen und ein kleines Museum beschäftigt sich mit der Geschichte des Kanals.

Fleißig und unaufhörlich fließt der Niagara River seit Menschengedenken durch die Schlucht zwischen beiden Städten. Aufzeichnungen zufolge stockte der Wasserfluss bislang nur ein einziges Mal aus natürlichen Gründen, als nämlich im Jahr 1848 Treibeis den Abfluss des Niagara River aus dem Lake Erie verstopfte. Die kraftvollen Wassermassen, zunächst »nur« eine Sehenswürdigkeit, dienten ab 1895 zur ersten Wasserenergiegewinnung – einem bis dahin unbekannten Verfahren. Im 20. Jahrhundert begann die Nutzung der Wasserkraft im großen Stil, die sich bis heute zu einem der wichtigsten Wirtschaftszweige der Niagara-Region entwickelt hat. Als Nebeneffekt macht sich neben einer preiswerteren Stromversorgung die durch den verringerten und gleichmäßig über die Abbruchkante verteilten Wasserfluss verlangsamte Erosion bemerkbar, die pro Jahr von ursprünglich einem Meter auf wenige Zentimeter heruntergíng – die Niagarafälle haben vor rund 7000 Jahren mehrere Kilometer flussabwärts auf der Höhe des heutigen Whirlpool gelegen!

Stadtrundgang durch Niagara Falls

Am Table Rock House starten »Journey behind the Falls« und »Niagara's Fury« und viele beginnen ihre Wanderung am Flussufer. Dort zeigt sich Niagara Falls sofort von seiner besten Seite: Von dem Felsvorsprung eröffnet sich eine fantastische Aussicht auf die **Horseshoe Falls**. Im Table Rock House gibt es Restaurant und Imbissstube, den Aufzug zur Aussichtsplattform sowie einen riesigen Souvenirshop. Unaufhörlich befördert der Aufzug die mit gelben Regenumhängen versehene menschliche Fracht vom Table Rock House 38 Meter durch das Felsgestein hinunter zu einem Tunnel direkt hinter den Horseshoe Falls. Durch zwei Sichtfenster bestaunen die Besucher den machtvoll herabschießenden und unaufhörlich dröhnenden weißen Wasservorhang.

Ein besseres Panorama präsentiert sich gleich daneben von einer Plattform unmittelbar seitlich der Wasserfälle. Zum Entzücken der Touristen lässt sich dort an Juli- und Augustwochenenden ein freundlicher, rotberockter *mountie* mit den Wasserfällen im Hintergrund zu einem »typisch kanadischen« Foto verewigen.

Mutig wagen sich die hübschen weißen Boote der **»Maid of the Mist«** nur auf der US-Seite in die Gischt und bis fast an den Fuß der Horseshoe Falls heran. Selbst bei Regen ist die halbstündige Fahrt ein interessantes Abenteuer; nass wird man sowieso. Zum Schutz gegen die alles einnebelnde Gischt be-

1952 bildeten die mächtigen Wasserfälle die Kulisse für den Film »Niagara« mit Marilyn Monroe und Joseph Cotton.

Unbestrittener touristischer Höhepunkt an den Niagarafällen ist eine Fahrt mit dem Boot zum Fuß der Horseshoe Falls, wo die Gischt am mächtigsten ist.

kommt jeder Fahrgast zwar einen Regenmantel, aber wer auf dem Vorschiff die Wasserfälle »hautnah« miterleben möchte, verlässt das Boot garantiert mit nassen Füßen. Im Vergleich zur kanadischen Seite ist die amerikanische generell ruhiger und die Sicht auf die Wasserfälle ist hier ebenso gut.

Die Bootstour ist die letzte Station des touristischen »Pflichtprogramms«. Jetzt erfolgt die »Kür«, per Auto oder Bus. Vorbei an der Rainbow Bridge gleitet unmittelbar hinter der Whirlpool Bridge ein Aufzug hinab auf Flussniveau zum **White Water Walk** – einem Spazierweg entlang der tosenden Stromschnellen am Fuß der steilen Kalksteinschlucht des Niagara River. Eine Haltestelle weiter stoppt der Bus an der Station des **Whirlpool Aero Car**, wo eine rote Seilbahn die bedenklich turbulent kreisenden Wasser des Whirlpool überquert. Auf der 550 Meter langen Überfahrt fällt der Blick nach Süden und Norden in die tiefe Flussschlucht. Etwas weiter flussabwärts umschwirrt die Besucher des 1000 Quadratmeter großen, verglasten **Butterfly Conservatory** Nordamerikas größte Ansammlung freifliegender Schmetterlinge.

Zurück in der Nähe des Whirlpool Aero Car, surren bunte Hubschrauber zu kurzen Flügen auf einem schleifenförmigen Rundkurs über die Fälle los. Falls die Kameraführung mit dem Flugtempo nicht mithalten konnte: Ganz in Ruhe und völlig standfest gelingen insbesondere nachmittags und abends vom **Skylon Tower** aus beste Panorama-Aufnahmen der Wasserfälle. Immerhin liegt die Aussichtsetage ganze 240 Meter über dem Fuß der Fälle.

In einem weißen, pyramidenförmigen Gebäude unweit davon zeigt das **IMAX Theatre Niagara Falls** auf einer Riesenleinwand die Geschichte der Niagarafälle von ihrer indianischen Vergangenheit bis hinein in die Gegenwart. Außerdem ist hier eine Ausstellung über die wagemutigen *dare devils* zu sehen, die die Wasserfälle auf alle möglichen Arten entweder bezwungen haben – oder dabei umgekommen sind.

Falls die Frage auftaucht, wo die ganzen Besuchermassen den Rest des Tages bleiben, reicht ein Blick auf den **Clifton Hill**. Unversehens findet sich der Niagara-Besucher dort inmitten von Vergnügungsstätten, Museen, Souvenir Shops, Motels und Restaurants diverser Kategorien inklusive Kitsch, Krimskram und Klimbim wieder.

Spektakulär: Morgendämmerung über den Horseshoe Falls, der kanadischen Seite der Niagara Falls

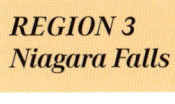

Ein seidener Wasserschleier: die American Falls, aufgenommen von der kanadischen Seite der Niagara Falls

Service & Tipps:

(i) Niagara Falls Tourism
5400 Robinson St.
Niagara Falls, Ont. L2G 2A6
✆ (905) 356-6061 und 1-800-563-2557
www.niagarafallstourism.com
Stadtinfo auf der kanadischen Seite
der Fälle.

(i) Ontario Travel Information Centre
5355 Stanley Ave.
Niagara Falls, Ont. L2E 7C2
✆ (905) 358-3221 und 1-800-668-2746
www.ontariotravel.net
Infozentrum der Provinz Ontario.

(i) Niagara Tourism and Convention Corporation
10 Rainbow Blvd.
Niagara Falls, NY 14303 (USA)
✆ (716) 282-8992 und 1-877-325-5787
www.niagara-usa.com
Stadtinfo auf USA-Seite.

(i) Niagara Falls Visitor Center
332 Prospect St.
Niagara Falls State Park
Niagara Falls, NY 14303 (USA)
✆ (716) 278-1796
www.niagarafallsstatepark.com
Besucherinformation im Park.

(i) Welland Canals Centre
1932 Welland Canals Pkwy.
St. Catharines, ON L2R 7K6
✆ (905) 984-8880

www.stcatharines.ca
Tägl. 9–17 Uhr, Eintritt frei
Das Visitor Centre an Lock 3 des Welland Canal besitzt eine Aussichtsplattform über die Schleuse.

Butterfly Conservatory
Niagara Parks Botanical Gardens
2565 Niagara Pkwy.
Niagara Falls, Ont. L2E 3G4
✆ (905) 358-0025 und 1-877-642-7275
www.niagaraparks.com
Ende Juni bis Ende Aug. tägl. 10–19
Uhr, sonst kürzer
Eintritt $ 14/9
1000 m² große, verglaste Voliere
mit der größten Präsentationen freifliegender Schmetterlinge in Nordamerika. Mit Café.

Cave of the Winds
Niagara Falls State Park, Goat
Island, Niagara Falls, NY 14303 (USA)
✆ (716) 278-1730
www.niagarafallsstatepark.com
Ende Mai–Okt. tägl. 9–21 Uhr
Eintritt $ 12/9
Besuch der American Falls auf amerikanischer Seite. Zugang per Aufzug
von der zwischen American Falls und
Horseshoe Falls gelegenen Goat
Island. Für den Grenzübergang in die
USA ist der Reisepass erforderlich!

Falls Illumination
✆ 1-877-642-7275
Mai–Jan. tägl. von der Dämmerung
bis 24 Uhr, sonst kürzer, Eintritt frei

*Wer die Fälle von
unten sehen möchte,
sollte die »Journey
Behind the Falls« mit-
machen.*

*Niagara Helicopters
veranstalten täglich
von 9 Uhr bis Sonnen-
untergang (wetterab-
hängig) neunminütige
Rundflüge über die
Niagarafälle. Der
Heliport ist auch mit
dem Bus erreichbar,
Haltestelle »Whirlpool
Aero Car«. Tickets
$ 137/85 (3731 Vic-
toria Ave., Niagara
Falls, Ont. L2E 6V5,
℃ 905-357-5672, www.
niagarahelicopters.com)*

Zweifelsohne ansehnliche Illumination der Horseshoe Falls in wechselnden, strahlenden Farben.

IMAX Theatre Niagara Falls

6170 Fallsview Blvd.
 Niagara Falls, Ont. L2G 7T8
℃ (905) 358-3611, 1-866-405-4629
www.imaxniagara.com, Mai–Okt.
tägl. 9–21, sonst 10–16 Uhr Ticket $ 15
Film über die Niagarafälle auf einer
Riesenleinwand. Ausstellung »Dare-
devils Gallery«, über die wagemutigen Bezwinger der Fälle ($ 8).

Journey Behind the Falls

Am Table Rock Complex
6650 Niagara Pkwy.
Niagara Falls, Ont.
℃ (905 354-1551 und 1-877-642-7275
www.niagaraparks.com
Ende Juni–Aug. tägl. 9–22 Uhr, sonst
kürzer, Ticket $ 16/11
Mit dem Aufzug geht es den Tunnel
hindurch zu den Aussichtsplattformen direkt neben und hinter den
tosenden Wasserfällen.

Niagara's Fury

Table Rock Complex
6650 Niagara Pkwy.
Niagara Falls, Ont. L2E 6T2
℃ 1-877-642-7275
www.niagarasfury.com
Mitte Juli–Anfang Sept. 9–21 Uhr,
sonst kürzer, alle 30 Min.
Ticket $ 14/9
Die sechsminütige 4-D-Multimedia-
show im kalten Bewegungssimulator
vermittelt die Fälle hautnah.

Skylon Tower

5200 Robinson St.
 Niagara Falls, Ont. L2G 2A3
℃ (905) 356-2651 und
1-888-975-9566
www.skylon.com
Tägl. 9–22 Uhr, Eintritt $ 14/9
Mit 240 m höchster Aussichtsturm in
Niagara Falls. Mit Drehrestaurant.

Marineland

7657 Portage Rd.
Niagara Falls, Ont. L2E 6X8
℃ (905) 356-9565
www.marinelandcanada.com
Tägl. Mitte Mai–Mitte Okt. 10–17,
Juli/Aug. 9.30–18 Uhr
Eintritt $ 43/36

Vergnügungspark mit Wasserzoo,
Delfin- und Killerwal-Shows, Achterbahn und allem, was dazugehört.

White Water Walk

4330 Niagara Pkwy.
Nördl. der Whirlpool Rapids Bridge
Niagara Falls, Ont. L2E 6T2
℃ 1-877-642-7275
www.niagaraparks.com
Ende Juni–Ende Aug. tägl. 9–20 Uhr,
sonst kürzer, Tickets $ 11/7
Spaziergang entlang den wilden
Stromschnellen des Niagara River.

Hornblower Niagara Cruises

5920 Niagara Pkwy.
 Niagara Falls, Ont. L2E 6X8
℃ (905) 642-4272
www.niagaracruises.com
Mai–Okt. tägl. 10–16, in der Hochsaison 8–20 Uhr
30-minütige Bootsfahrt, alle 15 Min.
Fahrpreis $ 20/13
Die modernen Schiffen fahren ab der
kanadischen Seite zum Fuß der Wasserfälle und legen keinen Stopp auf
US-Seite ein.

»Maid of the Mist«

Niagara Falls, NY 14303
℃ (716) 284-8897
www.maidofthemist.com
Touren Mai–Okt. tägl. 10–17, in der
Hochsaison 9–20 Uhr
20-minütige Bootsfahrt, alle 15 Min.
Fahrpreis $ 17/10
Seit 1846 wagen sich die weißen Boo-
te fast an den Fuß der Horseshoe
Falls heran. Zugang zum Anleger mit
Aufzug (wie zu Cave of the Winds),
kein Stopp auf kanadischer Seite.

Wego Niagara Falls

℃ (905) 356-1179
www.wegoniagarafalls.com
Die vier Buslinien fahren von 6 Uhr
bis Mitternacht, der Tagespass kostet
$ 7/4. Sie verkehren zwischen
Großparkplatz Rapid View (2 km
südlich der Fälle) und Queenston
Heights (15 km nördlich der Fälle)
mit Haltestellen an allen Attraktionen.

Whirlpool Aero Car

3850 Niagara Pkwy. (an der
 River Rd. auf der Höhe des Whirl-
pool), Niagara Falls, Ont. L2E 6T2

© 1-877-642-7275
www.niagaraparks.com
Ende Juni–Ende Aug. tägl. 9–20 Uhr,
sonst kürzer
Ticket $ 14/9
Luftige Gondelfahrt über die Strudel
des Whirlpool.

⊗ Pinnacle Restaurant
👁 6732 Fallsview Blvd. (im Tower
Hotel nur Zugang für Restau-
rantgäste)
Niagara Falls, Ont. L2G 3W6
© (905) 356-1501 und 1-866-325-7584
www.niagaratower.com
Restaurant im zweithöchsten Aussichtsturm von Niagara Falls mit gutem Blick auf die Wasserfälle. Kanadische Gerichte, auch Wild; Lunch
und Dinner. $$$

⊗ Edgewaters Tap & Grill
Im Queen Victoria Place
6345 Niagara Pkwy., im Queen Victo-
ria Park
Niagara Falls, Ont. L2E 6X8
© (905) 356-2217, tägl. 11.30 – 21 Uhr
Gutes Restaurant mit Terrasse in
Wasserfallnähe. Im Sommer leckeres
Lunch-Buffet. Nicht ganz so überlaufen
wie das »Table Rock Restaurant«. $$

Ausflugsziele:

Niagara-on-the-Lake
Parallel zum Niagara River passiert
der Niagara Parkway Obstplantagen
und Weingüter. 22 km nördlich der
Fälle endet der Parkway im maleri-
schen Städtchen Niagara-on-the-
Lake an der Mündung des Niagara
River in den Lake Ontario.

ⓘ Niagara-on-the-Lake Chamber of Commerce
26 Queen St.
Niagara-on-the-Lake, Ont. L0S 1J0
© (905) 468-1950
www.niagaraonthelake.com
Attraktive Ortschaft mit historischer
Bausubstanz an der Einmündung des
Niagara River in den Lake Ontario.

〰 Whirlpool Jet Boat Tours
61 Melville St.
Niagara-on-the-Lake, Ont. L0S 1J0
© (905) 468-4800 und
1-888-438-4444

www.whirlpooljet.com
Hochsaison tägl. 10–19 Uhr einstün-
dige Fahrt
Ticket $ 61/51
Rasante Fahrt mit den Jet Boats den
Niagara River aufwärts bis zum
Whirlpool. Wasserfeste Überklei-
dung wird gestellt.

👁 Fort George
51 Queens Parade
Nordende Niagara Pkwy.
Niagara-on-the-Lake, Ont. L0S 1J0
© (905) 468-6614
www.pc.gc.ca/fortgeorge
Mai–Okt. tägl. 10–17 Uhr
Eintritt $ 12/6
Fort aus dem Krieg von 1812. Haupt-
quartier der britischen Armee unter
Major General Sir Isaac Brock, der im
Okt. 1812 im Battle of Queenston
Heights fiel. Im Mai 1813 von amerika-
nischem Artilleriefeuer zerstört.

⊗ Queenston Heights Restaurant
 14184 Niagara Pkwy.
Queenston, Ont. L0S 1J0
Im Queenston Heights Park (unterhalb des Brock Monument)
© (905) 262-4274 und 1-877-642-7275
Nur Mai–Sept. geöffnet
Hervorragendes Restaurant in angenehm ruhiger Lage 11 km nördlich
der Fälle (Endhaltestelle des Linien-
busses). Panoramablick auf den
Niagara River. Auch Dinner Theatre.
$$ 🌾

Shaw Festival
*Nach dem »Stratford
Festival« das bedeu-
tendste kanadische
Theaterfestival.
Aufgeführt werden
von Mitte April bis
Ende Oktober in vier
Theatern in Niagara-
on-the-Lake Stücke
von George Bernard
Shaw (1856–1950) und
seinen Zeitgenossen.
Informationen unter
© 1-800-511-7429,
www.shawfest.com.*

*Reise ins britische Kolo-
nialzeitalter: Niagara-on-
the-Lake*

Provinz Ontario
Kontraste der Superlative

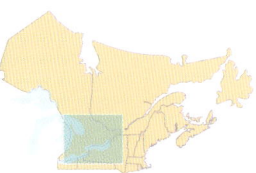

Eine Karte der Provinz
Ontario finden Sie
S. 56/57.

Der Algonquin Provincial Park gehört zu den Regionen Kanadas, in denen man am besten Elche beobachten kann. Auch Wölfe sind im Park heimisch. Die scheuen Isegrims hausen in abgelegenen Bereichen, aber in manch sternenklarer Nacht durchtönt ihr Geheul den Wald. Vielleicht ergibt sich im Hochsommer die Chance, an einem »öffentlichen Wolfsheulen« teilzunehmen, zu dem sich Park Wardens und Parkbesucher nachts treffen. Wenn dann ein so schauriges Geheule angestimmt wird, dass es den Teilnehmern selbst kalt den Rücken herunterläuft, folgt mit etwas Glück die Antwort der »richtigen« Wölfe von Algonquin. Doch ist allein die Menschenmenge, die sich lautlos und vollkommen diszipliniert versammelt, schon ein Erlebnis für sich.

Ontario präsentiert sich als Region von beeindruckender Vielfalt. Auf 2000 Kilometern quer durch die zweitgrößte kanadische Provinz erlebt man auf dem Trans-Canada Highway ein buntes Kaleidoskop verschiedenster Landschaften – von Farmland im Osten an der Grenze zu Québec und den Großen Seen entlang der Grenze zu den USA bis hin zu scheinbar unendlichen Wäldern. Noch kontrastreicher wirkt das Süd-Nord-Gefälle. Dem besiedelten, industrialisierten Süden mit der Metropole Toronto, der kanadischen Hauptstadt Ottawa und den weltberühmten Niagara Falls, stehen der nahe Kanu-Traum Algonquin Provincial Park und ein praktisch menschenleeres, unberührtes Nordland gegenüber.

Ontario ist ein Land der großen Überraschungen, der südlichste Festlandspunkt Kanadas (und Ontarios) im Point Pelee National Park liegt auf derselben geografischen Breite wie Mittelitalien, auf der Niagara Halbinsel gedeihen Weine und zum Badeurlaub an den vielen Sandstränden erreichen die Sommertemperaturen ideale 30 Grad Celsius.

Ontarios Besiedlung durch europäische Einwanderer verlief bis zum Ende des 18. Jahrhunderts äußerst schleppend. Zwar gründeten Jesuiten 1639 die Mission Sainte-Marie im Stammesgebiet der Huronen, aber innerhalb von zehn Jahren hatten Irokesen das Huronen-Territorium vollständig erobert und auch die Jesuiten aus Ontarios erster europäischen Siedlung vertrieben. Nach Beendigung des Nordamerikanischen Unabhängigkeitskriegs (1775–83) vollzog sich die Wende. Loyalisten (königstreue Briten) flohen aus den USA nach Kanada, wo sie aufgrund großzügiger Landschenkungen eine neue Heimat fanden. Mit diesen Zuwanderern wurde Ontario erstmals nennenswert besiedelt, worauf die britische Regierung 1791 das bisherige Québec mit dem Ottawa River als Grenze in zwei Provinzen aufteilte: in das frankophone Lower Canada (heute Québec) und das anglophone Upper Canada (heute Ontario) mit dem 1793 gegründeten Fort York, dem späteren Toronto, als Hauptstadt.

❶ Algonquin Provincial Park

Die 7600 Quadratkilometer große fantastische Hügellandschaft zwischen Georgian Bay und Ottawa River am Südrand des Kanadischen Schildes ist durchsetzt mit scheinbar unendlich vielen Sümpfen, Bächen und Seen. Obwohl der dicht bewaldete Park nur im südlichen Bereich von einer Straße durchquert wird und Besucher das unwegsame nördliche Hinterland ausschließlich per Fuß- oder Kanuwanderung erreichen, ist die Region beileibe nicht unberührt. Holzfäller rückten den mächtigen Stämmen der Weymouth-Kiefern bereits ab Mitte des 19. Jahrhunderts zuliebe. Im Jahr der Parkgründung, 1893, waren die großen, alten Bestände weitgehend abgeholzt. Heute werden innerhalb der Parkgrenzen in kontrolliertem Maß Bäume gefällt, wobei die Forstwirtschaft dem augenscheinlichen »Wildnis-Look« des Algonquin nicht abträglich ist. Vielmehr bilden in dem Park seit dem 19. Jahrhundert Naturschutz, Tourismus und Holzwirtschaft eine verblüffend vorbildliche Symbiose.

Der **Parkway Corridor** (Hwy. 60) zieht sich über 56 Kilometer durch den Südteil des Algonquin Provincial Park und gewährt Zugang zu Kanuseen, Lodges, Restaurants sowie Camping- und Picknickplätzen in der Waldidylle.

Einen Überblick über Flora und Fauna, über Geologie und regionale Geschichte, über die Vielfalt der Wander- und Kanurouten vermittelt das **Algonquin Provincial Park Visitor Centre**. Ebenfalls unweit des Osteingangs gehören ein originalgetreu rekonstruiertes Holzfällerlager und eine charakteristische Holzrutsche, auf der die Stämme um turbulente Wasserfälle und Stromschnellen herumgeflößt wurden, zu den Hauptattraktionen des **Algonquin Logging Museum**.

In dem von Gletschern geformten Park mit seinen rund 2500 glasklaren Seen laden felsige, waldbestandene Inseln zum Picknick ein, manche sind mit Wochenend- und Sommerhäuschen samt Bootsanlegern allerdings in fester Hand. Während auf größeren Seen Motorboote herumschippern, bleiben Hinterland und kleinere Seen allein für Kanufahrer reserviert.

Gut ausgerüstet zur Kanu- und Kajaktour im Algonquin Park

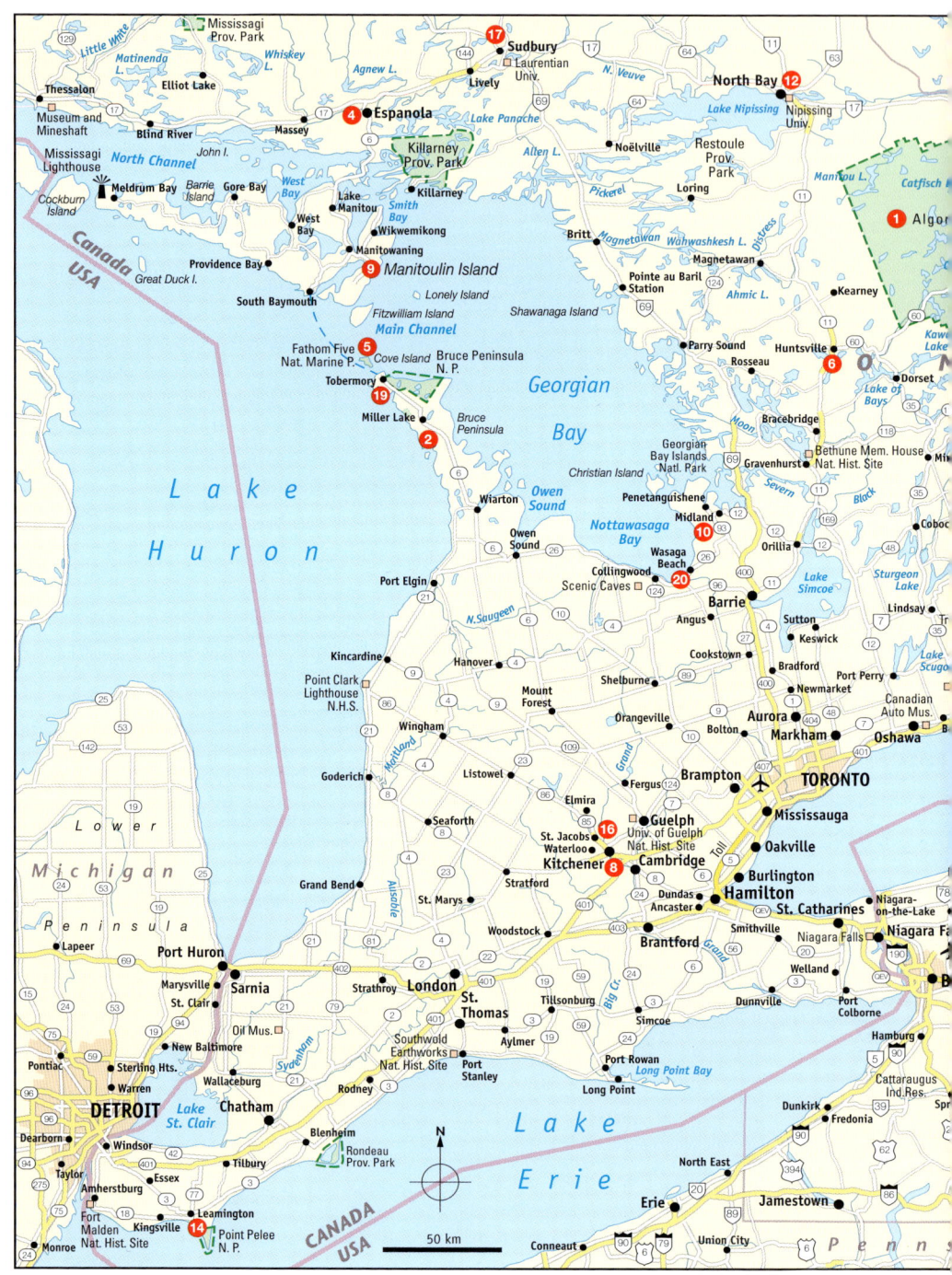

ONTARIO

Lac aux Sangsues
Lac Pythonga
Lac Saint-Patrice
Nomininque
Parc Récr. du Mont-Tremblant
107
305
106
Rés. faunique de Papineau-Labelle
117
329
Ottawa River
17
Petawawa
L. Travers
Gracefield
15
Saint-Jovite
148
Waltham
Petawawa
13
Canadian Airborne Forces Mus.
Pembroke
Val-des-Bois
Namur
Lachute
158
Park
Bonnechere
41
17
Beachburg
Buckingham
Montebello
Hawkesbury
148
Ottawa
17
34
40
Killaloe
Eganville
Golden Lake
60
Storyland
Père de la Gatineau
148
Gatineau
Hull
50
Glengarry Cairn Nat. Hist. Site
60
Trout Lake
127
Bonnechere Caves
102
Renfrew
Arnprior
417
Aylmer
OTTAWA
417
138
34
Combermere
41
Kanata
Nepean
416
Inverarden House Nat. Hist. Site
2
Norcan L.
Carleton Place
Corel Centre
Chesterville
Upper Canada Vil.
401
Cornwall
3
Denbigh
7
15
31
11
Morrisburg
37
Massena
37
Bancroft
82
York
28
41
Bon Echo Prov.Park
Smiths Falls
43
56
11
Weslemkoon Lake
Mississippi
Perth
Blockhouse Mus.
2
Prescott
15
Ft. Wellington Nat. Hist. Site
11B
Potsdam
458
Hill
Apsley
28
Sharbot Lake
Big Rideau L.
Battle of the Windmill Nat. Hist. Site
15
Canton
812
Brockville
Kaladar
7
Frontenac Prov. Park
56
Burleigh Falls
62
Marmora
Tweed
38
12
Tupper Lake
Crowe
Indian
14
82
41
Gananoque
401
18
3
30
7
Kingston
7
Thousand Islands
37
11
Belleville
2
Bellevue House Nat. Hist. Site
Ft. Henry
180
81
Ft. Drum Mil.Res.
Adirondack Park
terborough
45
Trenton
62
Picton
Wolfe Island
Watertown
812
Old Forge
Cobourg
401
33
Wellington
12
1180
t Hope
Lowville
28

Lake
Ontario

Camden
Alder Creek
12
104
81
Fulton
Oneida L.
Rome
Utica
on
19
Irondequoit
104
N. Syracuse
Oneida
Little Falls
98
Brockport
Rochester
31
Toll
aga
Toll
90
Syracuse
20
Batavia
Auburn
Bridgewater
Geneva
Cobleskill
Geneseo
Finger Lakes
81
Otselic
390
Keuka L.
Cortland
Norwich
Oneonta
Portageville
New York
Ithaca
618
88
Delhi
klinville
86
Whitney Pt.
Dunraven
Wellsville
86
Binghamton
86
Owego
Hancock
Elmira
86
81
Montrose
vania
Mansfield

*Kanu im Algonquin
Provincial Park*

Der Algonquin Provincial Park ist das bedeutendste Kanurevier im kanadischen Osten. Auf insgesamt über 2100 Kilometer langen Routen kann man Touren von wenigen Stunden über Tagestrips bis hin zu mehrtägigen Exkursionen ins Hinterland ausdehnen. Dabei ist zur Hauptsaison eine rechtzeitige Reservierung der Campingplätze im Hinterland *(backcountry camping)* erforderlich.

Auch kurze Naturlehrpfade und ausgedehnte Wanderwege gibt es in großer Auswahl. Nur anderthalb Kilometer lang ist der **Spruce Bog Boardwalk**, der um zwei typische nördliche Sümpfe herumführt, ganze fünf Kilometer der **Booth's Rock Trail**. Zwei Seen und ein fabelhafter Aussichtspunkt liegen am Wanderweg durch die Waldlandschaft; zurück geht es über einen verlassenen Schienenstrang, der auf frühe zivilisatorische Einflüsse im Park hinweist. Steiler als die beiden anderen, auch etwas rauer und zwei Kilometer lang schlängelt sich der **Lookout Trail** durch die Wälder. Krönung der Mühen ist auch hier eine herrliche Panoramasicht auf Algonquins Wald- und Seenlandschaft.

Service & Tipps:

 Algonquin Visitor Centre
 Km 43, Hwy. 60, Algonquin Provincial Park, Ont. K0J 2M0
℅ (705) 633-5572
www.ontarioparks.com
www.algonquinpark.on.ca
(detaillierte Park Infos)
Tägl. 9–17 Uhr, Eintritt $ 16 pro Wagen
13 km westlich des Osteingangs,
Ausstellungen und audiovisuelle
Präsentationen über Flora und Fauna
des Parks, zur Geschichte der Holzwirtschaft sowie naturhistorische
und anthropologische Themen; mit
Panoramaterrasse, Café und einem
gut sortierten Buchladen (betreut
durch algonquinpark.on.ca).

 Algonquin Logging Museum
Hwy. 60, Algonquin Provincial

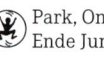 Park, Ont. K0J 2M0
Ende Juni–Mitte Okt. tägl. 9–17
Uhr
Holzfällermuseum Nähe Osteingang
mit einem authentisch nachgebildeten Holzfällerlager einschließlich
Holzrutsche und Damm, mit gut sortiertem Buchladen.

Algonquin Outfitters
1035 Algonquin Outfitters Rd.
Oxtongue Lake
Dwight, Ont. P0A 1H0
℅ (705) 635-2243 und 1-800-469-4948
www.algonquinoutfitters.com
Kanumiete ab $ 20 pro Tag
Mietkanus, ebenso wie Bekleidung,
Fertigmahlzeiten und Ausrüstungsgegenstände gibt es direkt am Hwy.
60 am Opeongo Lake (im Park) sowie
am Oxtongue Lake (knapp westlich
des Parks).

*Tanz auf den weißen
Kronen der Wellen: White
Water Rafting*

❷ Bruce Peninsula National Park

An der Südspitze der Bruce Peninsula liegt der gleichnamige Nationalpark. Prägender Bestandteil des Parks ist das sich nach Osten zur Seite der Georgian Bay hin auftürmende und bis zu den Niagarafällen reichende Niagara Escarpment. Der Steilabbruch entstand aus Ablagerungen eines tropischen Meeres, das vor etwa 400 Millionen Jahren die Region bedeckte. Von Tobermory nordwärts bis Manitoulin Island setzt sich das Escarpment als Inselkette fort.

Die raue, zerklüftete Küste förderte die Entwicklung eines einzigartigen Ökosystems, in dem Flora und Fauna dank der Unzugänglichkeit der Felsnischen, Höhlen und Grotten ungestört gedeihen können. Eine besondere Reputation besitzt die Bruce Peninsula wegen ihrer seltenen Orchideen und Farne.

Am **Cyprus Lake** mit Campingplatz und Badestrand schlägt das Herz des Parks. Dort beginnen mehrere schöne Wanderwege, von denen die drei Kilometer lange Kombination aus **Georgian Bay Trail** zur Küste und **Marr Lake Trail** zurück zum Cyprus Lake an Brillanz kaum zu überbieten ist. Alternativ kann man hoch über der Georgian Bay dem anspruchsvollen **Bruce Trail** nach Tobermory folgen. Flach hingegen verläuft die Westseite des Nationalparks am Lake Huron, wo der Sandstrand des **Singing Sands Beach** an der Dorcas Bay zum Badeurlaub einlädt.

Service & Tipps:

ⓘ **Bruce Peninsula National Park**
Tobermory, Ont. N0H 2R0
✆ (519) 596-2233
www.pc.gc.ca/bruce
Eintritt frei
Nationalpark an der Nordspitze der Bruce Peninsula, mit herrlichen Wanderwegen (u.a. Bruce Trail) und schönem Campingplatz. Im Osten an der Georgian Bay ragt das Niagara Escarpment mit typischen Steilklippen aus hellem Dolomitkalkstein empor, im Westen am Lake Huron liegen flache Sandstrände und Marschen. Modernes, neues Park Visitor Info Centre bei Tobermory, mit Aussichtsturm.

Schutzgebiet für seltene Vegetation: der Bruce Peninsula National Park

(i) **Cornwall &
Seaway Valley
Tourism**
691 Brookdale Ave.
Cornwall, Ont. K6J 5C6
☏ (613) 938-4748 und
1-800-937-4748
www.cornwalltourism.
com

➌ Cornwall

Das 47 000 Einwohner zählende Cornwall ist nach Kingston die größte Stadt Ontarios am Sankt-Lorenz-Strom. Rund zwei Millionen Kilowatt Strom produzieren die beiden Kraftwerke am dortigen 985 Meter langen **Robert Moses-Robert H. Saunders Power Dam**, der von Kanada (Ontario Power Generation) und den USA (New York Power Authority) gemeinsam betrieben wird – eine Flagge markiert die Grenze in der Damm-Mitte. Zufahrt über Ausfahrt 786 der Autobahn 401 auf Power Dam Dr. (Hwy. 33).

(i) **Robert Saunders Generating
Station**
St. Lawrence Power Development
Visitor Center

2500 B Second St. W.
Cornwall, Ont. K6H 5R6
☏ (613) 932-4563, www.opg.com
Mo–Fr 9–16.30 Uhr

➍ Elora Gorge

In der Elora Gorge zwängt sich der Grand River zwischen 22 Meter hohen Klippen hindurch. Wanderwege mit Aussichtspunkten begleiten den Flusslauf, am meisten Spaß macht das Tubing durch die Schlucht, ein erfrischender Zwischenstopp im warmen Sommer. Kanufahrer starten am Ende der Elora Gorge zu einem ruhigen Dreistundentrip flussabwärts bis zur berühmten Covered Bridge (überdachten Brücke) von 1881 über den Grand River in West Montrose. Im weiteren Flussverlauf bieten Kanuvermieter ihre Dienste an.

 **Elora Gorge Conservation
Area**
 Grand River Conservation
Authority

 7400 Wellington County Rd. 21
Elora, Ont. N0B 1S0
☏ (519) 846-9742
www.grandriver.ca, Eintritt $ 6

➎ Fathom Five National Marine Park

Mit seinen vielen Schiffswracks zwischen den Inseln ist Kanadas erster Unterwasser-Nationalpark ein Dorado für Taucher. In diese Seeenge zwischen Georgian Bay und Lake Huron senkt sich das Niagara Escarpment, ein riffähnlicher Höhenzug aus Dolomitkalksteinklippen zwischen den Niagarafällen und Manitoulin Island. Glasbodenboote schippern ab Little Tub Harbour in Tobermory zu den Wracks, Höhepunkt dabei ist ein Zwischenstopp auf Flowerpot Island mit einer Kurzwanderung zu den Flowerpot Rocks.

 **Fathom Five National Marine
Park**
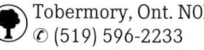 Tobermory, Ont. N0H 2R0
☏ (519) 596-2233
www.pc.gc.ca/fathomfive
Eintritt $ 6/3
Kanadas erster Unterwasser-Nationalpark mit 21 Schiffswracks um 19 Inseln und kurzen Wanderwegen auf Flowerpot Island; Ausflugsboote mit Glasböden und Tiefblick in das klare Wasser. Neues Visitor Centre mit dem Bruce Peninsula NP.

🚤 **»Great Blue Heron«**
24 Carlton St.
Tobermory, Ont. N0H 2R0
☏ (519) 596-2999 und 1-855-596-2999
www.blueheronco.com
Anfang Mai–Mitte Okt. viermal, Juli/Aug. fünfmal tägl. 1 $1/2$-stündige Fahrten mit dem Glasbodenboot um die Inseln ($ 30/21) zur Flowerpot Island ($ 36/27) und zweistündige Nationalparkrundfahrten ($ 39/30). Ab Little Tub Harbour. (Rückfahrt mit späteren Booten möglich.)

❻ Huntsville

Huntsville (19 200 Einwohner) ist westliches Eingangstor zum Algonquin Provincial Park und zum Seenplateau der Lake-of-Bays-Region. Knapp südlich des Stadtzentrums liegt das »lebende« Freilichtmuseum **Muskoka Heritage Place**. Zeitgenössisch gekleidete Bewohner aus dem ausgehenden 19. Jahrhundert gehen u. a. in Schmiede, Sägemühle oder Bahnhof ihrer Arbeit nach. Im Hochsommer schmaucht auch der **Portage Flyer Steam Train** zu Ausflugsfahrten, zuvor wurde diese Dampflok von 1901–59 auf Regionalstrecken eingesetzt.

Service & Tipps:

ⓘ **Huntsville/Lake of Bays Chamber of Commerce**
8 West St. N.
Huntsville, Ont. P1H 2B6
✆ (705) 789-4771
www.huntsvilladventures.com

🏛 **Muskoka Heritage Place**
88 Brunel Rd.
⚓ Huntsville, Ont., P1H 1R1
✆ (705) 789-7576, 1-888-696-4255
🚂 www.muskokaheritageplace.org
Mitte Mai–Mitte Okt. tägl. 10–16 Uhr
Dampflok Juli/Aug. Di–Sa 12, 13, 14

und 15 Uhr, in der Nebensaison nur Diesellokfahrten, Eintritt Freilichtmuseum $ 11, Zug $ 6
Das Freilichtmuseumsdorf liegt 1 km südlich der Stadt. Fahrten mit dem Portage Flyer Stream Train.

✗ **Spencer's Tall Trees Restaurant**
87 Main St. W.
Huntsville, Ont. P1H 1X1
✆ (705) 789-9769
www.spencerstalltrees.com
Hervorragendes Restaurant im 120 Jahre alten, geschmackvoll eingerichteten Haus eines ehemaligen Bürgermeisters von Huntsville. $$–$$$

REGION 4
Provinz Ontario

Seenlandschaft in Muskoka (Ontario)

❼ Kingston

Mit dem beeindruckenden Fort Henry und der sehenswerten Innenstadt entlang der Hafenfront, wo sich hübsch restaurierte Gebäude aus dem 19. Jahrhundert mit Geschäften, Kneipen und Restaurants konzentrieren, verweist Kingston (168 000 Einwohner) vielerorts auf seine ereignisreiche Vergangenheit. Einst kurzfristig Kanadas Hauptstadt, fand sich Kingston allerdings bald in der Verliererrolle wieder. Während die Stadt am Ostende des Lake Onta-

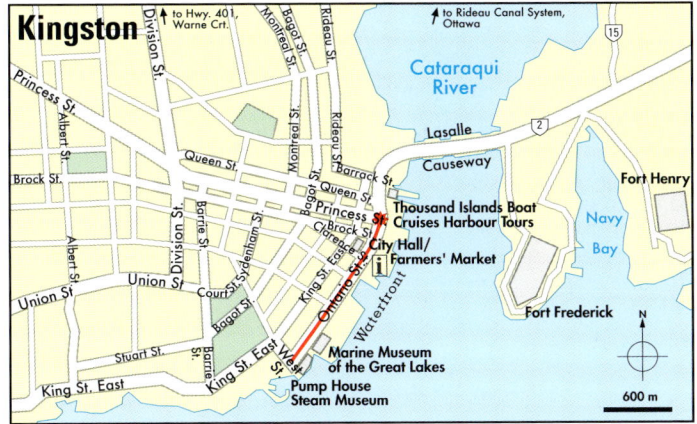

rio in ihrem Wachstum stagnierte, entwickelte sich Toronto am Westende des Sees zur multikulturellen Millionenmetropole. Dafür ist es Kingston gelungen, seinen ansehnlichen historischen Stadtkern nahezu unversehrt in die Moderne hinüber zu retten, so dass sich Alt und Neu auf harmonische Art miteinander vermischt. Nur wenige kanadische Städte können heute auf eine ältere und gepflegtere Bausubstanz verweisen als Kingston.

Kingston entstand 1673 unter Louis de Buade de Frontenac, Gouverneur der französischen Kolonie Nouvelle-France als französisches Fort Frontenac am Ausgangspunkt des Sankt-Lorenz-Stroms. Doch viel Freude bereitete ihm es ihm nicht; wiederholte Indianerangriffe zwangen zivile und militärische Bewohner sogar zur zeitweiligen Räumung. Nach dem Siebenjährigen Krieg, in dessen Verlauf 1758 die übermächtigen Briten den französischen Posten erobert hatten, verfiel das Fort. Ab 1783 besiedelten königstreue britische Loyalisten aus den USA den strategisch wichtigen Handelsposten am Sankt-Lorenz-Strom aufs Neue.

Der Altstadtspaziergang entlang der Ontario Street beginnt mit der **City Hall** an der Ecke Brock Street. 1844, als Kingston noch kanadische Hauptstadt war, entstand dieses markante kuppelbesetzte Kalksteingebäude ein wenig voreilig in der Hoffnung auf Verbleib des Regierungssitzes. Viele andere Häuser in der Altstadt zeichnen sich ebenfalls durch die typische Kalksteinarchitektur des 19. Jahrhunderts aus, was Kingston ein harmonisches Erscheinungsbild verleiht.

Unmittelbar vor den Toren der City Hall öffnen dienstags, donnerstags und samstags der bunte **Kingston Public Market** sowie am Sonntag der **Kingston Sunday Antique Market** (www.kingstonantiquemarket.com) ihre Pforten. Vor der City Hall docken im Confederation Park Ausflugsschiffe an – ein schöner Tag lässt sich gut für eine Bootstour nutzen.

Den Spaziergang auf der Ontario Street entlang der Waterfront kann man nach Süden bis zum **Marine Museum of the Great Lakes** fortsetzen. Umfangreiche Ausstellungen erzählen dort von Kingstons historisch gewachsener Verbindung zur Schifffahrt auf den Großen Seen, berichten über den lokalen Schiffsbau und die Schiffswracks vor der heimischen Küste. Zusätzlich steht der mächtige »Alexander Henry« für eine Stippvisite zur Verfügung. Der Eisbrecher stand von 1958–84 in Dienst und dient heute als Museum und – von der Kapitänskajüte bis zur einfachen Koje – als originelles Übernachtungsquartier mit insgesamt 48 Schlafplätzen, inklusive Frühstück in der Offiziersmesse. In der Nachbarschaft dokumentiert im **Pump House Steam Museum** ein restauriertes Wasserwerk von 1849 die Geschichte der Dampfmaschinentechnik.

Schließen dann die Museen und historisch interessanten Stätten, lädt nach einem entspannenden Abendbummel die Altstadt zum gemütlichen Dinner ein: Die Auswahl der Restaurants und Kneipen, die einen stilvollen Tagesausklang in schöner Umgebung bieten, ist erstaunlich groß.

Östlich der Innenstadt auf der gegenüberliegenden Seite des Cataraqui River breitet sich auf einer Landzunge das imposante **Fort Henry** aus. Das im Britisch-Amerikanischen Krieg (1812-14) errichtete und 1832-37 zur mächtigsten kanadischen Festungsanlage westlich von Québec erweiterte Fort wurde zu einem lebendigen Museum der britisch-kanadischen Militärgeschichte umfunktioniert. Zahlreiche Ausstellungsräume, Kanonensalut und Infanterie-Training sowie eine halbstündige Parade der rotberockten Soldaten demonstrieren Alltagsleben und militärischen Drill in einer Garnison zur Mitte des 19. Jahrhunderts.

Kingston mauserte sich 1841–44 zur Hauptstadt der United Province of Canada. Doch zähneknirschend musste man mit ansehen, wie die Rivalin Toronto zur Kapitale von Upper Canada, dem späteren Ontario, gekrönt wurde und zur Überraschung aller schließlich die burschikose Außenseiterin Ottawa das Rennen um die kanadische Hauptstadtposition machte.

Service & Tipps:

Kingston Information Centre
209 Ontario St.

Kingston, Ont. K7L 2Z1
✆ (613) 548-4415 und
1-888-855-4555
www.kingstoncanada.com

Marine Museum of the Great Lakes

55 Ontario St.
Kingston, Ont. K7L 2Y2
℃ (613) 542-2261
www.marmuseum.ca
Mitte Mai–Anfang Sept. tägl. 10–17,
sonst Mo–Fr 10–16 Uhr
Eintritt $ 9/6
Museum zur Geschichte der Schiff-
fahrt auf den Großen Seen seit 1678.
Die umfangreiche Ausstellungen
informiert u.a. über den lokalen
Schiffsbau und Schiffswracks. High-
light ist der imposante Eisbrecher
»Alexander Henry«.

Pump House Steam Museum

23 Ontario St.
Kingston, Ont. K7L 2S2
℃ (613) 544-7867
www.steammuseum.ca
Ende Mai–Anfang Sept. Di–Sa 10–17,
So 12–18, sonst Di–Fr 12–16 Uhr
Eintritt $ 5
Die Geschichte der Dampfmaschinentechnik im 19. Jh. wird mit Hilfe
eines restaurierten Wasserwerks von
1849 demonstriert, mit Modelleisen-
bahn.

Bellevue House

35 Centre St.
Kingston, Ont. K7L 4E5
℃ (613) 545-8666
www.pc.gc.ca/bellevue
Juli/Aug. tägl. 10–17, Ende Mai–Ende
Juni und Sept.–Anfang Okt. Do–Mo
10–17 Uhr
Eintritt $ 4
Um 1840 errichtetes Wohnhaus von

*Relikte seiner ereignis-
reichen Vergangenheit:
die Martello-Türme am
Hafen von Kingston*

Sir John A. Macdonald, dem ersten Premierminister Kanadas; im seinerzeit in Kanada einzigartigen italienischen Baustil.

Kingston City Hall
216 Ontario St.
Kingston, Ont. K7L 2Z3
✆ (613) 546-0000
www.cityofkingston.ca
Kuppelgekröntes Rathaus aus dem Jahr 1844, das ursprünglich als Kanadas Parlamentsgebäude gedacht war.

Haunted Walks
200 Ontario St.
Kingston, Ont. K7L 2Y9
✆ (613) 549-6366
www.hauntedwalk.com
Mai–Okt. tägl. 20, Hochsommer auch 21 Uhr, Ticket $ 15/9
90-minütiger Grusel-Spaziergang im Zentrum von Kingston ab Prince George Hotel.
  Im Geisterkostüm mit Laterne erzählt ein Führer (un-)glaubhafte historische Spukgeschichten. Solche Touren werden auch in Ottawa angeboten.

The Kingston Trolley Tours Ticket Booth
216 Ontario St.
1 Brock St.
Kingston, Ont. K7L 2Z3
✆ (613) 549-5544
www.kingstontrolley.ca
Ende Mai–Anfang Okt. tägl. 10–16.30, Juli/Aug. ab 9.30 Uhr alle 30, Sept. und Okt. alle 45 Min., $ 24/12
Die Hop-on-Hop-off-Trolleys fahren mit beliebig häufigem Ein- und Aussteigen mit neun Stopps in 75 Minuten alle bedeutenden Attraktionen der Stadt an.

Chez Piggy
68R Princess St.
Kingston, Ont. K7L 1A5
✆ (613) 549-7673
www.chezpiggy.com
Mo–Sa ab 11.30, So ab 10 Uhr
Urgemütliches Downtown-Restaurant mit Gartenterrasse in einem umgebauten Pferdestall aus dem Jahr 1810. Spanisch, nordafrikanisch und asiatisch beeinflusste, innovative Küche. $$$

Amadeus Café
170 Princess St.
Kingston, Ont. K7L 1B1
✆ (613) 546-7468
www.amadeuscafe.ca
Mo–Sa 11–22 Uhr, So geschl.
Das Downtown-Restaurant serviert u.a. Jägerschnitzel, Spätzle und Sauerkraut; mit bayerischem Biergarten. $$

Kingston Brewing Company
34 Clarence St.
Kingston, Ont. K7L 1W9
✆ (613) 542-4978
www.kingstonbrewing.ca
Tägl. 11–2 Uhr
Die Kingston Brewing Company hat 1986 Ontarios ersten Brew Pub eröffnet – in diesem Haus aus dem 19. Jh. mit Terrasse, gutem Ambiente, Speisekarte. $$

Alehouse
393 Princess St.
Kingston, Ont. K7L 5C9
✆ (613) 531-5300
www.thealehouse.on.ca
Tanzclub mit Livemusik, Bar und Pool-Billard.

Kingston Public Market
216 Ontario St.
Kingston, Ont. K7L 2Z3
www.kingstonpublicmarket.ca
Wochenmarkt in schöner Lage zwischen dem Rathaus und dem Anlegern für Ausflugsboote am Lake Ontario.

The Kingston Buskers
Kingston, Ont. K7L 3E3
✆ (613) 542-8677
www.kingstonbuskers.com
4 Tage Mitte Juli
Bei einem der besten Festivals mit Straßenkünstlern von ganz Kanada zeigen sich Künstler sämtlicher Ausrichtungen – von Feuerschluckern bis zu Folk-Musikern. Das Festival findet statt in Downtown Kingston.

Limestone City Blues Festival
Kingston, Ont. K7L 3E3
✆ (613) 548-4415 und 1-888-855-4555
www.kingstonblues.com
Drei Tage Ende Aug.
Bedeutendes Bluesfestival in Downtown Kingston.

❽ Kitchener

Zu Anfang des 19. Jahrhunderts gründeten deutschsprachige Mennoniten aus Pennsylvania südwestlich von Toronto den Ort Berlin, der im Ersten Weltkrieg nach dem britischen Feldmarschall Kitchener umbenannt wurde. Doch blieb die Stadt (220 000 Einwohner) dem bajuwarisch eingefärbten Brauchtum treu. Der Ballungsraum mit Cambridge und Waterloo verzeichnet 505 000 Einwohner.

Service & Tipps:

 Kitchener Welcome Centre
200 King St. W., City Hall
Kitchener, Ont. N2G 4G7
☎ (519) 741-2200
www.kitchener.ca

🏛 **Doon Heritage Village**
10 Huron Rd.
Kitchener, Ont. N2P 2R7
☎ (519) 748-1914
www.waterlooregionmuseum.com
Mai–Anfang Sept. tägl. 9.30–17, sonst
Mo–Fr 9.30–16 Uhr
Eintritt $ 10/5

Freilichtmuseum mit über 20 Gebäuden aus dem Jahr 1914, zeitgenössisch gekleideten »Bewohnern« und zwei Farmen. 3 km nördlich der Autobahn 401 (Ausfahrt 275 auf Homer Watson Blvd.).

 Kitchener Market/ Saturday Farmers' Market
300 King St. E.
Kitchener, Ont. N2G 2L3
☎ (519) 741-2287
www.kitchenermarket.ca
Markthallen mit Essständen Di–Fr 8–15, Sa 8–16 Uhr, guter Farmers' Market Sa 7–14.

❾ Manitoulin Island

Aufgrund ihrer über 1500 Kilometer langen Küstenlinie gilt Manitoulin Island (»Insel des Manitou«) im Lake Huron als die größte in einem Süßwassersee gelegene Insel der Welt. Getoppt wird das Ganze vom rund 50 Kilometer langen und 15 Kilometer breiten **Lake Manitou**, dem man nachsagt, er sei der weltgrößte auf einer »Süßwasserinsel« befindliche Süßwassersee.

Neben weiten, ebenen Landwirtschaftsflächen und sanft gewellten Landstrichen markieren die Erhebungen des Niagara Escarpment die höchsten Inselpunkte. Kleine Örtchen mit breiten Hauptstraßen und ein paar Läden und Tankstellen sprenkeln die Insel. Unzählige Seen beleben die Umgebung, und an den verschwiegenen Ufern gibt es einladende Sandstrände, auch wenn der Lake Huron erst im Hochsommer akzeptable Wassertemperaturen erreicht. Wochenendurlauber aus dem Großraum Toronto frequentieren vorwiegend den Ostteil der Insel. Im Westteil ab Gore Bay ist es stets ruhig und bis zum entlegenen **Mississagi Lighthouse** am äußersten Westzipfel (mit kurzer Schotterstraßenanfahrt) verlieren sich nur relativ wenige Touristen.

Gore Bay, der mit rund 850 Einwohnern zweitgrößte Ort auf Manitoulin Island, breitet sich sehenswert um den schönen Hafen mit Marina. Nach einer Wanderung über den ufernahen Boardwalk sollte man auf jeden Fall kurz auf die Klippen östlich oberhalb des Hafens fahren, vom East Bluff Lookout bietet sich ein brillantes Panorama. Genauso beeindruckend ragen 18 Kilometer westlich von Little Current am Cup and Saucer, einem bewaldeten Höhenzug, 70 Meter hohe Klippen empor. Dort ist der drei Kilometer lange Upper Trail zum höchsten Punkt der Insel der schönste Wanderweg auf Manitoulin Island.

In dem aus dicken Steinen erbauten ehemaligen Dorfgefängnis in **Manitowaning**, einem Ortsteil von Assiginack und der ältesten Siedlung der Insel, erzählt das kleine Assiginack Museum von vergangenen Zeiten. Museumscharakter hat auch die betagte Fähre »S.S. Norisle«, die heute als Touristenat-

Lighthouse auf Manitoulin Island

Mitte Oktober feiern Besucher aus aller Welt in Festhallen neun Tage lang das Kitchener-Waterloo Oktoberfest mit Akkordeonmusik, Bier und Bratwurst. Das größte Oktoberfest Nordamerikas. Höhepunkte sind die Eröffnung am Kitchener Civic Square und der kilometerlange Umzug am Thanksgiving Day (☎ 519-570-4267, www.oktoberfest.ca).

Besuch ist hier eine willkommene Abwechslung: Indianerreservat in Ontario

Das große Wikwemikong Pow Wow lockt alljährlich Anfang August Hunderte von indianischen Tänzern aus Kanada und den USA in die Reservation auf Manitoulin Island.

traktion an die große Zeit der Schifffahrt auf den Großen Seen erinnert. (Die »SS Norisle« wird zurzeit restauriert.)

Die Geschichte von Manitowaning geht zurück in das 19. Jahrhundert, als sich die kanadische Regierung nach dem Britisch-Amerikanischen Krieg (1812–14) mit Geschenken bei den ehemaligen indianischen Alliierten bedankte. Das sprach sich herum, und etwa 20 Jahre später hatte sich Manitowaning, die »Höhle des Großen Geistes«, zu einem alljährlichen Treffpunkt von Indianern aus dem nördlichen Ontario und den nahen USA entwickelt. Als weitergehende Maßnahme plante die Regierung eine vollständige Europäisierung der Indianer. Das so genannte »Manitowaning Experiment« schlug fehl. Die die europäische Lebensweise ablehnenden Ojibwa gingen weiter zum Jagen und Fischen, ihre Kinder schwänzten die Schule. Und statt den anglikanischen Lehren von Kirche und Schule in Manitowaning zu folgen, wandten sich die Indianer dem von Jesuiten und römisch-katholischem Glauben geprägten Leben des benachbarten Wikwemikong zu, das Manitowaning hinsichtlich Wohlstand und Einwohnerzahlen schnell den Rang ablief. Daraufhin wurde das erfolglose Regierungsexperiment beendet.

Die **Wikwemikong Unceded Indian Reservation** (www.wikwemikongheritage.org) auf Manitoulin ist das einzige kanadische Indianerreservat, dessen Land niemals an die kanadische Regierung abgetreten wurde; hier leben heute rund 2600 Menschen. Das Territorium unterliegt seit 1836 der Vereinbarung »Bond Head Treaty«, die Manitoulin Island den Indianern zugesteht. Wenn auch bereits 1862 das »McDougall Treaty« dieses Übereinkommen wieder aufhob – Wikwemikong, in der Ojibwa-Sprache »Bucht des Bibers«, bildete eine Ausnahme, da seine Bewohner den Vertrag nicht unterzeichneten.

Service & Tipps:

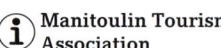 **Manitoulin Tourism Association**
70 Meredith St. E.
Little Current, Ont. P0P 1K0
℃ (705) 368-3021
www.manitoulintourism.com
Touristeninfo am nordöstlichen Ortsausgang.

Town of Gore Bay
15 Water St.
Gore Bay, Ontario P0P 1H0
(705) 282-2420, www.gorebay.ca

Assiginack Museum
125 Arthur St.
Manitowaning, Ont. P0P 1N0
(705) 859-3905
www.assiginack.ca/assiginack-muse

um-heritage-complex
Juni–Sept. tägl. 10–17 Uhr, Eintritt $ 3
Kleines Museum in Manitowaning,
einem Ortsteil von Assiginack.

👁 Mississagi Lighthouse Heritage Park

Mississagi Rd.
Meldrum Bay, Ont. P0P 1R0
www.themississagilighthouse.
com
Abgelegener, kleiner Leuchtturm von
1873 an der rauen Küste der Mississagi Strait, mit kleinem Museum;
Restaurant (tägl. geöffnet) und Campingplatz direkt an den Felsklippen,
11 km westlich von Meldrum Bay.

📖 Ten Mile Point Trading Post & Gallery

Sheguiandah, Ont. P0P 1W0
℡ (705) 368-2377
Mitte Mai–Mitte Okt. tägl. 9–19 Uhr
Guter Aussichtspunkt am Hwy. 6
zwischen Little Current und Manitowaning. In dem indianischen Andenkenladen kann man Holz- und
Geweihschnitzereien, Malereien,

Hirschlederhandschuhe, Türkis-
schmuck, Mokassins u.v.m. erstehen.

🎭 Wikwemikong Annual Cultural Festival

Wikwemikong, Ont. P0P 1K0
℡ (705) 859-2385
www.wikwemikong.ca
Drei Tage Anfang Aug.
Veranstaltet in der Wikwemikong
Unceded Indian Reserve
Seit 1961 das größte und längste Pow
Wow Ostkanadas.

*Ten Mile Point Trading
Post bei Manitowaning*

*Angler bei Providence Bay
auf Manitoulin Island*

⑩ Midland

Midland (17 000 Einwohner) ist Ausgangspunkt für Kreuzfahrten durch die 30 000 Islands. Darüber hinaus besitzt kein Ort in Ontario mehr Wandgemälde als das Städtchen am Severn Sound der Georgian Bay, wo 1639 die Jesuitenmission Sainte-Marie gegründet wurde. Ihre Aufgabe – die Christianisierung der Huronen – konnte die erste europäische Siedlung in Ontario aber nur zehn Jahre erfüllen. Bis 1649 hatten die Irokesen das Siedlungsgebiet der Huronen vollständig erobert und dabei mehrere Jesuitenpater ermordet. Die geschlagenen Huronen mussten ihre Heimat verlassen und mit ihnen die Jesuiten nach Québec zurückkehren. Heute ist das rekonstruierte **Sainte-Marie-among-the-Hurons** ein exzellentes lebendes Freilichtmuseum, Schmiede und Tischler gehen ihrem Tagewerk nach, Indianer erzählen überlieferte Legenden, eine Multimediashow und interaktive Ausstellungen im Parkmuseum beleuchten den historischen Kontext.

Direkt neben Sainte-Marie durchqueren im **Wye Marsh Wildlife Centre** interessante, geführte Kanutrips ein weitläufiges Feuchtgebiet mit Boardwalks, Wanderwegen, Fischadlernestern und Beobachtungsplattformen. Auf der gegenüberliegenden Straßenseite gedenkt die 1984 von Papst Johannes Paul II. besuchte Kirche **Martyrs' Shrine** acht von Irokesen ermordeten Jesuiten-Heiligen.

Service & Tipps:

 Southern Georgian Bay Chamber of Commerce
208 King St.
Midland, Ont. L4R 3L9
✆ (705) 526-7884 und 1-855-526-3788
www.southerngeorgianbay.ca

 Sainte-Marie among the Hurons Huronia Historical Park
 16164 Hwy. 12 E.
Midland, Ont. L4R 4K8
✆ (705) 526-7838
www.saintemarieamongthehurons.on.ca
Ende Mai–Mitte Okt. tägl. 10–17 Uhr
Eintritt $ 12/11
Authentisch gestaltetes, lebendes Freilichtmuseum mit gutem Parkmuseum und Restaurant auf einer ehemaligen Jesuitenmission aus dem Jahr 1639, 5 km östlich von Midland.

 Wye Marsh Wildlife Centre
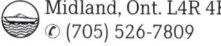 16160 Hwy. 12
Midland, Ont. L4R 4K6
✆ (705) 526-7809
www.wyemarsh.com
Juli/Aug. tägl. 9–17 Uhr
Eintritt $ 11
Geführte Kanufahrt Juli/Aug. viermal tägl.
Fahrpreis $ 8

Feuchtgebiet mit vielen Wanderwegen; einstündige, geführte Kanutouren.

 Martyrs' Shrine
16163 Hwy. 12
Midland, Ont. L4R 4K6
✆ (705) 526-3788
www.martyrs-shrine.com
Mai–Okt. tägl. 8–21 Uhr
Eintritt $ 5
Kirche zu Ehren der acht Jesuiten-Heiligen, die bei Überfällen der Irokesen ermordet wurden.

 Miss Midland 30 000 Islands Boat Cruises
Midland, Ont. L4R 3L9
✆ (705) 549-3388 und 1-888-833-2628
www.midlandtours.com
Mai–Mitte Okt. tägl. ein bis drei Fahrten
Ticket $ 28/15
2 1/2-stündige Kreuzfahrt zu den Thirty Thousand Islands in der Georgian Bay; ab Midland Town Dock am Nordende der King St.

 Discovery Harbour
93 Jury Dr.
 Penetanguishene, Ont. L9M 1G1
✆ (705) 549-8064
www.discoveryharbour.on.ca
Juni Mo–Fr, Juli–Anfang Sept. tägl. 10–17 Uhr

Im Indianerreservat in
Ontario

Eintritt $ 7
1817 als britischer Militärhafen
gegründet, heute Ankerplatz zweier

nachgebauter Segelschiffe, Theater-
aufführungen im King's Wharf Theatre, Restaurant.

⑪ Morrisburg

Morrisburg (2800 Einwohner) wurde beim Ausbau des hochseeschifffahrts-
tauglichen Sankt-Lorenz-Seewegs (ca. 330 km von Kingston nach Montréal)
stark in Mitleidenschaft gezogen. Mit dem Anstieg des Flusspegels nach den
Baumaßnahmen mussten viele Gebäude in höher gelegene Ortsteile versetzt
werden. Dasselbe Schicksal ereilte auch die Nachbarortschaft Iroquois. Drei
Kilometer westlich des Ortes lohnt sich ein Picknickstopp am sehr guten Aussichtspunkt über die **St. Lawrence Seaway Locks**.

Einige der ältesten Baustrukturen aus Morrisburg lieferten das Material
für das exzellente Freilichtmuseum **Upper Canada Village**, das Besucher in
ein originalrekonstruiertes Dorf der Sankt-Lorenz-Region des Jahres 1860
zurückversetzt. In historische Gewänder gehüllte Handwerker, wie Schuh-
macher, Schmiede und Tischler, zeigen dem Menschen der Moderne, wie man
seinerzeit den Eigenbedarf deckte. In der Sägemühle wird Holz bearbeitet, die
Getreidemühle mahlt gemächlich vor sich hin, und in der Bäckerei duftet es
nach frischem Brot. Pferdekutschen übernehmen den Transport durch das
Dorf und nehmen auch Gäste mit.

In 45 Minuten durch-
fahren mächtige Con-
tainerschiffe aus aller
Herren Länder die
234 Meter lange und
24 Meter breite
Schleuse der St. Law-
rence Seaway Locks.

Service & Tipps:

🏛 **Upper Canada Village**
Morrisburg, Ont. K0C 1X0
☎ (613) 543-4328 und
1-800-437-2233
www.uppercanadavillage.com
Mai–Okt. tägl. 9.30–17 Uhr
Eintritt $ 21
Das fantastische »lebende« Frei-
lichtmuseum im Stil der 1860er Jah-
ren rekonstruiert ein Dorf der Sankt-
Lorenz-Region mit authentischen
Gebäuden; Restaurant und Cafeteria,

Pferdekutschfahrten. 11 km östlich
von Morrisburg (Ausfahrt 758 der
Autobahn 401).

🍴 **Willard's Hotel**
13740 County Rd. 2
Upper Canada Village
Morrisburg, Ont. K0C 1X0
☎ (613) 543-0660
www.bafoodservices.ca
Im 1795 erbauten Hotel servieren
zeitgenössisch gekleidete Bedienun-
gen Menüs aus dem 19. Jh. Und –
stilecht – British Afternoon Tea. $$

69

⑫ North Bay

Im Verkehrsknotenpunkt North Bay (54 000 Einwohner) am Lake Nipissing kreuzen sich Highway 11 und Highway 17. Alles nördlich der Linie North Bay–Sudbury zählt schon zum weiten, dünnbesiedelten Norden Ontarios, und so hat sich die Stadt als Ausgangspunkt für Angel-, Jagd- und Sightseeing-Exkursionen in den Norden einen Namen gemacht.

Touristischer Hauptanziehungspunkt ist der **Waterfront Park** mit Konzertpavillon am Memorial Drive, wo im Sportboothafen die »Chief Commanda II« ankert. Das Ausflugsschiff schippert auf unterschiedlichen Touren über den Lake Nipissing bis zum French River an dessen Südwestseite.

Service & Tipps:

»Chief Commanda II«
King's Landing
200 Memorial Dr.
North Bay, Ont. P1B 8K5
℡ (705) 494-8167 und 1-866-660-6686
www.georgianbaycruise.com
Touren Mitte Mai–Mitte Sept., Mai und Sept. nur Sa/So, sonst tägl.
1 ¹/2-stündige Tour zu den Manitou Islands $ 25/14 (Mo–Sa); 4 ¹/2-stündige Sunset Cruise durch die Callander Bay des Lake Nipissing $ 32/16, mit Dinner $ 64/42; Ende Juni–Sept. So 4-stündige Exkursion zum French River $ 44/22
Aus Aluminium erbauter Katamaran für 320 Passagiere.

JT Sushi! Restaurant
225 Lakeshore Dr.
North Bay, Ont. P1A 2B7
℡ (705) 474-8530
Sushi nach dem Motto: All you can eat, aber auch japanische und thailändische Küche – in zentraler Lage am Wasser. $$

Angeltripp im Norden Ontarios

⑬ Ottawa River

Rafting gehört zu den populärsten Freizeitaktivitäten auf dem Ottawa River. Nordwestlich von Ottawa verzweigt sich der Fluss in unterschiedliche Arme, die sowohl Anfängern, Fortgeschrittenen als auch Experten ein Betätigungsfeld bieten.

Service & Tipps:

 Wilderness Tours
 503 Rafting Rd.
 Foresters Falls, Ont. K0J 1V0
℡ (613) 646-2291 und
1-888-723-8669
www.wildernesstours.com

Mai–Sept. tägl. Classic Day Trip (Adventurous) $ 116, 1 Day Gentle Adventure $ 89/69, jeweils Tagestrip mit Verpflegung, auch Ferienwohnungen, Bungee Jumping Zufahrt rund 120 km nordwestlich von Ottawa in Cobden auf Hwy. 7 Richtung Foresters Falls.

Rafting auf dem Ottawa River

⑭ Point Pelee National Park

Der südlichste Festlandspunkt Kanadas (42° nördlich Breite) liegt auf derselben geografischen Breite wie Mittelitalien. Point Pelee präsentiert sich mit zwei völlig unterschiedlichen Gesichtern. Sanddünen und schöne Strände ziehen Badegäste an, die abends an der westseitigen Pigeon Bay farbenprächtige Sonnenuntergänge genießen. Auf der östlichen Nationalparkseite ermöglichen Leihkanus hervorragende Ausflüge in das unberührte Marschland.

Service & Tipps:

 Point Pelee National Park
407 Monarch Lane
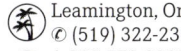 Leamington, Ont. N8H 3V4
℡ (519) 322-2365 und
1-888-773-8888
www.pc.gc.ca/pelee

Tägl. 6–22 Uhr, Eintritt $ 8 Wunderbarer Nationalpark mit Stränden, Wäldern und Kanuverleih am südlichsten Festlandpunkt Kanadas. Ein Shuttlebus verkehrt zur Inselspitze.
   Kanuverleih bei Friends of Point Pelee www.friendsofpointpelee.com).

⓯ Prescott

Vor der Fertigstellung des Sankt-Lorenz-Seewegs besaß die kleine Stadt (4300 Einwohner) als einziger Tiefseehafen zwischen Kingston und Montréal eine wichtige strategische Bedeutung. Deshalb entstand dort während des Britisch-Amerikanischen Kriegs (1812–14) das erste **Fort Wellington**, das nach Kriegsende allmählich verlassen und in Folge der bewaffneten Rebellion von 1837 in Toronto und Montréal wieder neu errichtet wurde. Von den einstigen Befestigungen stehen noch drei Originalgebäude, einige Gräben und Palisaden.

Mennoniten lehnen nach Menno Simons Lehre Kindertaufe, Kriegsdienst und Eidesleistungen ab. Konservative Alt-Mennoniten (Old Order Mennonites) besitzen weder Autos noch Radios oder Fernseher, verzichten auf elektrischen Strom und verwenden Pferdegespanne statt Traktoren.

Service & Tipps:

 Fort Wellington National Historic Site
370 Vankoughnet St.
Prescott, Ont. K0E 1T0, Zufahrt über

Ausfahrt 716 des Hwy. 401
☎ (613) 925-2896
www.pc.gc.ca/wellington
Ende Mai–Anfang Sept. Sa/So 10–17 Uhr, Eintritt $ 4/2
Zeitgenössische militärische Übungen.

⓰ St. Jacobs

In dem pittoresken, 15 Kilometer nördlich von Kitchener gelegenen Dorf (1900 Einwohner) herrscht auf der schmucken **King Street** ein buntes Gewimmel von Touristen auf der Suche nach Schnäppchen in den Antiquitäten-, Kunsthandwerks- und Handarbeitsläden. Als Kontrast dazu zuckeln in bedeckten Farben gekleidete Mennoniten mit kleinen, schwarzen Pferdekutschen über die Hauptstraße. Die in Europa verfolgten deutschsprachigen Mennoniten wanderten über die USA (Pennsylvania) nach Kanada ein. Sie verkaufen Obst, Gemüse, Andenken oder Kuchen wie den *shoofly pie* auf dem **Farmers' Market**, einem exzellenten Bauernmarkt mit 700 Händlern.

Weithin sichtbar ragt Sudburys Wahrzeichen, ein neun Meter hohes Nickelstück, in den nördlichen Himmel; es ist eine Nachbildung der kanadischen 5-Cent-Münze von 1951. Das Geldmonument kündigt Dynamic Earth an, eine ausgediente, zu touristischen Zwecken neu erschlossene Mine. Besucher erleben zunächst über Tage in einer brillanten Videoshow mit Spezialeffekten Epochen aus Sudburys Geschichte. Danach führt sie ein glasumschlossener Aufzug mit multimedialer Begleitung durch die Vale Chasm in die Tiefe, wo sie auf einer Untertageführung Fördertechniken verschiedener Bergbauepochen kennenlernen.

Service & Tipps:

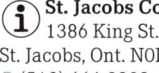 **St. Jacobs Country Tourism**
1386 King St. N.
St. Jacobs, Ont. N0B 2N0
☎ (519) 664-2293 und
1-800-265-3353
www.stjacobs.com

Farmers' Market
878 Weber St. N.
☎ (519) 747-1830
www.stjacobs.com/farmers-market
Do und Sa 7–15.30, Mitte Juni–Ende Aug. auch Di 8–15 Uhr

⓱ Sudbury

Sudbury besitzt – auch dank der Spenden des Bergbaukonzerns Vale – mit Science North/Dynamic Earth die größten Touristenattraktionen im Norden Ontarios. Die 166 000-Einwohner-Stadt liegt im Riesenkrater des an Bodenschätzen reichen Sudbury Basin. Am Rande dieses Beckens befindet sich eines der weltgrößten Nickelvorkommen, aber auch bedeutende Gold-, Silber-, Kupfer-, Kobalt- und Eisenlagerstätten. Sudbury war 1902 die Geburtsstätte des Bergbaukonzerns (heute Vale, www.vale.com/canada), dessen Geschichte seitdem eng mit der städtischen Wirtschaftentwicklung verknüpft ist.

Der zweitgrößte Nickelproduzent der Welt betreibt in Sudbury unter anderem mit Creighton Deep die tiefste (2300 m) Nickelmine der Welt und mit Copper Cliff Kanadas größte Metallförderungs- und -verarbeitungsanlage. Auf den Highways nördlich der Stadt (Hwy. 35) passiert man die Tagebauanlagen.

In der Form von Schneeflocken sind die beiden Gebäude des modernen **Science North's Science Centre** erbaut. Do-it-yourself-Experimente, Workshops und Demonstrationen locken – von der Weltraumforschung bis zum Walskelett – zu einem weitgefächerten naturwissenschaftlichen Streifzug über vier Stockwerke. Ein tropischer Regenwald mit etwa 400 freifliegenden Schmetterlingen in der verglasten »Butterfly Gallery«, faszinierende 3-D-Film- und Lasershows im Vale-Cavern, mehrere Filme täglich im IMAX-Riesenleinwandkino sowie das Planetarium runden das Angebot ab. Zum guten Ambiente trägt sicherlich auch die tolle Lage am Ramsey Lake (Ausflugsboot, Wanderwege) bei, die zu einer Picknickpause mit Seepanorama einlädt.

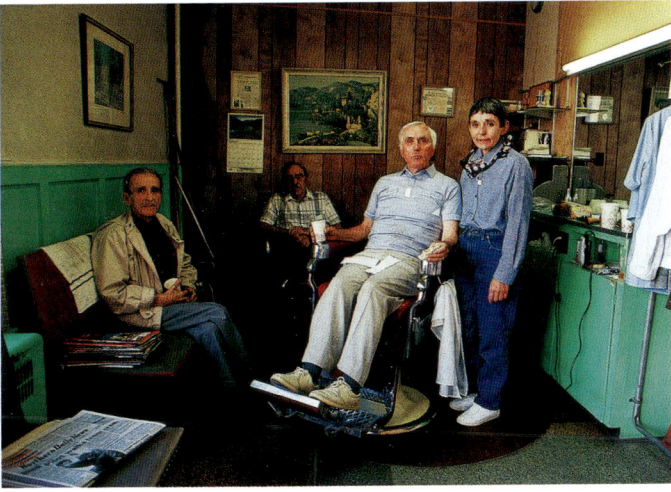

Friseurladen der anderen Art: nördlich von Sudbury

Service & Tipps:

(i) **Tourism Office**
200 Brady St.
Sudbury, Ont. P3E 3L9
℅ (705) 688-7570 und 1-866-451-8525
www.sudburytourism.ca

(m) **Dynamic Earth**
122 Big Nickel Rd.
Sudbury, Ont. P3C 5T7
℅ (705) 522-3701 und
1-800-461-4898
www.sciencenorth.ca/dynamic-earth
Tägl. Ende Juni–Anfang Sept. 9–18,
Mai/Juni 9–17, April, Sept./Okt. 10–18 Uhr
Eintritt $ 20/16, ermäßigte Kombitickets mit Science North
Exzellentes Bergbaumuseum mit geologischen Ausstellungen, Film zur lokalen Geschichte, Multimediashow im INCO Chasm, Untertageführung.

(m) **Science North's Science Centre**
100 Ramsey Lake Rd.
Sudbury, Ont. P3E 5S9
℅ (705) 522-3701 und
1-800-461-4898

www.sciencenorth.ca
Tägl. Ende Juni–Anfang Sept. 9–18,
Mai–Juni 9–17, Sept.–April 10–16 Uhr
Eintritt $ 19 (inkl. 3-D-Film), IMAX
$ 11, Planetarium $ 8, verschiedene ermäßigte Kombitickets, inkl. Dynamic Earth (s. o.)

Sudbury Boat Tours
216 Ontario St.
℅ (705) 691-5237
www.sudburyboattours.com
Einstündige Rundfahrt $ 14/11
Vor dem Science-North-Museumskomplex Rundfahrt mit dem Boot »Cortina« auf dem Ramsey Lake.

Café
Seepanorama: schön das Picknick auf der Terrasse mit Blick über Ramsey Lake. $

Culpeppers Eatery & Restaurant
1500 Regent St.
Sudbury, Ont. P3E 3Z6
℅ (705) 522-2422
www.cardinalmotorinn.com
Tägl. ab 6.30 Uhr
Beliebtes Restaurant mit herzhafter kanadischer Küche. $–$$

Science North's Science Centre

⑱ Thousand Islands

Der populäre Sommerferienort **Gananoque** (5300 Einwohner) ist Hauptort im Bereich der Thousand Islands, der Tausend Inseln im Sankt-Lorenz-Strom. Genaugenommen zählt man rund 1700 – von dichtbewaldeten Inseln bis hin zu kleinsten Granitfelsen. Farbenfrohe kleine Sommerhäuser schmücken die Eilande; an manchen ragen Bootsanleger ins Wasser, an denen Segel- oder Motorboote vertäut sind. Ungestört und begünstigt durch ein eigenständiges Mikroklima konnte sich auf den überwiegend bewaldeten, felsenreichen Eilanden eine artenreiche Flora und Fauna entwickeln. Die Thousand Islands sind für viele nordische Pflanzen der südlichste Lebensraum, aber auch umgekehrt für die Flora aus dem Süden das nördlichste Verbreitungsgebiet.

Schiffstouren ab Gananoque vermitteln aus der Wasserperspektive einen guten Eindruck von diesem Inselgewirr, das man auch aus luftiger Höhe, und zwar vom **1000 Islands Skydeck** überblicken kann. Der 130 Meter hohe Aussichtsturm mit drei Panoramadecks liegt mitten im Sankt-Lorenz-Strom kurz vor der Thousand Islands International Bridge in die USA.

Der **Thousand Islands National Park** beheimatet 23 Inseln und viele Mini-Inselchen der Thousand-Islands-Region zwischen Kingston und Brockville. Die einzige per Auto zugängliche Landbasis des kleinsten kanadischen Nationalparks liegt in Mallorytown Landing. Dort gibt es eine Parkinformation, die Landkarten und Literatur bereithält, sowie Picknickplätze; an dem nahegelegenen Strand kann man gut relaxen.

Service & Tipps:

 **Gananoque Boat Line
Thousand Islands Cruises**
280 Main St.
Gananoque, Ont. K7G 2M2
✆ (613) 382-2144 und
1-888-717-4837
www.ganboatline.com
Mai–Sept., Ticket $ 28/14 (eine Stunde), $ 36/15 (2 1/2 Stunden)
Bootstouren vorbei an bewaldeten Felsinseln mit kleinen Sommerhäusern. Fünfstündige Tour ($ 46/18) mit Stopp am **Boldt Castle** auf Heart Island. Die schlossähnliche 120-Zimmer-Villa des einstigen Waldorf-Astoria-Hotel-Besitzers George C. Boldt stammt aus der Wende vom 19. zum 20. Jh. (Führung $ 9/6) und befindet sich auf US-amerikanischem Boden (offizieller Grenzübergang mit Passkontrolle). Zufahrt über Ausfahrt 645 der Autobahn 401.

 1000 Islands Tower
716 Hwy. 137, Hill Island
Lansdowne, Ont. K0E 1L0
✆ (613) 659-2335
www.1000islandstower.com
Mai–Okt. tägl. 9–18 Uhr
Eintritt $ 10/6
130 m hoher Aussichtsturm mit wunderschönem Rundblick über die Inselwelt kurz vor der 1000 Islands International Bridge in die USA (Zufahrt über Ausfahrt 661 der Autobahn 401).

ⓘ **Thousand Islands National Park**
2 County Rd. 5
Mallorytown, Ont. K0E 1R0
✆ (613) 923-5261
www.pc.gc.ca/sli
Eintritt frei
Der Nationalpark umfasst 23 der Thousand Islands im Sankt-Lorenz-Strom (Zugang nur mit Privatboot). Parkinfo, Picknickplatz, Strand in Mallorytown Landing. Zufahrt über Ausfahrt 675 der Autobahn 401.

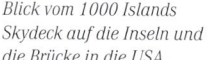
Blick vom 1000 Islands Skydeck auf die Inseln und die Brücke in die USA

⑲ Tobermory

Das hübsche Fremdenverkehrsstädtchen (1500 Einwohner) an der Spitze der 80 Kilometer langen Bruce Peninsula, die den Lake Huron von der Georgian Bay trennt, besitzt wegen des Fährverkehrs von und nach Manitoulin Island und der zwei umgebenden Nationalparks einen hohen touristischen Stellenwert. Die aus einem Fischerort erwachsene Hafenstadt mit ihrem ansehnlichen Leuchtturm liegt zwischen den beiden Häfen Big Tub und Little Tub – sinngemäß »große Wanne« und »kleine Wanne«. Um den kleineren Hafen Little Tub Harbour drängt sich der Ortskern; hier sind auch die Anleger der Ausflugsboote und die Informationsstellen der beiden Nationalparks beheimatet.

Service & Tipps:

 Tobermory Visitor Info
7420 Hwy. 6
Tobermory, Ont. N0H 2R0
℡ (519) 596-2452, www.tobermory.com

Owen Sound Transportation Company
South Baymouth–Tobermory
℡ 1-800-265-3163
– 41 Water St., South Baymouth
Ont. P0P 1Z0, ℡ (705) 859-3161
– 8 Eliza St., Tobermory
Ont. N0H 2R0, ℡ (519) 596-2510
www.chicheemaun.com
Fährservice Anfang Mai–Mitte Okt.
Einfaches Ticket pro Person $ 17, hin und zurück pro Fahrzeug bis 2,59 m Höhe $ 36, bis zu vier Abfahrten tägl., Fahrtdauer 1 3/4 Std.
Autofähre »MS Chi-Cheemaun« der Owen Sound Transportation Company (in der Ojibwa-Sprache »großes Kanu«) mit Cafeteria; man sollte möglichst reservieren.

⑳ Wasaga Beach

Vielbesuchter Sommerferienort mit 17 700 Einwohnern und den längsten Sandstränden der Region (14 km). Ausstellungen zu dem im British-Amerikanischen Krieg (1812–14) von der US-Marine versenkten britischen Segelschiff »Nancy«. Sein Rumpf wurde 1928 geborgen, restauriert und auf der Insel Nancy Island (Zugang per Brücke) ausgestellt.

Service & Tipps:

Wasaga Beach Provincial Park/ Nancy Island Historic Site
11–22nd St. N.
Wasaga Beach, Ont. L9Z 2V9
℡ (705) 429-2516

www.ontarioparks.com
Museum Mitte Juni–Anfang Sept. tägl. 10–18 Uhr, sonst kürzer, Parkgebühr $ 16–20
Fantastische Kombination aus Stränden und Museum auf Nancy Island (www.wasagabeach.com).

Montréal
Frankokanadische Weltstadt

Eine gelungene Mischung aus historischer Altstadt, lebhaftem Zentrum und modernsten Geschäftsvierteln kennzeichnet die pulsierende Metropole Québecs, deren markantester Punkt, der bewaldete Mont-Royal, unmittelbar hinter den letzten Hochhäusern emporragt. Die zweitgrößte Stadt Kanadas liegt auf der Insel Île de Montréal zwischen Sankt-Lorenz-Strom im Süden und Rivière des Prairies im Norden. In dem kommerziellen Zentrum der Provinz Québec schlägt das Herz von ca. 1,65 Millionen Einwohnern innerhalb der Stadtgrenzen, bzw. knapp vier Millionen im großstädtischen Ballungsraum.

Das französische Erbe prägt die Stadt noch immer. Die sprichwörtliche *joie de vivre*, die französische Lebensfreude, schlägt sich nicht nur in der Kultur und der ausgesprochen abwechslungsreichen Küche nieder, sondern durchdringt alle Lebensbereiche. Französisch einerseits und doch nordamerikanisch andererseits zeigt sich die Großstadt traditionsbewusst und weltoffen zugleich. Schließlich ist Montréal mit einem Bevölkerungsmix von 70 Prozent französischsprachigen und 15 Prozent englischsprachigen Einwohnern sowie 15 Prozent Immigranten die einzige multikulturelle Stadt in der Provinz Québec.

Blick vom Mont Royal auf das nächtliche Lichtermeer von Montréal

Montréal Centre-Ville

Parc du Mont-Royal

200 m

à Aéroport International
à l'Av. du
Av. des Pins
à Av. du
Av. des Pins Oues
Av. des Pins Oues
Av. Atwater
Av. Docteur-Penfiel
Rue
Rue
Boul.
Rue
Rue Sherbrooke
Rue
Musée des Beaux-Arts de Montréal
Université McGill
Rue Stanley
Av. Docteur-Penfiel
Rue Sherbrooke
Rue Sherbrooke Ouest
Quartier Latin
à Québec, Parc olympique
Rue Gu
Rue du
Rue de
Musée McCord d'Histoire canadienne
Maisonneuve
Boul.
Boul.
à Toronto, Rte 20
Av. Atwater
Rue Ste-Catherine
Boul. René-Lévesque
Centre canadien d'Architecture
Rue Crescent
Rue Ste-Catherine
Rue McGill
Centre Eaton
Boul.
Complexe Desjardins
Rte. Ville-Marie
Rue St-Antoine
Le 1250 Boulevard René-Lévesque
Place du Canada
PlaceVille Marie
Gare Centrale
Complexe Guy-Favreau
Quartier Chinois
Boul.
Rue de La Gauchetière
Av. Vige
Église anglicane St.-George
Cathédrale Marie-Reine-du-Monde
Rue de La Gauchetière
Rte. Ville-Marie
Rue St-Antoine
Rue
Centre Bell
Rue St-Antoine
Place Bonaventure
Av.
Palais des Congrès
Hôtel de Ville
Chapelle Notre-Dame-de-Bonsecours
Le 1000 de la Gauchetière
Places d'Armes
St-Jaques
Musée Château de Ramezay
Rue Notre-Dame-Est
Marché Bonsecours
la
Rue
Rue Notre-Dame Oue
Basilique Notre-Dame-de-Montréal
Paul Est
Vieux-Montréal
Rue St-
Quai/Tour de l'Horloge
Rue Notre-Dame
Pointe-à-Callière Musée d'Archéologie et d'Histoire de Montréal
Vieux-Port
Marché aux puces
Rue University
Rue
Rue
Promenade du Vieux-Port
Rue de la Commune
Canal de Lachine
Rue St-Patrick
Quai Alexandra
McGill
à Habitat 67
Cinéma IMAX
à Île

Als erster Europäer segelte der Franzose Jacques Cartier 1535 den Sankt-Lorenz-Strom flussaufwärts und traf im Bereich der heutigen Stadt Montréal auf die Indianer-Siedlung Hochelaga. Sein Landsmann Samuel de Champlain errichtete 1611 am strategisch günstigen Endpunkt des schiffbaren Sankt-Lorenz-Stroms unterhalb der Lachine-Stromschnellen eine Handelsniederlassung. Doch erst 31 Jahre später erfolgte unter Paul de Chomedey Sieur de Maisonneuve die offizielle Stadtgründung an der Pointe-à-Callière in der heutigen Altstadt. Ursprünglich »Ville-Marie« genannt, floss bald der Berg Mont-Royal, damals noch *mont réal*, in die Namensgebung ein.

Im Jahr 1760, während des Siebenjährigen Kriegs, eroberten die Briten die Stadt; die formale Übernahme erfolgte im Frieden von Paris drei Jahre später. Nur wenige Jahre danach wurde Montréal während des Nordamerikanischen Unabhängigkeitskriegs 1775/76 sieben Monate lang von US-Truppen besetzt.

Eine stürmische Entwicklung beginnt im 19. Jahrhundert, gefördert insbesondere durch den Bau des Canal de Lachine 1825, der die gefährlichen Stromschnellen im Sankt-Lorenz-Strom umging. Die Konstruktion der ersten kanadischen Eisenbahn 1836 trug ebenfalls das Ihre zum ökonomischen Aufschwung bei. Montréal löste Québec als bevölkerungsreichste Stadt ab und vergrößerte sein Stadtgebiet immer mehr.

Die Weltausstellung EXPO '67 und die Olympischen Sommerspiele 1976 zogen die Blicke der Weltöffentlichkeit auf Montréal, obgleich diese Mega-Veranstaltungen der Stadt über Jahrzehnte hinweg heftige Haushaltsdefizite bescherten.

Obwohl 1600 Kilometer vom Meer entfernt gilt Montréal von jeher als bedeutende Station am Sankt-Lorenz-Strom; mit dem Ausbau des Sankt-Lorenz-Seewegs wurde der Hafen auch Richtung Große Seen für die Hochseeschifffahrt tauglich.

Spaziergang durch das alte Montréal

Vieux-Montréal liegt zwischen dem Ufer des Sankt-Lorenz-Stroms und der Rue Saint-Antoine sowie zwischen Rue McGill und Rue Berri an der Stelle von

Passend zum malerischen Flair der Altstadt drehen auf den kopfsteingepflasterten Straßen und Gassen rund um den Platz nostalgische Pferdedroschken ihre Runden. In der pittoresken Seitengasse Rue Saint-Amable skizzieren geschickte Maler Porträts der Passanten.

Habitat 67: Auf der Landspitze Cité du Havre – gegenüber der Pointe-à-Callière – türmt sich scheinbar ungeordnet ein Berg Betonklötze auf. Es handelt sich um einen anlässlich der Weltausstellung 1967 geschaffenen experimentellen Wohnkomplex des Montréaler Architekten Moshe Safdie. Die 354 ineinandergewürfelten, gigantischen Betonblöcke – eine Art Lego-Welt im Großformat – demonstrieren Alternativen zur herkömmlichen Wohnkultur.

Montréals erster Siedlung Ville-Marie. Noch Mitte des 20. Jahrhunderts befand sich das Altstadtviertel in einem bemitleidenswerten Zustand. Erst umfangreiche und kostspielige Restaurationsarbeiten haben die historische Bausubstanz vor dem Abriss bewahrt und für die Zukunft gerettet.

Mit Freude blickt man heute über die **Place Jacques-Cartier** im Herzen von Vieux-Montréal. Vor gepflegten historischen Häuserfassaden drängen sich Straßencafés mit bunten Sonnenschirmen; zwischen Uferpromenade und Nelson-Säule – 1809 nach der Schlacht von Trafalgar errichtet – sorgt ein internationales Publikum für Leben und Gedränge, und ein unentwegter Besucherstrom spaziert über den Platz, auf dem Blumenbeete bunte Farbakzente setzen.

Das obere Ende der Place Jacques-Cartier beschließt östlich das grünbedachte **Hôtel de Ville**, das Rathaus, aus dessen Fenstern Charles de Gaulle während der Weltausstellung 1967 einer euphorischen Menge sein »Vive le Québec libre!« zurief und damit dem frankokanadischen Separatismus gehörigen Vorschub leistete.

Auf der anderen Straßenseite der Rue Notre-Dame steht das 1705 für Claude de Ramezay, den elften Gouverneur von Montréal (1703–24) erbaute **Château Ramezay**, heute ein Museum. 1775/76 hatten sich die US-Soldaten während der Besetzung der damals britischen Stadt hier einquartiert.

Über die Rue Saint-Claude gelangt man in die Rue Saint-Paul, wo die silberne Kuppel des **Marché Bonsecours** in der Sonne glänzt. 1849 beherbergte das Gebäude für ein Weilchen das Parlament der United Provinces of Canada, nachdem ein vorwiegend englischsprachiger Mob das eigentliche Parlamentsgebäude in Brand gesteckt hatte. Über Jahrzehnte hinweg war der Marché weithin sichtbares Symbol des kommerziellen Treibens am Sankt-Lorenz-Strom. Er diente seinem Namen entsprechend bis 1964 als Markt, bevor sich das ökonomische Herz des geschäftigen Montréal schließlich weiter westlich in das neue Stadtzentrum verlagerte.

Die unmittelbar benachbarte **Chapelle Notre-Dame-de-Bon-Secours** blickt auf eine bewegte Vergangenheit zurück. Mehrmals brannte die ursprünglich 1657 aus Holz erbaute Kirche ab, dasselbe widerfuhr 1771 der steinernen Nachfolgerin; zuletzt verursachte ein Brand Ende des 19. Jahrhunderts großen Schaden. In der Kirche der Matrosen beteten Seeleute um gute Fahrt und stifteten Schiffsmodelle, die noch heute von der Decke herabhängen.

Das Herzstück von Vieux-Montréal: die Basilique Notre-Dame-de-Montréal außen …

… und der gewaltige Altar im Inneren

Hinter der Kirche geht es zum **Vieux-Port**, der Hafenfront. Im Rahmen einer Stadtsanierung haben sich die ursprünglichen, wegen Überalterung ungenutzten Hafenanlagen zu Füßen von Vieux-Montréal seit 1983 zu einem vielseitigen urbanen Freizeitpark inklusive IMAX-Kino und Wissenschaftsmuseum gemausert. Heute verbindet die attraktive Promenade du Vieux-Port die restaurierten Kais.

Am **Quai de l'Horloge**, dem ehemaligen Bootshafen, starten die Jet-Boote der »Saute Moutons sur les rapides de Lachine«, um sich in anderthalbstündigen Trips durch die bis zu drei Meter hohen Wellen der Lachine-Stromschnellen zu kämpfen. Der 1922 erbaute markante Uhrturm **Tour de l'Horloge** am hintersten Ende des Kais besitzt gleich drei Aussichtsdecks; zum obersten müssen 192 Stufen erklommen werden.

Etwas weiter am Quai Jacques-Cartier legen die glasbedachten Ausflugsboote der »Bateau-mouche« zu einer Rundfahrt um die **Île Sainte-Hélène** ab. Ebenso schaukeln die Fährboote der »Navettes Vieux-Port-Les Îles« über den schmalen Flussarm zur Insel hinüber. Passagiere genießen ein fotogenes Panorama, insbesondere in den Vormittagsstunden spiegelt sich das Sonnenlicht schön in den Altstadtfassaden wider. Zum Zwischenstopp auf der Insel laden das Musée David M. Stewart, die Biosphère, der Vergnügungspark La Ronde sowie lohnende Spazierwege ein.

Ein Zeitsprung führt mehr als drei Jahrhunderte zurück zur historischen Keimzelle der Stadt. 1642 errichteten erste Siedler an der Pointe-à-Callière (in Höhe des Quai Alexandra) die Grundfeste der heutigen Millionenmetropole. Auf anschauliche Weise versetzt das exzellente **Pointe-à-Callière Musée d'Archéologie et d'Histoire de Montréal** Besucher zu den Ursprüngen der Stadtgeschichte, die mit interaktiven Ausstellungen und einem brillanten Einführungsfilm anschaulich erläutert wird.

Nur zwei Querstraßen weiter auf der Rue Saint-Sulpice stadteinwärts steht die **Basilique Notre-Dame-de-Montréal**, das Herzstück von Vieux-Montréal. Das 1829 erbaute Meisterwerk neugotischer Architektur zählt zu den größten und schönsten frankokanadischen Kirchen und bietet 3500 Menschen Platz. Elf Buntglasfenster, sakrale Skulpturen, ein gewaltiger Altar mit alten Holzschnitzereien sowie wertvolle Gemälde schmücken das Bauwerk, und eine zwölf Tonnen schwere Glocke ruft zum Gebet. Im Kontrast zu der ehrwürdigen Basilika gruppieren sich um die **Place d'Armes**, das einstige Montréaler Finanzzentrum, mehrere Hochhäuser.

Auf 30 Kilometern Länge und durch 60 Gebäudekomplexe erstrecken sich die vor Wind und Wetter geschützten Einkaufspassagen der »Ville souterraine« im Untergrund. Auch wenn die Montréaler den Sommer lieber in den luftig-sonnigen Straßen und Gassen verbringen – bei den beträchtlichen Minustemperaturen der rauen Winter ziehen sie den entspannten Bummel in der klimatisierten Unterwelt den windigen Straßenschluchten vor.

Kurz hinter der historischen Altstadt markieren neonbunte, exotische Schriftzeichen das kleine **Quartier Chinois**. Während der Geschäftszeiten sind die kleinen Läden gut besucht, chinesische und andere asiatische Imbissstuben und Restaurants laden zum Mittagessen ein. Nach Geschäftsschluss strahlt das chinesische Viertel an der Rue de La Gauchetière zwischen Rue Clark und Rue Saint-Urbain allerdings keine große Anziehungskraft mehr aus.

Der Weg führt weiter durch den modernen Complexe Guy-Favreau und entlang dem Boulevard René-Lévesque in das Geschäftszentrum rund um den Gare Centrale, den Hauptbahnhof; die größten Hochhäuser Montréals sind hier zu finden. Gewissermaßen ein Stockwerk tiefer entstand bereits 1962 die **Place Ville-Marie**, das erste unterirdische Einkaufszentrum von Montréal. Später wurde es mit Place du Canada, Place Bonaventure, L'Atrium im Le 1000 de La Gauchetière und vielen anderen durch ein einzigartiges Wegenetz zur **Ville souterraine** verbunden – mit Läden jeglicher Couleur, Büro- und Appartementhochhäusern, Restaurants, Kaufhäusern, Hotels, zwei Bahnhöfen und zehn Métro-Stationen.

Zwei Kirchen, Relikte des 19. Jahrhunderts, bilden inmitten dieser modernen Geschäftswelt einen besonders auffälligen Kontrast um die Place du Canada. Die Bauherren der katholischen **Cathédrale Marie-Reine-du-Monde** am Boulevard René-Lévesque haben sich vom Petersdom in Rom inspirieren lassen. Dahinter ragt Montréals höchster Wolkenkratzer (205 m) empor. Mit seinem markanten Kupferdach in Anlehnung an den Baustil der Kathedrale ist **Le**

Der »Illuminated Crowd« vor dem BNP Tower an der Avenue McGill College

1000 de La Gauchetière ein städtebauliches Meisterwerk mit Eislaufbahn im Atrium.

Dieselben architektonischen Gegensätze prägen in diesem einstmals anglophon dominierten Viertel auch die 1870 im neogotischen Stil erbaute **Église anglicaine Saint-George** vor der Kulisse des **Le 1250 Boulevard René-Lévesque** (mit 195 m zweithöchster Wolkenkratzer der Stadt). Im benachbarten **Centre Bell** tragen die Canadiens de Montréal ihre Heimspiele aus. Amerikas erfolgreichstes Eishockeyteam aller Zeiten lockt seit einem Jahrzehnt pro Spiel 21 273 Zuschauer in die damit ausverkaufte Sporthalle.

Nordwestlich des Geschäftzentrums lohnt sich an der Rue Sherbrooke ein Abstecher in zwei sehenswerte Museen: In unmittelbarer Nachbarschaft der Université McGill präsentiert das Geschichtsmuseum **Musée McCord d'Histoire canadienne** das Alltagsleben im Kanada vergangener Jahrhunderte. Das **Musée des Beaux-Arts de Montréal**, das 1860 gegründete Museum der schönen Künste, gehört zu den ältesten und besten Kunstmuseen Kanadas. Es beherbergt kanadische Kunst und umfangreiche Sammlungen aus aller Welt. Als Alternative bietet sich das **Centre canadien d'Architecture** an, das mit ausgezeichneten Präsentationen über die Entwicklung der Architektur vom 15. Jahrhundert bis in die Gegenwart informiert.

Montréals traditionelle Einkaufsviertel entstanden – lange bevor unterirdische Passagen das Stadtzentrum durchpflügten – beispielsweise an der Rue Sainte-Catherine. Mit seinen hell erleuchteten Schaufenstern verlockt das größte Kaufhaus der Stadt, das beeindruckende **Centre Eaton de Montréal** mit 175 Geschäften zum Bummel durch die Etagen. Nur zwei Querstraßen weiter nördlich öffnen sich die Pforten der Konkurrenz: Das traditionsreiche Kaufhaus **La Baie** führt seine Anfänge auf die legendäre Pelzhandelsgesellschaft Hudson's Bay Company zurück.

Während den unterirdischen Einkaufspassagen nach den Bürostunden die Lichter langsam aber sicher verlöschen, treffen sich Jung und Alt zum späten Bummel durch Kneipen, Restaurants und Geschäfte. Auf der **Rue Sainte-Catherine**, deren interessantester Abschnitt zwischen Rue Saint-Hubert und Rue Peel liegt, herrscht ein lebhaftes Gedränge: Chromblitzende Autos drehen abendliche Ehrenrunden, vor den zahlreichen Kinos und Theatern stehen die Leute Schlange – jeder will sehen und gesehen werden. Und zum Schluss führt ein kurzer Abstecher von der östlichen Rue Sainte-Catherine in die Rue Saint-Denis, ins Studentenviertel **Quartier Latin**, wo Straßencafés, Kinos und Theater ebenfalls für Zerstreuung sorgen.

Ausflug zum Olympiastadion und auf den Mont-Royal

Nördlich der Innenstadt präsentiert sich der 175 Meter hohe **La Tour** im wahrsten Sinne des Wortes als Krönung des **Parc olympique**. Mit kühnem Schwung und mächtigen Kabeln fixiert der Turm das Dach des 70 000

Weg zum Mont-Royal
Mit dem Auto von der Basilika weiter auf dem Chemin Queen Mary, links auf den Chemin Remembrance bis zum Parkplatz. Von dort führt ein ein Kilometer langer, bequemer Wanderweg zum Belvédère du Chalet am Mont-Royal. – Der Fußweg von der Innenstadt aus zum Belvédère – ab Av. des Pins O. an der Einmündung der Rue Peel – ist steiler, erspart aber die Autoanfahrt.

Montréal

Auf der Zufahrt zum Mont-Royal bietet sich ein kurzer Abstecher durch das englisch-sprachige Arrondissement Westmount mit schönem Aussichts-punkt am Summit Circle an (Rue Sherbrooke O. westwärts, dann rechts auf den Chemin Côtes-des-Neiges). Einzigartig für die Provinz Québec, die ansonsten auf strikte Einhaltung französischer Schreibweisen achtet: In dem Bezirk dominieren englischsprachige Beschilderungen, auffällig z. B. die roten »Stop«- anstelle der üblichen »Arrêt«-Schilder.

Zuschauer fassenden Olympiastadions. Nach der rasanten Aufzugfahrt an der schrägen Turmaußenseite entlang schweift der Blick über die zentralen Wettkampfstätten der Olympischen Sommerspiele 1976, weit über das Stadtgebiet und über die ausgedehnte Mittelgebirgslandschaft der Laurentides.

Ebenfalls zum Komplex des Parc olympique gehört der neben dem Stadion errichtete **Biodôme de Montréal**. In exzellenter Weise präsentiert das naturwissenschaftliche Museum in vier verschiedenen Ökosystemen die Relationen des Menschen zu Flora und Fauna. Rund eine Million Besucher jährlich erleben den tropischen Regenwald, die kühlen Wälder Québecs, das Leben am und im Sankt-Lorenz-Strom und die polare Welt im Biodôme.

Die Rue Sherbrooke Est trennt das Olympiastadion von den grünen Gefilden des **Jardin botanique de Montréal**. Dem Pflanzenfreund offeriert der 73 Hektar große Botanische Garten Augenschmaus allererster Güte: Annähernd 22 000 Pflanzenarten gedeihen in 30 Gärten und zehn Gewächshäusern. Zu den Glanzlichtern zählen der größte Chinesische Garten außerhalb Asiens und ein Japanischer Garten mit Pavillon und einer Bonsai-Kollektion. Krönung ist ein modernes Insektarium mit Ausstellungen sowie einer unglaublichen Vielzahl krabbelnder und fliegender Kleintiere in Terrarien und Aquarien.

Es folgt das **L'Oratoire Saint-Joseph du Mont-Royal**, ein wahrhaft monumentales Zeugnis französisch-katholischer Sakralbautradition. Das 1924 errichtete Gotteshaus mit seiner riesigen Kupferkuppel zählt zu den größten und bedeutendsten Wallfahrtskirchen der Welt und zu Montréals Top-Attraktionen. Wo sich heute auf der Parkanlage vor dem fotogenen Kirchengelände jährlich 1,5 Millionen Touristen und Gläubige aus der ganzen Welt tummeln, betete noch zu Beginn des 20. Jahrhunderts Bruder André in einer kleinen hölzernen Kapelle zum heiligen Joseph, dem Schutzpatron Kanadas.

Die bereits 1535 von Jacques Cartier bestiegene, markante Erhebung **Mont-Royal** nordwestlich des Zentrums besteht genau genommen aus den drei Spitzen Westmount, Outremont und Mont-Royal und ist im wahrsten Sinne des Wortes der Höhepunkt jeder Stadtrundfahrt. Insbesondere zum Sonnenuntergang genießen Besucher und auch Einheimische immer wieder aufs Neue ein exzellentes Panorama über Stadt, Land und Fluss. Von der brillanten Aussichtsterrasse am **Belvédère du Chalet** schweift dann der Blick über das in orangegoldene Farben getauchte Häusermeer mit dem glitzernden Sankt-Lorenz-Strom im Hintergrund.

Der **Parc du Mont-Royal** geht auf Planungen des Landschaftsarchitekten Frederick Law Olmsted zurück, der bereits mit dem New Yorker Central Park ein Stückchen Natur in den Großstadt-Dschungel holte. Er entwarf ein urbanes Schmuckstück, das den Häuserfluchten der Millionenmetropole als »grüne Lunge« dient. Mittlerweile hat sich das Plateau Mont-Royal zum Szene-Viertel gewandelt. Von der belebten Avenue du Mont-Royal fährt man über die Rue Saint-Denis mit ihren zahlreichen kleinen Geschäften und Boutiquen zurück ins Zentrum.

Das größte Einkaufszentrum von Montréal: Centre Eaton

Service & Tipps:

ⓘ **Bureau d'accueil touristique**
174, rue Notre-Dame E.
Montréal, Qué. H2Y 1C2
www.tourisme-montreal.org
Tägl. Juni–Sept. 9–19, Mai und Okt.
10–18 Uhr
Am Place Jacques-Cartier in Vieux-Montréal.

ⓘ **Centre Infotouriste**
1255, rue Peel/Ecke Rue Sainte-Catherine, Bureau 100
Montréal, Qué. H3B 2T9
✆ (514) 873-2015 und 1-877-266-5687
www.bonjourquebec.com

ⓘ **Centre d'interprétation des écluses**
👁 500 chemin des Iroquois
Lachine, Qué. H8S 4J5
(514) 364-4490 und 1-888-364-4490
www.poledesrapides.com
Juni–Mitte Sept. tägl. 10–17, Sept./Okt. Sa/So 11–16 Uhr
Infozentrum am Westende des schiffbaren Lachine-Kanals (mit parallelem Radweg) überblickt die Schleuse Nummer 5.

🏛 **Biodôme de Montréal**
4777, av. Pierre-de-Coubertin
🐾 Montréal, Qué. H1V 1B3
✆ (514) 868-3000
❌ www.espacepourlavie.ca/
biodome
Ende Juni–Anfang Sept. Di–So 9–18,
sonst 9–17 Uhr, Eintritt $ 19/10
In dem exzellenten Naturkundemuseum werden vier verschiedene Ökosysteme dargestellt. Mit Restaurant.

🏛 **Biosphère**
160, chemin Tour-de-l'-Isle
🐾 Île Sainte-Hélène
Montréal, Qué. H3C 4G8
✆ (514) 283-5000 und 1-855-773-8200
www.biosphere.ec.gc.ca
Juni–Aug. tägl. 10–17, sonst Di–So
10–17 Uhr, Eintritt $ 12
Modernes Ökologie-Zentrum mit Schwerpunkt Sankt-Lorenz-Region; im architektonisch beeindruckenden Kugel-Pavillon der USA von der EXPO '67.

🏛 **Centre Canadien d'Architecture**
1920, rue Baile

☕ Montréal, Qué. H3H 2S6
✆ (514) 939-7026
www.cca.qc.ca
Mi–Fr 11–18, Do bis 21, Sa/So 11–17
Uhr

Ein Überbleibsel der EXPO 1967: das Ökologie-Museum Biosphère im Pavillon der USA (Montréal)

Eintritt $ 10, Kinder frei
Ausgezeichnetes Museum mit Ausstellungen zur Architekturgeschichte vom späten 16. Jh. bis heute.

🏛 **Centre des Sciences de Montréal**
🐾 2, rue de la Commune O.
Quai King-Edward
☕ Montréal, Qué. H2Y 4B2
✆ (514) 496-4724 und
1-877-496-4724
www.centredessciencesdemontreal.
com
Mitte Juni–Sept. tägl., sonst Di–So
10–17 Uhr, Eintritt $ 15/9
IMAX bis 21.15 Uhr, IMAX-Film $ 12
Kombiticket $ 23/14
Naturwissenschaftsmuseum vorwiegend für Kinder, aber beeindruckende IMAX-Filme auf einer Riesenleinwand, teils in 3-D.

🏛 **Musée des beaux-arts de Montréal**
☕ 1380, rue Sherbrooke O.
Montréal, Qué. H3G 1J5
✆ (514) 285-2000 und
1-800-899-6873
www.mbam.qc.ca
Di–Fr 11–17, Sa/So 10–17 Uhr
Eintritt $ 20, unter 12 J. frei
Kunstmuseum mit Werken kanadi-

scher Künstler und umfangreichen Sammlungen aus aller Welt.

 Musée Château de Ramezay
280, rue Notre-Dame E.
Montréal, Qué. H2Y 1C5
℃ (514) 861-3708
www.chateauramezay.qc.ca
Juni–Mitte Okt. tägl. 9.30–18, sonst Di-So 9–17 Uhr
Eintritt $ 10/5
Darstellungen des Alltagslebens in Nouvelle-France; mit altem Mobiliar, historischer Kleidung, Gemälden und anderen kunsthistorischen Objekten.

 Musée David M. Stewart
20, chemin du Tour-de-l'Isle
Île Sainte-Hélène
Montréal, Qué. H3C 0K7
℃ (514) 861-6701
www.stewart-museum.org
Mi–So 11–17 Uhr
Eintritt $ 10/8
Militärhistorisches Museum im Vieux-Fort, dem »alten Fort«.

 Musée McCord
690, rue Sherbrooke O.
Montréal, Qué. H3A 1E9
℃ (514) 398-7100
www.musee-mccord.qc.ca
Ende Juni–Anfang Sept. Mo–Fr 10–18, Mi bis 21, Sa/So bis 17 Uhr, sonst Mo geschl., Eintritt $ 14/8
Das Geschichtsmuseum neben der McGill-Universität dokumentiert das kanadische Alltagsleben der vergangenen Jahrhunderte.

 Pointe-à-Callière Musée d'Archéologie et d'Histoire de Montréal
350, place Royale
Montréal, Qué. H2Y 3Y5
℃ (514) 872-9150
www.pacmuseum.qc.ca
Juli/Aug. Mo–Fr 10–18, Sa/So 11–18, sonst Di–Fr 10–17, Sa/So 11–17 Uhr
Eintritt $ 15/6, unter 6 J. frei
Faszinierende archäologische und Multimedia-Ausstellungen zur Stadtgeschichte in der wunderbar restaurierten, ehemaligen Feuerwache unweit des Hafens.

Basilique Notre-Dame-de-Montréal
110, rue Notre-Dame
Montréal, Qué. H2Y 1T2
℃ (514) 842-2925
www.basiliquenddm.org
Mo–Fr 8–16.30, Sa 8–16, So 12.30–16 Uhr, Juli/Aug. länger, Eintritt frei
Meisterwerk neugotischer Architektur in der Altstadt, erbaut 1829. Im Inneren fabelhafte Holzarbeiten und Malereien; große Orgel aus dem Jahr 1887.

 Chapelle Notre-Dame-de-Bon-Secours
400, rue Saint-Paul E
Vieux-Montréal, Qué. H2Y 1H4
℃ (514) 282-8670
www.marguerite-bourgeoys.com
In der Kirche am Vieux-Port beten traditionell viele Matrosen.

 Habitat 67
2600, av. Pierre-Dupuy
Montreal, Qué. H3C 3R6
℃ (514) 866-5971, www.habitat67.com
Zur Weltausstellung Expo 67 entstand diese aufsehenerregende Wohnsiedlung des Architekten Moshe Safdie.

 Insectarium de Montréal
4581, rue Sherbrooke E.
Montréal, Qué. H1X 2B2
℃ (514) 872-1400
www.espacepourlavie.ca/insectarium
Mitte Mai–Anfang Sept. tägl. 9–18, Sept./Okt. 9–21 Uhr, Eintritt $ 19/10 (inkl. Botanischer Garten)
Modernes Insektarium im Botanischen Garten mit zahlreichen Ausstellungen, Terrarien, Aquarien.

 Jardin botanique de Montréal
4101, rue Sherbrooke E.
Montréal, Qué. H1X 2B2
℃ (514) 872-1400
www.espacepourlavie.ca
Mitte Mai–Anfang Sept. 9–18, Sept./Okt. 9–21 Uhr, sonst 9–17 Uhr, Eintritt $ 19/10 (inkl. Insektarium)
Botanischer Garten mit zehn Gewächshäusern und 30 Gärten, darunter der größte chinesische Garten außerhalb Asiens sowie ein sehenswerter japanischer Garten. Mit Café.

 La Tour
4141, av. Pierre-de-Coubertin
Montréal, Qué. H1V 3N7
℃ (514) 252-4141

www.parcolympique.qc.ca
Mitte Juni–Anfang Sept. Mo
13–21, Di–So 9–21, sonst 9–18 Uhr,
Eintritt $ 23/12
Auf 165 m befindet sich die Aussichtsplattform des Turms des Olympiastadions.

L'Oratoire Saint-Joseph du Mont-Royal

3800, chemin Queen Mary
Montréal, Qué. H3V 1H6
☎ (514) 733-8211
www.saint-joseph.org
Tägl. 6–21.30 Uhr, Eintritt frei
Eine der größten Basiliken der Welt,
monumentales Wallfahrtsziel mit
sehenswerter Architektur, Baubeginn
1924.

Le 1000 de la Gauchetière

 1000, rue de la Gauchetière O.
Montréal, Qué. H3B 4W5
☎ (514) 395-1000
www.le1000.com
moderne Wolkenkratzerkomplex mit integrierter Eislaufbahn.

Marché Bonsecours

350, rue Saint-Paul E.
Montréal, Qué. H2Y 1H2
☎ (514) 872-7730
www.marchebonsecours.qc.ca
Tägl. Ende Juni–Anfang Sept.
10–21, sonst 10–18 Uhr, Eintritt frei
Ehemalige Stadthalle im neoklassizistischen Stil mit markanter silberner
Kuppel; wurde lange Zeit auch als
Markt genutzt. Jetzt Ausstellungshalle mit einigen Geschäften.

La Ronde

22, chemin Macdonald
Île Sainte-Hélène
Montréal, Qué. H3C 6A3
☎ (514) 397-2000 und 1-877-672-8647
www.laronde.com
Juni–Anfang Sept. tägl. 10–21
Mai, Sept./Okt Sa/So 10–19 Uhr
Tagespass $ 60
Größter Vergnügungspark von Québec mit vielen Fahrattraktionen und
Shows.

Centre Bell

1909, av. Canadiens-de-
Montréal, Montréal, Qué. H4B 5G0
☎ (514) 932-2582 und 1-800-663-6786
www.centrebell.ca, http://canadiens.

nhl.com
Die größte Sporthalle Kanadas ist seit
einem Jahrzehnt bei den Spielen der
Canadiens de Montréal mit 21 273
Fans ausverkauft.

Le Bateau-mouche au Vieux-Port de Montréal

 55, rue Saint-Paul O.
Quai Jacques-Cartier
Montréal, Qué. H2Y 1Z1
☎ (514) 849-9952 und 1-800-361-9952
http://bateaumouche.ca/
Mitte Mai–Mitte Okt. tägl. 11, 14.30,
16 Uhr, Ticket $ 24/12
Rundfahrt im Glasdachboot um die
Île Sainte-Hélène.

Navettes Maritimes du Saint-Laurent

Quai Jacques-Cartier
Montréal, Qué. H2Y 1Z1
☎ (514) 281-8000 und
1-855-277-4177
www.navettesmaritimes.com
Ende Juni–Anfang Sept. Mo–Do 9.30–
18.30, Fr–So 9.30–21.30, sonst Sa/So
9.30–18.30 Uhr
Ticket $ 8
Schöne Überfahrt vom Vieux-Port zur
Flussinsel Île Sainte-Hélène.

Saute Moutons sur les rapids de Lachine

55, rue Sainte-Paul O.
Quai de l'Horloque
Montréal, Qué. H2L 5C1
☎ (514) 284-9607
www.jetboatingmontreal.com
Mai–Mitte Okt. tägl. 10–18 Uhr
60-minütige Jet-Boat-Tour
Ticket $ 67/47

Der Circuit Gilles-Villeneuve auf der künstlich aufgeschütteten Île Notre-Dame ist Austragungsort des Formel 1 Grand Prix of Canada (www.grandprixmontreal.com). Zusammen mit der benachbarten Île Sainte-Hélène bildet die Insel den Parc Jean-Drapeau.

Vom Aussichtsdeck des 175 Meter hohen, kühn geschwungenen Turms im Parc olympique hat man einen schönen Panoramablick auf die Stadt und den Sankt-Lorenz-Strom

Wellenumtoste Fahrt durch die Lachine-Stromschnellen. Regenkleidung (wegen der Gischt) ist im Preis inbegriffen.

 Houston Avenue Bar and Grill
1001 du Square-Victoria
Montréal, Qué. H2Z 2A8
℃ (514) 875-9669, www.squarevictoria.houstonresto.com, Mo–Fr 11–23, Sa 16–24 Uhr, So geschl.
Restaurant in Old Montréal. Serviert Steaks als Spezialität. $$–$$$$

 Chez la mère Michel
1209, rue Guy
Montréal, Qué. H3H 2K5
 ℃ (514) 934-0473
www.chezlameremichel.ca
Di–Sa 17.30–22.30 Uhr
Seit 1965 etabliertes kleines, aber feines Restaurant im provenzalischen Stil mit vorzüglicher Weinkarte, im unteren Stock befindet sich eine Bar, schöner Wintergarten, an der Ecke Rue Sainte-Catherine. $$$

 Gibby's
298, place d' Youville
Montréal, Qué. H2Y 2B6
℃ (514) 282-1837, www.gibbys.com
Mo–Fr ab 17.30, Sa/So ab 17 Uhr
Populäres Altstadtrestaurant in 200 Jahre alten ehemaligen Pferdeställen. Großzügige Portionen, vorzugsweise Fisch und Steak. $$$

 La Marée Montréal
404, place Jacques-Cartier
Montréal, Qué. H2Y 3B2
℃ (514) 861-9794
www.lamareemontreal.com
Tägl. Lunch und Dinner
Renommiertes Restaurant mit Ambiente und Flair des jungen Kanada, französische Küche mit exzellenten Fisch- und Muschelspezialitäten. $$$

 Restaurant Bonaparte
447, rue Saint-François-Xavier
 Montréal, Qué. H2Y 2T1
℃ (514) 844-4368
www.bonaparte.ca, tägl. Dinner
Wildgerichte, Fisch und Meeresfrüchte zählen zu den Gaumenfreuden dieses lässig-eleganten Altstadtrestaurants. In einem Hotel von 1886 mit 31 Zimmern, Nähe Basilique Notre-Dame. $$$

 Chez l'Épicier
311, rue Saint Paul E.
Montréal, Qué. H2Y 1H3
℃ (514) 878 2232
www.chezlepicier.com
Tägl. 17.30–22 Uhr
Einfach, aber sehr gut: regionale Küche aus Québec in der Altstadt. $$

Maestro S.V.P.
3615, boul. Saint-Laurent
Montréal, Qué. H2X 1V5
℃ (514) 842-6447
www.maestrosvp.com
Tägl. 16–22, Do–Sa bis 23 Uhr
Trendiges Seafood-Restaurant mit Austernbar und urbanem Ambiente. $$

Reuben's Deli & Steaks
1116, rue Sainte-Catherine O.
Montréal, Qué. H3B 1H4
℃ (514) 866-1029
www.reubensdeli.com
Mo–Fr 6.30–24, Sa/So ab 8 Uhr
Bistro im post-modernen Dekor, attraktives Ambiente im Zentrum, sehr gut: *viande fumée*. $$

Jardin Nelson
407, pl. Jacques-Cartier
Montréal, Qué. H2Y 3B1
℃ (514) 861-5731
www.jardinnelson.com
Tägl. ab 11.30 Uhr
Crêpe-Restaurant in einem hübschen, alten Haus. Man sitzt mittags gemütlich draußen unter Bäumen, abends gibt es Live-Jazz. $

Schwartz's
3895, boul. Saint-Laurent
Montréal, Qué. H2W 1X9
℃ (514) 842-4813
www.schwartzsdeli.com
Tägl. 8–0.30, Fr/Sa bis 1.30/2.30 Uhr
Das einfache Bistro mit langen Sitzreihen ist seit 1928 *die* Institution für *viande fumée*, der nach rumänischem Rezept zwischen zwei Scheiben Roggenbrot eingelegten, täglich frisch geräucherten Rinderbrust, mit Kohlsalat und Pommes Frites als Beilage. $

Beauty's Deli
93, av. du Mont-Royal O.
Montréal, Qué. H2T 2S5

© (514) 849-8883, beautys.ca
Eine Montréaler Frühstücks-Institution. Nördlich des Mont-Royal: Frühstück und klassische kanadische Menüs. $

 St-Viateur Bagel & Cafe
1127, av. du Mont-Royal E.
Montréal, Qué. H2J 1X9
© (514) 528-6361
www.stviateurbagel.com
Beliebte Bagel-Bäckerei mit Café im trendigen Le-Plateau-Bezirk am Mont-Royal. Handgerollte Bagels nach traditionellem Rezept. $

 Centre Eaton de Montréal
705, rue Sainte-Catherine O.
 Montréal, Qué. H3B 4G5
© (514) 288-3710
www.centreeatondemontreal.com
Mo–Fr 10–21, Sa 10–19, So 11–17 Uhr
Das größte Einkaufszentrum der Innenstadt mit über 175 Geschäften und Restaurants, mitten im Einkaufsviertel.

 Complexe Desjardins
150, rue Sainte-Catherine O.
Montréal, Qué. H5B 1E9
© (514) 281-1870
www.complexedesjardins.com
Mo–Mi 9.30–18, Do/Fr bis 21, Sa bis 17, So 12–17 Uhr
Unterirdisches Einkaufszentrum zwischen Rue Sainte-Catherine und Boul. René-Lévesque mit über 110 Geschäften, Restaurants, Bars und Kinos.

 Guilde canadienne des Métiers d'Art
1460, rue Sherbrooke O.
Montréal, Qué. H3G 1K4
© (514) 849-6091 und 1-866-477-6091
www.canadianguild.com
Di–Fr 10–18, Sa 10–17 Uhr
Handarbeiten und modernes Kunsthandwerk aus Québec sowie Inuit-Kunst.

 Marché Atwater
138, av. Atwater
Montréal, Qué. H4C 2H6
© (514) 937-7754
www.marchespublics-mtl.com
www.marche-atwater.com
Tägl. ab 7, Mo–Mi bis 18, Do bis 19, Fr bis 20, Sa/So bis 17 Uhr
1933 erbauter, modernster Wochenmarkt in Montréal am Lachine-Kanal, u.a. mit Fromagerie Atwater, www.fromagerieatwater.ca (exzellentes Käsesortiment), Boulangerie Première Moisson, www.premieremoisson.com (Bäckerei und Feinkost mit Cafeteria, hervorragend das Baguette mit *pâté*), 2,5 km bis Alter Hafen.

 Marché Jean-Talon
7070, av. Henri-Julien
 Montréal, Qué. H2S 3S3
© (514) 277-1588
 www.marchespublics-mtl.com
www.marche-jean-talon.com
Tägl. ab 7, Mo–Mi und Sa bis 18, Do/Fr bis 20, So bis 17 Uhr
Lebhafter Markt u.a. Fromagerie Hamel, www.fromageriehamel.com (exzellentes Käsesortiment, mit kleinem Café); in dem Viertel sind viele verschiedene Nationalitäten zu Hause.

 L'International des Feux Loto-Québec
La Ronde, Île Sainte-Hélène
Montréal, Qué. H3C 6A3
© (514) 397-2000
www.internationaldesfeuxlotoquebec.com
Eintritt $ 52
Mitte Juni–Ende Juli an acht Abenden jeweils um 22 Uhr
Weltbedeutendster Wettbewerb der Pyrotechnik im Vergnügungspark »La Ronde«, bei dem jeweils ein mindestens 30-minütiges Feuerwerk mit musikalischer Untermalung stattfindet, das auch vom Ufer des St.-Lorenz-Stroms zu beobachten ist.

 Festival International de Jazz du Montréal
400, boul. Maisonneuve O.
Montréal, Qué. H3A 1K4
© (514) 871-1881 und 1-855-299-3378
www.montrealjazzfest.com

Festival Juste Pour Rire
2101, boul. Saint-Laurent
Montréal, Qué. H2X 2T5
© (514) 845-2322 und 1-888-244-3155
www.hahaha.com, 15 Tage Mitte Juli
Beim »Festival nur zum Lachen«, dem weltgrößten Komödiantenfestival, stellen Vertreter des Genres in über 100 Shows ihre Programme vor; mit Straßenfestival im Quartier Latin. ✺

An elf Tagen Ende Juni/Anfang Juli findet im Stadtzentrum nahe dem Complexe Desjardins seit 1980 das bedeutendste kanadische Jazzfestival statt, das jährlich über zwei Millionen Fans anlockt.

Ist Lachen zweisprachig? Plakat zum Komödiantenfestival in Montréal

Québec
Prachtvolle Altstadt auf hoher Klippe

Die frankokanadische Metropole grüßt mit europäischem Charme. Auf den ersten Blick lässt die Hauptstadt der Provinz Québec (520 100 Einwohner, 795 000 im großstädtischen Ballungsraum) spüren, dass sie sich trotz langer britischer Herrschaft allem Englischen gegenüber stets distanziert hat und in ihrer Tradition und Kultur unverkennbar französisch geblieben ist.

Das Altstadtviertel Vieux-Québec zählt seit 1985 zum Welterbe der UNESCO.

Québecs einzigartiges Schmückstück, das pittoreske Altstadtviertel Vieux-Québec, wurde bereits 1872–78 auf Initiative des weitsichtigen Generalgouverneurs Lord Frederick Dufferin vor dem Abriss durch modernisierungswütige Händler gerettet. So hat es sich seinen Platz auf der UNESCO-Liste des Welterbes redlich verdient. Die schönste Altstadt Kanadas mit ihrer sehr gut erhaltenen historischen Bausubstanz besteht aus zwei Vierteln: der kleinen Unterstadt Basse-Ville direkt am Flussufer und der auf dem Plateau am Cap Diamant gelegenen großen Oberstadt Haute-Ville. Letztere wird von einer Stadtmauer komplett eingeschlossen – der einzigen vollständig erhaltenen nördlich von Mexiko.

Einen Stadtplan von Québecs Centre-Ville finden Sie S. 90.

Besucher aus aller Welt schlendern fasziniert durch die engen, europäisch anmutenden Gassen, flanieren über kopfstein-

Panorama à la Québec, im Hintergrund das Château Frontenac

gepflasterte Straßen und Plätze mit Wohnhäusern aus den letzten vier Jahrhunderten und beobachten von den zahlreichen Straßencafés und Restaurants aus das bunte Treiben von Pferdekutschen, Malern und Straßenmusikanten.

In der Sprache der Algonquin-Indianer bedeutet *kebec* »Stelle, wo sich der Fluss verengt«, und tatsächlich liegt die schmalste Stelle des gesamten Sankt-Lorenz-Stroms an der einen Kilometer langen Fährpassage zwischen Lévis und Québec. In dieser strategisch exzellenten Lage zwischen hohen Felsklippen beiderseits des Ufers traf Jacques Cartier während seiner ersten Kanada-Expedition im Jahr 1535 auf die Irokesen-Siedlung Stadacona und bereits 1608 gründete Samuel de Champlain dort den Handelsposten Québec. Die Hauptstadt von Nouvelle-France, der französischen Kolonie Neufrankreich, wuchs allmählich die Felsen hinauf. Während der untere Teil Handelsdistrikt blieb, wandelte sich die obere Altstadt zum Wohnviertel.

Im Zuge der fast ununterbrochenen englisch-französischen Feindseligkeiten erfolgte 1690 die erste britische Attacke auf den Ort Québec. Und obwohl die Franzosen mit dem Bau der Stadtmauer, der Zitadelle und anderer Befestigungsanlagen ihre Hauptstadt imposant sicherten, schlugen 1759 gut ausgebildete britische Redcoats unter General James Wolfe die Soldaten des Generals Marquis de Montcalm auf den Plaines d'Abraham. Vier Jahre später fielen alle frankokanadischen Besitztümer im Frieden von Paris unwiderruflich an Großbritannien.

Im Nordamerikanischen Unabhängigkeitskrieg belagerten US-Truppen 1775/76 die Stadt zwar erfolglos, aber in Erwartung weiterer Attacken wurden die dicken Stadtmauern noch verstärkt und auf insgesamt 4,6 Kilometer verlängert. Von da an jedoch verlief das Leben in der Hauptstadt der einstigen britischen Kolonie Québec und der jetzigen gleichnamigen kanadischen Provinz in ruhigem Fahrwasser.

Rundgang durch Vieux-Québec

Der Stadtrundgang beginnt in Nähe der ausgezeichneten Stadtinfo an der **Grande Allée**, die sich beiderseits der Straße im Bereich des Parlaments wie eine kleine Champs-Élysées präsentiert. Zur Mittagszeit sind die Plätze unter den Bäumen in den lauschigen Restaurants und Straßencafés besonders begehrt, und bei abendlichem Live-Entertainment kann man dort bis weit nach Mitternacht den Altstadtbummel ausklingen lassen. In der Nähe der Stadtmauer steht das vom französischen Klassizismus inspirierte, 1877–84 erbaute **Hôtel du Parlement**. Die Nischen in der sehenswerten Fassade sind mit Statuen historischer Persönlichkeiten dekoriert, Denkmäler schmücken den umgebenden Park.

Mächtig thront die gut erhaltene, 16 Hektar große, halbsternförmige **Citadelle** auf dem höchsten Punkt des 110 Meter hohen Cap Diamant. Das aus dem ausgehenden 17. Jahrhundert stammende französische Fort wurde mit den 1820-52 errichteten Außenwällen und Gräben zu einer wuchtigen Festung erweitert. Im Pulverturm von 1750 berichtet ein Militärmuseum über die Historie des rotberockten »Royal 22e Régiment«, das noch heute als reguläre Truppenbesetzung der Citadelle fungiert. Die Festung dient zudem als offizielle Residenz des Generalgouverneurs von Kanada.

An die Citadelle grenzen die heute friedlichen Gefilde der **Plaines d'Abraham**, wo 1759 die Entscheidungsschlacht zwischen britischen und französischen Truppen um Québec tobte. Der Sieg der Redcoats läutete die neue, nun britische Ära Kanadas ein. Heute treffen sich die Québécois in dem fast drei Kilometer langen Park zum Ballspielen, Joggen und zu lauschigen Picknicks. Nur Schautafeln und das **Centre d'interprétation** erinnern noch an den

Ein bei Touristen beliebtes Spektakel sind der zeremonielle Rückzug am Abend und der Wachwechsel am Morgen vor der Citadelle. Da die Altstadt in den Morgenstunden ohnehin noch etwas verschlafen wirkt, bietet sich die malerische Zeremonie als idealer Tagesauftakt an.

Wachablösung an der Citadelle Ende Juni bis Anfang September täglich 10 Uhr, zeremonieller Rückzug Juli/August Samstag jeweils um 18 Uhr.

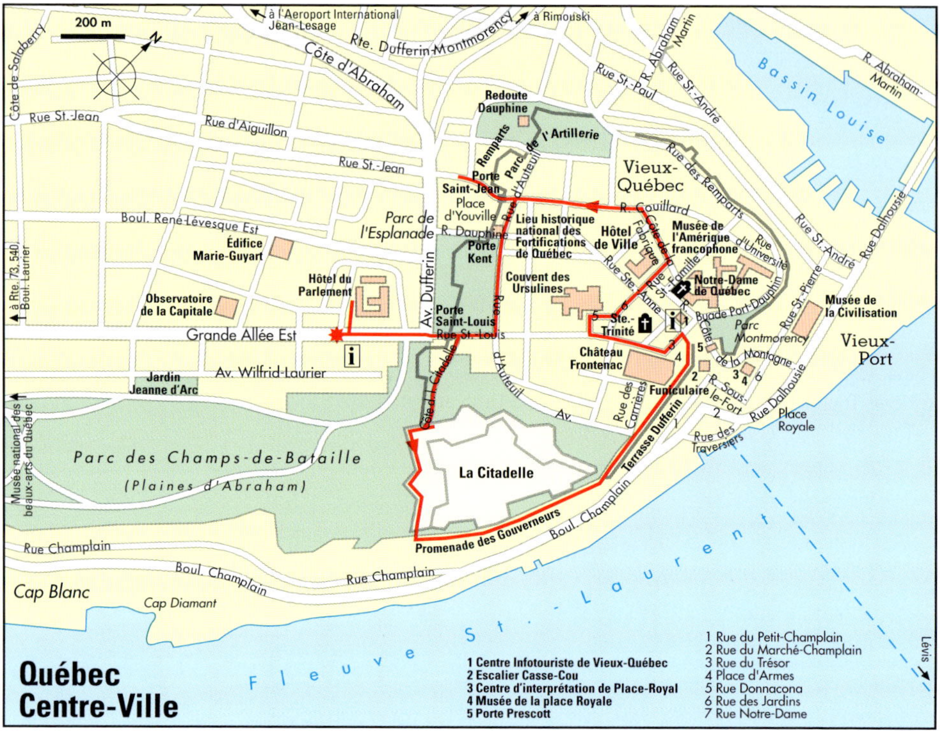
200 m
à l'Aeroport International Jean-Lesage
à Rimouski
Rte. Dufferin-Montmorency
Côte d'Abraham
Côte-de-Salaberry
Rue St.-Jean
Rue d'Aiguillon
Rue St.-Jean
R. Abraham-Martin
Rue St.-Paul
Rue St.-André
Bassin Louise
R. Abraham-Martin
Redoute Dauphine
Remparts
Parc de l'Artillerie
Porte Saint-Jean
Place d'Youville
Rue d'Auteuil
Vieux-Québec
R. Couillard
Rue des Remparts
Boul. René-Lévesque Est
Parc de l'Esplanade
R. Dauphine
Lieu historique national des Fortifications de Québec
Hôtel de Ville
Musée de l'Amérique francophone
Rue de l'Université
Rue St.-André
Rue Dalhousie
Édifice Marie-Guyart
Porte Kent
Couvent des Ursulines
Rue Ste.-Anne
Notre-Dame de Québec
Rue St.-Pierre
Musée de la Civilisation
Hôtel du Parlement
Observatoire de la Capitale
Av. Dufferin
Porte Saint-Louis
Rue St.-Louis
Ste.-Trinité
Buade
Port-Dauphin
Parc Montmorency
Vieux-Port
à Rte. 73, 540, Boul. Laurier
Grande Allée Est
Château Frontenac
Côte de la Montagne
Av. Wilfrid-Laurier
Jardin Jeanne d'Arc
Côte de la Citadelle
Rue des Carrières
Funiculaire
R. Sous-le-Fort
Rue Dalhousie
Place Royale
Musée national des beaux-arts du Québec
Terrasse Dufferin
Rue des Traversiers
Parc des Champs-de-Bataille
(Plaines d'Abraham)
La Citadelle
Boul. Champlain
Promenade des Gouverneurs
Rue Champlain
Boul. Champlain
Rue Champlain
Cap Blanc
Cap Diamant
Fleuve St.-Laurent
Lévis
Québec Centre-Ville
1 Centre Infotouriste de Vieux-Québec
2 Escalier Casse-Cou
3 Centre d'interprétation de Place-Royal
4 Musée de la place Royale
5 Porte Prescott
1 Rue du Petit-Champlain
2 Rue du Marché-Champlain
3 Rue du Trésor
4 Place d'Armes
5 Rue Donnacona
6 Rue des Jardins
7 Rue Notre-Dame

Schlachtenverlauf. Weiter westlich liegt das Musée national des beaux-arts du Québec in einem ehemaligen Gefängnisgewölbe und an seiner Nordostseite **Le jardin Jeanne d'Arc**. Der idyllische versunkene Garten ist eine Kombination aus klassischen französischen und englischen botanischen Gärten.

Über die Südseite der Citadelle gelangt man zur Promenade des Gouverneurs und zur **Terrasse Dufferin**, dem 670 Meter langen Schaustück Québecs hoch oberhalb des Sankt-Lorenz-Stroms. Schattige offene Pavillons und gemütliche Bänke neben verschnörkelten Straßenlampen verlocken zum Ausruhen auf der herrschaftlichen Holzterrasse, an deren Ende im Winter eine große Eisrutschbahn angelegt wird. Vom der Terrasse Dufferin schweift der Blick weit über den Strom nach Lévis und zur Île d'Orléans.

Hoch über der Terrasse Dufferin thront stolz und majestätisch das **Château Frontenac**, so als sei sich das mächtige, 80 Meter hohe Luxushotel mit den markanten grünen Kupferdächern seiner unbestrittenen Rolle als Wahrzeichen der Stadt bewusst. Ein Blick in die elegante Lobby lohnt sich allemal. Die Bauarbeiten hatten 1893 an der Stelle des alten Château Saint-Louis begonnen, der durch ein Großfeuer zerstörten, früheren Residenz der Gouverneure von Nouvelle-France. 1924 folgte die Fertigstellung des zentralen Turms. Namenspate für das im Stil eines französischen Schlosses verschwenderisch mit Nischen und Türmchen ausgestatteten Château war Louis de Buade, Comte de Frontenac, 1672 bis 1698 Gouverneur von Nouvelle-France.

Fetischsammlung im Inuit Museum in Québec

Am Nordende der Terrasse Dufferin, wo eine Statue von Samuel de Champlain die von ihm gegründete Stadt überblickt, schließt sich der

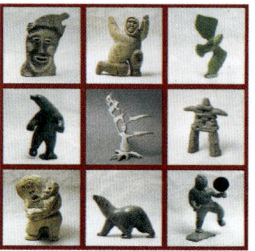

Parc Montmorency an. Hier erinnern entlang der Steinmauer antiquierte Kanonen an die weit reichenden Verteidigungsstellungen während der Schlachten des 18. Jahrhunderts. Heute besticht der Standort des ersten Parlamentsgebäudes der britischen Provinz Lower Canada durch ein schönes Hafenpanorama mit Blick über den Sankt-Lorenz-Strom.

Stadteinwärts vom Champlain-Denkmal ist die **Place d'Armes** (mit Touristinfo) der betriebsame Herz von Vieux-Québec. In der Mitte des einstigen militärischen Paradeplatzes dominiert ein großer neogotischer Brunnen, der mit einem Denkmal an die Ankunft der frühen Missionare erinnert. Geduldig warten Pferdedroschken auf Fahrgäste, während munteres Hufgeklapper bereits durch Straßen und Gassen schallt. Von den benachbarten Straßencafés an der **Rue Sainte-Anne** lässt sich das bunte Treiben von Schaustellern, Kellnern, Händlern und Touristen bestens beobachten.

Gleich nebenan zieht sich die pittoreske **Rue du Trésor** zwischen den Häusern hindurch, eher einer viel besuchten Freiluftgalerie denn einer kleinen Gasse ähnelnd. Geschickte Straßenkünstler skizzieren verblüffende Porträts williger Touristen, stellen Bilder von Stadt und Land aus, und das Publikum durchstöbert begeistert das große Angebot.

Über die bis in die Abendstunden belebte Rue Saint-Louis erreicht man den **Couvent des Ursulines**. In dem weitläufigen Trakt des katholischen Schwesternordens wurden Generationen junger Mädchen getreu strenger Richtlinien erzogen. Das **Musée des Ursulines de Québec** beherbergt Relikte aus der Zeit zwischen der Gründung des Konvents 1639 und dem Jahr 1759. Ausstel-

Luxushotel und Wahrzeichen von Québec: das Château Frontenac

Jenseits der Hektik: geruhsame Kutschfahrt durch die Altstadt von Québec

In kurzer Distanz zueinander und in friedlicher Eintracht liegen in Québec die Kirchen der dominierenden französischkatholischen Gemeinschaft und der ehemaligen britischen Kolonialmacht zusammen. In der Nähe des Ursulinenkonvents ist die **Cathédrale Holy Trinity** *die erste und damit älteste außerhalb Großbritanniens erbaute anglikanische Kathedrale.*

Die Plätze auf der königlichen Empore bleiben den Mitgliedern der königlichen Familie sowie deren Repräsentanten vorbehalten.

lungen beschäftigen sich mit dem Alltag der Ursulinen sowie mit dem Schulwesen. Auch an Madame de la Peltrie, die Gründerin dieser Institution, und an den in der Krypta der sehenswerten Ursulinenkapelle bestatteten General Montcalm erinnert das Museum.

Die Rue des Jardins weiter, vorbei am 1895 erbauten Rathaus **Hôtel de Ville**, führt der Rundgang zum **Musée de l'Amérique francophone** rechter Hand an der Côte de la Fabrique. Die beeindruckend umfangreiche Kollektion zur Entwicklungsgeschichte der frankokanadischen Kultur in Québec vermittelt mit Zeichnungen, Pergamenten, Büchern, Gemälden, wissenschaftlichen Instrumenten und vielem mehr einen Einblick in die lokalen Lebensverhältnisse vergangener Jahrhunderte.

Die Altstadt verfügt über vier (rekonstruierte) Stadtmauern: Porte Saint-Louis, Porte Kent und Porte Saint-Jean jeweils an Rue d'Auteuil sowie Porte Prescott an der Côte de la Montagne. Am Porte Saint-Jean erläutert ein Informationszentrum die Geschichte des Befestigungsringes. Entlang der 4,6 Kilometer langen, mit Türmen und Toren bestückten Wälle und Mauern aus Sand und Granit, der **Lieu historique national des Fortifications-de-Québec**, erzählen Tafeln von der Entstehung dieses für Nordamerika einzigartigen Verteidigungssystems. Die 1693 von Franzosen begonnenen Arbeiten an der Stadtmauer wurden von 1759 bis zum Ende des 18. Jahrhunderts unter britischer Herrschaft fortgeführt.

Auf dem Weiterweg über die Rue Saint-Jean durch die **Porte Saint-Jean** gehört der kurze Abstecher auf das Stadttor zu den Höhepunkten der Rundtour, denn vom Übergang aus genießt man das Panorama der belebten Einkaufsstraße im besten Nachmittagsfotolicht. Auf der **Place d'Youville** direkt vor dem Stadttor präsentiert sich die andere Seite von Québec – der offene Platz ist besonders abends ein beliebter Treffpunkt von Jugendlichen.

Zurück innerhalb der ummauerten Altstadt endet ein kurzer Abstecher am **Parc de l'Artillerie**. Lange Zeit diente dieser Teil der Altstadt den Franzosen und später auch den Briten zu militärischen Zwecken. In der festungsähnlichen, auffällig weißen **Redoute Dauphine** beschäftigen sich Ausstellungen mit dem Leben der Soldaten und Offiziere in früheren Jahrhunderten. Die bis 1964 als Munitionsfabrik genutzte einstige Gießerei wartet mit einem historischen Museum auf, auf dem Freigelände finden täglich Schießübungen statt.

Parallel zur Stadtmauer geht es südlich auf der Rue d'Auteuil über die **Porte Kent** zum britischen Pulverturm von 1810 vor der **Porte Saint-Louis**, wo ein Informationszentrum die Geschichte des Befestigungsrings erläutert.

Ausflug nach Lévis und zum Parc de la Chute-Montmorency

Zunächst steht die Fährfahrt von der Rue des Traversiers in Vieux-Québec nach **Lévis** auf dem Programm, wobei die Altstadt von Québec vormittags besonders reizvoll von der Morgensonne illuminiert wird – leider dauert die Überfahrt nur zehn Minuten.

Unmittelbar westlich des Fähranlegers erreicht man den brillanten Aussichtspunkt an der Terrasse de Lévis. Welch ein Panorama: Während sich tief unten mächtige Transportschiffe den Sankt-Lorenz hinaufkämpfen, überblickt man dahinter, direkt am Fluss, das Dächergewirr der Unterstadt Basse-Ville. Darüber thronen wiederum auf den steilen Klippen von Québec die Oberstadt Haute-Ville mit der Zitadelle und – wie ein mächtiger Wächter – das alles überragende Château Frontenac.

Zurück in Québec folgt der Rundgang durch die **Unterstadt** (vgl. Stadtplan S. 90), die wie ihr oberes Pendant durch eine unaufdringliche, charmant-nostalgische Atmosphäre bezaubert. Trotz großer Zerstörungen durch das britische Bombardement 1759 stammen viele Gebäude aus dem 18. Jahrhundert. Für den Zugang in die Oberstadt bieten sich der bequeme Aufzug **Funiculaire du Vieux-Québec** von der Rue Sous-le-Fort zur Terrasse Dufferin und die gar nicht so fürchterliche **Escalier Casse-cou** (»Halsbrechertreppe«) von der Rue du Petit-Champlain zur Côte de la Montagne an.

Mit dem pittoresken **Quartier Petit-Champlain**, dem schönsten Teil der Unterstadt, betritt man das Pflaster einer vergangenen Epoche. An Sommertagen drängeln sich hier die Besucherscharen durch die von Cafés und Restaurants gesäumten Straßen und Gassen, in netten kleinen Geschäften und auf hübschen Plätzen, auf denen Straßenmusiker, Artisten und Maler für Unterhaltung sorgen. Sorgsam restaurierte Häuser und eine der ältesten Kirchen der Provinz Québec, die 1688 erbaute **Église Notre-Dame-des-Victoires**, umgeben die historische **Place-Royale**. An dieser Geburtsstätte der Provinz Québec hatte 1608 Samuel de Champlain seine *Abitation de Québec* ins Leben gerufen, die erste dauerhafte Ansiedlung der Franzosen am Sankt-Lorenz-Strom.

Hinter der Place-Royale lohnt sich ein Abstecher zur Rue Dalhousie mit dem ausgezeichneten **Musée de la Civilisation**, das in interaktiven Ausstellungen die Geschichte und Kultur von Québec thematisiert.

Als letzte Tagesetappe steht ein Kurzausflug (per Auto oder Fahrrad) zum **Parc de la Chute-Montmorency** auf dem Programm. Beeindruckende 83 Meter stürzt sich ein Wasserfall unmittelbar vor der Mündung des Rivière Montmorency in den Sankt-Lorenz-Strom. Ein kurzer Spazierweg führt am Flussufer entlang direkt bis zum Fuß des imposantesten Wasserfalls weit und breit. Das ausgezeichnete Restaurant an der Spitze des Chute-Montmorency erreicht man per Seilbahn, Fußweg oder Straße.

Im modernen Musée de la place Royale werden die Sehenswürdigkeiten und die Geschichte der unteren Altstadt beschrieben, deren Gebäude nicht immer so liebevoll gepflegt wurden wie heute. Noch Mitte des 20. Jahrhunderts wirkte Basse-Ville wenig einladend, erst aufwendige Sanierungen und detailgetreue Instandsetzungsarbeiten ließen das Viertel schließlich wieder im Glanz des 17. und 18. Jahrhunderts erstrahlen.

Von 1688: die Kirche Notre-Dame-des-Victoires an der historischen Place-Royale in Québec

93

ⓘ **Office du Touris-
me et des
Congrès de Québec**
399 Saint-Joseph-Est
Québec, Qué G1K 8E2
℡ (418) 641-6654 und
1-877-783-1608
www.quebecregion.com

*Einkaufsstraße in Vieux-
Québec*

Service & Tipps:

ⓘ **Centre Infotouriste de
Québec**
12, rue Sainte-Anne, Vieux-Québec
Québec, Qué. G1R 3X2
℡ 1-877-266-5687, Ende Juni–Aug.
tägl. 9–19, sonst bis 17 Uhr
Infos zur Provinz Québec in einem
1805 erbauten, ehemaligen Hotel
gegenüber dem Château Frontenac.

ⓘ **Centre d'interprétation/
Odyssée Canada**
👁 835, av. Wilfrid-Laurier
Québec, Que. G1R 5H8
℡ (418) 649-6157 und 1-855-649-6157
www.ccbn-nbc.gc.ca
Juli–Sept. tägl. 8.30–17.30, sonst Mo–Fr
8.30–17, Sa/So ab 9 Uhr
Eintritt Odyssee $ 15/11
Tourist Information im **Plaines
d'Abraham-Komplex** mit Odyssée,
einer sehr sehenswerten Multimediashow zur kanadischen Geschichte.

🏛 **Musée de l'Amérique
francophone**
2, côte de la Fabrique
Québec, Qué. G1R 3V6
℡ (418) 643-2158 und 1-866-710-8031
www.mcq.org
Ende Juni–Anfang Sept. tägl. 9.30–17,
sonst Di–So 10–17 Uhr, Eintritt $ 8/2
Lohnendes Museum zur Entwicklungsgeschichte der frankokanadischen Kultur.

🏛 **Musée de la Civilisation**
85, rue Dalhousie
☕ Québec, Qué. G1K 8R2
℡ (418) 643-2158 und
1-866-710-8031, www.mcq.org
Ende Juni–Anfang Sept. tägl. 9–18,
sonst Di–So 10–17 Uhr, Eintritt $ 10/3
Modernes Museum zum Thema
Geschichte und Kultur in Québec.
Nahe Place-Royale im unteren Teil
der Altstadt.

🏛 **Musée de la place Royale**
27, rue Notre-Dame
Québec, Qué. G1K 4E9
℡ (418) 646-3167 und 1-866-710-8031
www.mcq.org
Ende Juni–Anfang Sept. tägl. 9.30–17,
sonst Di–So 10–17 Uhr, Eintritt $ 7/2
Modernes Infozentrum mit Multimedia-Ausstellungen über die Historie
der ältesten Ansiedlung in Québec.

🏛 **Musée des Ursulines de
Québec**
12, rue Donnacona
Québec, Qué. G1R 3Y7
℡ (418) 694-0694
www.museedesursulines.com
Tägl. außer Mo Mai–Sept. 10–17,
sonst 13–17 Uhr, Eintritt $ 8/4
Museum zur Erziehungsarbeit der
Ursulinen-Schwestern.

🏛 **Musée national des beaux-
arts du Québec**
🍴 1, av. Wolfe-Montcalm
Québec, Qué. G1R 5H3
℡ (418) 643-2150 und 1-866-220-2150
www.mnba.qc.ca
Juni–Anfang Sept. tägl. 10–18, Mi bis
21, sonst Di–So 10–17 Uhr
Eintritt $ 18/1
Ausstellungen traditioneller und zeit-
genössischer Kunst aus Québec,
Keramiken sowie Gold- und Silberar-
beiten des 17.–20. Jh.

👁 **La Citadelle de Québec**
1, côte de la Citadelle
Québec, Qué. G1R 3R2
℡ (418) 694-2815
www.lacitadelle.qc.ca
Tägl. Mai–Okt. 9–18, sonst bis 17 Uhr
Rundgang nur mit Führung
Eintritt $ 16/6
Hier finden Ende Juni–Anfang Sept.
Wachwechsel (10 Uhr) und zermoni-
eller Rückzug (Sa 18 Uhr) statt.

Hôtel du Parlement
1045, rue des Parlementaires
Québec, Qué. G1A 1A3
☎ (418) 643-7239 und 1-866-337-8837, www.assnat.qc.ca
Ende Juni–Anfang Sept. tägl. 10–16, sonst Mo–Fr 9–16.30 Uhr, Eintritt frei
Parlamentsgebäude der Provinz Québec an der Grande Allée E. vor den Toren der Altstadt, mit schönem Restaurant im Beaux-Arts-Stil.

 Lieu historique national des Fortifications-de-Québec
2, rue d'Auteuil
Québec, Qué. G1R 5C2
☎ (418) 648-7016 und 1-888-773-8888
www.pc.gc.ca/fortifications
Tägl. Mitte Mai–Mitte Okt. 10–17, Ende Juni–Anfang Sept. bis 18 Uhr
Eintritt $ 4/2
Informationszentrum zu Historie und Gegenwart der 4,6 km langen Stadtmauer; Führungen entlang der Befestigungswälle und -mauern. Bis auf kurze Teilstücke kann man die Altstadt komplett auf der Mauerkrone umrunden, inkl. Übergang auf den vier (rekonstruierten) Stadttoren Porte Kent, Porte Prescott, Porte Saint-Jean und Porte Saint-Louis.

Zum Fortifications-de-Québec gehört der Artilleriepark mit der mächtigen Redoute Dauphine in der Rue McMahon. **Lieu historique national du Parc-de-l'Artillerie:** modernes Museum in Kasernen und Festungsanlagen aus dem 18. Jh.

 Observatoire de la Capitale
1037, rue de la Chevrotière
Québec, Qué. G1R 5E9
☎ (418) 644-9841 und
1-888-497-4322
www.observatoire-capitale.com
Feb.–Mitte Okt. tägl. 10–17 Uhr, sonst Mo geschl.
Eintritt $ 11/9
Aussichtsplattform auf der 31. Etage im Édifice-Marie-Guyart-Bürokomplex. Québecs höchstes Gebäude (127 m) ist eine Bausünde aus den frühen 1970er Jahren. Seitdem wurden Hochhausneubauten in Altstadtnähe eingestellt. Ersterbautes und (wegen des gestörten Stadtbilds) einziges Hochhaus innerhalb der Stadtmauern bleibt das 82 m hohe Édifice Price von 1930.

Funiculaire du Vieux-Québec
16, Petit Champlain
Québec, Qué. G1K 4H4
☎ (418) 692-1132
www.funiculaire-quebec.com

Anfang April–Mitte Juni und Anfang Sept.–Mitte Okt. 7.30–23.30, Mitte Juni–Anfang Sept. bis 24, sonst bis 23 Uhr, Ticket $ 2.25
Der Aufzug an der Terrasse Dufferin verbindet obere und untere Altstadt miteinander.

 Parc de la Chute-Montmorency
 5300 boul. Sainte-Anne
Québec, Que. G1C 0M3
 ☎ (418) 663-3330 und
1-844-522-4883
www.sepaq.com/ct/pcm
Ganzjährig geöffnet, Eintritt frei, Parkplatz $ 6, Seilbahn $ 12/7
Beeindruckender, 83 m hoher Wasserfall an der Einmündung des Rivière Montmorency in den Sankt-Lorenz-Strom. Rte. 440 (Rte. Dufferin–Montmorency), 13 km östlich von Québec.

Restaurant Manoir Montmorency
2490, av. Royale
Beauport, Qué. G1C 1S2
Tägl. durchgehend geöffnet
Exzellentes Restaurant an der Spitze des Wasserfalls. Zufahrt auch per Radweg von der Altstadt.

 Traverse Lévis–Québec
– Gare de Québec

Alljährlicher Spaß: Eis-Schlösser im Québecer Winterkarneval

 Cyclo Services
289, rue Saint-Paul
Québec, Que. G1C 1S1
☎ 1-877-692-4050
www.cycloservices.net
$ 35/Tag
Fahrradverleih in der Altstadt.

10, rue des Traversieres
Québec, Qué. G1K 8L8
– Gare de Lévis, Que. G6V 3P5
5995, rue Saint-Laurent
☎ (418) 643-8420
www.traversiers.gouv.qc.ca
Tägl. 6–2 Uhr mindestens stündl.,
7–18 Uhr alle 20–30 Min.
Ticket $ 8/Wagen, $ 3.35/Person
10-minütige Fährfahrt über den
Sankt-Lorenz-Strom mit exzellentem
Blick auf die Altstadt.

Aux Anciens Canadiens
34, rue Saint-Louis
Québec, Qué. G1R 4P3
☎ (418) 692-1627
www.auxancienscanadiens.qc.ca
Tägl. Lunch und Dinner
Fèves au lard (Bohnen mit Speck)
und andere Köstlichkeiten der traditionellen *cuisine québécoise* in einem
Steinhaus aus dem Jahr 1675 in der
oberen Altstadt. Gemütliche Atmosphäre bei Kerzenlicht, niedrigen
Decken, Dekor mit Antiquitäten. $$$

Restaurant 1640
20, rue Sainte-Anne
 Québec, Qué. G1R 3X2
☎ (418) 694-0563
www.aubergedutresor.com
Tägl. Lunch und Dinner
Das trendige Restaurant der Auberge
du Trésor serviert französisch-kana-
dische Küche, besonders beliebt: Ter-
rassenplätze. 24 Mittelklasse-Hotel-
zimmer unter fotogenem roten Dach
im Herzen der Altstadt. $$$

L'Échaudé
73, rue du Sault-au-Matelot
Québec, Qué. G1K 3Y9
☎ (418) 692-1299, www.echaude.com
Tägl. Lunch und Dinner
Attraktives Restaurant mit Terrasse
im Art-déco-Stil unweit des Musée de
la Civilisation. Französische Nouvelle
Cuisine. $$–$$$

*Logo mit Ferkel: Am Bistro
Cochon Dingue*

Cochon Dingue
46, boul. René-Lévesque O.
Québec, Qué. G1R 2A4
☎ (418) 523-2013, tägl. geöffnet
www.cochondingue.com
Eines der besten Bistros der Stadt an
der Einmündung der Avenue Cartier
unweit der Altstadt, exzellente Des-
serts, attraktive Terrasse. $$

Portofino
54, rue Couillard
Québec, Qué. G1R 3T3
☎ (418) 692-8888
www.portofino.qc.ca
Eines der besten italienischen Bistros
von Québec liegt mitten in der Alt-
stadt in einem 1760 erbauten Haus,
abends Livemusik. $$

Restaurant Apsara
71, rue d'Auteuil
Québec, Qué. G1R 4C3
☎ (418) 694-0232
www.restaurantapsara.com
Hervorragendes Restaurant mit deli-
kater, würziger Küche aus Vietnam,
Thailand und Kambodscha. In viktorianischem Gebäude an der Porte
Saint-Louis. $$

Le Lapin Sauté
52, rue du Petit-Champlain
Québec, Qué. G1K 4H4
☎ (418) 692-5325
www.lapinsaute.com
Im Quartier Petit-Champlain in
der unteren Altstadt, kleines
Restaurant mit romantischer
Terrasse, Spezialität Kaninchen
(lapin). $$

Brynd Smoked Meat
369, rue Saint-Paul
Québec, Qué. G1K 3X3
☎ (418) 692-4693
www.brynd.com
Bagel und *Smoked Sandwich* als Spezialität; knapp außerhalb der Stadtmauern. $

La Vieille Maison du Spaghetti
625, Grande Allée E.
Québec, Qué. G1R 2K4
☎ (418) 529-6697
Tägl. geöffnet
www.vieillemaisonduspaghetti.com
Spaghetti in vielerlei Variationen;
gepflegtes historisches Haus mit
großer Terrasse. $

Maurice Nightclub
575, Grande Allée E.
Québec, Qué. G1R 2K4
☎ (418) 647-2000
www.mauricenightclub.com
Auf drei Stockwerken, der beste
Nightclub der Stadt.

Pub Saint-Alexandre
1087, rue Saint-Jean
 Québec, Qué. G1R 1S3
© (418) 694-0015
www.pubstalexandre.com
Innerhalb der Stadtmauern. Pub im
englischen Stil mit 200 Biersorten zur
Auswahl. Spezialität: Steaks. $$

**Chocolaterie de l'Île
d'Orléans**
150, chemin du Bout de l'Île
Sainte-Pétronille
Île d'Orléans, Qué. G0A 4C0
© (418) 828-2250 und 1-800-363-2252
www.chocolaterieorleans.com
Schokoladenspezialitäten aus eige-
ner Produktion an der Westspitze der
kleinen, ursprünglichen Insel mit
wenigen kleinen Herbergen und
Restaurants.

Place Laurier
2700, boul. Laurier

 Québec, Qué. G1V 4J9
© (418) 651-5000 und
 1-800-322-1828
www.placelaurier.com
Tägl. 10–17.30, Do/Fr bis 21 Uhr
Größtes Einkaufszentrum der Stadt
mit über 300 Geschäften und Restau-
rants.
    Im Vorort Sainte-Foy an der westli-
chen Verlängerung der Grande Allée
(Rte. 175).

Le Carnaval de Québec
Québec, Qué. G1L 1N8
© (418) 626-3716 und 1-866-422-7628
www.carnaval.qc.ca
Der größte Winterkarneval der Welt
zieht an 17 Tagen Ende Januar,
Anfang Februar mehr als 600 000
Besucher zu Paraden, Eislauf,
Schneeskulpturenwettbewerb,
Feuerwerk, Kanurennen und ande-
ren Aktivitäten auf dem vereisten
Sankt-Lorenz-Strom.

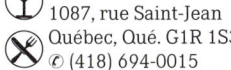

**Festival d'été de
Québec**
Québec, Qué. G1K 3A9
© (418) 523-4540 und
1-888-992-5200
www.infofestival.com
Elftägiges Musikfesti-
val Anfang bis Mitte Juli
mit großen Namen aus
allen Musikrichtungen
und über einer Million
Fans auf zehn Bühnen
innerhalb der Stadt.

*Rodelwettbewerbe beim
Québecer Winterkarneval*

97

REGION 7
Provinz Québec

Provinz Québec
Ein Stück Frankreich in Nordamerika

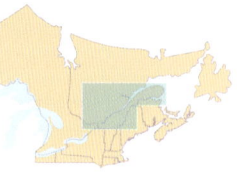

Die Provinz Québec ist ein Stück unverwechselbares altes Frankreich an Kanadas Ostküste, wo sich seit jeher beharrlich die stetig nach Unabhängigkeit trachtende frankokanadische Lebensart behauptet. Und stets war der Sankt-Lorenz-Strom mit den Metropolen Montréal und Québec-Stadt an seinen Gestaden die wichtigste Lebensader zwischen Atlantik und Großen Seen.

Einen Abstecher wert: die Sept-Chutes bei St.-Ferréol-les-Neiges

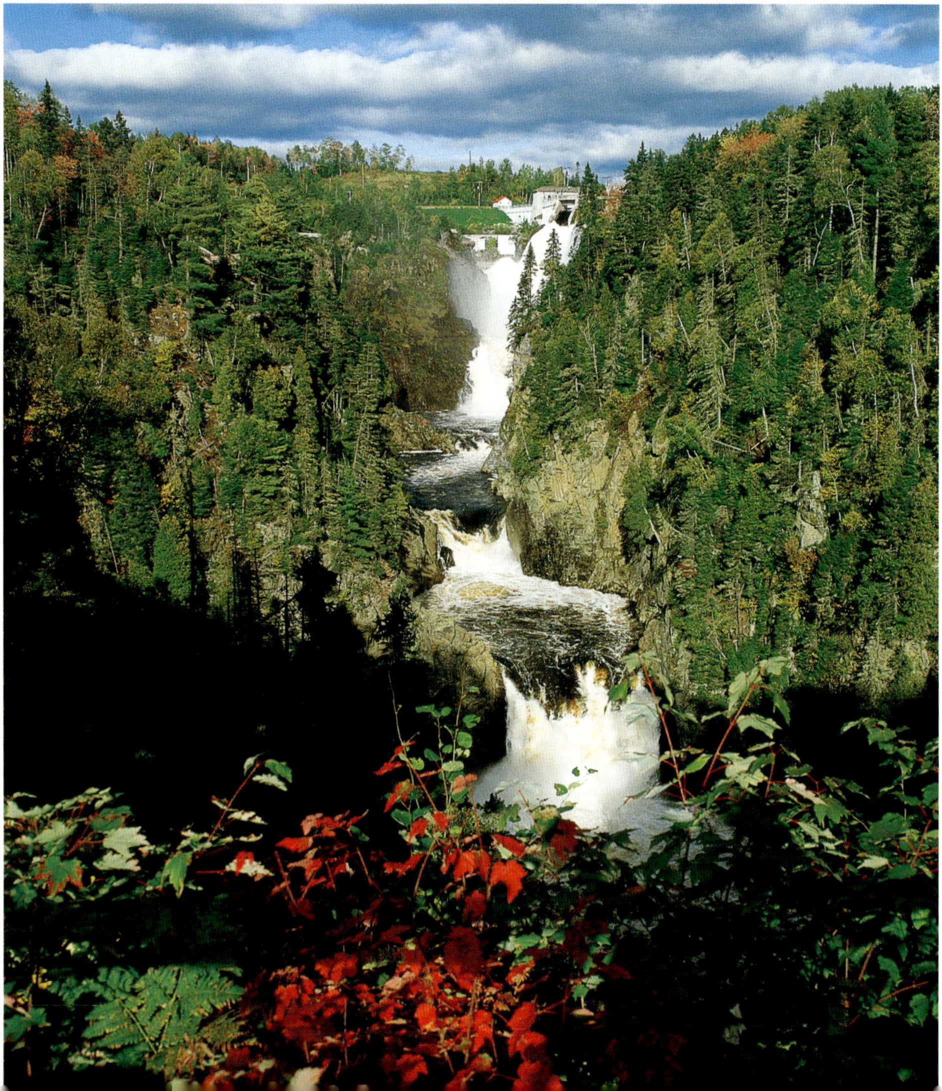

»Je me souviens« (ich erinnere mich), das Motto der Provinz, beschreibt das Gedenken der überwiegenden Mehrheit der Bewohner an ihre französischen Wurzeln. Dieses Bekenntnis zur eigenständigen Kultur manifestiert sich insbesondere seit den 1960er Jahren, als Québec in der »révolution tranquille«, der stillen Revolution, einen radikalen politischen, ökonomischen und sozialen Klimawechsel durchlebte.

Auch um den Preis anglokanadischer Firmenabwanderungen in das benachbarte Ontario wurden Großaufträge quasi ausschließlich an frankokanadische Unternehmen vergeben, z. B. wurde der staatliche Energieriese Hydro Québec mit der Erschließung der Naturressourcen betraut. Die Diskriminierung Frankophoner bei Entlohnung und Zugang zu den höheren Bildungsinstitutionen wurde aufgehoben, Französisch zur Amts- und Alltagssprache deklariert.

Und wie einst Asterix und Obelix ihr gallisches Dorf gegen die römische Weltmacht verteidigten, erwehren sich heute rund 8,2 Millionen Bewohner aus Québec der weit über 300 Millionen anglophonen Nachbarn aus den anderen kanadischen Provinzen beziehungsweise den übermächtigen USA. Mittlerweile haben viele Kanadier den Ist-Zustand zweier eigenständiger Kulturräume mit unterschiedlichen Sprachen unter einem Staatsdach akzeptiert, ohne allerdings tiefes Verständnis oder gar Interesse für den Gegenpart aufzubringen.

Eine Karte der Provinz Québec finden Sie S. 100/101.

❶ Baie-Saint-Paul

Das 7400 Einwohner zählende Baie-Saint-Paul liegt in einem engen Flusstal am Sankt-Lorenz-Strom. Seit vielen Jahren ziehen die malerische Lage und die historische Atmosphäre Künstler aller Sparten an. In dieser inspirierenden Umgebung hat sich mittlerweile eine stattliche Anzahl von Kunstgalerien und Kunsthandwerksläden etabliert. Im Ortskern befindet sich das **Musée d'art contemporain** mit wechselnden Ausstellungen und Aktionen.

Dem Ort gegenüber breitet sich im Sankt-Lorenz-Strom die hübsche **Île aux Coudres** aus, auf der Künstler aus Québec in der Tradition der frühen Siedler Teppiche, Tisch-Sets, Bettdecken und andere Textilien im Stil der Region fertigen. Eine kleine Fähre setzt vom Nachbarort Saint-Joseph-de-la-Rive zur Insel über.

Service & Tipps:

ⓘ Info
15, rue Forget
Baie-Saint-Paul, Qué. G3Z 3G1
✆ (418) 435-2205
www.baiesaintpaul.com

🏛 Musée d'art contemporain de Baie-Saint-Paul
23, rue Ambroise-Fafard
Baie-Saint-Paul, Qué. G3Z 2J2
✆ (418) 435-3681, www.macbsp.com

Ende Juni–Aug. tägl., sonst Di–So
11–17 Uhr
Eintritt $ 8/5, unter 12 J. frei

✗ Restaurant Le Mouton Noir
43, rue Sainte-Anne
Baie-Saint-Paul, Qué. G3Z 1N9
✆ (418) 240-3030
www.moutonnoirresto.com
Tägl. 11–22 Uhr
Einheimische Spezialitäten und gute französische Küche in gefälligem Ambiente. $$$

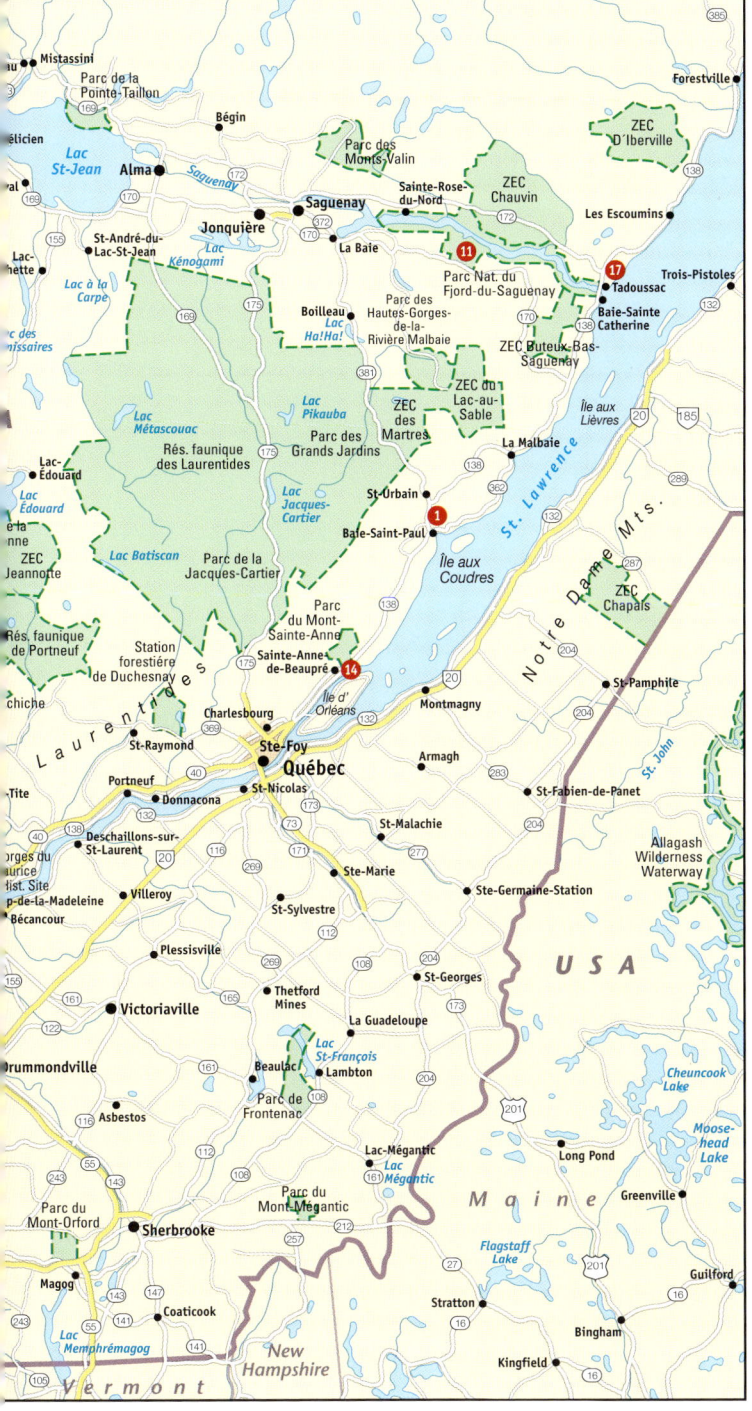

101

❷ Bonaventure

Der Sommerferienort (2700 Einwohner) hat akadische Ursprünge. 1760 wurde das Städtchen von rund einem Dutzend akadischer Familien gegründet, die 1755 von den Briten aus Nova Scotia vertrieben worden waren und einen weiteren Exodus nach Louisiana vermeiden wollten.

Von jeher widmen sich die Einwohner von Bonaventure gemäß akadischer Tradition weit mehr der Landwirtschaft als der Hochseefischerei und fangen lieber Lachse in den klaren Flüssen der Umgebung. Einen kleinen Einblick in die Kultur der Akadier in Québec vermittelt das **Musée Acadien du Québec.**

Service & Tipps:

 **Musée Acadien du Québec**
95, av. Port-Royal
Bonaventure, Qué. G0C 1E0

✆ (418) 534-4000
www.museeacadien.com
Ende Juni–Mitte Okt. tägl. 9–17 Uhr,
sonst verkürzte Zeiten
Eintritt $ 10/7

❸ Carleton-sur-Mer

Der 4000-Einwohner-Ort am Fuß des 582 Meter hohen, bewaldeten Mont Saint-Joseph, wurde Mitte des 18. Jahrhunderts von Akadiern gegründet. Bereits früh zogen das Zusammenspiel von Bergen, Wald und Meer sowie das milde Klima der Bucht – die Jacques Cartier ihrer geschützten Lage wegen *Baie des Chaleurs*, »Bucht der Wärme«, nannte – erholungsuchende Touristen an.

Gipfelstürmer folgen dem Wanderweg (3,5 km) zur Kirche **Oratoire Notre-Dame-du-Mont-Saint-Joseph** auf dem gleichnamigen Berg mit seinem herrlichen Panorama über die Baie des Chaleurs hinweg bis weit nach New Brunswick hinein. Das Gipfelplateau kann man auch per Auto erreichen.

Der **Parc national de Miguasha** (22 km westlich von Carleton) gehört mit seinen rund 370 Millionen Jahre alten Fossilien zum UNESCO-Welterbe. Ein knapp zwei Kilometer langer Wanderweg mit dem passenden Namen »L'évolution de la vie« (Evolution des Lebens) führt über 214 Stufen hinab zum Meer und entlang der Klippen wieder zurück zu einem modernen **Museum**, in dem viele Fossilien ausgestellt sind.

Service & Tipps:

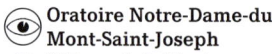 **Information Touristique**
629, boul. Perron
Carleton-sur-Mer, Qué. G0C 1J0
✆ (418) 364-7073
www.carletonsurmer.com

Oratoire Notre-Dame-du-Mont-Saint-Joseph
837, rue de la Montagne
Carleton-sur-Mer, Qué. G0C 1J0
✆ (418) 364-3723
www.montsaintjoseph.com
Mitte Juni–Anfang Sept. tägl. 9–19,
Sept./Okt. bis 17 Uhr

Eintritt $ 7/6
Von der Kirche auf dem Gipfel des Mont Saint-Joseph bietet sich ein prachtvolles Panorama.

Parc national de Miguasha
231, Rte. Miguasha O.
Nouvelle, Qué. G0C 2E0
✆ (418) 794-2475 und
1-800-665-6527
www.sepaq.com/miguasha
Anfang Juni–Anfang Okt. tägl. 9–17 Uhr
Eintritt Park und Museum $ 11/6
Felsklippe mit 370 Mio. Jahre alten Fossilien, Wanderweg, Museum.

❹ Gaspé

Mit 15 200 Einwohnern ist die rund um die Landspitze zwischen den lachs-
reichen Flüssen Rivière York und Rivière Dartmouth angesiedelte Stadt die
größte der Halbinsel. Einst fiel Gaspé die Rolle als wichtigster Hafen der Region zu, es fungierte als Fischerei- und Walfanghafen und als Umschlagplatz
für Holz aus dem Inneren der Halbinsel.

Unweit der **Cathédrale de Gaspé** laden auf der Rue de la Reine nette Geschäfte zum Bummeln ein, doch die größte Aufmerksamkeit gilt dieser katholischen Kirche. Die einzige aus Holz erbaute Kathedrale Kanadas besitzt ein
prächtiges Buntglasfenster und ein Fresko zum 400. Jahrestag der Landung
Jacques Cartiers auf der Landspitze. Vor der Kirche erinnert ein Granitkreuz
an den Entdecker, der 1534 just an dieser Stelle anlässlich der Inbesitznahme
des Landes ein Holzkreuz errichtete. In dieses waren »Lang lebe der König von
Frankreich« und drei *fleurs-de-lis*, Lilien, eingraviert. Lilien – bis zur Französischen Revolution Emblem des Königreichs Frankreich – schmücken noch heute die Flagge der Provinz Québec. Nach kurzer Andacht nahm Cartier im Bei-
sein der verblüfften Indianer und im Namen Gottes ohne große Umschweife
das Land für Frankreich in Besitz.

REGION 7
Provinz Québec

◉ **Cathédrale du Christ-Roi de Gaspé**
20, rue de la Cathédrale
Gaspé, Qué. G4X 1N8
✆ (418) 368-5541

Kirche auf dem Mont Saint-Joseph, Carleton-sur-Mer

Der Name »Gaspé« stammt von dem Mi'kmaq-Wort »gespeg« für »Landspitze« ab.

Service & Tipps:

 Office du tourisme et des congrès de Gaspé
1–8, rue de la Marina
Gaspé, Qué. G4X 3B1
✆ (418) 368-8525
www.cctgaspe.org/tourisme

🏛 **Musée de la Gaspésie**
80, boul. Gaspé
👁 Gaspé, Qué. G4X 1A9
✆ (418) 368-1534
www.museedelagaspesie.ca
Juni–Okt. tägl. 9–17 Uhr, sonst Mo/Di geschl.
Eintritt $ 11/6
Vor dem kleinen Museum zur Geschichte der Gaspé-Halbinsel erinnert ein Denkmal an Jacques Cartier.

✗ **Pizzéria Mastro Enr**
85, rue Jacques-Cartier
Gaspé, Qué. G4X 1M5
✆ (418) 368-1313
www.maestropizzeria.ca
Tägl. 11–19, Mi–Sa bis 20 Uhr
Pizza, Pasta und Fast Food. $

☕ **Brûlerie du Café des Artistes**
101, rue de la Reine
Gaspé, Qué. G4X 1T5
✆ (418) 368-3366
www.brulerieducafedesartistes.net
Café mit freundlicher Bedienung und Internetzugang. $

❺ Grand-Métis

In Grand-Métis (240 Einwohner) verführen die schönen **Jardins de Métis** zu ausgedehnten Spaziergängen zwischen 3000 Pflanzengattungen. George Stephen, erster Präsident der Canadian Pacific Railway erwarb im Ort einen Sommersitz, seine Nichte Elsie Reford legte 1926–59 den botanischen Garten auf hohen Klippen mit schönem Blick auf den Sankt-Lorenz-Strom an. In einem pflanzlichen Refugium gedeihen Kräuter und Pflanzen mit essbaren Blüten, in einem anderen Arten, die sonst nur in südlicheren Klimazonen wachsen (u.a. Azaleen).

Service & Tipps:

Eine Winterreise: auf dem vereisten St.-Lorenz-Strom

⚙ **Jardins de Métis**
200, Rte. 132

 Grand-Métis, Qué. G0J 1Z0
✆ (418) 775-2222
www.jardinsmetis.com
Tägl. Juli/Aug. 8.30–20, Juni und

Sept. bis 18 Uhr
Eintritt $ 18/10
Mit Restaurant und Café; während

des Festival international de jardins
legen jährlich wechselnde Künstler
Gärten an.

❻ La Martre

Im Dörfchen La Martre (250 Einwohner) steht ein wunderschön rot leuchtender, achteckiger **Leuchtturm**, der auf einer saftig-grünen Rasenfläche von ebenso knallroten Holzhäusern und -schuppen umgeben ist – ein wahrhaft farbenfrohes Bild mit dem Blau des Himmels und des Sankt-Lorenz-Stroms im Hintergrund. Der 1906 vollständig aus Holz erbaute Leuchtturm gehört zu den wenigen mit einem funktionstüchtigen, auf Quecksilber gelagerten Lampen-Drehmechanismus, die Führung ist einzigartig.

Service & Tipps:

Musée des Phares
10, av. du Phare
La Martre, Qué. G0E 2H0
☎ (418) 288-5698
www.museedesphares.org

Mitte Juni–Mitte Sept. tägl. 9–17 Uhr
Eintritt $ 8
Führung durch den einzigen erhaltenen hölzernen Leuchtturm an der Küste (1906 erbaut), im Nebenhaus gibt es eine Ausstellung über Leuchttürme.

❼ Matane

Mit 14 500 Einwohnern ist Matane neben Gaspé die einzige größere Stadt auf der Gaspé-Halbinsel. Ein Informationszentrum befindet sich im Leuchtturm direkt an der Route 132. Von Matane aus legen die Fähren nach Baie-Comeau und Godbout ab, den Ausgangspunkten für Touren in den hohen Norden Québecs.

Mitten in der Stadt müssen Lachse das steile Hindernis des Mathieu-d'Amours-Damms über eine eigens zu diesem Zweck errichtete **Fischtreppe** überwinden. Durch Unterwasserfenster lässt sich ihre Wanderung den Rivière Matane flussaufwärts gut beobachten.

Service & Tipps:

Bureau d'accueil touristique de la Matane
968, av. du Phare O.
Matane, Qué. G4W 1V7
☎ (418) 562-1065 und 1-877-762-8263
www.tourismematane.com

Le Rafiot
1415, av. du Phare O.
Matane, Qué. G4W 3M6
☎ (418) 562-8080
www.lerafiot.com
Bestes Restaurant im Ort, Spezialität Fisch und Meeresfrüchte.
$$

❽ Parc National Forillon

Der Nationalpark am äußersten Ostzipfel der Gaspé-Halbinsel zeichnet sich durch seine raue Küste aus, die durch das jahrtausendelange Aufeinandertreffen der Elemente, von Wasser und Erde, höchst unterschiedliche Landschaftsformen hervorgebracht hat. Dünen und Marschen, Felsen und Wälder liegen hier eng beieinander und bieten einer Vielzahl von Tieren Lebensraum, zahlreiche Vogelarten nisten in den unzugänglichen Klippen.

Hier endet die mächtige Appalachen-Gebirgskette, die mit dem Mont Saint-Alban im Park noch einmal 283 Meter in die Höhe steigt, bevor sie endgültig im Meer versinkt. Am **Cap-Bon-Ami** folgt man einem nur 800 Meter langen Pfad in die Höhe mit ausgezeichnetem Blick auf die grauweißen Kalksteinklippen und den Leuchtturm bei **Cap-des-Rosiers**.

Einen auffälligen Kontrast zu den bewaldeten Bergen und der schroffen Küste bildet der Badestrand von **Penouille** unweit der Parkinformation. Auf einer zwei Kilometer langen Landspitze ist der Strand flach und sandig, zum offenen Meer hin dünig; auf der anderen Seite dominiert Marschland. Genauso eben verläuft der knapp vier Kilometer lange, angenehme Wanderweg von L'Anse-aux-Sauvages zum **Cap Gaspé** an der äußersten Spitze der Forillon-Landzunge, von wo aus man gelegentlich Robben und Wale in der Baie de Gaspé beobachten kann.

Nördliches Eingangstor zum Parc National Forillon ist das Fischverarbeitungszentrum **Rivière-au-Renard**. Bereits ab dem 16. Jahrhundert ließen sich europäische Fischer den Sommer über bei angenehm mildem und trockenem Klima hier nieder. Da zu jener Zeit der Fisch – vorwiegend Kabeljau – zum Transport nach Europa konserviert werden musste, trocknete man ihn hier wie im Nachbarort **L'Anse-au-Griffon** auf großen Gestellen am Strand, was praktischer und billiger war als die Konservierung mit Salz.

Cap-Bon-Ami im Parc National Forillon

 Parc National Forillon
122, boul. Gaspé
Gaspé, Qué. G4X 1A9
℘ (418) 368-5505 und 1-888-773-8888
www.pc.gc.ca/forillon
Eintritt $ 8/4
Nationalpark am nordöstlichsten Zipfel der Gaspé-Halbinsel. Parkinfos in L'Anse-au-Griffon am nordwestlichen und Penouille am südwestlichen Parkeingang, beide an der Rte. 132.

Parc National Forillon:
Cap-aux-Os ist – wie das nördlich gelegene Anse-au-Griffon – mit dem Fischfang verbunden. Sein etwas schauriger Name »Kap der Knochen« stammt aus Walfängertagen vergangener Jahrhunderte, als an seinen Stränden oft gebleichte Skelettreste erlegter Wale gefunden wurden.

❾ Parc National de la Gaspésie

Der Naturpark in den nordöstlichen Ausläufern der Appalachen ist ein Wanderparadies im Herzen der Gaspé-Halbinsel mit vielen Wegen auf die bis Anfang Juli schneebedeckten Berge im Chic-Chocs-Gebirge, z. B. den Mont Albert (1154 m, 6 km) oder den Mont Jacques-Cartier, den mit 1268 Metern höchsten Gipfel der Gaspé-Halbinsel (4 km).

Service & Tipps:

 Centre d'interprétation du Parc National de la Gaspésie
 1981, rte. du parc
Sainte-Anne-des-Monts, Qué.
 G4V 2E4
℘ (418) 763-7494 und

1-800-665-6527
www.sepaq.com/pq/gas
Eintritt $ 6
Parkinfo mit Ausstellungen und audiovisuellen Präsentationen über den Park. 42 km südöstlich von Sainte-Anne-des-Monts neben dem Hotel Gîte du Mont-Albert.

❿ Parc National de la Mauricie

Der 60 Kilometer nördlich von Trois-Rivières gelegene Nationalpark ist ein Wander- und Kanuparadies in dem parallel zum Sankt-Lorenz-Strom verlaufenden Gebirgszug der Laurentides. Das Waldplateau aus sachte geschwungenen Hügeln wird von unzähligen Seen unterbrochen, insbesondere vom Wahrzeichen des Parks, dem schmalen, lang gestreckten **Lac Wapizagonke**. Ab dem Shewenegan-Picknickplatz kann man auf dem See zwölf Kilometer nordwärts paddeln und genießt dabei speziell zur herbstlichen Laubfärbung eine abwechslungsreiche Tour vorbei an Sandstränden, Klippen und Marschen.

Service & Tipps:

 Parc National de la Mauricie
702, 5ème rue
 Shawinigan, Qué. G9N 6T9
✆ (819) 538-3232
 www.pc.gc.ca/mauricie
Eintritt $ 8/4
Nationalpark in den hügeligen Laurentides, Wander- und Kanuparadies mit Campgrounds. Der südöstliche Eingang (5 km ab Ausfahrt 226 der Rte. 55 über Saint-Jean-des-Piles) und der südwestliche Eingang (25 km ab Auffahrt 217 der Rte. 55 über Saint-Gérard-des-Laurentides) sind durch die Rte. de la Promenade, die 63 km lange Parkstraße, miteinander verbunden.

 LocationCanot.com
(819) 532-1234
www.locationcanot.com
Kanuverleih $ 40/Tag.

⓫ Parc National du Fjord-du-Saguenay

Der ab Tadoussac knapp 100 Kilometer lange Fjord des Rivière Saguenay ist ein brillantes Kleinod. Ausflugsboote schippern (ab Baie-Sainte-Catherine oder Tadoussac, siehe dort) bis in die Baie Éternité zwischen Cap Éternité und Cap Trinité, wo (bei Wassertiefen von 276 m) die Felswände 350 Meter steil bis zur Höhe des gletschergeschliffenen Plateaus emporragen.
  Straßenzugänge beginnen beiderseits des Fjords, im Süden über die Route 170 z. B. nach Rivière Éternité. Dort nimmt der vier Kilometer lange Wanderweg zum **Cap Trinité** mit der weithin sichtbaren **Statue Notre-Dame-du-Saguenay** seinen Ausgang. Im Norden über die Route 172 lohnt sich ein Zwischenstopp im Ort Sainte-Rose-du-Nord.

Service & Tipps:

 Parc national du Fjord-du-Saguenay
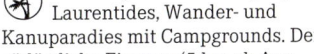 91, Notre-Dame
Rivière-Éternité, Qué. G0V 1P0
✆ (418) 272-1556 und

 1-800 665-6527
www.sepaq.com/pq/sag
Eintritt $ 6
100 km langer, gletschergeschliffener Fjord mit bis zu 350 m hohen Felswänden, Aussichtspunkten, Bootstouren.

⓬ Percé

Das aus einem Fischer-Camp des 18. Jahrhunderts entstandene 3400-Einwohner-Städtchen ist das bekannteste Touristenziel der Gaspé-Halbinsel. Kein Ort in dieser Region besitzt mehr Hotels und Restaurants, viele davon mit Blick auf den Rocher Percé, dem Wahrzeichen von Percé und der gesamten Gaspé-Halbinsel.

Sachte schwingt sich die Route 132 von Osten hinunter nach Percé. In der letzten weiten Kurve bieten das Städtchen und der dahinter liegende Felsen einen fotogenen Anblick: Kleine weiße Häuser stehen verstreut auf dem satten Grün der Landspitze, glitzernde Wellen verlaufen im Sand.

Vor den Ausflügen zum Felsen und zur Île Bonaventure lohnt sich ein Besuch im vorzüglichen **Centre d'Interprétation**.

Massiv und wie für die Ewigkeit geschaffen, präsentiert sich der **Rocher Percé**. Der Felsen mit dem beeindruckend großen Felstor dient als Vogelschutzgebiet. Wo sonst meterhoch das Wasser schwappt, lässt sich bei Ebbe der markante, eckige Kalksteinfelsen vom Strand am Mont Joli aus über eine knirschende Kiesbank zu Fuß erreichen; 438 Meter lang, 90 Meter breit und 88 Meter hoch ist die steinerne Schönheit – so die Information des bei Ebbe am Felsen postierten Parkwächters. Ein Felsturm-Relikt kündet von einem zweiten ausgewaschenen Felstor, das jedoch Mitte des 19. Jahrhunderts unter seinem eigenen Gewicht zusammenbrach.

Das etwa fünf Kilometer vor der Küste liegende Vogelparadies **Île Bonaventure** ist nur per Boot zu erreichen. Schon aus der Ferne sieht man ständig Vogelschwärme auf Futtersuche aufsteigen, das Geschnatter und Krakeelen der rund 250 000 hier nistenden Seevögel erfüllt die Luft. Vom Wind gebeugte Koniferenwälder, arktische bzw. alpine Pflanzen und Wildblumen blühen ungestört und farbenfroh auf Wiesen und Klippen. Über den Sentier des Mousses und Chemin-du-Roy (8,4 km als »Einbahnweg« im Uhrzeigersinn) kann man die Insel umrunden.

Hinter der Kirche von Percé schlängelt sich die Schotterstraße Chemin du Mont Sainte-Anne sachte auf den 340 Meter hohen **Mont Sainte-Anne** hinauf. Ab dem letzten Parkplatz (von dort nur für Wagen mit Vierradantrieb) bietet der einen Kilometer lange Weg auf den Hausberg von Percé schöne Aussichtspunkte auf die kleine Stadt und den markanten Rocher Percé. An der Zufahrt zum Mont Sainte-Anne zweigt der Chemin de la Grotte ab, wo ein kurzer Fußweg an einer versteckten, farnüberwachsenen **Grotte** mit sprühendem Wasserfall und Madonna-Skulptur in einer Felsnische endet.

Île Bonaventure ist ein Dorado für gelbköpfige Tölpel. Beim Nisten im Südosten der Insel kümmern sich die monogamen Eltern abwechselnd um ein Ei pro Jahr. Aussichtsplattformen führen bis in die Brutkolonie zu den gar nicht scheuen Tieren und bieten einen spektakulären Blick auf die rund 80 000 Schnäbel zählende größte Tölpelkolonie Amerikas. Von der Bootsanlegestelle aus erreicht man die Tölpelkolonie über den 2,8 Kilometer langen Sentier des Colonies.

Service & Tipps:

(i) **Bureau d'Information touristique de Percé**
142, Rte. 132, Perce, Qué. G0C 2L0
☎ (418) 782-5448
www.rocherperce.com

(i) **Parc National de l'Île-Bonaventure-et-du-Rocher-Percé**
🏛 4, rue du Quai
Percé, Qué. G0C 2L0
☎ (418) 782-2240 und 1-800-665-6527
www.sepaq.com/pq/bon
Ende Mai–Mitte Okt. tägl. 9–17 Uhr

Wahrzeichen von Percé: der Rocher Percé, im Hintergrund die Île Bonaventure

Eintritt $ 6 (inkl. Insel)
Modernes Informationszentrum zur
Insel Île Bonaventure und dem Fel-
sen Rocher Percé. Exzellente Ausstel-
lungen zur lokalen Flora, Fauna und
Geschichte.

 Bateliers de Percé
162 Rte. 132 E., Place du Quai
Percé, Qué. G0C 2L0
℅ (418) 782-2974 und
1-877-782-2974
www.lesbateliersdeperce.com
Mitte Mai–Okt. tägl. 9–17 Uhr
Ticket $ 25
Sightseeingfahrt (90 Min.) zum
Rocher Percé und um Île Bonaventure (mit Stopp auf der Insel), die
Vogelkolonien liegen morgens im
besten Fotolicht; auch Walbeobachtungstouren.

 **Île Bonaventure/Restaurant
Resto de Margaux**
Percé, Qué. G0C 2L0
℅ (418) 782-2240
Anfang Juni–Ende Sept. tägl. 9–
17 Uhr (sonst gesperrt)
Eintritt $ 6 (inkl. Museum)
Das Restaurant Resto Des Margaux
(*margaux* = alter Name für Tölpel)
serviert lokale Produkte wie fangfri-
schen Fisch und Salate.

**Restaurant La Maison du
Pêcheur**
155, pl. du Quai
Percé, Qué. G0C 2L0
℅ (418) 782-5331
www.maisondupecheur.ca
Es gibt guten frischen Fisch aus der
Baie des Chaleurs, Hummer und
hausgemachte Desserts. $$–$$$

REGION 7
Provinz Québec

Centre d'Interpréta-
tion
In den ehemaligen
Fabrik- und Lagerhal-
len aus den 1780er
Jahren wird man
sowohl über das Wir-
ken der Gezeiten als
auch über die im
Rocher Percé einge-
schlossenen Fossilien,
die Lebensweise der
Tölpel auf Île Bona-
venture und die lokale
Besiedlungsgeschichte
informiert.

⑬ Pointe-au-Père

Ein kurzer Abstecher in Pointe-au-Père (4300 Einwohner) endet am Ufer des
Sankt-Lorenz-Stroms, wo der schlanke weiße **Phare-de-Pointe-au-Père**, ei-
ner der fotogensten Leuchttürme der Gaspé-Halbinsel, seine markante rote
Kuppel weithin sichtbar 33 Meter in die Höhe streckt. 108 Stufen führen zur
Spitze des zweithöchsten kanadischen Leuchtturms. Im benachbarten **Muse-
um** berichtet eine Ausstellung über das Unglück der »Empress of Ireland« von
1914: Das Passagierschiff ist hier mit 1012 Menschen an Bord gesunken.
Besichtigung des U-Boot »Onondaga« neben dem Leuchtturm am Strand.

Service & Tipps:

 **Pointe-au-Père Site historique
maritime**
1034, rue du Phare
Pointe-au-Père, Qué. G5M 1L8
℅ (418) 724-6214
www.shmp.qc.ca
Ende Mai–Anfang Okt. tägl. 9–18 Uhr
Eintritt U-Boot $ 15/9, Museum $ 9/6,
Leuchtturm $ 4/3, Kombiticket
$ 23/16

 **Traverse Rimouski–
Forestville**
℅ (418) 725-2725 und
1-800-973-2725
www.traversier.com
Mai–Sept. zwei- bis dreimal tägl.
Ticket pro Person $ 25, pro Auto $ 40,
max. 6,10 m Länge, 2,40 m Breite,
2,16 m Höhe

60-minütige Überfahrt auf moderner
Katamaran-Schnellfähre »CNM Évolution« mit Cafeteria. Fahrzeugplätze
für die Fährfahrt möglichst vorher
reservieren (Achtung: keine Camper
erlaubt).

 **Traverse Trois-Pistoles–
Les Escoumins**
Compagnie de Navigation des
Basques, 11, rue du Parc
Trois-Pistoles, Qué G0L 4K0
℅ (418) 851-4676 und 1-877-851-4677
www.traversiercnb.ca
Überfahrt pro Person $ 19, Auto $ 41,
Campmobile $ 17 pro Meter Länge
Ende Mai–Anfang Okt. tägl zwei,
Juli/Aug. häufig zwei Fahrten
90-minütige Überfahrt, für Camper
die beste Option, da die Fähre Forest-
ville–Rimouski keine Campmobile
akzeptiert.

Einer der schönsten seiner
Art: der Leuchtturm von
Pointe-au-Père

⑭ Sainte-Anne-de-Beaupré

Wegen seiner mächtigen neoromanischen **Basilika** ist der 2600 Einwohner zählende Wallfahrtsort nordöstlich der Stadt Québec nicht nur ein stark frequentiertes Pilger-, sondern ebenfalls ein beliebtes Touristenziel. Die Kirche wurde der heiligen Anna, Mutter der Jungfrau Maria und Schutzheiligen der Seeleute, gewidmet. Ihr zu Ehren errichtete hier eine vom Sturm errettete Schiffsbesatzung dankerfüllt 1658 die erste katholische Kirche in Kanada. Mit der Kunde von der vermeintlichen Wundertätigkeit der Sainte-Anne machten sich immer mehr Pilger auf den Weg zu dem Wallfahrtsort.

Ein kleiner Abstecher führt auf einen Hügel direkt oberhalb des Ortes. Markant erheben sich die über 90 Meter hohen, hellen Zwillingstürme der Basilika über der weiten, flachen Stromlandschaft des Sankt Lorenz; nur etwas weiter nördlich schieben sich die Berge der Laurentides bereits bis an das Ufer heran.

Sechs Kilometer östlich von Sainte-Anne-de-Beaupré tost der Rivière Sainte-Anne du Nord in schäumenden Stromschnellen durch die tiefe Schlucht des **Canyon Sainte-Anne** und stürzt sich dabei insgesamt 74 Meter tief. Unaufhörlich wirbelnd haben die rasanten Wasser einen Strudelkessel von 15 Metern Durchmesser in den Fels geschmirgelt. Auf einem Wanderweg entlang der Wasserfälle überqueren Hängebrücken wie die pittoreske, 55 Meter hohe McNicolls-Brücke die Schlucht.

Service & Tipps:

👁 **Sanctuaire de Sainte-Anne-de-Beaupré**
🏛 10018, av. Royale, Sainte-Anne-de-Beaupré, Qué. G0A 3C0
✆ (418) 827-3781
www.sanctuairesainteanne.org
Tägl. Ende Juli–Anfang Okt. 8–22, sonst 6–17 Uhr. Museum tägl. 9.30–16, Mai–Okt. bis 16.30 Uhr

Kirche freier Eintritt, Museum $ 5, unter 5 J. frei

👁 **Canyon Sainte-Anne**
🏃 206, Rte. 138 E.
Beaupré, Qué. G0A 1E0
✆ (418) 827-4057
👣 www.canyonsa.qc.ca
Mai–Mitte Okt. tägl. 9–17, Ende Juni–Aug. bis 18 Uhr
Eintritt $ 13/7

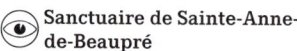

Sakrales am Sankt Lorenz: die Basilika in Ste.-Anne-de-Beaupré

⑮ Sainte-Flavie

Von Sainte-Flavie (920 Einwohner) verläuft die Route 132 als Rundstrecke um die komplette Gaspé-Halbinsel, zunächst nördlich entlang dem Sankt-Lorenz-Strom, dann südlich entlang der Baie des Chaleurs, zum Schluss schließt sich der Bogen, wenn die Straße landeinwärts führt und wieder in Sainte-Flavie endet.

Service & Tipps:

ⓘ **Tourisme Gaspésie**
1020, boul. Jacques-Cartier
Mont-Joli, Qué G5H 0B1

✆ (418) 775-2223 und
1-800-463-0323
www.tourisme-gaspesie.com
Info Center für die ganze Gaspé-Halbinsel.

---

⑯ Saint-Tite

In dem kleinen Ort (3900 Einwohner) zwischen Montréal und Québec messen Cowboys aus allen Teilen Nordamerikas ihre Kräfte beim zweitgrößten Rodeo Kanadas.

Service & Tipps:

🎭 **Festival Western St. Tite**
581, rue St.-Paul
Saint-Tite, Qué. G0X 3H0

✆ (418) 365-7524 und
1-877-493-7837
www.festivalwestern.com
Zehn Tage ab dem zweiten Wochenende im September.

Auf der Fähre nach Tadoussac

⑰ Tadoussac

1535 fand Jacques Cartier Schutz in der Bucht von Tadoussac (820 Einwohner). Hier mündet der Rivière Saguenay in den Sankt-Lorenz-Strom. In Ufernähe (Rue Bord de l'Eau) steht die **Petite Chapelle de Tadoussac** der Jesuiten. Diese älteste Holzkapelle Kanadas (auch Chapelle des indiens genannt) stammt von 1747. Gegenüber, ebenfalls rot bedacht, weist das mondäne Hôtel Tadoussac weitaus großzügigere Dimensionen auf.

Weltberühmt ist das Mündungsgebiet des Saguenay als ganzjährige Heimat der **Belugawale**. Nirgendwo in Ost-Kanada lassen sich die weißen, bis zu fünf Meter langen Belugas besser beobachten als hier. Eine ganze Reihe von Anbietern steuert mit so unterschiedlichen Gefährten wie großen, komfortablen Passagierschiffen oder wendigen Zodiac-Schlauchbooten auf den Fluss hinaus. Die Häfen von Tadoussac und dem benachbarten Baie-Sainte-Catherine sind die nächsten Ausgangspunkte zu den Futtergründen der Belugawale, aber auch Zwergwale und die bis zu 16 Meter messenden Buckelwale geben sich hier ein Stelldichein.

Dem Thema Meeressäuger und insbesondere den Walen widmet sich das im Ort beheimatete, moderne **Centre d'Interprétation des Mammifères marins**.

Da die Exkursions-
schiffe untereinander
und mit Beobachtungs-
posten an Land in Ver-
bindung stehen, kön-
nen Walsichtungen
fast immer garantiert
werden. Auf jeden Fall
sollte man warme
Kleidung mitnehmen,
der kalte Wind auf
dem hier 16 Kilometer
breiten Sankt-Lorenz-
Strom pfeift einem
kräftig um die Ohren.

*Ein vertrautes Bild an der
kanadischen Ostküste:-
Hummerkörbe*

Service & Tipps:

ⓘ Maison du Tourisme de Tadoussac

197, rue des Pionniers
Tadoussac, Qué. G0T 2A0
✆ (418) 235-4744 und 1-866-235-4744
www.tadoussac.com

🏛 Centre d'Interprétation des Mammifères marins

108, rue de la Cale-Sèche
Tadoussac, Qué. G0T 2A0
✆ (418) 235-4701
http://baleinesendirect.org/gremm/
Tägl. Mai–Anfang Nov. 12–17, Mitte
Juni–Sept. 9–20 Uhr
Eintritt $ 12
Modernes Museum mit Exponaten
zu Walen und anderen Meeres-
säugern und attraktiven 20-minüti-
gen Walfilmen, gute Homepage mit
wöchentlicher Aktualisierung der
Walsichtungen.

Centre d'Interprétation et d'Observation de Pointe-Noire

Rte. 138
Baie-Sainte-Catherine,
Qué. G0T 1A0
✆ (418) 237-4383 und
1-888-773-8888
Das Museum im Parc Marin National
du Saguenay-Saint-Laurent, 2 km

südlich des Fähranlegers, widmet
sich insbesondere den Belugawalen.

Traverse Baie-Sainte-Catherine–Tadoussac

Tadoussac, Qué. G0T 2A0
✆ (418) 235-4395 und 1-877-787-7483
www.traversiers.gouv.qc.ca
Tägl. 7–21 Uhr alle 20 Min., sonst alle
40 Min.
Die kostenlose Fährfahrt dauert zehn
Minuten.

Croisières AML

Quai de Tadoussac
Tadoussac, Qué. G0T 2A0
✆ 1-866-856-6668
www.croisieresaml.com
– Mai–Nov. tägl. bis zu zehn dreistündige Wal-Exkursionen mit
einem großen komfortablen Schiff,
Ticket $ 69/33 (6–16 J., darunter frei).

– Mai–Okt. nähert man sich den
Walen in kleinen wendigen **Zodiac-
Schlauchbooten**, viermal tägl. zwei
Stunden $ 64/48 (empfehlenswert),
zweimal tägl. drei Stunden $ 74/53.
Alle Boote halten auch am Quai in
Baie-Sainte-Catherine.

– Ende Juni–Aug. tägl. 9 Uhr dreistündige Kreuzfahrt auf dem **Rivière
Saguenay**, $ 69/33.

Malerisch am Sankt-Lorenz-Strom gelegen: die Petite Chapelle de Tadoussac, die älteste Holzkirche Kanadas

⑱ Trois-Rivières

Die dreiarmige Mündung des Rivière Saint-Maurice in den Sankt-Lorenz-Strom gab der Stadt ihren Namen. Über mehr als drei Kilometer spannt sich bei Trois-Rivières (156 000 Einwohner im großstädtischen Ballungsraum) die einzige Brücke zwischen Montréal und Québec über den Sankt-Lorenz-Strom.

Viele Gebäude der hübschen Altstadt stammen noch aus dem 18. Jahrhundert, das Ursulinenkloster sogar aus dem Jahr 1697. Trois-Rivières wurde 1634 als Pelzhandelsniederlassung gegründet. Verkehrsgünstig gelegen, war die Stadt schon früh Umschlagplatz für den lukrativen Handel mit den Huronen, die mit begehrten Fellen den Rivière Saint-Maurice hinunterpaddelten, um diese gegen die Waren der Weißen einzutauschen. Sowohl während der französischen als auch der britischen Herrschaft im 18. und 19. Jahrhundert erwirtschaftete Trois-Rivières gute Einkünfte aus einer zwar kleinen, aber wichtigen Schwerindustrie.

Im **Parc historique national des Forges du Saint-Maurice** (✆ (819) 378-5116, www.pc.gc.ca) 13 Kilometer nördlich der Stadt befanden sich die ersten eisenverarbeitenden Betriebe Kanadas. Darüber hinaus begründete der Reichtum an Wald und Wasser eine florierende Papier- und Holzwirtschaft, noch heute flößen Baumstämme aus dem holzreichen Hinterland den Rivière Saint-Maurice hinunter. 卍

ⓘ **Bureau d'information touristique de Trois-Rivières**
1457, rue Notre-Dame Centre, Trois-Rivières, Qué. G9A 4X4
✆ (819) 375-1122 und 1-800-313-1123
www.tourismetrois rivieres.com

New Brunswick
Akadische Kultur und atemberaubende Natur

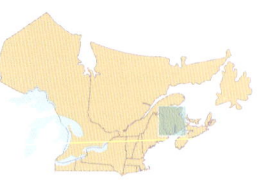

Als größte der drei Atlantikprovinzen fügt sich New Bruns-wick harmonisch zwischen seine Nachbarn ein. Im Norden parliert man französisch in der landschaftlich und kulturell vielfältigen Provinz Québec, im Westen besticht die facetten-reiche, herbe Schönheit des US-Bundesstaates Maine und im Südosten lockt die Provinz Nova Scotia mit zahllosen Natur-

reizen. Wogende Wassermassen umrahmen das Land an zwei Seiten: der mächtige Sankt-Lorenz-Strom und die Northumberland Strait im Osten, die grandiose Bay of Fundy mit ihrem Ausläufer Chignecto Bay im Süden. Sagenhafte 2400 Kilometer lang ist New Brunswicks Küste.

Am Fundy National Park und an den eindrucksvollen Felsformationen der Hopewell Rocks an der Südküste beobachtet man die welthöchsten Gezeitenwechsel: Zehn bis 14 Meter Höhenunterschied liegen zwischen Ebbe und Flut. Schier endlose weiße Sanddünen erstrecken sich längs der Ostküste, die zu den letzten, unberührten Paradiesen ihrer Art an der nordamerikanischen Ostküste gehören. Landstriche wie der Kouchibouguac National Park gelten als bedeutende Vogelschutzgebiete und bieten dem Menschen hervorragende Badestrände mit warmem, seichtem Wasser.

Die unverfälschte Natur der zu rund drei Vierteln bewaldeten Provinz spricht für unvergleichliche Naturerlebnisse und Outdoor-Abenteuer mit Wandern, Kanu- und Kajakfahren, Camping, Radfahren, Schwimmen, Sonnenbaden etc. Detailgetreu rekonstruierte Pionierdörfer erzählen von der reichen Geschichte des Landes, allen voran Kings Landing Historical Settlement bei Fredericton und Village Historique Acadien bei Caraquet.

Exakt eine Dreiviertelmillion Menschen leben in New Brunswick, dessen größte Städte Saint John, die Hauptstadt Fredericton und Moncton sind. Ansonsten gibt es nur noch kleine Städtchen. Die Provinz besitzt eine vielseitige Infrastruktur und eine diversifizierte Wirtschaft, die sowohl Holz-, Zellstoff- und Papierverarbeitung als auch Produktion, Schiffsbau, Fischerei und in den Sommermonaten den Tourismus umfasst.

New Brunswick ist Kanadas einzige offiziell zweisprachige Provinz: Ein Drittel der Bewohner ist französischsprachig, zwei Drittel sprechen englisch. Vor allem im Nordosten manifestiert sich im Land der Akadier deren facettenreiche Kultur u. a. in Kirchen, Häusern, historischen Stätten und Museen. In Moncton gibt es eine französischsprachige Universität. Allerorten kann man in Straßencafés, Bistros und gediegenen Restaurants die schmackhafte akadische Küche probieren.

Die Dickson Falls im Fundy National Park

❶ Caraquet

Unauffällig verschwindet das strahlende Weiß der Fassaden, das anderswo die Ortschaften dominiert – die Häuser der Akadier leuchten in allen Farben des Regenbogens. Es ist ein fideler Menschenschlag, dessen Temperament sich zwischen Schwermut und Frohsinn bewegt und seinen Ausdruck in den Farben und Formen der Behausungen findet. Die fortschreitenden Modernisierungen verleihen dem gewachsenen Selbstbewusstsein und der steigenden Prosperität der Akadier in den letzten zwei Jahrzehnten eine äußere Form. Mit Nachdruck gibt sich die Bevölkerung frankophil; wohl spricht man mit den Touristen Englisch, doch ist man unter sich, bleibt es beim Französischen.

Unermüdlich flattern die akadischen Flaggen vor vielen Häusern – blau-weiß-rot mit einem goldgelben Stern auf blauem Grund; man spürt die *joie de vivre*, die Lebensfreude, und den in jüngster Zeit gemeinsam mit dem ökonomischen Aufschwung wieder aufgeflammten Stolz auf die akadische Herkunft.

So präsentiert sich auch das 4200 Einwohner zählende malerische Caraquet als Hauptstadt der akadischen Halbinsel. 1758 gegründet, gehört Caraquet zu den ältesten französischen Siedlungen des nördlichen New Brunswick. Ein Besuch im **Village Historique Acadien** westlich von Caraquet ist wie eine Zeitreise aus dem hochtechnisierten, von Hektik und Termindruck geplagten Zeitalter zu Beginn des dritten Jahrtausends in eine andere, langsamere, von Naturzyklen beeinflusste und traditionell landwirtschaftlich geprägte Welt.

Wie vor hundert Jahren: das Village Historique Acadien bei Caraquet

Während in Caraquet von jeher das kommerzielle Herz der akadischen Halbinsel schlug und Haut Caraquet der Farmwirtschaft verschrieben war, verstand sich Bas Caraquet immer als Fischerdorf: Hummer und Krebse gehören zur begehrten Beute vom Meeresgrund. An Caraquets großen und geschäftigen Kaianlagen ankert noch heute eine große Fischereiflotte, Zeichen dafür, dass viele Familien in der Fischfangtradition verwurzelt sind, obgleich die Fischerei harte Knochenarbeit mit vergleichsweise wenig Profit geblieben ist.

Ein großes Publikum versammelt sich in Caraquet während des 15-tägigen **Festival Acadien** (www.festivalacadien.ca) in der ersten Augusthälfte. Bei der Segnung der Fischereiflotte wird um reiche Fänge und um den Schutz der Fischer gebetet. Bei einer von Talenten aus allen Atlantikprovinzen bestrittenen Musikgala tanzen und spielen viele hervorragende lokale Musiker. Populärstes Festival ist das **Tintamarre**, die größte Straßenparty Akadiens, 2009 mit 40 000 Teilnehmern als Rekord.

Geschichte der Akadier

Akadier sind Nachfahren der ersten französischen Einwanderer, die sich im 17. Jahrhundert in der Kolonie **Akadien** – Nova Scotia, Teile von New Brunswick und Maine – niedergelassen hatten. Da Frankreichs ökonomisches Hauptaugenmerk auf dem Einzugsbereich des Sankt-Lorenz-Stroms lag, geriet Akadien bereits während der frühen Kolonialjahre in eine gewisse Isolation. Die Bevölkerung lebte in kleinen, autarken landwirtschaftlichen Gemeinden, in denen sich ein kulturelles Eigenleben entwickelte. 1710 fiel die akadische Hauptstadt Port-Royal, das heutige Annapolis Royal in Nova Scotia, in britische Hände. Nur drei Jahre später, nach dem Frieden von Utrecht, ging der größte Teil des französischen Akadien – nunmehr Nova Scotia – offiziell in britischen Besitz über.

Zu einer latenten Bedrohung wurden die Akadier für die Briten, als Frankreich die Festung Louisburg auf dem nahen Cape Breton Island zum Hauptstützpunkt in Nordamerika aufrüstete. Zwangsläufig spitzte sich die Situation zu; die Ereignisse überschlugen sich und 1755 begann die große Zwangsumsiedlung der Akadier. Die Briten deportierten mindestens 10 000 Menschen nach New England, Québec, Louisiana und in andere Gegenden, wo sie weder willkommen waren noch Land fanden. Einige tausend Akadier flohen in die Wälder und in die Küstenbereiche von New Brunswick. Als 1763 nach der Unterzeichnung des Friedens von Paris akadische Vertriebene nach Nova Scotia zurückkehren durften, war ihr angestammtes Land vergeben. Viele Akadier wanderten in die Region um die Baie des Chaleurs ab, wo sich Caraquet zum neuen Siedlungszentrum entwickelte. Als nach dem Amerikanischen Unabhängigkeitskrieg Tausende königstreuer britischer Loyalisten nach Nova Scotia und in das Tal des Saint John River flohen, setzte ein erneuter akadischer Exodus ein, diesmal in den Norden von New Brunswick, in die Region Madawaska an der Grenze zu Maine.

Die römisch-katholische akadische Minderheit hatte insbesondere in New Brunswick einen gewissen Stellenwert, wenn auch immer am Rand einer von Briten und Protestanten dominierten Gesellschaft lebend. Unterstützung fanden ihre Belange nur bei der katholischen Kirche, die Grund- und Volksschulen einrichtete und sich um die Bildung der Akadier kümmerte. Bald entstand ein französischsprachiges Collège. Hier lernte und studierte die künftige akadische Elite, die – wenn auch zahlenmäßig unterlegen – die Geschicke ihres Volkes lenken sollte.

1881 wurde in Memramcook südöstlich von Moncton auf einer sogenannten Nationalversammlung der 15. August zum akadischen Nationalfeiertag bestimmt, drei Jahre später votierten die Akadier für eine Nationalhymne und eine Flagge. Doch das zarte Pflänzchen Identität gedieh nur langsam. Auch in der ersten Hälfte des 20. Jahrhunderts lebten die Akadier am Rand

der Gesellschaft in verarmten landwirtschaftlichen Regionen. Sie fischten, betrieben Farm- und Holzwirtschaft – vornehmlich für ihren eigenen Bedarf – und waren ökonomisch von britischen Händlern abhängig. Erst mit dem Aufbau wirtschaftlicher Kooperativen setzte allmählich eine eigenständige Produktvermarktung ein.

Nur langsam rückten die Akadier während des 20. Jahrhunderts in das Licht der ostkanadischen Öffentlichkeit. In den 1960er Jahren eroberte der Akadier Louis Robichaud den Posten des Ministerpräsidenten der Provinz New Brunswick. 1969 garantierte der Official Languages Act die vollständige Gleichberechtigung von Englisch und Französisch in Regierung und Verwaltung. New Brunswick ist heute die einzige wirklich zweisprachige Provinz Kanadas mit einem frankophonen Bevölkerungsanteil von gut einem Drittel.

Service & Tipps:

ⓘ **Centre d'information aux visiteurs**
39, boul. St.-Pierre O.
Caraquet, N.B. E1W 1B6
✆ (506) 726-2676
www.caraquet.ca
Ende Mai–Ende Sept.

👁 **Village Historique Acadien**
5 Du Pont St.
Bertrand, N.B. E1W 0E1
✆ (506) 726-2600 und
1-877-721-2200
www.villagehistoriqueacadien.com

Anfang Juni–Mitte Sept. tägl. 10–18 Uhr
Eintritt $ 18
Gelungenes Freilichtmuseum am Rivière-du-Nord, 10 km westlich von Caraquet. Akadische Geschichte zum Anfassen. Passend zur historischen Umgebung serviert das Restaurant »La table des Ancêtres« herzhafte akadische Mahlzeiten ($).

✗ **Restaurant Le Caraquette**
89, boul. St-Pierre O.
Caraquet, N.B. E1W 1B6
✆ (506) 727-6009
Akadisches Fischrestaurant an der Küste. $$

Freilichtmuseum und Touristenattraktion: Dorfidylle im Village Historique Acadien

❷ Fredericton

Mit 57 000 Einwohnern ist New Brunswicks kleine, aber feine Hauptstadt Fredericton am Ufer des **Saint John River** die drittgrößte Stadt der Provinz. Charmant empfängt sie ihre Bewohner und Besucher mit Flair, einer ausgewogenen touristischen Infrastruktur und ganz viel Grün in Parks, baumbestandenen Straßen und den Vorgärten der hübschen viktorianischen Häuser hinter gusseisernen Gitterzäunen.

Treffpunkt im Herzen Frederictons ist der attraktive **Historic Garrison District**, wo sich koloniale Geschichte mit modernem Stadtleben mischt. Neben Museen, Ausstellungen, Geschäften mit Kunstgewerbe und regionaltypischen Souvenirs finden sich Restaurants und Straßencafés. Des Öfteren werden Freiluftkonzerte oder -theateraufführungen veranstaltet.

Handwerkliche Kunst steht hoch im Kurs in Fredericton

Einen Straßenblock östlich, am Ufer des Saint John River, liegt die **Beaverbrook Art Gallery**, das offizielle Kunstmuseum der Provinz, mit Werken von Landschaftsmalern aus New Brunswick, mit Emily Carr sowie Franklin H. Carmichael, A.Y. Jackson und anderen Malern der Group of Seven, die bedeutende kanadische Kunst des 20. Jahrhunderts repräsentieren, dazu britische Kunst des 18. bis 21. Jahrhunderts, Kunst der Renaissance, europäische Möbel und internationale Skulpturen.

In einem historischen Gebäude von 1842, das bis 1996 als Stadtgefängnis diente, befindet sich Frederictons Wissenschaftsmuseum **Science East**.

Frederictons Highlight für Touristen ist die Changing of the Guard Ceremony, die pompöse Wachwechselzeremonie im Officers' Square.

Service & Tipps:

ℹ️ **Fredericton Tourism Office**
11 Carleton St.
Fredericton, N.B. E3B 4Y7
✆ (506) 460-2041 und 1-888-888-4768
www.tourismfredericton.ca

ℹ️ **Downtown Visitor Centre**
397 Queen St., in der City Hall
Fredericton, N.B. E3B 4Y7
✆ (506) 460-2129

🏛️ **Science East**
668 Brunswick St.
Fredericton, N.B. E3B 1H6
✆ (506) 457-2340
www.scienceeast.nb.ca
Juni–Aug. Mo–Sa 10–17, So 12–16, sonst Mo–Fr 12–17, Sa 10–17 Uhr
Eintritt $ 9/6
Über 100 interaktive Ausstellungsbereiche beschäftigen große und kleine Besucher mit Lernen und Unterhaltung auf wissenschaftlicher Basis. Betreten eines überdimensionalen Kaleidoskops, Experimente zum Thema Wetter und Klima, Kakerlaken und andere lebende Tiere im Insektarium, Geschichte des Gefängnisses etc.

🏛️ **Beaverbrook Art Gallery**
703 Queen St.
Fredericton, N.B. E3B 1C4
✆ (506) 458-2028
www.beaverbrookartgallery.org
Juni–Sept. tägl. 10–17, Do bis 21, So ab 12 Uhr, sonst Mo geschl., Eintritt $ 10/5
Kunstmuseum der Provinz New Brunswick u. a. mit Werken von Malern der Group of Seven.

🍴 **The Blue Door Restaurant and Bar**
100 Regent St.
Fredericton, N.B. E3B 3W4
✆ (506) 455–2583
www.thebluedoor.ca

*Fredericton Boyce
Farmers' Market
Samstagmorgens von
6-13 Uhr bieten Bau-
ern und Händler fri-
sches Obst und Gemü-
se, Fleisch, Wurst,
Geflügel und Fisch
feil, Künstler und
Kunsthandwerker
Originale aus eigener
Hand (665 George St.,
Downtown, www.fre
derictonfarmersmar
ket.com).*

Mo–Fr Lunch, Mo–Sa Dinner
Trendiges Restaurant, dessen gemütliches Ambiente und innovative Küche
den kanadischen Westküstenstil
reflektieren. Lunch und Dinner. $$

BrewBakers
546 King St.
Fredericton, N.B. E3B 1E6
℘ (506) 459-0067
www.brewbakers.ca
Mo–Fr 11–22, Sa/So ab 17 Uhr
In der alten Butternut Bakery im
Stadtzentrum gibt es unterschiedli-
che, miteinander verbundene Res-
taurants auf mehreren Ebenen, dar-
unter auch eine Bar und ein Café.
Favoriten zu Lunch oder Dinner sind
die Pizzen mit dünnem Teig oder
diverse Fischgerichte. $$

Ausflugsziel:

**Kings Landing Historical
Settlement**

5804 Rte. 102
Prince William, N.B. E6K 0A5
℘ (506) 363-4999
www.kingslanding.nb.ca
Mitte Juni–Anfang Okt. tägl. 10–17
Uhr
Eintritt $ 17/13
Das Museum repräsentiert die
Zeitspanne von 1780 bis 1910, von
der hiesigen Besiedlung durch
königstreue Loyalisten bis zum
Leben in der spätviktorianischen
Ära.
Während der Sommermonate stel-
len authentisch gekleidete »Einhei-
mische«, die in der Schmiede wer-
keln, ihre Gärten und Felder bestel-
len und ihr Vieh auf die Weide trei-
ben, mit viel Liebe zum Detail das
Dorfleben im Tal des Saint John
River nach.
Für den kleinen oder großen Hun-
ger empfiehlt sich das »King's Head
Inn«, wo traditionelle Mahlzeiten
serviert werden.

Akadischer Friedhof

❸ Fundy National Park

Ein phänomenaler Tidenhub und eine vielseitige Landschaft mit felsigen Strän-
den, Bergen, Wäldern und Aussichtspunkten, die zum Wandern, Verweilen
und Picknicken einladen, kennzeichnen den Fundy National Park als einen
Höhepunkt an der **Bay of Fundy**. Zweimal täglich umspülen die Gezeiten die
insgesamt 13 Kilometer langen, steinigen Strände und dunkel bewaldeten
Felsufer des Parks, der als wahres Naturparadies bekannt ist. Mit bis zu 14
Metern präsentiert sich der Tidenhub hier nicht minder spektakulär als an den
Flowerpot Rocks von Hopewell Cape.

*Low Tide an der Chignecto
Bay*

Im Park führt die kleine Point Wolfe Road zum **Wolfe Beach** und der historischen **Covered Bridge**, einer der überdachten Brücken, die zu den Wahrzeichen New Brunswicks zählen. Ab der Point Wolfe Road geht es auf einem kurzen Wanderpfad zum schönen **Herring Cove Beach** und weiter zum Landvorsprung **Matthews Head**, wo zugewucherte Felder und verwilderte Obstgärten Zeugnis früherer menschlicher Ansiedlungen sind. Knapp über drei Kilometer lang schlängelt sich der **Coastal Trail** längs der Küste auf und ab, gibt immer wieder Ausblicke frei auf die bewaldeten Klippen und die Bay of Fundy.

Auch landeinwärts bietet der Fundy National Park eine stattliche Anzahl an Wanderwegen. Je nach Belieben geht es auf waldige Berge, durch Täler, an Felsküsten und Stränden entlang, zu Wasserfällen und alten Farmen – ein ideales Revier für kurze und auch längere Routen. Zur schönsten Jahreszeit, während der herbstlichen Blätterfärbung, lässt der Touristenstrom stark nach – zum Glück für diejenigen, die zu dieser Zeit Urlaub machen können!

Über Freizeitmöglichkeiten sowie die Flora und Fauna im Park unterrichtet die Parkinformation am östlichen Parkeingang bei Alma am Hwy. 114.

In einem beheizten Salzwasserbecken an der Point Wolfe Road kann man windgeschützt schwimmen; Golf- und Tennisplatz locken zu einem Schlagabtausch und Picknickplätze zu einem Päuschen mit Blick auf die Bay of Fundy.

*Auf dem Trockenen im
Fundy National Park*

REGION 8
New Brunswick

Geformt von extremen ▷
Gezeiten: Flowerpot Rocks
an der Chignecto Bay

Service & Tipps:

 Fundy National Park
8642 Hwy. 114
 Alma, N.B. E4H 1B4
✆ (506) 887-6000
 www.pc.gc.ca/fundy
Campingplatzreservierung:

✆ 1-877-737-3783
Visitor Center tägl. Ende Juni–Anfang
Sept. 8–21.45, Mitte Mai–Mitte Juni
und Sept./Okt. 9–16.45 Uhr
Eintritt $ 7.80/3.90 (6–16 J.), Familien
$ 19.60
Das Visitor Center informiert über
Flora und Fauna im Park.

❹ Hopewell Rocks

Aufsehenerregende Anblicke des extremen Gezeitenwechsels bieten sich dem Betrachter an den Hopewell Rocks an der **Chignecto Bay** südlich des Ortes **Hopewell Cape**. Dieses Naturphänomen begründet sich darin, dass das Meerwasser in der sich zuspitzenden Bay of Fundy mitsamt ihren schmalen Ausläufern Chignecto Bay und Minas Basin wie in einem trichterförmigen Kanal außergewöhnlich stark und schnell emporgepresst wird bzw. wieder abläuft. Am extremsten fallen die Gezeiten unter dem Einfluss von Voll- und Neumond aus.

Die unterhalb der Klippen emporstrebenden markanten Felstürme, die auf ihrem breiten Haupt einen dichten Bewuchs aus Bäumen, Farnen und Gesträuch tragen, werden auch **Flowerpot Rocks** genannt. Von meterhohen, schlammig- bis schokoladenbraunen Fluten umspült wirken die »Blumentopf-Felsen« wie ganz normale Inseln. Bei Ebbe, wenn die von der Brandung ausgehöhlten Grotten unterhalb der Uferklippen trocken liegen, offenbaren die überdimensionalen Blumentöpfe ihre wahre Größe.

Zweimal täglich spaziert man trockenen Fußes auf dem Meeresboden, den sonst die Flut mit einem zehn bis 14 Meter dicken Wasserteppich bedeckt. An den Felstürmen markieren Plaketten die wechselhaften Wasserstände. Etwas mehr als sechs Stunden liegen zwischen Ebbe und Flut.

Eine Strandwanderung lässt sich am besten in dem Zeitraum von zwei Stunden vor bis zwei Stunden nach dem Tiefststand der Ebbe einplanen. Eindrucksvoll lässt sich die Besonderheit dieses Geschehens dokumentieren, fotografiert man die Flowerpot Rocks sowohl völlig freistehend als auch von Wasser umspült.

Die Hopewell Rocks gehören zu den bevorzugten Stationen der Zugvögel auf ihrem Weg von den Brutplätzen in arktischen Gefilden bis zu den Überwinterungszielen in Südamerika. Etwa von Mitte Juli bis Mitte/Ende August fressen sich die Vögel in unvorstellbaren Zahlen noch einmal an den kleinen, im Schlamm verborgenen Garnelentierchen satt.

Vorsicht bei Strand-
wanderungen
In nur einer Stunde
steigt das Wasser
immerhin um durch-
schnittlich zwei Meter,
nicht mit reißenden
Wellen, sondern mit
einem gleichförmig
plätschernden, unauf-
hörlichen Heranschie-
ben der Wassermas-
sen, und dabei hat
schon manch einer
seine am Strand
zurückgelassenen
Siebensachen in der
herannahenden Flut
untergehen sehen.
Gezeitenpläne sind am
Infostand oberhalb der
Flowerpot Rocks ange-
schlagen.

Service & Tipps:

 Hopewell Rocks
131 Discovery Rd.
 Hopewell Cape, N.B. E4H 4Z5
✆ 1-877-734-3429
 www.thehopewellrocks.ca
Tägl. Ende Juni–Ende Aug. 8–20,
Mitte Mai–Ende Juni 9–17, Ende

Aug.–Anfang Sept. bis 19, Sept.–Mitte
Okt. bis 17 Uhr
Eintritt $ 9/7
Mit Picknickplätzen, Wanderwegen
und modernem Informationszen-
trum. Selbstbedienungsrestaurants
»High Tide Cafe« im Info Centre und
»Low Tide Cafe« am unteren Ende des
Parks in Strandnähe.

❺ Kouchibouguac National Park

Wie kaum ein anderer Flecken an New Brunswicks zentraler Ostküste ist der Kouchibouguac National Park ein idealer Ort zur aktiven Erholung. Es ist ein vielgesichtiges Land, eine harmonische, ästhetische Komposition aus Süßwasser, Salzmarschen und Sanddünen, aus Wäldern, Feldern und Sümpfen – ursprüngliche Küstenlandschaften, die sich mit jedem Meter, den man sich dem Meer nähert, verändern.

Eine wichtige Rolle innerhalb des Ökomosaiks spielen die Nehrungsinseln vor der Küste. Sie schützen die flachen Landschaften des Festlands vor den nagenden Einflüssen von Wind und Wellen. Zwischen Inseln und Festland treffen dann die starken Gezeitenströmungen der **Northumberland Strait** auf das ruhige Salzwasser der Lagunen und Salzmarschen. In diesen Gefilden lebt die zweitgrößte Seeschwalbenkolonie Nordamerikas, hier staksen Regenpfeifer am Strand entlang, vorbei an scheuen Seehunden, die sich in der Sonne aalen.

In weiten Schwüngen zieht sich der Plankenweg über die Lagunen und durch die Dünen zum populären **Kelly's Beach**. An dem von Ende Juni bis Ende August von Rettungsschwimmern überwachten, weißen Sandstrand herrschen die höchsten Wassertemperaturen New Brunswicks. Dünen und Meer sind im Sommer ein starker Anziehungspunkt, doch außerhalb der Saison bleiben das sanfte Rauschen der Wellen, die Rufe der Vögel und der leichte Wind die einzigen Geräusche an den menschenleeren Gestaden. Kurze Wanderwege führen von den Dünen durch das Waldgelände im Inland, wo aufgeforstete Flächen und zugewachsene Felder auf frühere Besiedlungsspuren hinweisen.

Von den Sümpfen ist **Kelly's Bog** als einziger über einen Fußpfad zugänglich. In all ihrer Schönheit zeigen sich die Kannenpflanze, der filigrane Sonnentau und andere fleischfressende Sumpfpflanzen nur dem aufmerksamen Betrachter.

Service & Tipps:

 Kouchibouguac National Park
 186, Rte. 117
Kouchibouguac, N.B. E4X 2P1
 ✆ (506) 876-2443
www.pc.gc.ca/kouchibouguac
 Ganzjährig, Visitor Centre
Mitte Mai–Mitte Okt. tägl. 9–17, Juni–Anfang Sept. 8–20 Uhr, Eintritt $ 8/4

Nationalpark an der Northumberland Strait.

 Ryans Recreational Equipment Rental Centre
Kouchibouguac National Park, N.B. E4X 2P1
✆ (506) 876-8918, Juni–Anfang Sept.
1 km von Kelly's Beach entfernt, Vermietung von Fahrrädern, Kanus, Paddel- und Ruderbooten ($ 25 für vier Stunden).

❻ Moncton

Moncton ist mit seinen 70 000 Einwohnern neben Saint John und Fredericton die dritte größere Stadt in New Brunswick und gleichzeitig das geographische Zentrum und ein Verkehrsknotenpunkt der Atlantikprovinzen und deshalb mit Vororten mit 145 000 Einwohnern der größte Ballungsraum der Provinz. Die Vororte verteilen sich relativ großräumig, im übersichtlichen Stadtzentrum fallen einige farbenfroh gestaltete Hausfassaden auf. Ausflüge an die Bay of Fundy und die Northumberland Strait gehören zum touristischen Pflichtprogramm.

Fast erscheint es wie ein ironischer Schachzug der Geschichte, dass in Moncton die derzeit größte akadische Gemeinde lebt, hatte doch der Namenspate der Stadt, Robert Monckton, als britischer Militärkommandant 1755 bei der Vertreibung und Deportation der Akadier entscheidend mitgewirkt. Doch heute können die Akadier Erziehung und Kultur in ihrer eigenen Sprache genießen. Eine wichtige Rolle spielt dabei die 1963 etablierte Université de Moncton im Nordwesten der Stadt, mit über 6000 Studenten, die einzige französischsprachige Universität der Atlantikprovinzen.

Von der Main Street am **Tidal Bore Park** lassen sich die Gezeiten des **Petitcodiac River** gut beobachten. Zweimal täglich füllt und leert sich der wegen seines schlammig-braunen Wassers auch *Chocolate River* genannte Petitcodiac River. Bei Flut scheint der Fluss wegen des hereinströmenden Meerwassers mit einer zwischen drei und 60 Zentimeter hohen schokoladenfarbenen Welle bergauf zu fließen.

Monctons **Magnetic Hill** hat einen gewissen Bekanntheitsgrad aufgrund einer optischen Täuschung erlangt: Autos scheinen hier im Leerlauf selbsttätig den Hügel hinaufzurollen, offensichtlich angezogen von einem magnetischen Effekt. Das sieht aber nur so aus wegen der landschaftlichen Bedingungen. Der Magnetic Hill (www.magnetichill.com, Einzelfahrt $ 5) findet sich gleich neben dem Trans-Canada Highway (No. 2) im Nordwesten der Stadt. Anschließend bietet sich ein Besuch des benachbarten Wasserpark und Zoo.

Farbenfroh: Downtown Moncton

Service & Tipps:

Musée Acadien
Clément Cormier Building
Campus der Université de Moncton
405, ave. de l'Université
Moncton, N.B. E1A 3E9
☎ (506) 858-4088
www.umoncton.ca/umcm-maum
Juni–Sept. Mo–Fr 10–17, Sa/So 13–17, sonst Di–So 13–16 Uhr, Eintritt $ 4/2
Vier Jahrhunderte umfasst die Kollektion akadischer Gegenstände, darunter ein von Samuel de Champlain verfasstes Buch, ein großes Gemälde zur Zwangsumsiedlung der Akadier im Jahre 1755, die Originalflagge von 1884, alte akadische Zeitungen etc.

Magic Mountain Water Park
2875 Mountain Rd.
Moncton, N.B. E1G 2W7
☎ (506) 857-9283 und
1-800-331-9283
www.magicmountain.ca
Mitte Juni–Anfang Sept. tägl. 10–19, sonst tägl. 10–18 Uhr
Eintritt Ganztagespass $ 28/16
Mischung aus Wasserrutschen, Wellenpool, Minigolf, Picknickplätzen,

Imbiss – riesiger Wasserspaß für die ganze Familie am Magnetic Hill.

Magnetic Hill Zoo
125 Magic Mountain Rd.
Moncton, N.B. E1C 9Z3
☎ (506) 877-7718
www.moncton.ca/zoo
Tägl. Ende Mai–Anfang Sept. 9–19, Sept./Okt. 10–18, April/Mai 10–16 Uhr, Eintritt Juli/Aug. $ 14/10, sonst billiger
Zoo mit rund 400 Tieren aus aller Welt.

House of Lam
951 Mountain Rd. (Hwy. 126)
Moncton, N.B. E1C 2S4
☎ (506) 384-1101
www.houseoflam.com
Tägl. ab 11 Uhr
Seit 40 Jahren serviert Familie Lam chinesische Gerichte. $$

Pump House Brewery
5 Orange Lane
Moncton, N.B. E1C 4L6
☎ (506) 855-2337
www.pumphousebrewery.ca
Mo–Sa ab 11, So ab 12 Uhr
Gegenüber City Hall. Mikrobrauerei mit Bar und Restaurant. $

Moncton Convention and Visitor Services
655 Main St.
Moncton, N.B. E1C 1E8
☎ (506) 853-3590 und
1-800-363-4558
www.gomoncton.com
In der City Hall.

 **Saint John**

Mit 71 000 Einwohnern ist Saint John die größte Stadt New Brunswicks und mit 128 000 im Großraum der zweitgrößte Ballungsraum der Provinz. Saint John verfügt über den größten kanadischen Hafen an der Ostküste. Er liegt an der Mündung des Saint John River in die Bay of Fundy. Als älteste Stadt Kanadas besitzt Saint John den liebenswerten Charme der Alten Welt, wie man hier gern sagt. 1783 waren königstreue britische Loyalisten aus den 13 amerikanischen Kolonien geflüchtet und mit ihren Booten auf Partridge Island im Hafenbereich gelandet. Bereits zwei Jahre später erhielt Saint John als erste kanadische Gemeinde die Stadtrechte.

Mit viel Glück haben der traditionsreiche **Old City Market** und andere historische Gebäude das große Feuer überlebt, das 1877 durch zwei Drittel der Stadt fegte. Eine harmonische Architekturmischung bestimmt heute das Zentrum: Neben restaurierten Backsteingebäuden mit Geschäften und Restaurants ragen moderne Bürohäuser in die Höhe.

Einen Überblick über die Hügel, Häuser und Häfen der kleinen Großstadt ermöglicht **Fort Howe**, das man über die Magazine Street erreicht. Es wurde 1777 von der britischen Arme zum Schutz des Hafens von Saint John errichtet. 1785, als die Loyalisten dorthin gelangten, gab es Unterkünfte für rund 100 Mann, zwei Blockhäuser, acht Kanonen, umfriedet von einem Schutzwall. Übrig geblieben ist ein rekonstruiertes Blockhaus.

Vom **Lookout** schaut man auf die mächtig strudelnden braunen Fluten der aus der Bay of Fundy aufsteigenden starken Gezeitenströmungen, die sich gegen die Wasser des Saint John River schieben, die sich jeweils für ein paar Stunden zurückdrängen lassen. Weitgehend unspektakulär geht der Moment dieser »Umkehr« vonstatten: Unterhalb der Oberfläche vermischen sich in der felsigen Flussschlucht die Wassermassen, bilden Wirbel und Stromschnellen und drücken das Wasser des Saint John River flussaufwärts.

Bekanntestes Naturphänomen von Saint John sind die Reversing Falls, die »umgekehrten Wasserfälle«, an denen zweimal täglich das Wasser des Saint John River auf die schokoladenbraunen Fluten aus der Bay of Fundy trifft und von diesen zurückdrängt wird.

Service & Tipps:

ⓘ Shoppes of City Hall Visitors Information Centre
15 Market Sq.
Saint John, N.B. E2L 1E8
✆ (506) 658-2855 und 1-866-463-8639
http://discoversaintjohn.com
Ganzjährig geöffnet

🏛 New Brunswick Museum
1 Market Sq.
Saint John, N.B. E2L 4Z6
✆ (506) 643-2300
www.nbm-mnb.ca
Mo–Fr 9–17, Do bis 21, Sa 10–17, So 12–17 Uhr, Eintritt $ 8/5
Interessante Exponate u. a. zur Besiedlungs-, Industrie- und Seefahrtgeschichte, zu Flora und Fauna der Provinz und zur kanadischen und internationalen Kunst.

👁 Fort Howe National Historic Site
Magazine St. N.
Saint John, N.B. E2K 4H8
✆ (506) 658-2855
www.discoversaintjohn.com
Ganzjährig geöffnet, Eintritt frei
Gute Aussicht auf Stadt und Hafen.

🌳 Reversing Falls Visitor Information Centre
ⓘ 200 Bridge Rd. W. (Rte. 100)
Saint John, N.B. E2M 7Y9
✆ (506) 658-2937
Mai–Okt.
Im Visitor Centre am Chesley Drive oberhalb des Flusses gibt es nicht

nur die beste Übersicht über die »umgekehrten Wasserfälle«, sondern auch einen genauen Gezeitenplan und Informationen über die Ursachen des Naturphänomens.

 Saint John Adventures
50 Fallsview Ave.
St John, N.B. E2K 0G8
✆ (506) 634-9477 und 1-877-634-9477
www.saintjohnadventures.ca
Anfang Juni–Ende Okt., Juli/Aug. tägl. Der neueste Hit: fünf unterschiedlichen Zip-Lines, gespannt zwischen sechs Türmen, über die Reversing Falls. Dabei wird man von Guides begleitet.

 The Falls Restaurant
200 Bridge Rd.
Saint John, N.B. E2M 7Y9
✆ (506) 635-1999
Tägl. 9–21 Uhr
Restaurant mit Aussichtsterrasse an den Reversing Falls. $

Big Tide Brewing Co.
47 Princess St.
Saint John, N.B. E2L 1M1
✆ (506) 214-3311
www.bigtidebrew.com
Mo–Fr 11–24, Sa/So ab 10 Uhr
Die einzige Hausbrauerei im Ort liegt in der Nähe des Market Square, mit Restaurant. $$

 Tim Hortons
199 Hilyard St.
Saint John, N.B. E2K 4V2
✆ (506) 634-1389
www.timhortons.com
Populärer Donut Shop. 24 Std. freie Auswahl bei Donuts, Muffins, Sandwiches, Suppen, Kaffee und Kakao. $

 Old City Market
47 Charlotte St.
Saint John, N.B. E2L 2H8
✆ (506) 658-2820
www.sjcitymarket.ca
Mo–Fr 7.30–18, Sa 7.30–17 Uhr
Genuss pur für alle Sinne – die Verkaufsstände und Restaurants in den historischen Hallen des Marktkomplexes erinnern in ihrer Konstruktion an die regionale Tradition des Schiffbaus.

 Bay Ferries Saint John–Digby
170 Digby Ferry Rd.
Saint John N.B. E2M 0B2
✆ 1-877-762-7245
www.ferries.ca
Ganzjähriger Fährservice, Mai–Okt. tägl. 12 und 23, Okt.–Jan. 9 Uhr
Pro Auto $ 88, pro Person $ 44/29/5 (6–13/unter 6 J.), Fahrzeit 2 3/4 Std. Fahrzeugplatzreservierung empfehlenswert. Cafeteria mit Fisch- und Steakgerichten ($).

Der mit achteinhalb Metern größte Lachs der Welt »springt« in Campbellton, ganz im Norden von New Brunswick

An der Bay of Fundy: Saint John, New Brunswick

Prince Edward Island
Land in der Wiege der Wellen

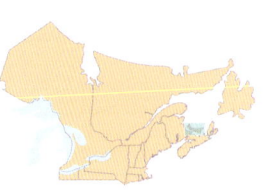

Wohin geht's? Nach »pi-ih-ai«?! Man gewöhnt sich schnell an das weitverbreitete Kürzel P. E. I., die Initialen von Prince Edward Island. Namenspate der Insel war Edward Herzog von Kent, Vater der englischen Königin Victoria. Rund 130 000 Einwohner leben hier in der kleinsten und am dichtesten besiedelten Provinz Kanadas, die 224 Kilometer lang und an der schmalsten Stelle nur sechs Kilometer breit ist.

Vielleicht findet in einer der Inselgemeinden gerade ein Community Lobster Supper statt? Diese Hummeressen zu wohltätigen Zwecken erfreuen sich wachsender Popularität.

Wie man sich auch dreht und wendet, kein Punkt der Provinz liegt mehr als 15 Kilometer vom Meer entfernt; so überrascht es nicht, dass Fischerei und Seefahrt von jeher zu den Haupterwerbszweigen gehören. Als weithin sichtbare Wahrzeichen der maritimen Verbundenheit strecken sich die historischen Leuchttürme in den Himmel. Die meisten sind heute unbemannt und – ein Zugeständnis an die moderne Zeit – automatisiert.

Im Mündungsgebiet des Sankt-Lorenz-Stroms um Prince Edward Island mischen sich Süß- und Salzwasser und schaffen ein einzigartiges marines Ökosystem mit einer Vielfalt an Lebensformen. Naturgemäß wird der Fischfang großgeschrieben. Hummer machen einen überwiegenden Teil der Erträge aus, und daneben gewinnt auch die Muschelzucht immer mehr an Bedeutung.

Küstenformation auf Prince Edward Island

Auf der flachen Insel verstecken sich zwischen fruchtbaren Feldern und kleinen Waldstücken einzelne Farmhäuser, in deren Gärten die Wäsche im Sommerwind flattert. Zu den grünen Wiesen und Bäumen gesellen sich überall rote Farbtupfer: rote Klippen, rote Sandstrände, rote Felder und rote Staubstraßen. Sogar die asphaltierten Highways sind dem universellen Einheitsgrau entronnen und schimmern rötlich: Eisenoxide in der Erde sind für die auffällige Färbung verantwortlich. In diesem Boden wachsen vor allem Kartoffeln, und zwar von so hoher Qualität, dass die Erdäpfel zum Markenzeichen von Prince Edward Island geworden sind und der Insel den zweiten Beinamen »Kartoffelinsel« einbrachten.

Die Mi'kmaq-Indianer tauften die Insel *Abegweit*, »Land in der Wiege der Wellen«. Im Jahr 1534 entdeckte Jacques Cartier das schöne Fleckchen Erde, das Samuel de Champlain dann zu Beginn des 17. Jahrhunderts mit dem Namen »Île St.-Jean« versah.

Ab 1720 zogen französische Siedler auf die Insel. In kürzester Zeit schufen sich die tatendurstigen Männer und Frauen eine neue Heimat und gründeten den Hafen Port-La-Joye, der heute als Fort Amherst National Historic Site bei Charlottetown an die frühe Besiedlung erinnert.

1755 kam es zur Vertreibung und Deportation der Siedler durch die Briten, denen im Frieden von Paris 1763 die Insel – jetzt »St. John« genannt – endgültig zugesprochen wurde. Jenes Jahr sah auch die Gründung von Charlottetown; der nach der Frau des englischen Königs George III. benannte Ort wurde bereits ein Jahr später Hauptstadt der Provinz.

Ein kräftiger Bevölkerungszuwachs kam mit den britischen Loyalisten, die ab 1783 aus den neu gegründeten USA nach Kanada flohen. 1799 schließlich erhielt Prince Edward Island seinen endgültigen Namen.

Während des späten 19. und frühen 20. Jahrhunderts verließen viele Inselbewohner ihre Heimat und die kleine Provinz verarmte. Erst nach dem Zweiten Weltkrieg ging es dank der Unterstützung der Bundesregierung mit der Wirtschaft wieder bergauf, nicht zuletzt weil sich der Tourismus zu einem unverzichtbaren und stabilen Einkommensfaktor entwickelt hatte. Aber noch immer liegt die ökonomische Leistungskraft von Prince Edward Island – verglichen mit den anderen kanadischen Provinzen – im hinteren Bereich.

1864 fand auf Prince Edward Island eines der wichtigsten Ereignisse in der kanadischen Geschichte statt: Parlamentarier diskutierten in Charlottetown die Modalitäten für die Gründung einer Union aller kanadischen Provinzen. 1867 wurde dann das »Dominion of Canada« ins Leben gerufen, was Charlottetown mit dem Titel »Wiege der Konföderation« in die Annalen der kanadischen Geschichte eingehen ließ. Prince Edward Island selber trat allerdings erst nach sechsjährigem Verzug der Union bei.

Früher war auch die Verkehrsanbindung an Prince Edward Island nicht sehr gut gewesen, besonders im Sommer waren längere Warteschlangen an den Fähranlagen die Regel. Doch seit 1997 lässt die elf Kilometer lange **Confederation Bridge** zwischen Cape Tormentine in New Brunswick und Borden-Carleton den Verkehr preiswerter und schneller von und zur Insel fließen. Von dieser stationären Verbindung zum Festland erhofft sich die Provinz wichtige ökonomische Impulse.

Auch der Tourismus ist ein stetig wachsender Wirtschaftsfaktor. Mit dem **Confederation Trail** schafft Prince Edward Island auf ehemaligen Eisenbahnlinien eine inselumfassende, ideale Radwegeverbindung, so dass man durch Dörfer, Wälder und Felder unbeschwert von einem Inselende zum andern radeln kann. Übernachten kann man auf zahlreichen Campingplätzen und feinen Bed and Breakfasts am Wege. In den Orten längs des Trail gibt es Radverleihstationen.

Der höchste Leuchtturm von Prince Edward Island: das West Point Lighthouse von 1875

❶ Prince County – Der Westen von Prince Edward Island

Ruhige Küstenlandschaften, weite Felder und rötliche Straßen kennzeichnen das Prince County im Westen von Prince Edward Island. Populäres Ziel in diesem lieblichen Teil der Insel ist der von Rettungsschwimmern überwachte Badestrand im idyllischen **Jacques Cartier Provincial Park**. Etwas weiter nördlich, an den windumtosten Kildare Capes, setzte der Erforscher Jacques Cartier erstmals 1534 seinen Fuß auf das Eiland.

Tignish Shore bezaubert als pittoresker Fischereihafen mit kleinem Leuchtturm und langer Bootsgasse, die rechts und links von bunten Holzschuppen gesäumt ist. Dicke Netze, bunte Bojen und überbordende Eiskisten säumen den Kanalrand. Schon um fünf Uhr morgens fahren die Hummerfischer bei Wind und Wetter aufs Meer hinaus, und um die Mittagszeit kehrt eines der wettergegerbten Fischerboote nach dem anderen mit der begehrten Fracht zurück.

Am kargen **North Cape**, dem nördlichsten und windigsten Punkt der Insel, fallen die überdimensionalen Windräder der **Wind Energy Institute of Canada** ins Auge, die den hiesigen Leuchtturm glatt in den Schatten stellen. Mit Hilfe der modernen Anlage werden Möglichkeiten zur Windenergiegewinnung erforscht. Besucher können sich mit Videos und Ausstellungen über das weitreichende Thema informieren.

Mit 21 Metern ragt der schmucke schwarz-weiß gestreifte **West Point Lighthouse** von 1875 als höchster Leuchtturm der Insel in den Himmel. Der noch bis 1963 von einem Wärter bediente Turm funktioniert heute wie alle anderen im Land automatisch, wovon man sich bei einer Turmbesteigung überzeugen kann. Zum ansehnlichen Leuchtturmkomplex gehören ein hübsches kleines Hotel, ein Restaurant und ein Museum zur Geschichte der Leuchttürme.

Verschwiegene Pfade führen von hier zu einem schönen Badestrand im **Cedar Dunes Provincial Park**, der insbesondere an einem warmen Sommertag einen Abstecher wert ist.

Auf dem Weg zum Prince Edward Island National Park (s. S. 132 f.) bietet sich ein Abstecher zur **New London Village Pottery** in New London an, die einheimisches Kunsthandwerk verkauft.

Service & Tipps:

(i) **Borden-Carleton Visitor**
100 Abegweit St.
Borden-Carleton, P.E.I. C0B 1X0
℡ (902) 437-8570
www.tourismpei.com
Am Nordende der Confederation Bridge.

👁 **Confederation Bridge**
www.confederationbridge.com
13 km lange Brücke zwischen New Brunswick und Prince Edward Island. die Benutzung kostet $ 45 pro Auto, inklusive Passagieren, bezahlt wird nur in Festlandrichtung.

🌳 **Jacques Cartier Provincial Park**
16448 Rte. 12
Kildare Capes, P.E.I. C0B 1B0
www.tourismpei.com
℡ (902) 853-8632
Überwachter Badestrand.

(i) **North Cape Wind Energy Interpretive Centre**
👁 21817 Rte. 12
North Cape, P.E.I. C0B 2B0
✕ ℡ (902) 882-2991
www.northcape.ca
Mai–Okt. 10–18, Juli–Aug. 9–20 Uhr
Eintritt frei
Infozentrum zum North Cape mit Restaurant, siehe unten.

✕ **Wind & Reef Restaurant**
21817 Rte. 12

North Cape, P.E.I. C0B 2B0
℡ (902) 882-3535
Ende Mai–Anfang Okt.
Restaurant neben dem Leuchtturm am Nordkap. Fischspezialitäten mit Blick aufs Meer – so soll es sein! $$

🏛 **West Point Lighthouse**
364 Cedar Dunes Park Rd.
🏃 West Point, P.E.I. C0B 1V0
✕ ℡ (902) 859-3605 und
1-800-764-6854
www.westpointharmony.com
Mai–Sept. ständig geöffnet
Eintritt frei
Der mit 20 m höchste Leuchtturm der Insel ist auch ein 4-Sterne-Inn mit 13 Zimmern. Schöner Badestrand

Fischer in Tignish Shore

131

im Cedar Dunes Provincial Park mit Restaurant.

Wind Energy Institute of Canada
21741 Rte. 12
North Cape, P.E.I. C0B 2B0
☎ (902)-882-2746, www.weican.ca
Seit 1981 Testgelände zur Windenergiegewinnung mit diversen Windturbinen und verschiedenen Windrädern am North Cape.

New London Village Pottery
10567 Hwy. 6
New London, P.E.I. C0B 1M0
☎ (902) 886-2473
www.villagepottery.ca, Mai–Okt. tägl.
Kleine Töpferei mit Kunstgewerbe aus Prince Edward Island.

❷ Prince Edward Island National Park

Rund 40 Kilometer zieht sich der Nationalpark an der Küste des Golfs von Sankt Lorenz entlang. Weitläufige Salzmarschen, stille Strand- und Dünenlandschaften sowie rote Sandsteinklippen kennzeichnen die Szenerie am zentralen Nordufer der Insel, deren höchste Erhebung immerhin 49 Meter misst.

Die populäre Sommerfrische **Cavendish** profitiert von ihrer günstigen Lage am Prince Edward Island National Park. Hier wohnte seit ihrem zweiten Lebensjahr Lucy Maud Montgomery, die mit ihrem Roman »Anne of Green Gables« 1908 Prince Edward Island, Cavendish und das viktorianische Green Gables House literarisch verewigte.

Die 1874 geborene Schriftstellerin – genauer gesagt, die rührende Geschichte des rothaarigen, sommersprossigen Waisenkinds Anne – dient der ganzen Insel als werbewirksame und vermarktungsfähige Attraktion. Lucy Maud Montgomerys Haus ist im **Green Gables Heritage Place** zu besichtigen. Um dem viktorianischen Look aus dem ausgehenden 19. Jahrhundert Authentizität zu verleihen, dekorieren Scheune, Friedhof und andere in den Büchern und Erzählungen erwähnte Gebäude die liebevoll restaurierte Farm.

Lobster-Boote an der Malpeque Wharf nördlich von Kensington

»Romanfiguren« in Cavendish: Das Wohnhaus in »Anne of Green Gables« wurde nach den Beschreibungen von Lucy M. Montgomery eingerichtet

Hinter den **Dünen von Cavendish** bieten sich lange Sandstrände zum ungestörten Schwimmen und Sonnenbaden an. Man erreicht sie über den Plankenweg vom Cavendish Information Centre aus, in dem Schautafeln über das Lockergestein Sand und seine Entstehungsgeschichte informieren. Unaufhörlich verweht der im Sommer meist leichte und warme Wind den feinen Sand der Dünen, so dass die Straße immer wieder freigefegt werden muss.

Bedächtig folgt der Golf Shore Parkway mit Stopps an Picknickplätzen und Aussichtspunkten den sachten Biegungen der Küste. In den Lüften schwebende oder am Strand staksende Seevögel – von denen hier rund 300 verschiedene Arten leben – und Wale, die mit sprühenden Fontänen auf sich aufmerksam machen, sorgen auf jeden Fall für eine abwechslungsreiche Fahrt.

An Orby Head und ruhigen Küstenabschnitten vorbei geht es nach **North Rustico** mit einem Badestrand. In dem malerischen Fischerort werden Kanus und Kajaks verliehen, und man kann selbst erfahren, warum PEI das »Land in der Wiege der Wellen« genannt wird. Hier schneidet die Rustico Bay tief in den Verlauf der Küste; in einem großen Bogen geht es um die Ausläufer der Bucht herum und dann landeinwärts in Richtung Süden.

Service & Tipps:

 Prince Edward Island National Park
 Cavendish, P.E.I. C0A 1N0
℗ (902) 963-7830
www.pc.gc.ca/pei
Cavendish Visitor Information

tägl. Mitte Mai–Mitte Okt. 9–17, Juli/Aug. 8–19 Uhr
Park-Eintritt $ 8/6 (6–16 J.)
Der einzige Nationalpark und das populärste Ziel auf Prince Edward Island. Badestrände, Dünen und rote Felsklippen; zum Übernachten gibt es Campingplätze.

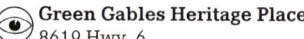 **Green Gables Heritage Place**
8619 Hwy. 6
Cavendish, P.E.I. C0A 1N0
✆ (902) 963-7874
www.pc.gc.ca/greengables
Tägl. Mai–Okt. tägl. 9–17 Uhr
Eintritt $ 8/4
Historisches Wohnhaus, das nach
den Beschreibungen der Schriftstellerin Lucy M. Montgomery in ihrem
Romans »Anne of Green Gables« eingerichtet wurde.

Outside Expeditions
370 Harbourview Dr.
North Rustico, P.E.I. C0A 1X0
✆ (902) 963-3366 und
1-800-207-3899
www.getoutside.com
Kanu-, Kajak- und Fahrradverleih.
Halb- oder ganztägige Kanu- oder
Kajakausflüge längs der Küste von
PEI. Für Anfänger gibt es auch andert-
halbstündige, geführte Paddeltouren.
Auch im Brudenell River Park.

❸ Charlottetown

Mit 35 000 Einwohnern ist die Provinzhauptstadt Charlottetown die einzige
größere Stadt und zugleich geografisches, wirtschaftliches und kulturelles
Zentrum der Insel. Hübsch gelegen auf einer großen Landspitze zwischen zwei
Flüssen, die in die **Hillsborough Bay** münden, bot Charlottetown anlanden-
den Schiffen einen geschützten Hafen. Benannt wurde die Stadt nach Queen
Charlotte, der Gemahlin von König George III.

Das kleine Stadtzentrum von Charlottetown kennzeichnet ein liebenswer-
tes nostalgisches Flair mit modernem Touch. Im Bereich der weitgehend malerisch restaurierten Hafenfront mit der populären **Peake's Quay Historic
Waterfront** entlang der Water Street reihen sich Restaurants sowie kleine

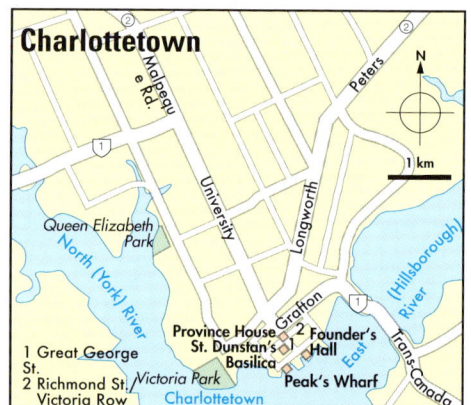

Boutiquen und Läden aneinander. Ganz modern
führt die altehrwürdige **Founders' Hall** auf eine
multimediale Zeitreise durch die Geschichte der
Insel.

In der **Great George Street**, die mit ihren schat-
tenspendenden Bäumen und den gepflegten georgianischen Häusern so beschaulich wirkt, steht die
in Form eines gotischen Kreuzes erbaute römisch-
katholische **St. Dunstan's Basilica**. Ihre drei markanten Türme sind die Wahrzeichen der Stadt.
Die Straße endet am **Province House**, dem Parlamentsgebäude, in dem 1864 der Grundstein des
Dominion of Canada, der heutigen Nation Kanada,
gelegt wurde. In Great George, Richmond, Victoria
Row und anderen Straßen der Nachbarschaft mit
historischem Ambiente befinden sich hübsche
Straßencafés, Restaurants und Geschäfte, die zum
Verweilen und Stöbern einladen.

Service & Tipps:

 **Tourism Charlottetown**
199 Queen St., in der City Hall
Charlottetown, P.E.I. C1A 7M4
✆ (902) 629-1864 und 1-800-955-1864
www.tourismcharlottetown.ca

Founders' Hall
6 Prince St.

Charlottetown, P.E.I. C1A 4P5
✆ (902) 368-1864 und
1-800-955-1864
www.foundershall.ca
Tägl. Mai–Okt. 9–17, Juli/Aug. 8.30–
19 Uhr
Eintritt $ 10/6.50 (6–12 J.)
Hier wurde Kanada 1864 gegründet.
Eine multimediale Zeitreise führt
durch die Geschichte der Insel. Im

selben Gebäude sitzt das Charlottetown Visitor Centre.

 **Confederation Centre of
the Arts**

 130 Queen St.
Charlottetown, P.E.I. C1A 1J1
✆ (902) 628-1864 und
1-800-565-0278
www.confederationcentre.com
Art Gallery: Juli, Aug. Mo–Sa 9–20, So
9–17, sonst bis 17 Uhr, Eintritt frei
In dem 1964 erbauten Kunst- und
Kulturzentrum werden u.a. Musicals
aufgeführt und Konzerte aller Musik-
gattungen veranstaltet.
In der **Art Gallery** besticht eine
Fülle kanadischer Kunstthemen mit
Schwerpunkt auf den Atlantikprovinzen. Rund 15 000 Exponate demonstrieren verschiedene Epochen
kanadischer Kunst.

 Orwell Corner Historic Village
98 Macphail Park Rd.
Vernon, P.E.I. C0A 2E0
✆ (902) 651-8515
www.orwellcorner.ca
Juli/Aug. tägl. 9.30–17, ab Mitte
Juni und Okt. Mo–Fr 9–16.30 Uhr
Eintritt $ 9/5
Das kleine Dorf aus dem ausgehen-
den 19. Jh. liegt 28 km östlich von
Charlottetown. Heute beherbergt es
ein lebendes Museum mit Kirche,
Schule, Farm, Schmiede, Geschäft,
Mühle und Rathaus (mit Café).

**Province House National
Historic Site**
165 Richmond St.
Charlottetown, P.E.I. C1A 1J1
✆ (902) 566-8287
www.pc.gc.ca/province
Juli/Aug. tägl. 9–19, Juni tägl.,
Sept.–Nov. Mo–Fr 9–17, Sept. auch
Sa/So 12–17 Uhr, Eintritt frei
Parlamentsgebäude, in dem 1864 der
Zusammenschluss Kanadas zum
Dominion of Canada vorbereitet
wurde.

St. Dunstan's Basilica
45 Great George St.
Charlottetown, P.E.I. C1A 4K1
✆ (902) 894-3486
www.stdunstans.pe.ca
Wahrzeichen der Stadt mit drei markanten Türmen.

 **Almost Paradise
Feast Dinner Theatre**
75 Kent St.
Charlottetown, P.E.I. C1A 7K4
Tickets ✆ (902) 629-2321
www.roddvacations.com/feast
Ende Juni–Aug. Di–Sa ab 18.15 Uhr,
Dinnershow $ 40
Dinnershow im Rodd Charlottetown
Hotel, inklusive Lachs-, Hähnchen-
oder Rippchen-Menü, Kaffee und
Dessert. $$$

 Claddagh Oyster House
131 Sydney St.
Charlottetown, P.E.I. C1A 1G5
✆ (902) 892-9661
www.claddaghoysterhouse.com
Super *seafood chowder* und andere
Fischspezialitäten in Olde Charlotte
Town. $$–$$$

 Lobster on the Wharf!
2 Prince St.
Charlottetown, P.E.I. C1A 4P5
✆ (902) 368-2888 und 1-877-919-9311
www.lobsteronthewharf.com
Mai–Okt. tägl. ab 11.30 Uhr
Spezialitäten: Fisch, Austern und
Hummer; im Hafen von Charlotte-
town. $$–$$$

 Smitty's
449 University Ave.
Charlottetown, P.E.I. C1A 8K3
✆ (902) 892-5752, www.smittys.ca
Tägl. ab 17 Uhr
Familien-Restaurant an der Universi-
ty Plaza Mall. Hier gibt es den ganzen
Tag köstliche *blueberry pancakes!* $

 Confederation Court Mall
134 Kent St.
Charlottetown, P.E.I. C1A 8R8
✆ (902) 894-9505
www.confedcourtmall.com
Tägl. 9–17.30, Do/Fr bis 21, So 12–17
Uhr
Einkaufszentrum mit 50 Geschäften
mitten in Charlottetown.

 Charlottetown Mall
670 University Ave.
Charlottetown, P.E.I. C1E 1H6
www.charlottetownmall.ca
✆ (902) 368-8854
Mo–Sa 9–21, So 12–17 Uhr
Mit über 60 Geschäften größte Mall
von Prince Edward Island.

*Zwischen Hightech
und Historie bewegen
sich die Besucher im
»Time Travel Tunnel«
der Founders' Hall
durch die verschiede-
nen Phasen der kana-
dischen Geschichte.
Mit multimedialer Hil-
fe werden Wirtschaft,
Politik, Gesellschaft
und andere Aspekte
des modernen kanadi-
schen Lebens beleuch-
tet, unterstützt durch
interaktive Ausstellun-
gen, Spiele, Video- und
Theaterpräsentationen
etc.*

*Hand aufs Herz: The
Claddagh Oyster House
hat sich ein Vertrauen
erweckendes Logo ausge-
sucht*

❹ Der Ostteil von Prince Edward Island

Farmwirtschaft mit weitläufigen Feldern und versprenkelten Bauernhöfen dominiert die Szenerie im Ostteil der Insel, der sich von Charlottetown aus für verschiedene Ausflüge anbietet. Hübsche Kunst- und Antiquitätengeschäfte finden sich an vielen Stellen, oftmals gerade dort, wo man sie am wenigsten vermutet.

In diesen Gefilden bietet der **Brudenell River Provincial Park** mit seiner idyllischen Flusslandschaft unzählige Freizeitaktivitäten für Natur- und Sportfreunde. Nicht zuletzt sind Museen wie das **Basin Head Fisheries Museum** nahe der entzückenden Kleinstadt **Souris** einen Besuch wert. Anschaulich informiert das Museum mit interessanten Fischerei-Exponaten über einen der wichtigsten Erwerbszweige der Insel.

Und nicht zuletzt – schließlich ist man ringsherum von Wasser umgeben – gibt es faszinierende Leuchttürme zu besichtigen, die an exponierten Stellen den Schiffen noch heute ihren Weg weisen. **East Point Lighthouse** stammt aus dem Jahre 1867 und markiert den nordöstlichsten Punkt der Insel. In dem alten Gemäuer des 20 Meter hohen Turms, dessen Räumlichkeiten fast im Originalzustand zu erhalten sind, befinden sich historische Gerätschaften und Einrichtungsgegenstände.

Point Prim Lighthouse an der Hillsborough Bay, auf halbem Weg zwischen Charlottetown und der Wood Islands Ferry, ist der älteste und der einzige runde, aus Ziegelsteinen gemauerte Leuchtturm der Insel. Seine Höhe beträgt etwas mehr als 18 Meter und seine Wände sind fast einen halben Meter dick. 1969 wurde er automatisiert. Im Sommer werden Führungen angeboten, und sowohl Gemälde lokaler Künstler als auch hausgemachte Suppen, Kuchen und Getränke verkauft.

In **Wood Islands**, gewissermaßen am südlichsten Punkt der Insel, legt die Fähre nach Caribou, Nova Scotia, ab.

1885 und 1908 musste der East-Point-Leuchtturm wegen erodierender Klippen »umziehen«. Wie dies bewerkstelligt wurde, ohne ihn auseinanderzunehmen, erfährt man auf einer Führung, die nach dem Erklimmen der steilen Treppe mit einer Super-Aussicht gekrönt wird.

Versprenkelte Farmen mit weitläufigen Feldern dominieren den Ostteil von Prince Edward Island

Service & Tipps:

 Wood Islands Visitor Info Centre
13054 Hwy. 4
Wood Islands, P.E.I. C0A 1B0
✆ (902) 962-7411, www.peiplay.com
An der Fährstation nach Nova Scotia.

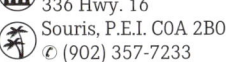 **Basin Head Fisheries Museum**
336 Hwy. 16
Souris, P.E.I. C0A 2B0
✆ (902) 357-7233
www.peimuseum.com
Juli, Aug. tägl. 9–17 Uhr, sonst Sa/So geschl., Eintritt $ 4/2
Boote, Netze und anderes Fischerei-gerät, Salzwasseraquarien sowie alte Fotografien und Dioramen zur Fischerei und Küstenökologie stellen Vergangenheit und Gegenwart der Fischerei-Industrie von P. E. I. vor. Ein Steg führt zum von Rettungs-schwimmern bewachten Sandstrand.

East Point Lighthouse
404 Lighthouse Rd.
Elmira, P.E.I. C0A 1K0
✆ (902) 357-2106
www.eastpointlighthouse.com
Tägl. 10–18 Uhr, Eintritt $ 5/3
Der aus Holz erbaute achteckige Leuchtturm stammt von 1867.

Point Prim Lighthouse
2147 Point Prim Rd
Belfast, P.E.I. C0A 1A0
✆ (902) 659-2412
www.pointprimlighthouse.com
Juli/Aug. tägl. 10-18 Uhr, sonst Mo und Do geschl., Eintritt $ 4/2
Der älteste und einzige runde, aus Ziegelsteinen gemauerte Leuchtturm auf der Insel wurde 1846 errichtet.

 Brudenell River Provincial Park
283 Brudenell Island Blvd.
Georgetown Royalty
P.E.I. C0A 1G0
✆ (902) 652-8966
www.tourismpei.com
Mitte Mai–Mitte Okt.
Größter Provincial Park im Ostteil der Insel. Kanu- und Kajakfahren, Windsurfen, Reiten, Bootsfahrten, Golfplätze u.v.m.
Mit kleinem Hafen und Fluss-strand, Wildblumengarten und

Hummerkorb-Stillleben

Wanderpfaden. Zum Übernachten gibt es einen Campingplatz und ein Resorthotel.

 Clamdiggers Beach House & Restaurant
7 West St.
Georgetown, P.E.I. C0A 1L0
✆ (902) 652-2466
www.clamdiggers.ca
Tägl. Lunch und Dinner
Muscheln und Fischgerichte sowie Steaks, drei Restaurants unter einem Dach, schöne Lage mit Terrasse direkt an der Ostküste, von vornehm bis lässig. $-$$$

 Fähre Wood Islands–Caribou – P.E.I. Terminal
23 Service Rd.
Wood Island, P.E.I. C0A 1B0
– Nova Scotia Terminal
3722 Hwy. 106
Caribou, N.S. B0K 1H0
✆ 1-877-762-7245, www.ferries.ca
Mai–Mitte Dez. tägl. 6.30–20 Uhr
In der Hauptsaison 9 Abfahrten tägl., Überfahrt pro Passagier $ 18, pro Auto $ 69 inkl. Passagiere (die Über-fahrt ist nur in Festlandrichtung kostenpflichtig)
Fahrtdauer 75 Min.
Insbesondere sonntags kann es in Richtung Festland zu Wartezeiten kommen. Mit Cafeteria.

Whale watching vor Prince Edward Island

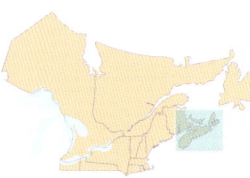

Eine Karte von Nova
Scotia finden Sie
S. 140/141.

Nova Scotia
Von Schotten und Seefahrern

Vom Cape North auf Cape Breton Island bis zum südlichsten Punkt am Cape Sable erstreckt sich die Provinz Nova Scotia über eine Länge von 600 Kilometern. Den nördlichen, deutlich kleineren Provinzteil nimmt die Insel Cape Breton ein. Der südliche, größere Teil liegt auf einer Halbinsel, die mit New Brunswick nur durch die Landenge von Chignecto verbunden ist.

Aufgrund der abgeschiedenen Lage haben sich in Nova Scotia vielschichtige kulturelle Einflüsse akadischer, englischer, irischer und schottischer Seefahrer, Fischer und Siedler sowie der Mi'kmaq-Indianer erhalten. In schottischer Tradition werden hier viele *ceilidhs* veranstaltet: Auf den ausgelassenen Sommerfesten feiern gemäß alter Gepflogenheiten Fiedel und Dudelsack in fröhlicher Runde ein Comeback.

Die Erstbesiedlung von Nova Scotia erfolgte unter Samuel de Champlain durch die Franzosen, die 1605 Port-Royal, das heutige Annapolis Royal gründeten und die Region »Akadien« nannten. In den 1620er Jahren immigrierten Schotten in die Provinz, die ab diesem Zeitpunkt »Nova Scotia« hieß. Die räumliche Nähe dieser Bevölkerungsgruppen war Nährboden für einen andauernden britisch-französischen Konflikt, der erst durch zwei Friedensschlüsse im fernen Europa endgültig beigelegt wurde. Nach dem Spanischen Erbfolgekrieg 1713 trat Frankreich Nova Scotia ohne Cape Breton Island an Großbritannien ab, im Anschluss an den Siebenjährigen Krieg 1763 dann auch Cape Breton Island.

Vorfreude auf das nächste
»ceilidh« – Dudelsack-
kapelle in der Halifax
Citadel

Trauriger Höhepunkt des britisch-französischen Debakels: 1755 wurde der Großteil der Akadier in einer Nacht- und Nebel-Aktion aus Nova Scotia deportiert. Viele siedelten nach Louisiana im Süden der heutigen USA um, wo ihre französisch sprechenden Nachfahren als »Cajuns« (engl. Slang für *acadians*) noch heute leben.

Quasi über Nacht verschwand die frankophone Bevölkerungsmehrheit Nova Scotias, seitdem wird bis auf einige Sprachinseln wie Chéticamp weitgehend englisch gesprochen. Die Geschichte der Vertreibung wurde in Henry Wadsworth Longfellows Ballade »Evangeline« literarisch verarbeitet.

❶ Annapolis Royal

1636 wurde acht Kilometer flussaufwärts des zerstörten Port-Royal auf der gegenüberliegenden Seite des Annapolis River die Siedlung neu errichtet und ab 1702 zu einem französischen Fort ausgebaut. Es blieb bis 1713 Hauptstadt von Akadien. Nach der Übernahme durch die Briten erhielt die Siedlung zu Ehren von Queen Anne den Namen Annapolis Royal, das bis 1749 als Hauptstadt von Nova Scotia fungierte. Mit dem Aufstieg der Stadt Halifax setzte gleichzeitig der Niedergang von Fort Anne ein, bereits 1854 sah es den Abzug der letzten Truppen aus seinen Mauern.

Heute besteht **Fort Anne National Historic Site** im Wesentlichen aus dem 1797 erbauten Offiziersquartier, der Bastion und einem Original-Pulvermagazin von 1708. Das Museum im Offiziersquartier zeichnet ein Bild der Geschichte des derzeit 450 Einwohner zählenden Städtchens, seiner Soldaten und der Akadier.

Service & Tipps:

 Fort Anne National Historic Site
3023 St. Georges St.
Annapolis Royal, N.S. B0S 1A0
✆ (902) 532-2397
www.pc.gc.ca/fortanne
Juni–Sept. Di–Sa, Juli/Aug. tägl. 9–17.30 Uhr, Eintritt $ 4
Ehemaliges britisches Fort mit guterhaltenen Offiziersquartieren nördlich der Kreuzung der Hwys. 8 und 1; Ausstellungen zum zeitgenössischen Leben.

The Garrison House Inn
350 St. George St.
Annapolis Royal, N.S. B0S 1A0
✆ (902) 532-5750 und 1-866-532-5750
www.garrisonhouse.ca

Dinner mit guten lokalen Gerichten im Landgasthof von 1854 in der geschichtsträchtigen St. George Street. Übernachtung in einem attraktiven Country Inn (7 Zimmer). $$

Ehemaliges britisches Fort: Fort Anne National Historic Site in Annapolis Royal

---

❷ Antigonish

Das 4600 Einwohner zählende Antigonish am Südwestufer der St. Georges Bay blickt auf einen schottischen Ursprung zurück. Um Kultur und Erziehungswissenschaften kümmerten sich seinerzeit zunächst die wohlhabenden schottischen Gründerfamilien, die Clans, und unter Bezug auf diese Vergangenheit werden in der bereits 1853 etablierten **St. Francis Xavier University** auch heutzutage keltische Studien betrieben. Wie die Universität gehört auch **St. Ninian's Cathedral** (120 St. Ninian St.) von 1874 zu den ältesten Gebäuden der Stadt.

Die alljährlich in Antigonish ausgetragenen **Highland Games** bilden mit ihren gälischen Wettbewerben ein Glanzlicht im Reigen der schottischen Festivals von Nova Scotia. Dudelsackmusik, traditionelle Tänze aus dem schottischen Hochland, Baumstammweitwurf und ähnliche Wettbewerbe geben dem bemerkenswerten Spektakel ein prägnantes Erscheinungsbild.

Antigonish Highland Games
Eines der besten schottischen Festivals von Nova Scotia findet alljährlich an acht Tagen Anfang Juli in Antigonish statt – mit Dudelsackmusik und Tänzen aus den schottischen Highlands sowie verschiedenen Wettbewerben mit Sport, Spiel und Spaß. www.antigonishhighlandgames.ca.

Service & Tipps:

☎ (902) 863-2351
www.townofantigonish.ca

ⓘ **Antigonish Visitor Centre**
274 Main St.
Antigonish, Nfld. B2G 2C4

✗ **Gabrieau's Bistro**
350 Main St.

Antigonish, N.S. B2G 2C5
© (902) 863-1925
www.gabrieaus.com
Mo–Fr 10–21, Sa 16–21.30 Uhr
Das häufig ausgezeichnete Restaurant steht für regionale und internationale Küche von Vegetarischem
über Meeresfrüchte bis hin zu saftigen Steaks. Verwendet werden regio-
nale Produkte. $$$

❸ Baddeck

In dem 880-Einwohner-Städtchen mit starker Bindung zur schottischen Tradition wird neben dem Englischen von jeher auch gälisch gesprochen. Der Ort war das Sommerdomizil des weltberühmten Erfinders Alexander Graham Bell – die Umgebung erinnerte ihn an seine Heimat im schottischen Hochland. Ein ausgezeichnetes **Museum** dokumentiert anschaulich Bells Lebenswerk; ausführliche Darstellungen widmen sich unter anderem den Versuchen zur Umwandlung von Schallschwingungen in elektrische Spannungsschwankungen, was zur Entwicklung des ersten funktionstüchtigen Telefonapparats führte, und der Konstruktion seines zigarrenförmigen Tragflügelbootes HD-4.

Service & Tipps:

 Alexander Graham Bell National Historic Site
559 Chebucto St. (Hwy. 205)
Baddeck, N.S. B0E 1B0
✆ (902) 295-2069
www.pc.gc.ca/bell
Ende Mai–Juni Mi–So, Juli–Mitte Okt.

tägl. 9–17 Uhr
Eintritt $ 8/4 (6–16 J.)
Die ausgezeichneten Ausstellungen befassen sich mit dem Erfinder des Telefons, Alexander Graham Bell, dessen Sommerdomizil Baddeck war; mit Rekonstruktionen seiner Erfindungen, historischen Fotos und persönlichen Gegenständen.

❹ Bay St. Lawrence

Nur 16 Fahrtkilometer verlangt der Abstecher vom **Cabot Trail** in eine zeitlos erscheinende Welt bis Bay St. Lawrence am äußersten Nordzipfel der Provinz. In dem pittoresken kleinen Fischereihafen nahe dem **Cape North**, dem nördlichsten Punkt Nova Scotias, starten Walbeobachtungstouren um das Nordkap herum.

Weiter westlich am Straßenende, nur über eine kurvige, steigungs- und gefällereiche Straße erreichbar, liegt einsam oberhalb steiler, dunkler Klippen die winzige Ansiedlung **Meat Cove**. Eine Handvoll Menschen lebt hier ein abgeschiedenes Dasein, weit entfernt vom nächsten Supermarkt. Am Klippenrand lädt ein unvergleichlich romantischer Picknickplatz zur Rast ein.

Service & Tipps:

Captain Cox's Whale Watch
Bay St. Lawrence, N.S. B0C 1G0
✆ (902) 383-2981 und
1-888-346-5556
www.whalewatching-novascotia.com
Touren Mitte Juni–Anfang Okt. tägl.
13.30, 16.30, Juli/Aug. auch 10.30

Uhr, Ticket $ 45
Ein- bis zweistündige Walbeobachtungsfahrt ab Bay St. Lawrence Wharf auf einem über 7 m langen Zodiac entlang der steilen, unbewohnten Nordküste von Cape Breton Island. Unzählige Seevögel sowie Finn- und Zwergwale begleiten die Boote.

An der Nordspitze von Nova Scotia

❺ Brier Island

Die entlegene ruhige Insel mit ihren beiden Leuchttürmen zwei Fahrtstunden von Digby erreicht man nur mit zwei jeweils fünf- bzw. zehnminütigen Fähr-fahrten über die Petit Passage von East Ferry nach Tiverton auf Long Island sowie von Freeport nach Westport auf Brier Island. (Jeweils 5.50 Dollar pro Fähre in Westrichtung (nur Bargeld), Ostrichtung umsonst, www.brierisland.org.)

Unterwegs bietet sich ein schöner Zwischenstopp auf Long Island an, wo der ein Kilometer lange **Balanced Rock Trail** zu einem freistehenden Felsen am Meeresufer führt.

**Brier Island Whale and
Seabird Cruises**
223 Water St.
Westport, N.S. B0V 1H0
✆ (902) 839-2995 und 1-800-656-3660
www.brierislandwhalewatch.com
Zodiac: Ende Mai–Mitte Okt. tägl. bis
zu 5 Touren à 2 ½ Std.

Ticket $ 62/46 (6–14 J.)
Ausflugsschiffe: Anfang Juni–Mitte
Okt. tägl. bis zu 3 Touren à 3–5 Std.
Ticket $ 50/28/22 (6–14/unter 6 J.)
Die Bay of Fundy vor Brier Island
ist einer der besten Spots zur Wal-
beobachtung in den Atlantikprovin-
zen (bester Monat ist August).

❻ Cape Breton Highlands National Park

Auf der rauen und einsamen Nordspitze von Cape Breton Island liegt der wild-romantische Cape Breton Highlands National Park. Innerhalb seiner schüt-zenden Grenzen ragen zerklüftete Steilklippen aus dem Meer empor, die ab-

rupt in einem ausgedehnten, wilden Plateau enden, das den größten Teil des Parks einnimmt. Das unwegsame, menschenleere Hochplateau mit seiner weitläufigen Tundralandschaft aus Sümpfen, gedrungenen Bäumen und Seen ist ein Paradies für Flora und Fauna und erinnert an die schottischen Highlands. In den tiefer gelegenen Parkteilen in Küstennähe dominieren hingegen bewaldete Täler wie Corney Brook.

Umkreist wird der Nationalpark vom spektakulären und kurvenreichen **Cabot Trail**. Die in den 1930er Jahren eröffnete, schönste Panoramastraße Ost-Kanadas folgt der Steilküste am Golf von Sankt Lorenz, mal unten am Meer entlang, mal oben auf den bis zu 335 Meter hohen Klippen, oft mit exzellenten Aussichtspunkten, die zum Zwischenstopp einladen. An klaren Tagen, wenn am tiefblauen Horizont Himmel und Wasser scheinbar ineinander übergehen, beobachtet man sogar die spritzenden Fontänen dahinziehender Wale.

Die **Parkinformation** bietet mit Ausstellungen und audiovisuellen Shows eine gute Einführung in Flora und Fauna, Attraktionen und Geschichte des Parks. Ebenfalls im Visitor Centre befindet sich der Andenkenladen »Les Amis du Plein Air« mit umfangreichem Sortiment.

Wanderwege verschiedener Längen und Schwierigkeitsgrade erschließen das Parkinnere. Der Großteil der Besucher beschränkt sich dabei auf die zahlreichen, gut markierten kürzeren Trails, die sich oft durch unterschiedliche Öko-Systeme schlängeln. Highlights am Parkanfang sind der Skyline Trail (8,7 km Rundweg mit prächtigem Panorama) und der Bog Nature Trail (600 m Rundweg durch Sumpf).

Anschließend führt der Cabot Trail mit fantastischer Aussicht bergab nach **Pleasant Bay**, das seinem Namen »angenehme Bucht« durchaus alle Ehre macht. Das Fischerdorf besticht durch seine einzigartige Lage an einer großen, runden Bucht mit breitem Strand. Hier trifft der Cabot Trail wieder auf das bran-

Cabot Trail
Obgleich der Name eine Verbindung zu dem unter englischer Flagge segelnden Entdecker John Cabot alias Giovanni Caboto suggeriert, äußern Historiker Zweifel, ob Cabot während seiner Fahrt 1497 jemals an dieser Küste gelandet ist.

Cape Breton Highlands National Park: Umkreist wird der Nationalpark vom spektakulären Cabot Trail

145

dende Meer, das sich seiner niedrigen Temperaturen wegen nur an wenigen heißen Sommertagen zum Baden eignet. Bezaubernd wirken die roten Feuerwehrhäuschen vor dem pittoresken Hafen, in dem bunte Boote geruhsam dümpeln und sich außerhalb der Saison die Hummerkörbe stapeln.

Spektakuläre Berglandschaften mit tiefen Tälern begeistern im weiteren Straßenverlauf am schönen Nordrand des Nationalparks. Im Bereich des **North Mountain** bei Lone Shieling lohnt sich ein Zwischenstopp zu einer Kurzwanderung durch einen 300 Jahre alten Ahornwald. Wie üppig grün erstrahlt hier die Landschaft im Vergleich zu den kargen Hochebenen! Anschließend folgt man den Kurven des Cabot Trail bergab in das grüne Tal des North Aspy River.

Der **Scenic Loop** von South Harbour zum malerischen Fischerdorf Neil's Harbour verläuft parallel zum Cabot Trail, aber deutlich näher an der Küste. Ab Neil's Harbour folgt auch der Cabot Trail der buchtenreichen, wildromantischen Ostküste am Atlantik. Mehrere Wanderwege durchziehen die Berge und enden an manchem Aussichtspunkt – besonders schön in der Zeit der farbenprächtigen Herbstwälder!

Hinter dem Badestrand in Broad Cove schließt sich am Ostausgang des Cape Breton Highlands National Park das populäre Feriengebiet um **Ingonish** an. Dieser Ort besteht aus fünf einzelnen Gemeinden entlang dem Cabot Trail, etwa Ingonish Beach. Salz- und

Auf dem Bog Nature Trail durch die Cape Breton Highlands

Süßwasserstrände laden zum Baden oder Picknicken ein. Von der Keltic Lodge auf der Halbinsel **Middle Head** führt ein zwei Kilometer langer Wanderweg zur windigen Spitze der zur Vogelbrutzeit im Frühsommer zeitweilig gesperrten Halbinsel.

Service & Tipps:

Cape Breton Highlands National Park

16648 Cabot Trail
Chéticamp, N.S. B0E 1H0
℗ (902) 224-2306
www.pc.gc.ca/capebreton
Eintritt $ 8/4 (6–16 J.)
Nationalpark auf der nördlichen Inselspitze von Nova Scotia. Das große Chéticamp Visitor Centre liegt am westlichen Parkeingang, das kleine Ingonish Visitor Centre, 37639 Cabot Trail, am östlichen Parkeingang. Neben der attraktivsten Panoramastraße Ost-Kanadas – dem einzigartigen, kurvenreichen Cabot Trail entlang der Küste – beeindruckt der

Park mit schön gelegenen Picknickplätzen, einer unberührten Natur und Wanderwegen zu wildromantischen Aussichtspunkten, durch Hochland und Sümpfe.

Les Amis du Plein Air
Im Visitor Centre des Cape Breton Highlands National Park
Chéticamp, N.S. B0E 1H0
℗ (902) 224-3814
Mitte Mai–Mitte Okt.
Mit Naturbüchern und -videos, Büchern zur Geschichte der Region und der Provinz, Kalendern, Kochbüchern sowie Kassetten und CDs mit Volksliedern und moderner Musik aus Atlantic Canada – regionale Themen dominieren.

❼ Chéticamp

Bis 1763 war Cape Breton Island unter dem Namen »Île Royale« Teil des französischen Kolonialreichs. In den folgenden Jahrhunderten britischer Herrschaft blieben die französisch sprechenden Akadier hier an der Felsenküste im entlegenen Nordwesten der Insel ihrer kulturellen Identität tief verwurzelt. Französischsprachige Ortsschilder markieren die akadische Enklave und Französisch ist noch heute die Muttersprache in Chéticamp sowie an der Küste unmittelbar südlich davon in Orten wie Belle Côte, St. Joseph du Moine oder Grand Etang. Besucher begrüßt man im schönen »Nouvelle-Écosse«, wie man Nova Scotia hier nennt. Das Geschäft im Infozentrum des Nationalparks wird vom Wanderverein Les Amis de Plein Air, »den Freunden von draußen« betrieben, die Hauptstraße heißt Rue Principale.

In dem seit dem 18. Jahrhundert besiedelten Chéticamp, dem kleinen, gemütlichen Hauptort der akadische Enklave, leben heute 2900 Einwohner. Von jeher gehörten Fischfang, Farmwirtschaft und die Teppichproduktion aus Stoff- und Wollresten zu den wichtigsten Wirtschaftszweigen. Passend betreibt die Co-opérative Artisanale de Chéticamp neben einem Restaurant ein Kunsthandwerksgeschäft.

Als Ausgangspunkt für Besuchsfahrten in den fünf Kilometer entfernten **Cape Breton Highlands National Park** hat sich Chéticamp zum wichtigen Sommertourismusziel entwickelt. Von hier aus starten Walbeobachtungsfahrten und Hochseeangeltouren in den Golf von Sankt Lorenz, der Ort selber ist durch die vorgelagerte Halbinsel Chéticamp Island vor den Unbilden des Golfs geschützt.

Service & Tipps:

ⓘ Centre d'information
🏛 **Musée Les Trois Pignons**
15584 Cabot Trail
Chéticamp, N.S. B0E 1H0
✆ (902) 224-2642
www.cheticamp.ca
http://lestroispignons.com
Mai–Okt. geöffnet

🚢 Whale Cruisers Chéticamp
15141 Cabot Trail
🐋 Chéticamp, N.S. B0E 1H0
✆ (902) 224-3376 und
📞 1-800-813-3376
www.whalecruisers.com
Juni–Mitte Sept. tägl. 9, 13 und 17
Uhr, sonst zwei Fahrten
Ticket $ 35
Anlegestelle am Government Wharf gegenüber der St. Peter's Church.
Dreistündige Walbeobachtung im Golf von Sankt Lorenz und entlang dem Cap Breton Highlands National Park.

🥐 Boulangerie Aucoin Bakery
14 Lapointe Rd.
Chéticamp, N.S. B0E 2M0
✆ (902) 224-3220
www.aucoinbakery.com

Frisch und verlockend: Kaffee, Tee, Brot und Brötchen, Donuts und Muffins, 2 km vom Cape Breton Highlands National Park entfernt. $

✖ Le Gabriel
15424 Cabot Trail
Chéticamp, N.S. B0E 1H0
✆ (902) 224-3685
www.legabriel.com
Mo–Sa ab 10, So ab 12 Uhr
Fällt durch seinen Leuchtturm-Eingang auf. Fisch- und Muschelspezialitäten, traditionelle akadische Gerichte, auch Frühstück und Mittagessen. Zum Dinner gibt's stets Musik, u.a. Squaredance und *fiddling*. $$

🎁 Flora's
14208 Cabot Trail
Chéticamp, N.S. B0E 1H0
✆ (902) 224-3139
www.floras.com
Flora Boudreau verkaufte in diesem Laden bereits seit den 1950er Jahren die von ihr selbst gemachten Stoff- und Wollteppiche.

Heute handelt ihre Tochter mit dem für die Region so typischen Kunsthandwerk, das häufig direkt im Ort gewebt wird.

Leuchtturm, Nova Scotia

8 Digby

Wegen der Fähre nach New Brunswick besitzt das kleine Örtchen (2200 Einwohner) mit historischer Altstadt touristische Bedeutung. Im **Hafen** ankert eine der größten Muschelfangflotten von Nova Scotia, passend dazu werden alljährlich in der zweiten Augustwoch die fünftägigen **Digby Scallop Days** mit Umzügen und vielem anderen gefeiert (www.digbyscallopdays.com).

Service & Tipps:

Nova Scotia Visitor Centre
237 Shore Rd.
Digby, N.S. B0V 1A0
(902) 245-2201 und 1-800-565-0000
www.novascotia.com
Tägl. Mai–Okt. 9–17 Uhr

Town of Digby
147 First Ave.
Digby, N.S. B0V 1A0
(902) 245-4769, www.digby.ca

Dockside Restaurant and Bar
34 Water St., Digby N.S., B0V 1A0
✆ (902) 245-4950 und 1-866-445-4950
www.fundyrestaurant.com
Fischrestaurant im Fundy Complex am Hafenbecken mit Panorama auf die Fischkutter in Downtown. $$

Churchill's Restaurant and Lounge

103 Shore Rd.
Digby, N.S. B0V 1A0
✆ (902) 245-2511 und 1-800-667-4637
www.digbypines.ca, Mai–Okt.
Das Restaurant des **Digby Pines Golf Resort** (85 Hotelzimmer und 31 Ferienwohnungen). Immer zu empfehlen: Fisch, Meeresfrüchte und Muscheln aus regionalen Gewässern in elegantem Ambiente. $$$

Bay Ferries/Digby–Saint John
680 Shore Rd.
Digby, N.S. B0V 1A0
✆ (902) 245-2116 und
1-877-762-7245 (Digby)
✆ (506) 649-7777 (Saint John)
www.ferries.ca
Fährservice ganzjährig tägl. 16, Anfang Mai–Okt. auch 8 Uhr
Ticket pro Person $ 44/29/5, pro Auto $ 88, Fahrtdauer 2 3/4 Std.
Fahrzeugplatzreservierung empfehlenswert. Cafeteria mit Fisch- und Steakgerichten ($).

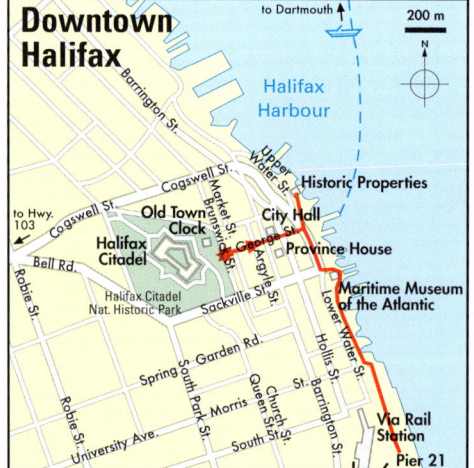

9 Halifax

Halifax ist die größte Stadt in den Atlantikprovinzen. Im Verbund mit der Nachbarstadt Dartmouth und anderen Orten der Umgebung blickt man auf ein ausgedehntes urbanes Siedlungsgebiet mit 410 000 Einwohnern, das sich trotz seiner überregionalen Bedeutung als wichtigstes Handels-, Verwaltungs- und Kulturzentrum der Region seinen liebenswürdigen Charakter bewahrt hat. Mit dem International Airport (Nonstop-Flüge nach Europa) und dem natürlichen, eisfreien Hochseehafen verfügt Halifax über exzellente Verkehrsanbindungen. In der Stadt fand 1975 der Weltwirtschaftsgipfel der führenden Industrienationen statt.

Das 1749 als Gegenpol zur französischen Festung Louisbourg gegründete Halifax ersetzte noch im selben Jahr das entlegene Annapolis Royal als Hauptstadt von Nova Scotia. Während

Annapolis Royal umgehend in der Bedeutungslosigkeit versank, demonstrierten die Briten mit dem Ausbau des strategisch wichtigen Naturhafens sowie der Befestigung der Halifax Citadel militärische Stärke im Nordatlantik. Halifax wuchs zur blühenden Stadt, lediglich 1917 erlebte es einen gewaltigen Schicksalstag. Die Kollision eines mit Munition beladenen französischen Schiffs mit einem belgischen Versorgungsschiff verursachte im Hafen eine der größten Explosionen der Menschheitsgeschichte. Nord-Halifax wurde dabei weitgehend in Schutt und Asche gelegt, 2000 Menschen starben.

Die beste Einstimmung auf den Besuch bietet die **Halifax–Dartmouth Ferry** bei einer panoramareichen Hin- und Rückfahrt (ein Stopp in Dartmouth ist weniger lohnenswert). Insbesondere bei der zwölfminütigen Überfahrt in den Morgenstunden wird Downtown Halifax mit der Waterfront und den davor ankernden Großseglern »Mar« aus Lunenburg (siehe dort) besonders schön von der Sonne illuminiert.

Wieder mit festem Boden unter den Füßen passiert man in Halifax' sehenswerter Innenstadt auf dem Abstecher zur Citadel auf der linken Straßenseite das 1818 fertiggestellte **Province House**, den Regierungssitz der Provinz Nova Scotia – ein gelungenes Beispiel georgianischer Architektur. Rechts steht die aus dem Jahre 1888 stammende **City Hall** (Rathaus). Direkt unterhalb der Zitadelle, am Ende der George Street, schlägt die berühmte **Old Town Clock** von 1803. Das Uhrwerk war ein Geschenk des pünktlichkeitsliebenden Prince Edward, der einige Jahre zuvor als Oberbefehlshaber der britischen Truppen in Halifax Dienst tat.

In der **Halifax Citadel National Historic Site** werden Besucher mit zahlreichen Ausstellungen stilgerecht in die Vergangenheit zurückversetzt. Die 1828 begonnene und erst 28 Jahre später vollendete Zitadelle thront hoch über der Altstadt und dem Hafen. Die sternenförmige Festungsanlage musste niemals einem Angriff standhalten, und als strategisch wertlos wurde sie bereits 1906 vom britischen Militär aufgegeben. Gräben, Gebäude, Geschützstellungen und Schutzmauern haben die Jahre unbeschadet überdauert und bilden eines der besten Beispiele für die Architektur militärischer Festungen im 19. Jahrhundert.

Zurück an der Waterfront liegen gleich neben dem Fähranleger an der Upper Water Street die schön restaurierten **Historic Properties** aus dem 19. Jahrhundert. Die belebten Straßenzüge werden auch abends gern besucht. Bis zum frühen Morgen hält der Pub im 1813 erbauten **Privateers' Warehouse**, dem ältesten der Waterfront-Gebäude, seine Pforten geöffnet.

Etwas weiter entlang dem Harbour Walk, vorbei am Glasbläser NovaScotian Crystal (5080 George St.), widmet sich das **Maritime Museum of the Atlantic** der regionalen Seefahrtgeschichte unter anderem mit den Themengebieten Schiffswracks, Segelschiffe, Zeitalter der Dampfschifffahrt und natürlich der großen Explosion von Halifax.

Am Endpunkt des **Harbour Walk** – rund 20 Minuten Fußweg von den Historic Properties entfernt an der VIA Rail Station – haben in den Jahren 1928 bis 1971 über eine Million Einwanderer durch Pier 21 ihren Weg nach Kanada gefunden. Heute beschreibt das moderne **Canadian Museum of Immigration at Pier 21** hier am Bahnhof die Ankunft der Immigranten.

Eine alte Tradition in der Zitadelle von Halifax ist das Abfeuern der Noonday Gun – Punkt 12 Uhr mittags dröhnt der Kanonenschuss über die Stadt.

Ebenfalls nicht verpassen sollte man die von Dudelsackmusik begleiteten militärischen Zeremonien, wenn Soldaten in den roten Uniformen des »78th Highlanders Corps« paradieren.

Großsegler im zweitgrößten Naturhafen der Welt: die »Gorch Fock« in Halifax

Service & Tipps:

 Visitor Information Centre Nova Scotia
Boardwalk an Sackville Landing
1655 Lower Water St.
Halifax, N.S. B3J 1K1
✆ (902) 424-4248
www.novascotia.com

 Destination Halifax
1800 Argyle St., Suite 802
Halifax, N. S. B3J 3N8
✆ (902) 422-9334 und 1-877-422-9334
www.destinationhalifax.com

 Canadian Museum of Immigration at Pier 21
1055 Marginal Rd.
Halifax, N.S. B3H 4P7
✆ (902) 425-7770 und 1-855-526-4721
www.pier21.ca
Mai–Nov. tägl. 9.30–17.30, sonst Mo geschl., Eintritt $ 10/6
Ausstellungen beschreiben die verschiedenen Stationen der Einwanderer, u.a. Einreiseantrag, Überfahrt, Ankunft an Pier 21, Weiterfahrt per Zug ins Landesinnere, Zudem filmische Zeitzeugenberichte.

 Maritime Museum of the Atlantic
1675 Lower Water St.
Halifax, N.S. B3J 1S3
✆ (902) 424-7490, http://maritime museum.novascotia.ca
Mai–Okt. tägl. 9.30–17.30, Di bis 20 Uhr, sonst Mo geschl., Eintritt $ 10/5
Museum zur Seefahrtgeschichte der Region. Themengebiete sind u.a. Schiffswracks, Segelschiffe, das Zeitalter der Dampfschifffahrt und natürlich die große Explosion von 1917.

 Alexander Keith's Nova Scotia Brewery
 1496 Lower Water St.
Halifax, N.S. B3J 1R9
✆ (902) 455-1474 und 1-877-612-1820
www.keiths.ca, Rundgang inkl. Bierprobe mit zeitgenössisch gekleideten Führern $ 20/10
Älteste aktive Brauerei in Nordamerika von 1820.

 Cineplex IMAX Theatre
190 Chain Lake Dr.
Halifax, N.S. B3S 1C5

✆ (902) 876-4800, www.cineplex.com
Tägl. 12–22 Uhr, Eintritt $ 13/11
Das einzige IMAX-Großleinwandkino der Atlantikprovinzen steht nordwestlich von Downtown.

 Halifax Citadel National Historic Site
 5425 Sackville St.
Halifax, N.S. B3K 5M7
✆ (902) 426-5080
www.pc.gc.ca/halifaxcitadel
Tägl. Mai–Okt. 9–17, Juli/Aug. bis 18 Uhr, Eintritt $ 12/6
1828–56 erbaute, sternförmige Zitadelle. Tägliches Abfeuern der Noonday Gun; im Sommer militärische Übungen und Paraden in historischen Uniformen.

 Halifax-Dartmouth Ferry
Water St., Ferry Terminal
Halifax, N.S. B3J 1M3
✆ (902) 490-4000, 1-800-835-6428, www.halifax.ca/metrotransit
Mo–Sa 6.30–24 Uhr alle 15–30 Min., So 11–18.30 Uhr alle 30 Min., Fahrtdauer 12 Min., Ticket $ 2.50
Sehr schöne Passagierfährfahrt vom Halifax-Fährterminal über den Halifax Habour nach Downtown Dartmouth (Alderney Gate); eine weitere Fähre geht nach Woodside. Beste Fahrzeit vormittags.

 Harbour Hopper Tours
1751 Lower Water St.
Halifax, N.S. B3J 3E4
✆ (902) 490-8687
www.harbourhopper.com
Tägl. Mai–Okt. 10–19 Uhr
Ticket $ 30/17
Attraktive 55-minütige Tour mit einem Amphibienfahrzeug: zu Land und zu Wasser zu den Sehenswürdigkeiten von Halifax.

 »Mar« Tall Ship
 1751 Lower Water St.
Halifax, N.S. B3J 3E4
✆ (902) 420-1015, www.mtcw.ca
Ende Mai–Mitte Okt. tägl. 12.30–20.30 Uhr, $ 24
90-minütige Fahrt auf dem 23 m langen Zweimaster »Mar«.

 Five Fishermen
1740 Argyle St.
Halifax, N.S. B3J 2W1

✆ (902) 422-4421
www.fivefishermen.ca
Tägl.nur Dinner
Frische Fischspezialitäten in Downtown Halifax. Super: die Salat- und Muschelbar! $$–$$$

 **Ryan Duffy's**
1650 Bedford Row
Halifax, N.S. B3J 1T2
✆ (902) 421-1116
www.ryanduffys.ca/halifax
Mo–Fr 6.30–22, Sa/So ab 7 Uhr
Ausgezeichnetes Steak-Restaurant im Obergeschoss das Radisson Suite Hotel. $$$

 The Henry House
1222 Barrington St.
Halifax, N.S. B3J 1Y6
✆ (902) 423-5660
www.henryhouse.ca
Tägl. ab 11.30 Uhr
Im 1834 erbauten Henry House; Hausbrauerei mit sechs lokalen Biersorten und herzhaften Gerichten. Eine der besten Kneipen von Halifax. $–$$

 Mic Mac Mall
21 Micmac Blvd.
Dartmouth, N.S. B3A 4N3
✆ (902) 466-2056
www.micmacmall.ca
Mo–Sa 9.30–21, So 12–17 Uhr
Die größte überdachte Shopping Mall in Nova Scotia bietet über 160 Geschäften, Kaufhäusern, Boutiquen und Restaurants Platz.

⑩ Kejimkujik National Park

Der durch ausgedehnte Seenplatten geprägte Nationalpark – von Einheimischen liebevoll »Ked-dji« genannt – ist in erster Linie ein Dorado für Kanuten. Er genießt einen brillanten Ruf als Wassersportrevier und bietet nach dem (deutlich größeren) Algonquin Provincial Park das beste Kanuroutennetz in Ost-Kanada. Seine sanfte, flache Landschaft mit ausgedehnten Wäldern spricht insbesondere Camper, Naturliebhaber und Aktivurlauber an und eignet sich weniger als Sightseeing-Ziel. Zum Baden geht es an den Merrymakedge Beach mit Picknickplätzen, Imbissbude und reichlich Rummel an Sommerwochenenden. Ein Kurzwanderweg folgt dem Flowing Waters Trail am Mersey River entlang.

Von ausgedehnten Seenplatten geprägt: der Kejimkujik National Park, Nova Scotia

Kejimkujik National Park
3005 Main Pkwy.

 Maitland Bridge, N.S. B0T 1B0
ℂ (902) 682-2772

www.pc.gc.ca/kejimkujik
Information am Parkeingang

Tägl. ab 8.30 Uhr, Eintritt $ 6
Wald- und seenreicher Nationalpark im Herzen von Nova Scotia,
ein Dorado für Kanufahrer.

Whynot Adventure
Jake's Landing, Kejimkujik
National Park

Maitland Bridge, N.S. B0T 1B0
ℂ (902) 682-2282
whynotadventures.ca
Mitte Mai–Mitte Okt.
Kanuleihgebühr $ 10/Std., $ 32/Tag
Zwischen den Buchten und Inseln des
Kejimkujik Lake erstreckt sich ein
wahres Paradies für Kanuten. Hier
starten sowohl Anfänger zu einem
gemütlichen Ausflug als auch Könner
zu Mehrtagetrips mit Übernachtung
auf einem der vielen Campingplätze
im Hinterland. Insbesondere an den
Sommerwochenenden herrscht starker Andrang, dann sollte man die
Kanus vorher reservieren.

Außerhalb von Louis-
bourg, neben dem hüb-
schen Leuchtturm auf
der östlichen Seite des
Hafens, befinden sich
die Ruinen eines der
ältesten Leuchttürme
Nordamerikas, der in
den 1730er Jahren auf
Geheiß Ludwigs XV.
konstruiert wurde,
aber 1758 bei einem
britischen Angriff in
Flammen aufging.

Kunsthandwerk aus
Nouvelle France: Klöpple-
rin in Louisbourg

⑪ Louisbourg

Knapp eine halbe Stunde Fahrtzeit vom städtischen Sydney entfernt liegt an
einer großen Bucht das Städtchen Louisbourg (1100 Einwohner). Malerisch
wirken die Kais mit ihrer lebhaften Mischung von Fischer- und Freizeitbooten.
Neben dem Tourismus stellt die Fischerei ein bedeutendes ökonomisches
Standbein des Ortes dar, und da vor der lokalen Küste emsig nach Hummern,
Krebsen und anderen Meeresbewohnern gefischt wird, stehen fangfrische
Fische auf dem Speiseplan vieler Restaurants.

Auf der Main Street erinnert der heute zu einem Informationszentrum und
Eisenbahnmuseum umgerüstete Bahnhof der Sydney & Louisburg Railway
an die große Zeit der Kohleförderung gegen Ende des 19. Jahrhunderts. In dieser Zeit gingen Eisenbahn- und Schiffstransporte noch Hand in Hand, und
Louisbourg war ein bedeutender Verkehrsknotenpunkt.

Die **Fortress-de-Louisbourg** am südlichen Ortsausgang ist das beste historische Freilichtmuseum in Kanada. Mit kurzweiligen Multimediashows und
detaillierten Ausstellungen vermittelt das moderne Informationszentrum
einen Überblick über das Leben im größten französischen Stützpunkt an der
Atlantikküste sowie über regionale und lokale Geschichte.

Als Frankreich 1713 im Frieden von Utrecht seine akadischen Kolonien an
Großbritannien abtrat, blieb nur noch
die »Île Royale« genannte Cape-Breton-
Insel in französischer Hand. Wegen
deren strategisch ungünstiger Lage
zwischen den britischen Hoheitsgebie-
ten Newfoundland und Nova Scotia
begannen die Franzosen schnell mit
dem Ausbau des Ortes zur wohlhabenden Hauptstadt der Île Royale und der
Befestigung von Louisbourg – jedoch
mit wenig Erfolg. 1745 nahmen die Briten den Ort ein. Drei Jahre später wech-
selte die mächtige Festung nach dem
Frieden von Aachen erneut in französische Hände, bis 1758 der zweite Fall
des Forts an die Briten erfolgte. Diese

Im Freilichtmuseum: die restaurierten Gebäude der Fortress of Louisbourg

zerstörten Louisbourg zwei Jahre später, ehe sie es im Frieden von Paris 1763 endgültig zugesprochen erhielten. Nach Jahrhunderten des Verfalls wurde seit den 1960er Jahren in einem der größten historischen Rekonstruktionsprojekte Kanadas ein Viertel des ursprünglichen Louisbourg wieder aufgebaut.

Festungswälle aus Erde und Stein, ungepflasterte Straßen, Häuser, Gärten und Innenhöfe, Lagerhäuser und Exerzierplätze dokumentieren den Charakter der Stadt in den 1740er Jahren. Anhand des originalgetreu rekonstruierten Teils kann man sich die einstige Größe Louisbourgs und die militärische und kommerzielle Macht, die von diesem Bollwerk ausging, gut vorstellen. In der **Boulangerie du roi** versorgten sich einst die Garnisonssoldaten, heute verkauft die Bäckerei frisches Brot an jedermann.

Mittags kehrt man zur herzhaften Erbsensuppe in das urige alte Wirtshaus **Hôtel de la Marine** gegenüber der Porte Frédéric ein. Je nach Wochentag servieren die authentisch gekleideten Ober auch andere traditionelle Gerichte des 18. Jahrhunderts, aber freitags bzw. samstags kein Fleisch. Die Sitten sind »zeitgemäß«: Zum Essen gibt es nur einen Löffel, auch teilt man Brot und Messer mit dem Nachbarn. Im benachbarten, vornehmen Gasthaus **L'Épée Royale** diniert man – ebenfalls im Stil des 18. Jahrhunderts – mit edleren Esswerkzeugen. Einen einfachen Imbiss, eine Suppe oder ein Stück Kuchen mit Kakao serviert **Grandchamps Restaurant**.

Service & Tipps:

 Fortress-de-Louisbourg
259 Park Service Rd.
 Louisbourg, N.S. B1C 2L2
 ℰ (902) 733-2280
www.pc.gc.ca/louisbourg
Mitte Mai–Mitte Okt. tägl. 9.30–17 Uhr, Eintritt $ 18/9
Großes, lebendes Freilichtmuseum, 2 km vom Ort Louisbourg, das den Stadtkern des alten Louisbourg im Stil des 18. Jh. rekonstruiert.

Hôtel de la Marine
In der Fortress of Louisbourg
Louisbourg, N.S. B1C 2L2
ℰ (902) 733-3548
www.fortressoflouisbourg.ca
Juni–Sept. geöffnet
Rustikale Taverne, wo in alten Zeiten Seeleute, Soldaten und Bürger der Stadt zu speisen pflegten. Besonders gut: die Erbsensuppe. $$

The Grubstake Restaurant
7499 Main St.
Louisbourg, N.S. B1C 1H8
ℰ (902) 733-2308
www.grubstake.ca
Tägl. Lunch und Dinner
Gemütliches Restaurant im Stadtkern von Louisbourg. Lachs, Schwertfisch, Krabben, Muscheln und Hummer gehören zu den Spezialitäten der umfangreichen Karte. $$

⓬ Lunenburg

Lunenburg zeichnet sich durch ein malerisches Gewirr aus bunten Häusern und weißen Kirchen aus, durchsetzt vom Grün zahlreicher Bäume. Die wunderschöne, denkmalgeschützte **Altstadt** mit ihren engen Straßen und Gassen zählt zu den beliebtesten Ausflugszielen.

Das 2400-Einwohner-Städtchen wurde 1753 von deutschen, französischen und schweizerischen Auswanderern gegründet. Deutsch blieb bis ins 19. Jahrhundert hinein Umgangssprache. Noch heute manifestiert sich das deutsche Erbe in Baustil und Familiennamen.

Ursprünglich als Farmer gekommen, wandten sich die Einwanderer bald der See zu. Lunenburgs günstige Lage auf einer Halbinsel erlaubte den Ausbau zweier Häfen: Front und Back Harbour. Noch immer verrichten dort Fischer ihre Arbeit. Mehr über die Verbundenheit Lunenburgs mit Fischerei und Seefahrt erzählt das großzügige **Fisheries Museum of the Atlantic**. Fünf ausgemusterte Schiffe verbringen ihr Rentenalter draußen am Kai vor dem exzellenten Fischereimuseum. In den Gebäuden der ehemaligen Fischfabrik veranschaulicht u. a. ein Aquarium das Leben unter Wasser vor den Küsten Nova Scotias.

Die Stadt gilt noch heute als bedeutendstes Schiffbauzentrum von Nova Scotia. 1921 wurde dort der (trotz des Namens) schwarze »Bluenose« auf Kiel gelegt. Der Schoner war über Jahrzehnte hinweg ungeschlagener Sieger der begehrten **International Fishermen's Trophy**, der berühmtesten Frachtseglerregatta der Welt (als Pendant zum **America's Cup** für Segelyachten). Sein Abbild ziert heute das kanadische 10-Cent-Stück. Die **»Bluenose II«**, ein Nachbau des 1946 vor Haiti gesunkenen Originals, entstand 1963 an gleicher Stelle. Sie liegt im Sommer im Heimathafen Lunenburg.

Service & Tipps:

 Lunenburg Visitor Information Centre
11 Blockhouse Hill Rd.
Lunenburg, N.S. B0J 2C0
℅ (902) 634-8100 und 1-888-615-8305
www.lunenburgns.com
Mai–Okt. tägl. 9–19 Uhr
Mit Campingplatz (55 Stellplätze).

Fisheries Museum of the Atlantic
68 Bluenose Dr.
Lunenburg, N.S. B0J 2C0
℅ (902) 634-4794,
1-866-579-4909
http://fisheriesmuseum.novascotia.ca
Mitte Mai–Mitte Okt. 9.30–17 Uhr
Eintritt $ 10/3
Vor dem großartigen Fischereimuseum ankern fünf ausgediente Schiffe; ein Aquarium mit einheimischen Süß- und Salzwasserfischen gehört ebenso dazu wie vielfältige Ausstellungen zu Fischerei und Geschichte der Stadt Lunenburg; außerdem ein Restaurant (s.u.).

Schooner »Bluenose II«
121 Bluenose Dr.
Lunenburg, N.S. B0J 2C0
℅ (902) 634-8483 und 1-877-441-0347
www.bluenose.novascotia.ca
Im Sommer unternimmt der Schoner als »Botschafter« für Nova Scotia lange Segeltörns. In seinem Heimathafen Lunenburg steht sie zur Besichtigung offen, Eintritt frei.

The Old Fish Factory Restaurant
68 Bluenose Dr.
Lunenburg, N.S. B0J 2C0
℅ (902) 634-3333 und 1-800-533-9336
www.oldfishfactory.com
Mai–Okt. tägl. 11–21.30 Uhr
Herzhafte Fischgerichte in einer ehemaligen Fischfabrik, am Fisheries Museum of the Atlantic. $–$$

Mahone Bay Pirate Festival & Regatta
Mahone Bay, N.S. B0J 2E0
℅ (902) 624-6151
www.mahonebay.com, Anfang Aug.
Drei Tage feiert Mahone Bay seine

Schiffbautradition an der Town Wharf. Eines der bedeutendsten kanadischen Festivals um das Thema »Holzboot« mit Rennen, Musik usw.

Ausflugsziele:

Minas Basin

Das Minas Basin der Bay of Fundy verzeichnet den höchsten **Tidenhub** der Welt. An der Burncoat Head (Aussichtspunkt am kleinen Leuchtturm) beträgt die Differenz zwischen Ebbe- und Flutwasserspiegel 16,30 m in der Spitze, praktisch wellenlos steigt dort das Wasser pro Minute um phänomenale 4,4 cm. Noch ein Phänomen hoher Gezeitenunterschiede ist die *tidal bore* (Gezeitenwelle). Wenn bei Flut das flussaufwärts treibende Gezeitenwasser auf das flussabwärts strömende Flusswasser trifft, bilden sich 30 cm bis zu 3 m hohe Wildwasserwellen (im Frühjahr und nach Regenfällen am höchsten). Bester Fluss zum wilden Ritt auf der *tidal bore* ist der Shubenacadie River.

Attraktivstes Ziel auf der Nordseite des Minas Basin ist der **Five Islands Provincial Park**. Ein toller Picknick-platz mit Blick auf die Klippen und sehr schöne Wanderwege mit Erläuterungstafeln zur Geologie laden zum Verweilen ein. Eine spektakuläre Aussicht von 150 m hohen Klippen am Eingang des Minas Basin bietet das Cape d'Or Lighthouse, heute eine Frühstückspension mit gutem Restaurant.

Shubenacadie River Runners
8681 Hwy. 215
Maitland, N.S. B0N 1T0
✆ (902) 261 2772 und
1-800-856-5061
www.tidalborerafting.com
Mai–Sept., Tagestrip ab $ 90 , Halbtagestrip ab $ 70
Wildwasserfahrten im Gezeitenstrudel, Fahrplan gezeitenabhängig.

The Lighthouse on Cape d'Or
Advocate Harbour, N.S. B0M 1A0
✆ (902) 670-0534
www.capedor.ca, tägl. außer Mi
Lunch und Dinner
Gutes Restaurant in brillanter Lage neben dem Leuchtturm auf einer Klippe, dazu vier Zimmer mit Frühstück im ehemaligen Leuchtturmwärterquartier. $$$

Schiffbauzentrum mit denkmalgeschützter Altstadt: Lunenburg

⑬ Peggy's Cove

Von jeher zieht die Postkartenidylle Scharen von Künstlern und Touristen in das Vorzeigedorf von Nova Scotia, doch nur etwa 640 Einwohner leben hier ganzjährig. Kleine, farbenfrohe Fischerboote dümpeln neben den verwitterten Bootshäusern auf dem klaren Wasser, und Spiegelbilder tanzen auf der Meeresoberfläche. Die mit bunten Holzhäusern und Fischerhütten übersäten kargen Granithügel sind Relikte der letzten Eiszeit.

Am Meeresufer schützen die mächtigen Felsen Dorf und Land vor der Wucht der Elemente. Zahllose Schiffe prallten schon auf versteckte Felsen und versanken mit Mann und Maus in den kalten Wellen – schon früh wurden hier **Leuchttürme** errichtet. Bei Peggy's Cove steht in der Nähe des Hafens einer der bekanntesten und meistfotografierten Kanadas: pittoresk, strahlend und zahnpastaweiß, inmitten eines Durcheinanders von riesigen, glattgewaschenen Granitfelsen. Seine aktive Zeit ist längst abgelaufen, aber im Sommer beherbergt er nun das einzige in einem Leuchtturm untergebrachte Postamt Kanadas.

Zweimal Postkartenidylle Nova Scotia: Peggy's Cove...

... und das dazugehörige Lighthouse

Service & Tipps:

ⓘ **Nova Scotia Visitor Information Centre**

109 Peggy's Point Rd.
Peggys Cove, N.S. B3Z 3S1
✆ (902) 823-2253
www.novascotia.com

⑭ Pictou

Über den Fährhafen Caribou ist Pictou (3500 Einwohner) Eingangstor von Prince Edward Island nach Nova Scotia. In dem bereits 1767 gegründeten Städtchen, in dem sechs Jahre später die ersten schottischen Siedler mit dem holländischen Schiff »Hector« anlandeten, waren Kohleförderung und Metallverarbeitung zu Anfang des 20. Jahrhunderts bedeutende Wirtschaftszweige.

Heute definiert sich die Region mehr über ihre schottischen Wurzeln, den Hummerfang, ein kleines Fischfangmuseum und insbesondere die hübsch instand gehaltene **Hafenfront** als über ihre industrielle Vergangenheit. Im Zentrum am Hector Heritage Quay, wo man Schmied, Zimmermann und Takler bei der Arbeit zuschauen kann, ankert ein originalgetreuer Nachbau der »Hector«.

Service & Tipps:

ⓘ **Nova Scotia Visitor Information Centre**
350 W. River Rd., am Kreisverkehr an der Einmündung Hwys. 106/6
Pictou, N.S. BOK 1HO
✆ (902) 485-6213
www.novascotia.com

Hector Heritage Quay
33 Caladh Ave.
Pictou, N.S. BOK 1HO
✆ (902) 485-4371
www.shiphector.com
Mai–Okt. tägl. 11–17, Juli/Aug. 9–21 Uhr, Eintritt $ 7/3
Nachbau des Schiffes »Hector« von 1773 mit Handwerksschau.

---

⑮ Port Hastings

Über das kleine Örtchen (110 Einwohner) am 1370 Meter langen, 1955 eröffneten Canso Causeway erfolgt die einzige Straßenzufahrt nach Cape Breton Island. Mit bis zu 66 Meter hinab auf den Meeresgrund reichenden Mauern zählt der Causeway zu den tiefsten Dammbrücken der Welt. Er stellt nicht nur eine Landverbindung zwischen Cape Breton Island und dem Festland von Nova Scotia her, sondern schützt zugleich auch die Strait of Canso vor dem aus dem Norden herantreibenden Eis. Eine Drehbrücke erlaubt ungehinderten Schiffsverkehr zwischen Atlantik und Golf von Sankt Lorenz.

Service & Tipps:

ⓘ **Nova Scotia Visitor Information Centre**
96 Hwy. 4, 8 km südl. von Port Hastings
Port Hastings, N.S. B9A 1M4
✆ (902) 625-4201
www.novascotia.com
Touristeninfo am Verteilerkreis.

 Celtic Music Interpretive Centre
5471 Rte. 19
Judique, N.S. B0E 1P0
✆ (902) 787-2708
www.celticmusiccentre.com
Mitte Juni–Mitte Okt. Mo–Sa 9–17, So 11–18 Uhr

Führungen $ 8, Livemusik $ 10
20 km nördlich von Port Hastings vermitteln Musiker und Tänzer im Zentrum für keltische Musik einen kurzen Einblick in die traditionelle Musikszene auf Cape Breton.

 Miller's Café
717 Reeves St.
Port Hawkesbury, N.S. B9A 2S2
✆ (902) 625-0320 und
1-888-662-7484
www.maritimeinns.com
Tägl. ab 6.30 Uhr
Das gemütliche Restaurant im Maritime Inn Port Hawkesbury (gutes Hotel mit 73 Zimmern) serviert zum Frühstück und Lunch kanadische Spezialitäten. $$

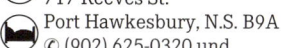

In Sichtweite des Leuchtturms erinnert eine Gedenkstätte an die 229 Absturzopfer des Swiss-Air-Flugs Nr. 111, der 1998 rund neun Kilometer vor der Küste wegen eines Kabelbrandschadens ins Meer stürzte.

157

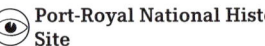 Port-Royal

Port-Royal (890 Einwohner) ist die Keimzelle französischer Siedlungen in Nova Scotia. Nachdem der erste französische Siedlungsversuch unter Leitung des Sieur de Monts im kalten Winter 1604/05 auf der Île Sainte-Croix kläglich gescheitert war, erfolgte der zweite – diesmal erfolgreiche – auf der Nordseite des Annapolis Basin. In der 1605 erbauten Habitation du Port-Royal pflanzten Franzosen Getreide und Gemüse, errichteten eine Mühle, missionierten die Indianer und handelten mit Pelzen. 1613 zerstörte eine britische Expedition aus Virginia alle französischen Ansiedlungen am Nordatlantik – auch die Habitation wurde niedergebrannt.

Das nach Samuel de Champlains Plänen rekonstruierte Fort in Port-Royal ist heute ein kleines, aber sehr ansehnliches lebendes Museumsdorf.

Service & Tipps:

Port-Royal National Historic Site

53 Historic Lane, Annapolis Royal, N.S. B0S 1K0

✆ (902) 532-2898

www.pc.gc.ca/portroyal

Mitte Mai–Mitte Okt. Di-Sa, Juli/Aug. tägl. 9–17.30 Uhr
Eintritt $ 4/2 (6–16 J.)
Rekonstruiertes Fort mit authentisch gekleideten Soldaten und Siedlern, die anschaulich Lebensweise, Alltagsbeschäftigungen und Handwerk zu Anfang des 17. Jh. demonstrieren.

⑰ Sherbrooke

*Schmuckkästchen:
Sherbrooke Village*

Mit der wachsenden Bedeutung des Schiffbaus im 19. Jahrhundert ging auch die zunehmende wirtschaftliche Nutzung der ausgedehnten Waldbestände um Sherbrooke einher. Schnell entstanden geschäftige Sägemühlen in dem nach Lieutenant Governor Sir John C. Sherbrooke, dem königlichen Administrator von Nova Scotia, benannten Städtchen. Der 1400 Einwohner zählende Ort besitzt einige gemütliche Restaurants, und am St. Mary's River versuchen oft Lachsangler ihr Glück.

Das schön aufbereitete **Freilichtmuseum Sherbrooke Village** mit dem Flair des 19. Jahrhunderts verfügt über restaurierte Wohnhäuser sowie einen bunten, überschaubaren Gebäudekomplex mit Kirche, Gericht, Apotheke und Postamt; passend dazu vervollständigen authentisch gekleidete Bewohner das Ambiente. Sie erzählen vom Alltag des ehemaligen Holzfäller-, Minen- und Schiffbauerdorfs am Ufer des St. Mary's River und demonstrieren schon vergessene Handwerkstechniken. Der What Cheer Tea Room auf dem Museumsareal serviert einfaches zeitgenössisches Essen. Vor dem Eingang verkauft das einem alten Kolonialwarenladen nachempfundene, gut sortierte Kunsthandwerksgeschäft wunderschöne Quilts (Patchwork-Steppdecken), handgeklöppelte Spitze und andere Handarbeiten made in Nova Scotia.

Service & Tipps:

Sherbrooke Village
42 Main St.,
Sherbrooke, N.S. B0J 3C0
✆ (902) 522-2400, 1-888-743-7845, www.sherbrookevillage.novascotia.ca
Juni–Anfang Okt. tägl. 9.30–17 Uhr

Eintritt $ 12/5
Schönes überschaubares lebendes Freilichtmuseum, das ein typisches Holzfäller- und Schiffsbauerdorf aus dem Jahr 1860 nachstellt. Mit historischen Gebäuden, authentisch gekleideten Bewohnern und Handwerksdemonstrationen. Restaurant ($) und gut sortierter Museumsshop.

⓲ South Gut St. Ann's

Die Region um St. Ann's Bay ist vom schottischen Erbe geprägt, ihre Einwohner sprechen auch heute noch Gälisch. Im **Gaelic College of Celtic Arts & Crafts** in South Gut St. Ann's, einer in Nordamerika einzigartigen Institution, werden schottische Tanz-, Musik- und Sprachkurse veranstaltet und Trommeln, Fiedeln, Stepptänze und gälische Lieder gelehrt. Die Hochschul-Dudelsackband besitzt einen guten Ruf. Im Sommer demonstrieren Bandmitglieder ihre Fertigkeiten, man kann Vorführungen alter schottischer Handwerkskunst wie das Weben von *tartans* beobachten oder dem Museum zur schottischen Kultur in Nova Scotia eine Besuch abstatten.

Service & Tipps:

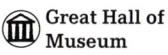 **Great Hall of the Clans Museum**
Gaelic College of Celtic Arts & Crafts
51799 Cabot Trail
South Gut St. Ann's, N.S. B0E 1B0
✆ (902) 295-3411
www.gaeliccollege.edu
Mai–Okt. Mo–Fr 9–17 Uhr
Eintritt $ 8/6

Gälische Hochschule am Cabot Trail, ca. 1,5 km nördl. des Trans-Canada Hwy. 105; Museum zur schottischen Geschichte, Kultur und Besiedlung von Nova Scotia, guter Andenkenladen, Handwerksdemonstrationen, Juli/Aug. üben täglich Dudelsackspieler. **Festival of Cape Breton Fiddling** (Sa/So Mitte Aug., www.capebretonfiddlers.com) mit schottischer Musik und Tänzen.

⓳ Sydney

Sydney (21 200 Einwohner) ist im Komplex mit North Sydney und Sydney Mines industrielles Herz von Cape Breton Island. Die 1785 von Loyalisten gegründete Stadt wurde bald danach von schottischen Immigranten besiedelt. Ein wirtschaftliches Standbein der Region bildeten die großen Kohlefelder, aus denen bereits zum Ende des 19. Jahrhunderts das »schwarze Gold« gefördert wurde. Ab Anfang des 20. Jahrhunderts übten Stahlkonzerne einen dominierenden ökonomischen Einfluss aus. Allerdings erlebte Sydney – wie viele einst blühende Industrieregionen – mit der Stilllegung der Zechen und dem Niedergang der Stahlindustrie schwere Tage.

Heute gewinnt der Freizeitfaktor einen immer größeren Stellenwert. Der Hafen dient nunmehr als Anlaufpunkt für Yachten und Kreuzfahrtschiffe, Kohle- und Stahlfrachter gleichermaßen. An der Esplanade, der Hauptstraße entlang der Harbourfront, konzentriert sich ein Großteil der Hotels, während die Promenade als beliebter Veranstaltungsort gilt. In North Sydney, am Fährhafen der »Marine Atlantic Ferries«, setzen Autos und Passagiere ins 180 Kilometer entfernte Newfoundland über.

Service & Tipps:

ⓘ **Cape Breton Regional Municipality**
320 Esplanade
Sydney, N.S. B1P7B9
✆ (902) 563-5005, www.cbrm.ns.ca

 **Governor's Pub & Eatery**
233 Esplanade St.

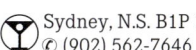 Sydney, N.S. B1P 1A6
✆ (902) 562-7646
www.governorseatery.com
Tägl. 11–23 Uhr
Mit Blick auf den Hafen serviert man im ehemaligen Anwesen des Bürgermeisters von Sydney Fisch und Meeresfrüchte aus Nova Scotia; mit Bunker's Peanut Bar im darüberliegenden Stockwerk. $$–$$$

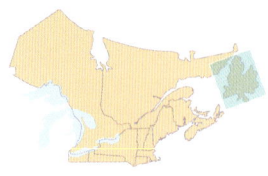

Newfoundland
Elche, Eisberge und Einsamkeit

Meeresfrüchte

Newfoundland verspricht Faszination pur in allen Himmelsrichtungen. An der Westküste erstrecken sich die Long Range Mountains mit den tief eingeschnittenen Fjorden und gletschergeschliffenen Tafelbergen des Gros Morne National Park, die mit dem Gros Morne eine Höhe von 806 Metern erreichen. Vor der Südküste verzeichnete das ausgedehnte Schelf der Grand Banks einst die reichsten Fischgründe Nordamerikas. Im Bereich dieser Großen Neufundlandbank, wo der wärmere Golfstrom und der kältere Labradorstrom mit den aus dem Norden von Newfoundland herantreibenden Eisbergen aufeinandertreffen, entsteht der für Teile der Insel so typische Nebel.

John Cabot, der 1497 als erster Europäer nach den Wikingern (um 1000 n. Chr.) in Newfoundland anlandete, nannte die Insel *New Founde Isle*, »neu gefundene Insel«. Bereits ab dem Beginn des 16. Jahrhunderts (und lange vor den großen staatlichen Expeditionen) segelten jedes Frühjahr Fischer aus England, Frankreich, Spanien und Portugal in die fischreichen Gewässer vor Newfoundland. In den sicheren Naturhäfen erbauten sie Lagerhäuser und kehrten im Herbst mit getrockneten oder eingepökelten Fischen zurück.

1583 nahm der von Königin Elizabeth I. gesandte Sir Humphrey Gilbert nach damaliger Gepflogenheiten einen Teil von Newfoundland im Namen der englischen Krone in Besitz. 1662 erklärten die Franzosen ihre Siedlungen auf der Avalon Peninsula mit der Hauptstadt Plaisance, dem heutigen Placentia, zur Kolonie. Scharmützel und Seeblockaden überzogen die Avalon Peninsula und erst im Frieden von Utrecht 1713 fiel Newfoundland endgültig in britischen Besitz.

Newfoundland ist die jüngste Provinz Kanadas und trat erst 1949 als zehnte Provinz dem Dominion of Canada bei.

Flora und Fauna konnten sich dank insularer Abgeschiedenheit ungestört entwickeln. An den steilen Klippen nisten große Vogelkolonien wie sonst nirgendwo in Nordamerika. Einige der größten Tölpel- und Papageientaucherkolonien des Kontinents nennen Newfoundland ihr Zuhause. Durch die kalten, planktonreichen Küsten- und Buchtengewässer ziehen Buckel-, Finn- oder Zwergwale.

In den Wäldern finden bis zu 450 Kilogramm schwere Elche paradiesische Verhältnisse vor. Im Frühjahr beginnt das Elchgeweih allmählich zu sprießen, und wenn im Herbst die Brunftzeit anfängt, dann begeben sich die mittlerweile mit riesigen Geweihen geschmückten Elchbullen auf die Suche nach paarungswilligen Damen. Ein fesselndes Bild, wenn im Morgennebel ein solcher Recke am Waldrand sehnsüchtig nach einer Liebsten Ausschau hält. Doch Vorsicht ist angesagt: Oft überqueren die in ihrem graubraunen Tarnkleid fast unsichtbaren Riesen im Liebestaumel abrupt die Straße, dann hat eine unfrei-

willige Begegnung zwischen Elch, Auto und Mensch für alle drei Seiten höchst unangenehme Folgen.

Über den nur wenige Kilometer breiten Isthmus zwischen Placentia Bay und Trinity Bay gelangt man von der großen Hauptinsel Newfoundland auf die kleine H-förmige Avalon Peninsula, die fast wie eine eigenständige Insel am Ostzipfel Newfoundlands in den Atlantik ragt. Auf der nördlichen Halbinsel lebt im Einzugsbereich der Hauptstadt St. John's, der einzigen Großstadt auf Newfoundland, knapp 40 Prozent der Provinzbevölkerung. Den Südteil von Avalon nimmt ein von Sümpfen durchzogenes, menschenleeres Hochland ein.

Als einzige Durchgangsstraße verbindet der 905 Kilometer lange Trans-Canada Highway Nummer 1 Osten und Westen der Insel miteinander. Auf dem gut ausgebauten Asphaltband geht es bei geringer Verkehrsdichte stets zügig voran. Abseits der großen Verkehrsrouten herrscht dagegen Einsamkeit pur, schmiegen sich Hunderte von kleinen Fischerdörfern mit roten, blauen, gelben und grünen Häusern an die zerklüfteten Ufer der Meeresarme und teils nur per Boot erreichbaren Buchten.

*»The Mists of Newfound-
land«: auf der Avalon
Peninsula*

❶ Bay Bulls

Der kleine Fischerort (1300 Einwohner) an einer geschützten Bucht wurde
bereits Mitte des 17. Jahrhunderts gegründet; viele Bewohner sind irischer
Abstammung. Beiderseits der Bucht starten Sightseeing-Boote zu Touren in
die **Witless Bay Ecological Reserve**. Über Funk verständigen sich die um-
hertuckernden Kapitäne, wann und wo unterwegs Wale gesichtet wurden.

Service & Tipps:

ⓘ **Town of Bay Bulls**
Bay Bulls, Nfld. A0A 4K0
✆ (709) 334-3454
www.townofbaybulls.com

**Gatherall's Puffin and Whale
Watch**
90–98 Northside Rd.
Bay Bulls, Nfld. A0A 1C0
✆ (709) 334-2887 und
1-800-419-4253

www.gatheralls.com
Mitte Mai–Sept., Juli–Mitte Aug.
tägl. bis zu vier 90-minütige Bootstouren
Ticket $ 57/24
Mit dem Katamaran zur Witless Bay
Ecological Reserve, wo Millionen
von Seevögeln (u. a. Papageientaucher) nisten. Unterwegs kann man
im Sommer Wale beobachten.
Abfahrt am Anleger auf der Nordseite des Bay Bulls Harbour. Familienrestaurant.

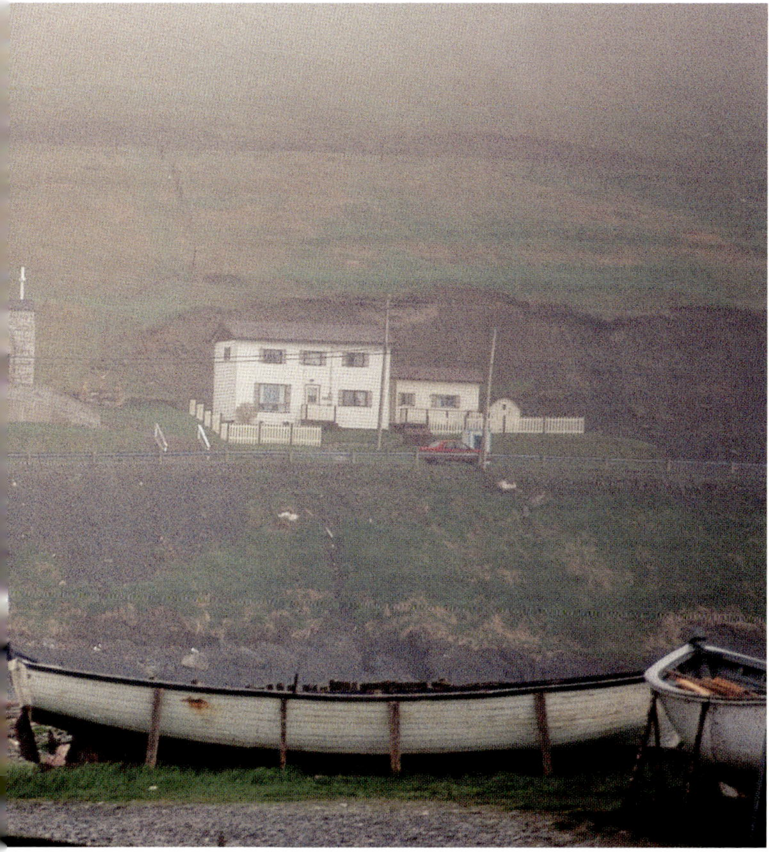

REGION 11 Newfoundland

Witless Bay Ecological Reserve
Das Naturschutzgebiet Witless Bay ist die mit über 260 000 Paaren von Papageientauchern, den offiziellen Provinzvögeln, eine ihrer größten Brutkolonien in Nordamerika. In einem faszinierenden Durcheinander haben die kleinen schwarzweißen, etwas plump wirkenden Vögel mit ihren dicken roten Schnäbeln den gesamten Hang auf den Inseln mit Bruthöhlen durchlöchert.

Zudem durchziehen hier in den Sommermonaten Buckel- und Zwergwale zielsicher die Gewässer südlich von St. John's. www.env.gov.nl.ca/env/parks

Ein Traum wird wahr: Wale in der Witless Bay

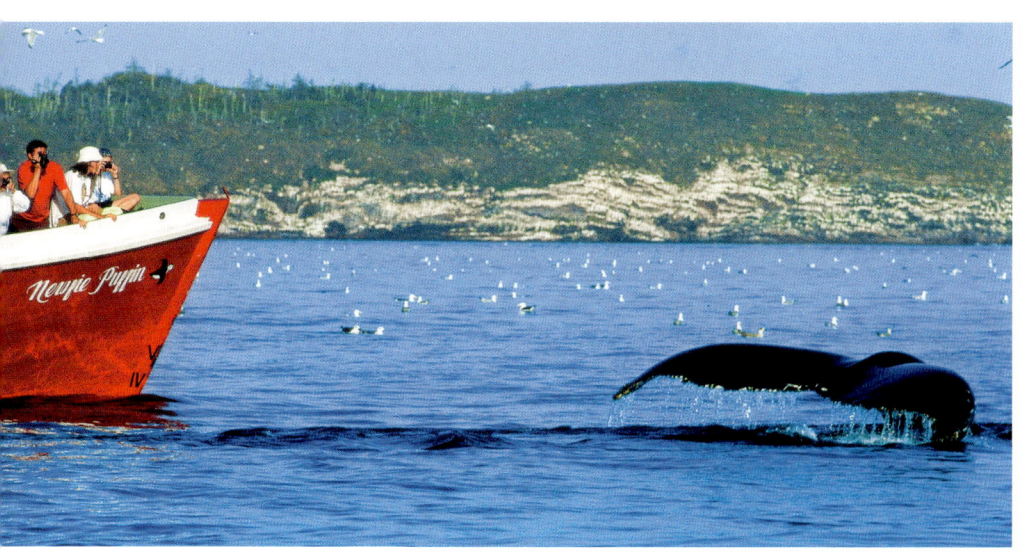

❷ Bonavista

Bewaldet und von Sümpfen durchzogen, besprenkelt mit verstreuten Fischergemeinden und umrahmt von einer Felsküste mit tosender Brandung präsentiert sich die Halbinsel Bonavista. Als John Cabot 1497 als erster Europäer nach den Wikingern Newfoundland erreichte, soll er (unbewiesenen) Überlieferungen zufolge in Cape Bonavista an Land gegangen sein.

An der äußersten Spitze der Halbinsel trotzt das hübsch restaurierte, rotweiß gestreifte **Cape Bonavista Lighthouse** seit 1843 dem Zahn der Zeit und den Stürmen. Bis weit ins 20. Jahrhundert hinein versah der Leuchtturm seinen wertvollen Dienst, dann wurde er im Zeitalter moderner Navigationstechnik pensioniert.

Südlich des Lighthouse schmiegt sich **Bonavista** (3600 Einwohner) an die zerklüftete Küste. Der Hauptort der Halbinsel ist eine der ältesten und größten Fischfanggemeinden in Newfoundland und war 1869–1978 Firmensitz der Ryan Ltd., die als führende Fischhandelsgesellschaft ihre Produkte bis nach Europa exportierte. In den restaurierten Gebäuden am Hafen vermitteln Ausstellungen einen exzellenten Einblick in die Fischereigeschichte auf Newfoundland der letzten 500 Jahre. Zum Komplex gehört auch das **Bonavista Museum** mit lokalen Memorabilien.

Service & Tipps:

ⓘ **Info Town of Bonavista**
95 Church St.
Bonavista, Nfld. A0C 1B0
(709) 468-7747
www.townofbonavista.com

👁 **Cape Bonavista Lighthouse Provincial Historic Site**
Cape Shore Rd., am Hwy. 235
Bonavista, Nfld. A0C 1B0
✆ (709) 468-7444

www.seethesites.ca
Mitte Mai–Anfang Okt. tägl. 9.30–17 Uhr, Eintritt $ 6/3

🏛 **Ryan Premises National Historic Site**
Bonavista, Nfld. A0C 1B0
✆ (709) 468-1600, www.pc.gc.ca/ryanpremises, Juni–Aug. tägl. 10–18 Uhr, Eintritt $ 4/2 (6–16 J.)
Restauriertes Fischhandelszentrum mit Multimedia-Ausstellungen und einem Museum.

❸ Cape St. Mary's Ecological Reserve

Für die Fahrt entlang der steilen panoramareichen Südwestküste von Avalon sollte man ausreichend Zeit veranschlagen. Die Region wird von irischen Fischergemeinden wie St. Bride's (310 Einwohner) und Patrick's Cove (60 Einwohner) geprägt, wo man nach alter Sitte den erstgeborenen Sohn oft nach dem irischen Nationalheiligen St. Patrick benennt. 17 Kilometer südlich von St. Bride's, am Ende einer langen Zubringerstraße von der Route 100, befindet sich neben einem Leuchtturm von 1860 das moderne Vogelschutzzentrum **Cape St. Mary's Ecological Reserve**. In frischer Meeresbrise erstrecken sich weitläufige, hügelige Hochwiesen, die eine fantastische Sicht auf die Klippen und das klare blaue Wasser freigeben. Schon von Weitem fällt der mächtige Vogelfelsen und der erstaunlich große Schwarm über seiner Spitze auf.

Ein Fußweg endet direkt oberhalb des Felsens am besten Vogelbeobachtungspunkt von Newfoundland. Und erst kurz vor dem Aussichtspunkt erkennt man den tiefen Spalt, der die etwa 60 Meter senkrecht aus der See aufragende Felsnadel von dem Festland trennt und für Landraubtiere unzugänglich macht. Insbesondere im Juni und Juli ist eine der größten Seevogelkolonien Nordamerikas hier zuhause. In den steilen Wänden lärmen Papageientaucher, brüten und krakeelen prächtige Tölpel mit goldfarbenen Köpfen, die beeindruckende Flügelspannweiten von bis zu zwei Metern erreichen.

Millionen von Seevögeln in der Witless Bay Ecological Reserve

Service & Tipps:

Cape St. Mary's Ecological Reserve
St. Bride's, Nfld. A0B 2Z0

✆ (709) 277-1666
www.env.gov.nl.ca/env/parks
Infozentrum Anfang Mai–Anfang Okt.
tägl. 8–18, Hochsommer 8–19 Uhr
Park Eintritt frei

❹ Channel-Port-aux-Basques

Der Fährhafen unterhalb des markanten Table Mountain ist das wichtigste Eingangstor nach Newfoundland. Hübsche bunte Häuser und verwinkelte Straßen verleihen dem kurz »Port-aux-Basques« genannten Ort (4 200 Einwohner) ein freundliches Ambiente. Namenspate waren baskische Fischer, die wie Franzosen und Portugiesen in der Region bereits im 16. Jahrhundert auf Fischzug aus waren und im Sommer an der Küste Depots unterhielten.

Unmittelbar hinter den Hügeln von Channel-Port-aux-Basques prägen unberührte Natur und Berge das Panorama: linker Hand die Anguille Mountains, rechter Hand die Long Range Mountains, die ihrem Namen alle Ehre machen und sich die gesamte Westküste bis in die Northern Peninsula hinaufziehen.

Service & Tipps:

Provincial Visitor Information Centre
Trans-Canada Hwy., am Fährterminal
Channel-Port-aux-Basques, Nfld.
A0M 1C0
✆ (709) 695-2262 und 1-800-563-6353
www.portauxbasques.ca
Mai–Okt. geöffnet

Channel-Port aux Basques
67 Main St.
Channel-Port aux Basques, Nfld.
A0M 1C0
✆ (709) 695-2214
www.portauxbasques.ca

Marine Atlantic Ferries
Fährterminal Channel-Port-aux-Basques, Nfld. A0M 1C0
✆ (709) 695-4200 und 1-800-341-7981
Fährservice North Sydney–Channel-Port-aux-Basques
355 Purves St.
North Sydney, N.S. B2A 3V2
✆ (902) 794-5200
www.marine-atlantic.ca
Ganzjährig meist zweimal tägl.
Fahrdauer 6–8 Std.
Ticket pro Person $ 44/21 (5–12 J.),
pro Auto $ 114
Schlafkabine $ 54–127, Schlafsaal
$ 19
Täglich wechselnde Abfahrtszeiten,
unbedingt vorher erkundigen!
Reservierung, auch für Schlafkabinen, ist sehr empfehlenswert, in den
Autos darf nicht übernachtet werden.

❺ Corner Brook

Mit 19 800 Einwohnern ist Corner Brook die zweitgrößte Stadt Newfoundlands und das kulturelle und wirtschaftliche Zentrum im Westen der Insel. Vom Trans-Canada Highway fällt der Blick auf die weitläufige Stadt an der Mündung des Lachsflusses Humber River in den breiten Humber Arm. Holz- und Wasserreichtum der Region zogen zahlreiche Holzwirtschaftsbetriebe an. Im Laufe der Zeit begannen emsige Sägemühlen in der Stadt zu werkeln, und seit 1923 schmaucht in Corner Brook eine der größten Papier- und Zellstofffabriken der Welt.

Service & Tipps:

Ferryland Lighthouse, ein beliebter Picknickplatz

ⓘ **Corner Brook Visitor Information Centre**

15 Confederation Dr.
Corner Brook, Nfld. A2H 0A6
✆ (709) 639-9792
www.cornerbrook.com

❻ Ferryland

Das kleine Küstenörtchen (470 Einwohner) rund 70 Kilometer südlich von St. John's wurde bereits 1621 von Sir George Calvert, dem späteren Lord Baltimore, gegründet. Dieser frühen Siedlungsgeschichte widmet sich auch die **Colony of Avalon**. Außer einem modernen Interpretation Centre mit Ausstellungen und Fundstücken ab dem 17. Jahrhundert, Gärten und einer zeitgenössisch eingerichteten Küche kann man die Original-Grabungsstätte besichtigen oder den Archäologen bei der Restaurierung von Fundstücken zuschauen.

Colony of Avalon	326-5669
Hwy. 10	www.colonyofavalon.ca
Ferryland, Nfld. A0A 2H0	Anfang Juni–Anfang Okt. tägl. 10–18
✆ (709) 432-32 00 und 1-877-	Uhr, Eintritt $ 12/9

❼ Gander

Das 11 100 Einwohner zählende Gander am lang gestreckten Gander Lake ist ein Verkehrsknotenpunkt am Trans-Canada Highway für den Straßen- und Luftverkehr. Während des Zweiten Weltkriegs legten zunächst Militär-, später auch Zivilflugzeuge auf dem Weg von und nach Europa dort einen Tankstopp ein. Im modernen Düsenjetzeitalter hat die Stadt ihre Bedeutung für die interkontinentale Zivilluftfahrt längst verloren, ihre wichtige Rolle im regionalen Flugverkehr jedoch behalten. Weil sich in Gander noch immer vieles ums Fliegen dreht, stehen bei Straßennamen oft frühe Flugpioniere Pate.

Service & Tipps:

ⓘ **Tourist Info Centre**
109 Trans-Canda Hwy.

Gander, Nfld. A1V 1P6
✆ (709) 256-4794
www.ganderchamber.nf.ca
Juni–Okt. Mo–Fr 8.30–17 Uhr

❽ Grand Falls-Windsor

Die 13 800-Einwohner-Stadt ist das größte urbane Zentrum im zentralen Newfoundland. 1909 wurde im Ort eine große Fabrik errichtet, die Zeitungspapier produzierte und weltweit exportierte. Bis heute ist die Holzwirtschaft einer der wichtigsten Erwerbszweige der Region geblieben.

Westlich von Grand Falls-Windsor liegt der bewaldete **Beothuck Park** mit Badestrand an einem See. Das Tal des Exploits River war der Überwinterungsort der Beothuck-Indianer, der Ureinwohner von Newfoundland. Als Jäger und Fischer siedelten sie an Seen und Flüssen und lebten insbesondere vom Lachsfang. Doch die Beothuck ereilte dasselbe Schicksal wie viele andere Naturvölker Nordamerikas: Aufgrund der fremden Einflüsse, die auf ihr Leben übergriffen, waren sie bereits in der ersten Hälfte des 19. Jahrhunderts ausgerottet. Ein rekonstruiertes Holzfällercamp dokumentiert die Geschichte ihrer weißen Nachfolger und der frühen Holzindustrie in Newfoundland.

Service & Tipps:

ⓘ **Grand Falls-Windsor**
5 High St.
Grand Falls-Windsor, Nfld. A2A 2J8
(709) 489-0407
www.townofgrandfallswindsor.com

🏛 **Logger's Life Provincial Museum**
Cromer Ave.
Grand Falls-Windsor, Nfld. A2A 1W9
✆ (709) 486-0492
www.therooms.ca//llpm
Mitte Mai–Mitte Sept. Mo–Sa 9–16.30, So 12–16.30 Uhr, Eintritt $ 2.50

Das Museum neben dem Eingang zum Beothuck Park ist Teil des Komplexes The Rooms, das Relikte der Holzfällerlebens im frühen 20. Jh. ausstellt.

🌳 **Beothuck Family Park**
🚐 3 km westl. von Grand Falls-Windsor (nördl. des Trans-Canada Hwy. 1, Ausfahrt 17)
ⓘ ✆ (709) 489-9832
Mit mehreren Picknickplätzen und einem Campground mit 72 Stellplätzen. Schwimmbad mit Waterslide.
Beothuck Interpretation Centre:
Ende Mai–Anfang Okt. tägl. 10–17.30 Uhr, Eintritt $ 3.

Exploits Valley Salmon Festival
Alljährlich findet an fünf Tagen Anfang Juli in Grand Falls-Windsor eins der größten Festivals in Newfoundland statt, u. a. mit Konzerten, Tänzen, Lachs-Essen, Pferdeschau und einer »Newfoundland Night« mit Musik und Gerichten der Insel.
www.salmonfestival.com

*Die großartige Gebirgs-
und Meereslandschaft
des Gros-Morne-Natio-
nalparks wurde wegen
der einzigartigen Geo-
logie der Tablelands
von der UNESCO zum
Weltnaturerbe erklärt.*

🔴 Gros Morne National Park

Das Gestein der Tablelands, das zu den ältesten Oberflächengesteinen der Erde gehört, kam durch Verschiebungen der Kontinentalplatten Nordamerikas und Afrikas zum Vorschein. Aufgrund ihrer Vegetations- und Wasserarmut ähneln die Lebensräume der Plateauberge denen großer Wüsten. Zum lang gestreckten Plateau des höchsten Gipfels (Gros Morne, 806 m) führt ein acht Kilometer langer Wanderweg.

Aber der Gros Morne National Park hat noch weitere Preziosen zu bieten. Seine lang gezogenen Süßwasserfjorde, die sich quer zu den direkt hinter der Küste hochaufragenden **Long Range Mountains** weit in die Berge graben, sind glitzernde Reminiszenzen an die Eiszeiten, während der sich schuttbeladene Gletscherflüsse gurgelnd durch das Gebirge fraßen. Am Fuß der Berge hinterließen sie weite, flache Marschen, in deren Gras- und Buschland viele Vogelarten hervorragende Existenzbedingungen und kleine vom Nationalpark umschlossene Fischerdörfer ihr Auskommen finden.

Die zweistündige Bootstour auf dem **Western Brook Pond** zählt zu den schönsten Ausflügen in Newfoundland. Schon die 40-minütige Wanderung zum Bootsanleger stimmt auf das Kommende ein, doch während der Bootsfahrt übertrifft die grandiose Szenerie des Western Brook Pond schließlich alle Erwartungen. *Pond* (»Teich«) vermittelt einen falschen Eindruck von der Dimensionen des

16 Kilometer langen, bis zu drei Kilometer breiten und maximal 156 Meter tiefen Sees. An dessen Ufer steigen bis zu 686 Meter hohe, fast senkrechte Klippen bedrohlich über dem See auf und schleierartige Wasserfälle verleihen der Atmosphäre eine malerische Komponente. Am Ende des Fjords besteht die Möglichkeit an Land zu gehen und mit einem der nächsten Boote zurückzufahren.

Über den Highway 431 gelangt man auf die Südseite der tief ins Land reichenden **Bonne Bay**, wo abrupt Berge von dem schmalen Streifen des Küstentieflands aufsteigen. Von der Straße aus präsentiert sich ein interessanter Kontrast. Es scheint, als ob das Asphaltband die Landschaften trennt. Während auf der trockenen und unbelebten Südseite graubraune Felsbrocken die kahlen Berghänge und Plateaus bedecken, präsentieren saftige Wiesen auf der Nordseite ein ganz anderes, weitaus grüneres Gesicht. Endpunkt des südlichen Parkteils ist die Ortschaft **Trout River** (580 Einwohner), ein Platz zur Einkehr und Ausgangspunkt für eine Wanderung oder Bootstour entlang dem Trout River Pond.

Das Hinterland des Nationalpark ist unerschlossenes, lediglich entlang der Küste – zumeist am Highway 430 (Viking Trail) Richtung St. Anthony – passiert man einige kleine Dörfer wie das wunderschön an der Bonne Bay vor der Kulisse der Tablelands gelegene **Norris Point** (690 Einwohner). Das benachbarte **Rocky Harbour**, mit 1000 Einwohnern der Hauptort des Parks, besitzt eine größere Auswahl an Restaurants, Motels und sogar ein Hallenbad.

Blick vom Gros Morne Summit auf den Western Brook Pond im Gros Morne National Park, Newfoundland

Gleich hinter Rocky Harbour blickt das hübsch auf einem Landvorsprung gelegene **Lobster Cove Lighthouse** aus dem Jahre 1897 über die Bonne Bay hinüber zu den Tablelands. Er ist heute wie alle anderen Leuchttürme des Landes automatisiert. Im Haus des früheren Leuchtturmwärters erläutern Ausstellungen mit Fotos und Dokumenten das Leben von Fischern, Indianern und Siedlern über einen Zeitraum von 4000 Jahren. Auf dem Lobster Cove Head Trail gelangt man zügig zum Strand hinunter.

Broom Point befindet sich auf einer wellenumtosten Landspitze, wo bis vor vier Jahrzehnten eine kleine Ansiedlung als Sommer-Fischercamp diente. Heute gehören die originalgetreu restaurierten Gebäude und Boote zum Museum, in dem u.a. Fischer vom Alltag auf See berichten. In der benachbarten kleinen Gemeinde **St. Paul's** (260 Einwohner) am St. Paul's Inlet aalen sich an sonnigen Tagen Seehunde wohlig auf den warmen Felsen.

Auf der gegenüberliegenden Seite des Meeresarms im ebenso winzigen **Cow Head** (480 Einwohner) zeichnet das kleine Dr. Henry N. Payne Community Museum die Geschichte des 1816 von Franzosen gegründeten Küstenörtchens auf.

Eine der wenigen reinen Sandbuchten Newfoundlands besitzt die halbmondförmige und

Bootstouren durch die Fjordlandschaft des Gros-Morne-Nationalpark

dünengesäumte **Shallow Bay** am nördlichen Parkausgang – zum Strandwandern und an warmen Tagen sogar zum Baden geeignet.

Als felsiges Kontrastprogramm bietet sich rund 15 Kilometer nördlich des Nationalparks ein Abstecher zum **Arches Provincial Park** an. Mächtige Felsbögen spannen sich über die tosende Brandung und bieten bei Sonnenuntergang einen besonders erhabenen Anblick.

Service & Tipps:

ⓘ **Gros Morne National Park Visitor Centre Rocky Harbour**
🌳 Am Hwy. 430, an der Abzweigung Richtung Norris Point
Tägl. Mai–Okt. 9–17, Juli–Anfang Sept. 8–20 Uhr
Parkinformation mit Ausstellungen,

audiovisuellen Präsentationen, Dia-Shows, Infos über Wanderungen etc.

 **Gros Morne Discovery Centre**
🌳 Am Hwy. 431, an der Südseite der Bonne Bay in Woody Point
Tägl. Mitte Mai–Mitte Okt. 9–17 Uhr
Moderne Ausstellungen informieren über regionale Geologie,

Pflanzen, Tiere, Meer und Küstenanwohner.

 Gros Morne National Park
Am Hwy. 430

37 km nordwestl. von Deer Lake

Rocky Harbour, Nfld. A0K 4N0
℃ (709) 458-2417
www.pc.gc.ca/grosmorne
Eintritt $ 10/5

 Dr. Henry N. Payne Community Museum
143 Main St.
Cow Head, Nfld. A0K 2A0
℃ (709) 243-2023
www.cowhead.ca/heritage
Mitte Juni–Mitte Okt. tägl. 10–19 Uhr
Eintritt $ 5, unter 12 J. frei
Museum mit Lokalkolorit: Ausstellungen zur hiesigen Geschichte.

 Broom Point Fishermen's Museum
Rte. 430, St. Paul's, Nfld. A0K 4Y0
℃ (709) 458-2417
Juni–Sept. tägl. 10–17.30 Uhr
Originales Fischerhaus aus den frühen 1970er Jahren.

Fisherman's Landing Inn
21–29 West Link Rd.

Rocky Harbour, Nfld. A0K 4N0
℃ (709) 458-2711 und
1-866-458-2711
www.fishermanslandinginn.com
Auf der Speisekarte des Hotels mit 40 Zimmern stehen vornehmlich Fisch und Meeresfrüchte: *A nice place!* $$

Seaside Restaurant
263 Main St.
Trout River, Nfld. A0K 5P0
℃ (709) 451-3461
www.grosmorneescapes.com
Mitte Mai–Mitte Okt. tägl. 12–22 Uhr
Eine der besten Adressen für Fisch- und Meeresspezialitäten, frisch aus den Gewässern direkt vor der Haustür. $$

BonTours
Western Brook Pond Boat Tour
℃ (709) 458-2016 und 1-888-458-2016
www.bontours.ca
Juni, Sept. tägl. 11, 12.30 Uhr,
Juli/Aug. tägl. 7 Abfahrten
Tickets ab $ 56/26
Zweistündige Bootstour durch die Fjordlandschaft des Gros Morne National Park auf zwei Booten mit insgesamt 160 Passagieren. Zur Anlegestelle führt ein knapp 3 km langer, ebener Fußpfad.

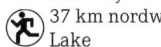 L'Anse aux Meadows National Historic Site

Die früheste bekannte europäische Ansiedlung in Amerika an der äußersten Nordspitze Neufundlands gehört zum Welterbe der UNESCO. Wikinger haben L'Anse aux Meadows um 1000 erreicht. Ihren detaillierten Sagas zufolge war die bisher einzige Wikinger-Fundstätte in Nordamerika zur Jahrtausendwende vermutlich eine Basis für Erkundungsfahrten zum weiter südlich gelegenen Vinland, das wahrscheinlich bis nach New Brunswick reichte.
Erst 1960 wurden dort die überwachsenen Ruinen von acht Wikingerhäusern wiederentdeckt. Heute vermitteln drei rekonstruierte Häuser ein beeindruckendes Bild von den kargen Lebensbedingungen auf Newfoundland. Wände und Dächer sind über einem Holzrahmen lediglich mit Grassoden bedeckt, und die langen, schmalen Feuerstellen haben sicherlich Atemprobleme bereitet.

Service & Tipps:

 L'Anse aux Meadows National Historic Site
An der Spitze der Northern Peninsula und dem Ende des Viking Trail (Hwy. 430), 433 km

nördl. von Deer Lake
St.-Lunaire-Griquet, Nfld. A0K 2X0
℃ (709) 623-2608
www.pc.gc.ca/meadows
Juni–Anfang Okt. tägl. 9–17, Mitte Juni–Ende Sept. bis 18 Uhr
Eintritt $ 12/6

⑪ Placentia

Der ruhige Ort (3700 Einwohner) im Westen der Avalon Peninsula liegt nur zwölf Kilometer vom Fährterminal in Argentia entfernt. Dort starten die Autofähren der Marine Atlantic Ferries zu ihrem 520 Kilometer langen Seetrip nach North Sydney in Nova Scotia. Sein geschützter, eisfreier Hafen mit dem hervorragend zum Trocknen des Kabeljaus geeigneten Strand zog bereits seit dem frühen 16. Jahrhundert baskische Fischer an. Franzosen nannten den strategisch günstig gelegenen Hafen *Plaisance* und deklarierten 1662 die umliegenden Siedlungen mit Plaisance als Hauptstadt zur französischen Kolonie.

Nach zahlreichen Scharmützeln und Seeblockaden mit den benachbarten Engländern, deren Hauptort St. John's nur 100 Kilometer Luftlinie entfernt auf der Ostseite der Avalon Peninsula lag, kehrte erst 1713 Ruhe ein. Im Frieden von Utrecht wurde die Insel Newfoundland in britische Hände gelegt.

Nach dem Abzug der Franzosen fiel die nun *Placentia* genannte Stadt in einen Dornröschenschlaf. In der **Castle Hill National Historic Site** kann man Ruinen der französischen und englischen Befestigungsanlagen aus dem 17. und 18. Jahrhundert besichtigen und ein attraktives Panorama auf Placentia und die Bucht genießen.

Service & Tipps:

 Castle Hill National Historic Site
Placentia Bay, Nfld. A0B 2G0
✆ (709) 227-2401
www.pc.gc.ca/castlehill
Juni–Aug. tägl. 10–18 Uhr
Eintritt $ 4/2 (6–16 J.)

 Marine Atlantic Ferries
Argentia–North Sydney

 ✆ 1-800-341-7981
www.marine-atlantic.ca
Mitte Juni–Ende Sept. dreimal wöchentlich, Fahrtdauer 16 Std.
Ticket pro Person $ 116/60 (5–12 J.), pro Auto $ 232, Schlafkabine $ 177
Reservierung, auch für Schlafkabinen, ist sehr empfehlenswert, in den Autos darf nicht übernachtet werden. Am Fährterminal befindet sich ein Informationszentrum der Provinz (✆ 709-227-5272).

⑫ St. Anthony

An der Nordspitze der Northern Peninsula liegt St. Anthony (2500 Einwohner). Der viele Monate im Jahr vereiste Hafen im einzigen größeren Ort auf der Halbinsel ist Newfoundlands bester Ausgangspunkt zur Beobachtung von Eisbergen, die entlang der Iceberg Alley, dem kalten Labradorstrom, von Grönland an der Insel vorbei südwärts treiben. Jährlich werden etwa 1400 Eisberge vor St. Anthony und noch rund 400 bis 800 vor St. John's gezählt.

Sir Wilfred Grenfell wirkte seit 1892 als Arzt in Newfoundland. Die von ihm gegründete **International Grenfell Association** (IGA) übernahm die Krankenversorgung in Labrador und auf der Northern Peninsula, zunächst mit einfachen Krankenstationen und einem Hospitalschiff, später mit großen Krankenhäusern, wie dem Charles S. Curtis Memorial Hospital in St. Anthony. Die Grenfell Historical Society kümmert sich um die Bewahrung und Aufarbeitung seines Erbes.

Service & Tipps:

Northland Discovery Boat Tours
St. Anthony, Nfld. A0K 4S0
✆ (709) 454-3092 und 1-877-632-3747
www.discovernorthland.com

Ende Mai–Mitte Sept. tägl. 9, 13 und 16 Uhr 2 $^1/_2$-stündige Bootstour ab Grenfell Interpretation Centre
Ticket $ 58/32
Neben den vielen Eisbergen tauchen bei Bootstour auch regelmäßig Wale auf.

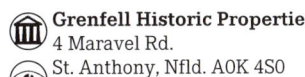 **Grenfell Historic Properties**
4 Maravel Rd.
St. Anthony, Nfld. A0K 4S0
℗ (709) 454-4010
www.grenfell-properties.com

Sommer tägl. 8–17 Uhr, sonst nur
Mo–Fr, Eintritt $ 10/3
Der Komplex beherbergt u. a. ein
modernes Museum, Grenfells Wohnhaus und ein gutes Museumsgeschäft.

⓭ St. John's

Nordamerikas östlichste Stadt liegt näher an Deutschland als an Kanadas
Westküste! Mit rund 107 000 Einwohnern im Stadtgebiet ist Newfoundlands
Hauptstadt nach Halifax die zweitgrößte Metropole der Atlantikprovinzen,
im großstädtischen Ballungsraum leben sogar knapp 40 Prozent der Provinzbevölkerung (210 000 Einwohner).

Bereits ab dem frühen 16. Jahrhundert frequentierten Fischer aus vielen
Nationen den tiefen, geschützten (Sommer-)Fischereihafen. Aber erst um
1600 ließen sich Siedler auch permanent hier nieder und nur allmählich
wandelte sich die verkehrsgünstig am Atlantik gelegene Fischerstadt zum
kommerziellen Mittelpunkt der Provinz.

In St. John's Straßen mit ihren hübschen pastellfarbenen Holzhäusern
fühlt man sich in die Vergangenheit zurückversetzt, wären da nicht das
Gewirr der oberirdischen Stromleitungen und die parkenden Autos. Viele
Straßen verlaufen parallel zum Berghang, so wie sie einst für die Benutzung
durch Pferdekutschen, Karren und Straßenbahnen angelegt wurden. Die
Water Street hingegen führt eben am **St. John's Harbour** entlang. In dem
heutzutage ruhigen Hafen sind einst zahlreiche Schiffe aus aller Welt ein-
und ausgelaufen. Damals wurde der Stadt vom oberhalb des Hafens gelegenen **Signal Hill** mit Flaggensignalen das Nahen und Einlaufen der Schiffe
gemeldet. Auf dem Signalberg ragt seit 1897 der zur 400-Jahr-Feier von John
Cabots Entdeckungsreise errichtete massive **Cabot Tower** empor.

In den Sommermonaten vollziehen historisch gekleidete Kadetten beim
Signal Hill Tattoo militärische Übungen aus dem 18. Jahrhundert mit
Gewehrsalven und Kanonenböllern. Ein Spazierweg führt über die Felsen
unterhalb des Signal Hill, an denen außer Schiffen im Frühsommer auch Eisberge vorbeiziehen. Aus luftiger Höhe schweift der Blick über das Panorama
der Felsküste und des geschäftigen Hafens. Dahinter schmiegt sich das pas-
tellfarbene Häusergewirr der Stadt malerisch an die von Bergen umgrenzte
Hafenbucht.

Nördlich des Signal Hill erstreckt sich der **Quidi Vidi Lake**, seit 1826
Schauplatz der alljährlichen Royal St. John's Regatta, des ältesten kontinu-

Direkt unterhalb des
Signal Hill empfing
der italienische Physi-
ker Guglielmo Mar-
coni 1901 das erste
drahtlose Signal aus
Europa und öffnete
damit dem modernen
Kommunikationszeit-
alter Tür und Tor.

Die Nähe zu Europa
nutzten auch John
Alcock und Arthur
Whitten Brown aus.
Sie starteten 1919 in
St. John's zum ersten
Nonstop-Transatlan-
tikflug nach Clifden in
Irland. Zwar verband
er nicht wie Charles
Lindberghs legendärer
Solo-Atlantikflug
(1927) Festland mit
Festland, wohl aber
die Kontinente mitein-
ander.

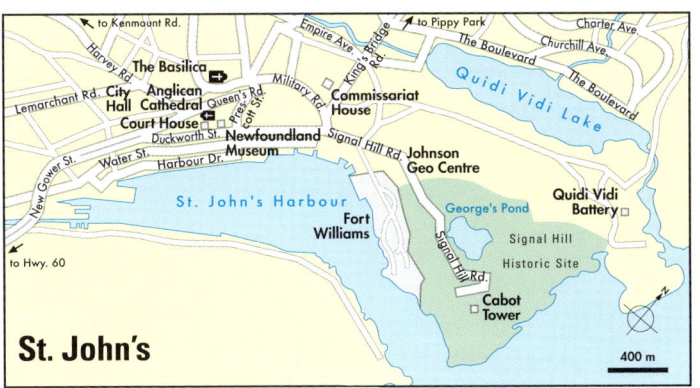

St. John's

ierlich durchgeführten Sportereignisses Nordamerikas (erster Mittwoch im August, ℂ 709-576-8921, www.stjohnsregatta.org). Der französischen Besatzungszeit im Jahr 1762 entstammt die **Quidi Vidi** (gesprochen *Kiddie Viddie*) **Battery**. Anno 1780 verstärkten die Engländer die Befestigungsanlagen und hielten sie, bis sie sich 1870 von Newfoundland zurückzogen. Heute verleihen in der Sommersaison auch hier historisch gekleidete Kadetten der Anlage oberhalb des hübschen **Quidi Vidi Village** einen Touch Nostalgie.

Service & Tipps:

(i) Tourism St. John's
348 Water St.
St. John's, Nfld. A1C 5M2
ℂ (709) 576-8106
www.stjohns.ca/visiting-our-city

Johnson Geo Centre
175 Signal Hill Rd.
St. John's, Nfld. A1A 1B2
ℂ (709) 737-7880
www.geocentre.ca
Tägl 9.30–17 Uhr, Eintritt $ 12/6
In dem modernen geologischen

*Wohnkultur à la New-
foundland: Petty Harbour
bei St. John's*

Museum am Signal Hill liegt nur der auffällige gläserne Eingang überirdisch. Rund 85 % der Museumsfläche befinden sich unter der Erde, teils begrenzt von natürlichen, bei Regen feuchten Steinwänden. Die Heizung erfolgt geothermal aus 150 m tiefen Rohren.

The Rooms
9 Bonaventure Ave.
St. John's, Nfld. A1C 5P9
ℂ (709) 757-8000
www.therooms.ca
Juni–Mitte Okt. Mo–Sa 10–17, Mi bis 21, So 12–17 Uhr, sonst Mo geschl.
Eintritt $ 8, Kinder frei
Im Design überdimensionaler Fischerhäuser thront das Museum über Kunst, Naturgeschichte und Stadtentwicklung majestätisch auf den Hügeln oberhalb von Downtown.

Quidi Vidi Battery Provincial Historic Site
1 Cuckhold's Cove Rd., nördl. des Signal Hill, St. John's, Nfld. A1B 4J6
ℂ (709) 729-0952
www.seethesites.ca
Von den Franzosen 1762 erbaute Befestigungsanlagen, die von 1780 bis 1870 von den Engländern gehalten wurden.

St. John's City Hall
10 New Gower St.
St. John's, Nfdl. A1C 5M2
ℂ (709) 754-2489
Vor der City Hall markiert ein »Kilometer 0«-Schild mit dem Vermerk »Canada begins right here« den Ausgangspunkt des Trans-Canada Highway (TCH).
Erst seit 1962 existiert innerhalb Kanadas eine durchgehende, asphaltierte Straßenverbindung von der Atlantik- zur Pazifikküste. Diese führt über rund 7400 km bis nach Victoria auf Vancouver Island im äußersten Südwesten von British

Immer ein Foto wert:
die bunten Holzhäuser in
St. John's (Newfoundland)

Columbia. Der auf Verkehrsschildern durchgehend mit einem unterlegten Ahornblattsymbol markierte Highway passiert sämtliche Provinzen.

Signal Hill National Historic Site

(i) Signal Hill Rd.
St. Johns, Nfld. A1C 5M9
✆ (709) 772-5367
www.pc.gc.ca/signalhill
Cabot Tower (Turm) Mitte April–Mitte Nov. tägl. 9–17 Uhr
Visitor Centre Mitte Mai–Mitte Okt. Mi–So, Juni–Aug. tägl 10–18 Uhr
Noonday Gun im Sommer 12 Uhr
Signal Hill Tattoo Anfang Juli–Mitte Aug. Mi/Do, Sa/So 11 und 15 Uhr
Eintritt $ 4/2 (6–16 J.)

Rumpelstiltskin's

2 Hill O'Chips
Im Quality Hotel Harbourview
St. John's, Nfld. A1C 6B1
✆ (709) 579-6000
Steaks, Fisch und andere kanadische Gerichte in legerer, moderner Atmosphäre, teils mit Hafenblick. $$–$$$

YellowBelly Brewery & Public House

288 Water St. (in der Stadtmitte)
St. John's, Nfld. A1C 5J9
✆ (709) 757-3780
www.yellowbellybrewery.com
Tägl. Lunch und Dinner
Die Hausbrauerei mit Restaurant hat wie nur wenige Gebäude die Feuersbrunst von 1892 überstanden. $$

Magic Wok Eatery

402 Water St.
St. John's, Nfld. A1C 1C9
✆ (709) 753-6907
www.magicwok.ca, Mo geschl.
Zentrale Innenstadtlage; preiswerte und dennoch hervorragende chinesische Gerichte. $

Tim Hortons

275 Kenmount Rd. (kurz vor Einmündung in den Columbus Dr.)
St. John's, Nfld. A1B 3P9
✆ (709) 753-5852
www.timhortons.com
Größte kanadische Donut-Kette; auch Salate, Sandwiches, Suppen. $

Ausflugsziel:

Cape Spear Lighthouse National Historic Site

Cape Spear Dr.
St. John's, Nfld. A1C 5M9
✆ (709) 772-5367
www.pc.gc.ca/capespear
Mitte Mai–Mitte Okt. tägl. 10–18 Uhr
Leuchtturm $ 4/2 (6–16 J.)
11 km südlich von St. John's (Abzweig vom Hwy. 11) steht der attraktive Leuchtturm aus dem Jahr 1835 am östlichsten Punkt Nordamerikas pittoresk auf einer 65 m hohen Klippe über dem Meer. Heute dient der restaurierte, älteste intakte Leuchtturm der Provinz als Museum zur Geschichte der neufundländischen Leuchttürme.

St. John's Days
Drei Tage Ende Juni wird der Geburtstag der Stadt mit historischen Spielen, Paraden, Konzerten, Wettbewerben und viel Spaß gefeiert.

Canada Day Celebrations
Am 1. Juli findet die Geburtstagsparty für Kanada mit viel Musik, jeder Menge zu essen und zu trinken und einem Feuerwerk am Signal Hill statt.

Beim »Signal Hill Tattoo«
in St. John's

⓮ Salvage

Das 140 Einwohner zählende Salvage an der Ostspitze der Eastport Peninsula ist eines der malerischsten Fischerörtchen Newfoundlands. Außerhalb der Saison stapeln sich Hummerkörbe auf Bootsstegen und vor den Fischerhütten, bunte Bojen schaukeln auf dem Wasser oder hängen an Holzwänden und solide alte Fischerboote dümpeln vor sich hin. Die auf den kargen Felsen der Bucht verstreuten bunten Häuser bringen auch in der langen, dunklen Winterzeit Farbe ins Bild. Im kleinen **Fishermen's Museum** werden Handarbeiten und Kunsthandwerk aus Ort und Region verkauft, zudem dokumentiert es Episoden aus der Ortsgeschichte.

Service & Tipps:

 Salvage Fishermen's Museum
Am Hwy. 310

Salvage, Nfld. A0G 3X0
℗ (709) 677-2414
Mitte Juni–Mitte Sept. tägl. 9.30–19.30 Uhr, Eintritt $ 2

*Das Fischerdorf Salvage
auf der Eastport Peninsula*

⓯ Terra Nova National Park

An den Ufern der Bonavista Bay erstrecken sich mit Seen und Sümpfen durchsetzte bewaldete Hügel, geschützte Buchten und eine bizarre Felsküste – ideale Lebensbedingungen für Elche, Bären und Adler. Abgesehen vom Trans-Canada Highway, der zwischen Glovertown und Port Blandford den Park praktisch in zwei Hälften zerschneidet, und einigen Stichstraßen, bleibt Terra Nova relativ unerschlossen.

*Einladend: The Eriksen
Premises B ed & Breakfast*

Gleich am nördlichen Parkeingang beginnt am **Malady Head** Campground eine schöne, einstündige Wanderung zum gleichnamigen Aussichtspunkt. Im zentralen Parkteil führen eine kurze Seitenstraße zum Ochre Hill Lookout und ein bequemer Trail zum Feuerwachtturm am **Ochre Hill**, wo sich eine beinahe zivilisationslose Landschaft ausbreitet. Zum Baden verlockt der seichte Sandstrand am relativ warmen **Sandy Pond**. Mitteleuropäern läuft beim Gedanken an vorbeiziehende Eisberge an der nahen Küste allein vom Zusehen eine Gänsehaut über den Rücken – Einheimischen macht es Spaß. Schließlich herrschen im Sommer angenehme Lufttemperaturen.

The Eriksen Premises

Terra Nova National Park
Trans-Canada Hwy. 1
Glovertown, Nfld. A0G 2L0
© (709) 533-2801
www.pc.gc.ca/terranova
Eintritt $ 6/3

Wald- und wasserreicher Naturpark mit Picknick- und Campingplätzen, Kanurouten. Die Parkinformation befindet sich in Twin Rivers am Südende des Parks. Viele Freizeit-möglichkeiten, u.a. Kanuverleih.

⑯ Trinity

In Trinity (140 Einwohner) errichteten die Briten eines ihrer wenigen Forts auf Newfoundland. Obwohl heute nur noch spärliche Überbleibsel an die einstige Festung erinnern, zieht es Besucher dennoch zu ihr hin – verspricht sie doch ein herrliches Panorama auf das denkmalgeschützte, malerische Dorf. Seit dem späten 19. Jahrhundert, als das abgelegene Trinity ein wichtiger Fischereihafen und ein vergleichsweise reicher Handelsposten war, scheint die Zeit stehengeblieben zu sein. In Trinity erprobte um 1800 Dr. John Clinch als erster Arzt in Nordamerika die Pockenschutzimpfung.

Town of Trinity
21 West St.
Trinity, Nlfd. A0C 2S0
(709) 464-3836
www.townoftrinity.com

The Eriksen Premises B & B
8 West St.
Trinity, Nfld. A0C 2S0

© (709) 464-3698 und
1-877-464-3698
www.trinityexperience.com
Sophia's Juni–Sept. tägl. Dinner
Exzellentes Restaurant in einer Frühstückspension aus dem späten 19. Jh. (7 Zimmer), ebenfalls in der Pension serviert **Sophia's** regionale Küche. $$

Im Sommer treiben riesige Eisberge an der Küste der Trinity Bay vorbei

⑰ Twillingate

Vier Straßendämme verbinden das pittoreske Fischerstädtchen (2300 Einwohner) und seine Nachbarinseln mit dem Festland. Die Orte liegen malerisch auf einer tief in die Notre Dame Bay hineinreichenden Landspitze, wo für Besucher ein Traum wahr wird: Eisberge in Sicht! Entlang der sogenannten Eisberg-Route treibt der kalte Labradorstrom die weißen Giganten aus Grönland und der Polarregion an der Nordostküste von Newfoundland vorbei. Twillingate ist der beste Ort zum Eisberggucken, wenn man sich nicht auf den langen Weg nach St. Anthony auf der Northern Peninsula begeben will.

Wenn auch im Mai und Juni die Häfen schon weitgehend eisfrei sind, zählen riesige Eisberge doch bis in den Juli hinein zu den regelmäßigen Gästen in den Buchten. Verirrte *icebergs* setzten sich häufig in einer Ecke des Hafens fest, wobei der größte Teil unter der Wasseroberfläche verborgen bleibt. Wenn sie unaufhaltsam zu bizarren Formen abtauen, krachen oft riesige Brocken lautstark ins Wasser. Wo der Mittelteil des Eisbergs herausfällt, bilden sich manchmal Eistore, und wenn das Wasser in den Rissen wieder gefriert, ziehen sich blaue Bänder durch die weiße Pracht.

Eine sehr schöne Sicht auf die vor der Notre Dame Bay vorbeitreibenden Eisinseln bietet das 1876 erbaute **Long Point Lighthouse** vor den Toren von Twillingate auf einem Landvorsprung an der Notre Dame Bay. Rund um das Thema Eisberge dreht sich alles im **Iceberg Shop** auf der Südseite von Twillingate. Von hier aus legen die Ausflugsboote ab, und von den wackligen Gefährten aus beobachtet man, wie mächtige Buckelwale durch die kalten Fluten schwimmen, unzählige Seevögel auf den Felsinseln brüten und Seehunde sich in der mittäglichen Sommersonne räkeln.

Einen hübschen Anblick bietet auch das benachbarte Fischerdorf **Durrell**. Auf bloßem Fels errichtete, bunt gestrichene Holzhäuser säumen die flachen Buchten, und Bootsstege erstrecken sich ins kalt-glänzende Wasser, auf dem vertäute Ruder- und Fischerboote schaukeln. Eng und kurvig sind die Asphaltwege – und noch aus der Zeit, als Autos eine Seltenheit und Boote die Hauptverkehrsmittel waren.

Service & Tipps:

(i) Town of Twillingate
65 Main St.
Twillingate, Nfld. A0G 4M0
(709) 884-2438
www.townoftwillingate.ca

Iceberg Quest Ocean Tours
52 Main St.
Twillingate, Nfld. A0G 4M0
© (709) 884-1888 und
1-877-894-2537
www.icebergquest.com
Ende Mai–Mitte Sept., Hochsaison
tägl. 9.30, 13, 16 und 19 Uhr
Ticket $ 50/25

Zweistündige Bootstour vorbei an Eisbergen, historischen Leuchttürmen und Seevogelkolonien. Unterwegs sieht man – mit ein bisschen Glück – Wale.

Iceberg Man Tours
50 A Main St.
Twillingate, Nfld. A0G 4M0
(709) 884-2242 und
1-800-611-2374
www.icebergtours.ca
Zweistündige Eisberg-/Walbeobachtungstour, 9.30, 13, 16 Uhr
Ticket $ 50
Gehört zum Iceberg Shop, wo man alles zu diesem Thema erfährt. ✷

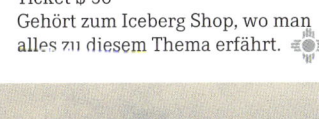

Die Spitze des Eisbergs: bei Twillingate

New England
Wildromantische Küsten und bunte Wälder

Die Wale wurden von einem kleinen Beiboot aus erlegt und an Bord verarbeitet, Druck von Currier & Ives, 1840

Aufgrund seiner unmittelbaren Nähe ist das landschaftlich und kulturell abwechslungsreiche New England von den Reiseregionen Ost-Kanadas unbedingt einen Abstecher wert.

Wildromantisch-herb bis lieblich und reizvoll präsentiert sich die Atlantikküste des nördlichen Maine. Ausblicke eröffnen sich manchmal überraschend auf verschwiegene Felsbuchten, in denen weiße Segelboote und elegante Großjachten vor sich hin dümpeln. Weiße Holzhäuser spicken malerisch die dunkel bewaldeten Küstenstreifen.

Populärste Anziehungspunkte sind seit über hundert Jahren der Acadia National Park, der einzige Nationalpark der US-amerikanischen Ostküste, der auf schmalen, instand gesetzten Kutschwegen und schönen Wanderpfaden erkundet werden will, und der Hauptort Bar Harbor mit seinen vielen schönen Restaurants, Bed & Breakfasts und Hotels. Unter den Freizeitaktivitäten rangieren Segeln und Walbeobachtung an erster Stelle.

Bereits gegen Ende des 19. Jahrhunderts waren New Hampshires White Mountains ein beliebtes Ausflugs- und Ferienziel wohlhabender Neueng-

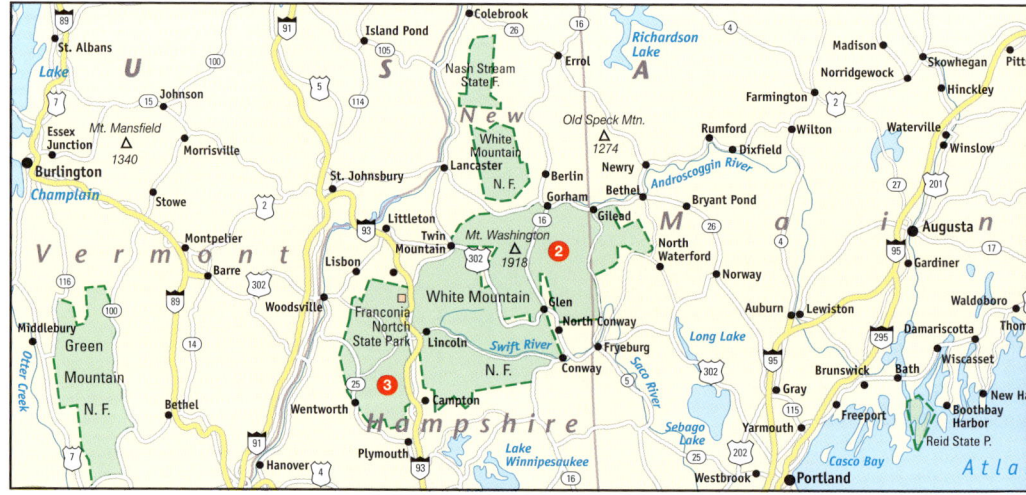

länder; Grandhotels entstanden in großartigen Naturlandschaften. Weltbekannt ist das 1902 erbaute, elegante »Mount Washington Hotel & Resort« in Bretton Woods. Landschaftlicher Höhepunkt ist Mt. Washington, seines Zeichens höchster Berg der Ostküste, den man zu Fuß, per Bahn oder auch im Auto erklimmen kann. Kleine Städte wie North Conway oder Lincoln/North Woodstock bieten eine Auswahl vorzüglicher Übernachtungsmöglichkeiten sowie vielfältige Geschäfte, von North Conway geht es auch per Eisenbahn in die Berge.

Wie kaum eine andere Straße bietet der Kancamagus Highway Gelegenheiten zum Sightseeing und Wandern. Auch der I-93 Korridor bietet mit The Flume, dem Franconia Notch State Park und einer Gondelfahrt auf den Cannon Mountain reichlich Gelegenheiten, das Auto stehen zu lassen.

Bekannt ist das dichtbewaldete New England für seinen Indian Summer. Vor allem die White Mountains erfreuen sich zu dieser Zeit einer immensen Popularität wegen ihrer leuchtendbunten Laubbäume, die in sämtlichen Rot-, Gelb-, Orange-, Braun- und Grüntönen prangen. *Fall foliage* nennt sich dieses prachtvolle Ereignis auch – eine Augenweide! Es sind doch nur Blätter, sagen prosaische Naturen – ja, nur Blätter, antworten die *leaf peepers*, die »Blättergucker«, aber was für welche! Und dazu spannt sich über die herbstlichen White Mountains wie auch andere Regionen New Englands meist ein herrlich blauer Himmel.

Erkunden kann man all dies auch vorzüglich abseits der Hauptstraßen, denn New Englands Country Roads führen zwar oft mit einem kleinen Schlenker, aber immer auf malerischem Weg zum Ziel – etwas für Genießer. Die schmalen Landstraßen schlängeln sich durch friedliche Landschaften und über Covered Bridges, die typischen überdachten Brücken, von denen es beispielsweise in New Hampshire etwa 50 gibt, durch gepflegte Kleinstädte mit weißen Holzkirchen und kleine, abgeschiedene Dörfer in stillen Tälern und eröffnen so dem Betrachter einen bunten Bilderbogen und manch nette Überraschung vielleicht in Form eines originellen Bed & Breakfasts oder faszinierenden Quilt Shops.

❶ Acadia National Park

Im Acadia National Park findet man die typischen Landschaftsformen der nördlichen Küste von Maine. Wegen des kahlen Gipfels der Insel, den Entdecker

Samuel de Champlain 1604 als erster sichtete, nannte er sie »L'Île des Monts déserts«, Insel der kahlen Berge. Wie der Name des Parks andeutet, waren die ersten weißen Siedler der Region französischsprachige Akadier.

In einer Enklave des Acadia National Park liegt an der Frenchman Bay **Bar Harbor**, der von der Fischerei geprägte, vom Tourismus belebte und ebenso malerische wie quirlige Hauptort des Parks. 5300 Einwohner zählt er und besitzt eine große Auswahl an Hotels, Restaurants, Cafés und kleinen Geschäften.

Schon um die Wende zum 20. Jahrhundert entwickelte sich Bar Harbor zum vielbesuchten Sommerferienort und Tummelplatz für erholungsuchende Millionäre aus den Metropolen an der Ostküste. Gestört wurde diese Idylle durch den Ersten Weltkrieg, dann durch die Große Depression in den 1930er Jahren. Bar Harbors Glanz verging vollständig mit dem Zweiten Weltkrieg, und als 1947 ein Großfeuer durch die Holz-

Indian Summer
Ideale Bodenverhältnisse und ein ebensolches Klima schaffen die Voraussetzungen für den Farbenrausch des Herbstes. Im September und Oktober sind die Tage mit Temperaturen zwischen zehn und zwanzig Grad Celsius noch relativ warm und zumeist auch sonnig, in den Nächten dagegen nähert sich die Quecksilbersäule schon der Frostgrenze. Je nach Höhenlage variiert der »peak«, der Höhepunkt der Blätterfärbung, von Mitte September in der Höhe und Anfang bis Mitte Oktober in den Tälern, in südlichen Hanglagen setzt er auch weitaus früher ein als im Norden.

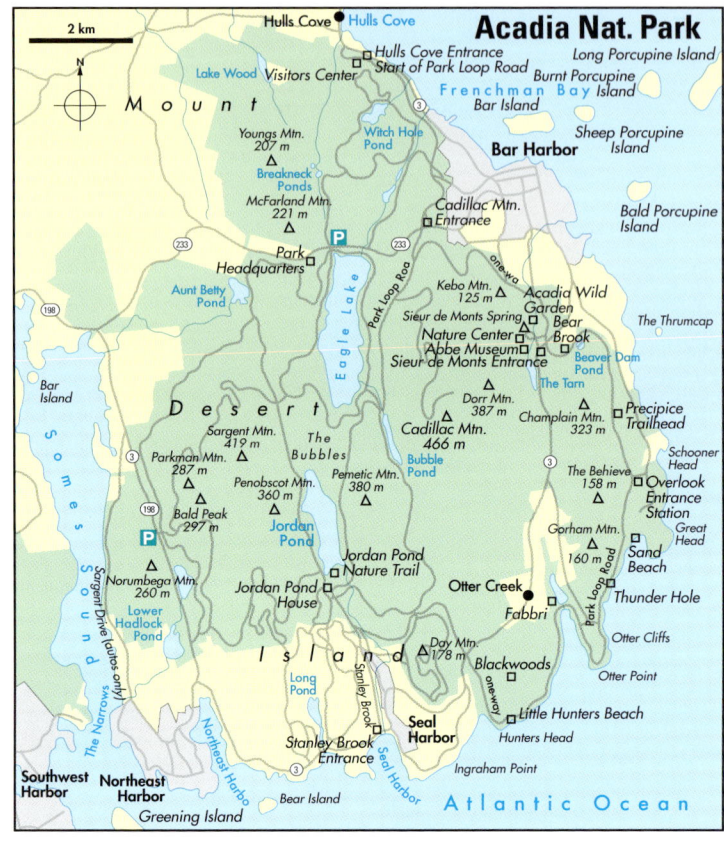

Eine Besonderheit des Parks sind die »carriage roads«, die Kutschwege aus Rockefellers Zeiten, ein 73 Kilometer langes Netz schmaler, autofreier Nebenstraßen, auf denen man wandern, Rad und auch Snowmobil fahren kann. Vorbei an schönen Aussichtspunkten ziehen sie sich kreuz und quer durch den Park, an Bergflanken entlang, vorbei an glitzernden Seen, in die kleine Bäche münden.

häuser der kleinen Stadt fegte, schien erst einmal das Ende gekommen zu sein.

Doch da sind von jeher das Meer, die Berge und Seen, die kleinen Inseln und waldreichen Buchten, die wildromantische Felsküste und die samtenen Sommertage – diese natürliche Schönheit der Umgebung zog schließlich die Touristen wieder an. Durchschnittlich 2,3 Millionen Besucher zählt der Acadia National Park mittlerweile Jahr für Jahr – vorwiegend zwischen Mitte Mai und Mitte Oktober – und das überaus populäre Bar Harbor ist zur Hauptsaison von Juli bis Anfang September zumeist ausgebucht. Erst in den Herbst- und Wintermonaten, wenn Stürme die Gewässer um Mount Desert Island wieder aufzuwühlen beginnen, schließen die meisten Hotels und Restaurants auf der Insel, und Bar Harbor vermittelt dann einen eher verschlafenen Eindruck.

Vor der Umrundung des östlichen Parkteils auf der **Park Loop Road** empfiehlt sich ein Besuch des exzellenten Informationszentrums. Die 43 Kilometer lange Parkstraße führt im Uhrzeigersinn an die wildromantische Felsküste, wo sich hinter jeder Kurve neue faszinierende Ausblicke eröffnen. Sandstrände wie der Sand Beach sind an diesen rauen Gestaden eher selten. Und auch dieser eignet sich eher für eine schöne Strandwanderung als für einen Sprung ins Wasser, erreicht doch die Wassertemperatur an wärmsten Hochsommertagen allenfalls frische 15 Grad.

THE PEEPER FAMILY
TREE

Mrs Peeper ———— Creeper Peeper
(mother)   (daughter)

————— Leif Peeper
                     (son)

Jeeper Peeper
(father)
                and
         Peepsi Tom-co
            . Circa

Service & Tipps:

 Bar Harbor Chamber of Commerce
93 Cottage St., Bar Harbor, ME 04609
℘ (207) 288-5103 und 1-800-345-4617
www.barharborinfo.com

 Acadia National Park
Park Headquartes
 20 McFarland Hill Dr.
Bar Harbor, ME 04609
 ℘ (207) 288-3338
www.nps.gov/acad
Mai–Okt., Eintritt US-$ 20 pro Auto,
US-$ 5 Fußgänger und Radfahrer,
7 Tage gültig
Kostenlose Busfahrten von Bar Harbor durch den Park mit dem »Island Explorer« (Ende Juni–Mitte Okt., Reservierung unter www.explore
acadia.com). Auch Reitausflüge im Park sind möglich.

 Bar Harbor Whale Watch Company
1 West St., ab West Street Pier
Bar Harbor, ME 04609
℘ (207) 288-2386 und
1-888-942-5374
www.barharborwhales.com
Mitte Juni–Ende Okt. tägl. 13 Uhr
3–3 1/2-stündige Walbeobachtungstouren mit modernen, schnellen Katamaranen $ 59/33.
1 1/2–2-stündige Hummerfang- und Sightseeingfahrten mit kleinerem Fischerboot $ 29/18.

 Downeast Windjammer Cruises
1 Newport Dr.

Lobster-Bojen und -körbe in Bar Harbor

Ab Bar Harbor Inn Pier
Bar Harbor, ME 04609
℗ (207) 288-4585 und
(207) 546-2927
www.downeastwindjammer.com
Mitte Mai–Mitte Okt. tägl.10, 14 und
18.30 Uhr
Ab US-$ 38/28
1 ¹/₂–2-stündige Kreuzfahrten mit
dem Viermaster »Margaret Todd« in
der Frenchman Bay. Populär ist die
romantische Sunset Cruise.

Bar Harbor Bicycle Shop
141 Cottage St.
Bar Harbor, ME 04609
℗ (207) 288-3886
www.barharborbike.com
Radverleih in Downtown Bar
Harbor.

Jordan Pond House
2928 Park Loop Rd. (3 km nördl.
der Abzweigung vom Hwy. 3)
ME 04605
℗ (207) 276-3316
http://acadiajordanpondhouse.com
Juni–Okt. tägl. 11.30–21 Uhr
Restaurant in schöner Lage im Acadia National Park.
   Lunch, Dinner und der traditionelle Afternoon Tea. Mit Blick über den
Jordan Pond. $$

Testa's Restaurant
53 Main St.
Bar Harbor, ME 04609
℗ (207) 288-3327
www.testasbarharbor.com
Beliebtes Restaurant am Bayside
Landing. Besonders gut: der Kuchen
mit einheimischen Beeren. $

*»Sunrise« an den Otter
Cliffs im Acadia National
Park*

185

❷ Östliche White Mountains

Bei Bethel, einer der ältesten Ortschaften im nordwestlichen Maine, wo der Highway dem Androscoggin River folgt, beginnen in südlicher Richtung die Wälder, Berge und Täler des **White Mountain National Forest**, die sich von Maine westwärts bis nach Vermont ziehen und die zentralen Regionen New Hampshires bedecken.

Gorham (2900 Einwohner) ist eine der Eingangspforten zum zentralen Teil und den touristischen Hauptattraktionen der White Mountains. Von dort aus führt State Route 16 südwärts durch die **Pinkham Notch**. Westlich begleitet das Panorama der Presidential Range den Verlauf der Straße. Naturgemäß zieht die herbstliche Blätterfärbung die Touristen in die White Mountains. Ob kurzer Spaziergang, mehrstündige Wanderung oder gar Rucksacktour ins Hinterland, man hat die Wahl – nur wenige Regionen in den USA besitzen ein besser ausgebautes Wegenetz als die White Mountains.

Wie eine Einladungsliste zur Präsidentenkonferenz liest sich die Landkarte der White Mountains: Mt. Adams, Mt. Jefferson, Mt. Madison, Mt. Monroe, Mt. Jackson – alle diese Gipfel sind nach U.S.-Präsidenten benannt. Über seine Nachbarn erhebt sich der 1916 Meter hohe Mt. Washington, auf dessen Gipfel die höchsten Windgeschwindigkeiten Nordamerikas gemessen werden.

Wanderfreunde können Mt. Washington, den höchsten Berg New Englands, besteigen, am einfachsten über den sechseinhalb Kilometer langen **Tuckerman's Ravine Trail**, der am Pinkham Notch Visitor Center des Appalachian Mountain Club (AMC) beginnt. Für den Rückweg bietet sich der etwas steilere, aber kürzere **Lion's Head Trail** an. Schneller geht es mit dem Auto über die zwölf Kilometer lange **Mt. Washington Auto Road** ab Glen House an der Ostseite des Berges, die bereits 1861 als Kutschweg eröffnet wurde. Mehr Komfort will besser bezahlt werden, und so ist die Auffahrt heute ein nicht unbedingt preiswertes Vergnügen, das jedoch der Bequemlichkeit wegen zahlreiche Anhänger findet.

Bereits 1869 schnaufte eine Dampflok als erste Zahnradbahn der Welt auf der Westseite des Berges hoch und transportierte die Besucher auf den Gipfel. Bis in unsere Jahre ist die Streckenführung der **Mt. Washington Cog Railway** dieselbe geblieben, auch das nostalgische Design der schräg gestellten, Loks mit ihren ballonartigen Schornsteinen hat sich kaum geändert, allerdings fährt nur die erste Lok am Morgen kohlegefeuert. Und noch immer überwindet sie auf der Steilstrecke an Jacob's Ladder eine Steigung von über 37 Prozent, was weltweit nur von der Pilatusbahn in der Schweiz übertroffen wird.

Oben auf dem felsigen, kahlen Gipfelplateau, wo sich alle Wege treffen, kauert in einmaliger Lage das moderne **Sherman Adams Summit Building**, in dem sich Informationsstelle, Aussichtsterrasse, Cafeteria, Postamt und Souvenirshop befinden. Im Erdgeschoss des Observatoriums dokumentiert die Ausstellung »Extreme Mount Washington« extreme Winter auf dem Gipfel.

Vom Pinkham Notch Camp am Fuße des Berges geht es weiter entlang der State Route 16 nach Süden. Kurz vor Glen liegt der Vergnügungspark **Storyland**. Von Glen führt via Highway 302 ein kurzer Abstecher nach **Bartlett** am Saco River, einem der typischen New England-Dörfchen mit gepflegten weißen Häusern und einer ebenso weißen Kirche mit spitzem Turm.

Schon 1853 entstand auf dem Gipfel des Mt. Washington das Tip Top House, das frühen Besuchern als Hotel diente und besichtigt werden kann. Heute gibt es dort allerdings keine Übernachtungsmöglichkeiten mehr.

Einmalig selbst in diesem Land der überdachten Brücken ist der **Bartlett Covered Bridge Shoppe**. Überdacht wurden die hölzernen Flussbrücken dereinst, um sie vor den Einflüssen von Wind und Wetter zu schützen. Ein solcher Flussübergang wurde hier mit einladenden kleinen Stöberläden eingerichtet – eine alte Passage mit neuer Funktion. Große und kleine Kürbisse mit geschnitzten Gesichtern liegen hübsch dekoriert vor der Brücke.

Herbstlich ausstaffierte Marktstände mit frischem Obst und Gemüse reihen sich an der Straße auf. Ausgeschenkt wird warmer Apple Cider, der an den langsam kühler werdenden Tagen ein wohliges Gefühl herbeizaubert. Es gibt Selbstgebackenes zu probieren und zu kaufen, hier einen *apple walnut cake*, dort ein *banana nut bread*, eine Flasche Ahornsirup wird als Mitbringsel eingepackt; der schmeckt auch zu Hause. Im Gespräch mit den Menschen, die hier arbeiten und leben, erfährt man: »Oh yes«, ein schönes Land sei es, zwar ein wenig kalt der Winter, ein wenig lang das Frühjahr, ein wenig schwül der Sommer, aber schön sei es und im Herbst genau goldrichtig – die Frau, die einen Stand betreibt, nickt zufrieden, und der Besucher überlegt sehnsüchtig, wann er wohl zurückkehren kann.

North Conway (2300 Einwohner) ist ein gepflegtes Touristenstädtchen, das im Herbst zum Touristenmagneten wird und zwischen Mitte September und Mitte Oktober Hochsaisonpreise verlangt. Naturgemäß verursacht der starke Touristenandrang Engpässe, nicht nur auf der Straße; auch die Hotels und Restaurants sind oft ausgebucht. Wohl dem, der sich Zimmer oder auch Campingplatz rechtzeitig reserviert hat. An einem schönen Spätsommertag lockt der **Echo Lake State Park** nordwestlich von North Conway zum Schwimmen und Sonnenbaden, Wandern oder Klettern. Mitten im Wald liegt der kleine Echo Lake, um den ein bequemer Trail führt.

Nach den Naturerlebnissen in den Wäldern kann man in der Main Street von **North Conway** ausgiebig bummeln und einkaufen. *Shop 'till you drop* heißt die Devise, in etwa: Einkaufen bis zum Umfallen – Wanderzubehör bei »L.L. Bean«, Kleidung von bekannten Markenherstellern, Bücher, Kunsthandwerk, Landschaftsgemälde und Quilts, die traditionellen Patchwork-Steppdecken etc. Viele bekannte Markenhersteller bringen ihre Ware in Factory Outlets preisgünstig an Mann und Frau, und das auch noch steuerfrei, da der Bundesstaat New Hampshire keine Umsatzsteuer *(sales tax)* erhebt.

Gemütlich ist eine Fahrt mit der <u>Conway Scenic Railroad</u> *durch die bunte Landschaft der White Mountains. Eine Stunde lang schmaucht die nostalgische Diesellokomotive mit ihren Oldtimer-Waggons entlang dem Saco River zwischen North Conway und Conway hin und her.*

Reichlich nostalgische Atmosphäre vermittelt auch der hübsche Bahnhof aus dem Jahr 1874. Der Ausflug lässt sich gut mit einem netten Dinner im Zug kombinieren oder tagsüber bis zur Fabyan Station verlängern.

Herbst am Swift River in den White Mountains

187

Service & Tipps:

 Pinkham Notch Visitor Center/Joe Dodge Lodge

 361 SR 16 (16 km südl. von Gorham), Gorham, NH 03581

 ℰ (603) 466-2721 und 1-800-372-1758 (AMC)

www.pinkhamnotchnh.com
Informationszentrum mit Restaurant am Fuß des Mt. Washington und idealer Ausgangspunkt zu dessen Besteigung. Organisierte Fahrten zu den Ausgangs- bzw. Endpunkten der Trails. Ausrüstungsladen für Wanderartikel, Landkarten und Bücher etc. Übernachtungen in einfachen Zwei-, Drei- und Vierbettzimmern der Joe Dodge Lodge des Appalachian Mountain Club (AMC).

Mt. Washington Valley Chamber of Commerce

2617 Main St., gegenüber vom Hauptbahnhof
North Conway, NH 03860
ℰ (603) 356-5701 und 1-877-948-6867
www.mtwashingtonvalley.org

 Echo Lake State Park

 68 Echo Lake Rd., an Rte. 302 (nordwestl. von North Conway) Conway, NH 03818
ℰ (603) 356-2672
www.nhstateparks.org
Mitte Juni–Anfang Sept. tägl. 9–20 Uhr, Eintritt US-$ 4/2
Park mit Badesee und Panoramablick auf die White Mountains und das Tal des Saco River.

 Mt. Washington State Park

 1598 Mt. Washington Auto Rd. Sargent's Purchase, NH 03581

 ℰ (603) 466-3347
www.nhstateparks.org
Eintritt US-$ 5
Mit 1916 m höchster Berg im Osten der USA, Zugang per Bergbahn, Autostraße oder Wanderweg.
   Modernes **Sherman Adams Summit Building** (Mitte Mai–Mitte Sept. tägl. 8.30–18 Uhr, sonst kürzer) mit Observatorium mit Ausstellung »Extreme Mount Washington«.

 Mt. Washington Auto Road
1 Mt. Washington Auto Rd.

Gorham, NH 03581
ℰ (603) 466-3988
www.mtwashingtonautoroad.com
Befahrbar je nach Wetterlage Mai–Okt., Anfang Juni–Anfang Sept. tägl. 7.30–18 Uhr, sonst kürzer
Fahrer-Maut US-$ 28, pro Mitfahrer US-$ 8

 Story Land
850 SR 16 (Nähe Kreuzung mit Rte. 302), Glen, NH 03838
ℰ (603) 383-4186
www.storylandnh.com
Mitte Juni–Anfang Sept. tägl. 9.30–18, Ende Mai–Mitte Juni und Okt. nur Sa/So bis 17 Uhr, Eintritt US-$ 31
Vergnügungs- und Märchenpark mit Wasserrutschen, Achterbahnen und Safari.

 Mt. Washington Cog Railway
3168 Base Station Rd.
Marshfield Station, NH
Talstation 3168 Base Station Rd.
ℰ (603) 278-5404, www.thecog.com
Ende Mai–Ende Okt. einzige Dampflokfahrt um 8.15 Uhr bzw. 9.15 Uhr als erster Zug, im Sommer weiter stündlich Abfahrt mit Diesellok
Fahrtdauer hin und zurück jeweils 1 1/2 Stunden
Ticket US-$ 68/39 (4–12 J.)
Zahnradbahn über die Westseite des Mt. Washington zum Gipfel. Unbedingt warme Kleidung anziehen bzw. mitnehmen. Unterwegs wird es windig und kalt. Nichts für Kleinkinder.

 Conway Scenic Railroad
SR 16, 38 Norcross Circle
North Conway, NH 03860
ℰ (603) 356-5251 und 1-800-232-5251
http://conwayscenic.com
Mai–Ende Okt. tägl. eine, Ende Juni–Anfang Sept. fünf Abfahrten tägl. zwischen 10.30 und 16.30 Uhr mit nostalgischen Dieselloks
55-minütige Rundfahrten nach Conway (US-$ 16/11) und 1 1/2-stündige Ausflüge nach Bartlett (US-$ 26/18). Fünfstündige Rundfahrten zum Crawford Notch Depot (US-$ 54/38) oder 5 1/2 Stunden zur Fabyan Station (US-$ 59/42). Während der Fahrt kann man im Choroua Dining

Car gemütlich speisen (Lunch/Dinner US-$ 51/67).

Covered Bridge House
404 Rte. 302
Glen, NH 03838
✆ (603) 383-9109 und
1-800-232-9109
www.coveredbridgehouse.com
Frühstückspension mit fünf Zimmern und einer Suite neben der Bartlett Covered Bridge über den Saco River. Originell: Auf der Brücke kann man im Covered Bridge Shoppe Andenken kaufen. $$–$$$

Settler's Green Outlet Village
2 Common Court, an SR 16
North Conway, NH 03860
✆ (603) 356-7031 und 1-888-667-9636
www.settlersgreen.com
Mo–Sa 9–12, So 10–18 Uhr
Markenware für 25–70 % des regulären Ladenpreises im Direktverkauf in über 60 Shops.

Vito Marcello's
33 Seavey St.
 North Conway, NH 03860
✆ (603) 356-7000
www.vitomarcellositalianbistro.com
Tägl. außer Di 17–21.30, Fr/Sa bis 22.30 Uhr, saisonal auch Mo geschl. Seit drei Generationen servieren anerkannte Köche in Familientradition italienische Küche. Dazu gehört auch Vito Marcello's Gourmet Food, www.vitofoods.com. $$

Moat Mountain Smokehouse & Brewery
3378 White Mountain Hwy. (Hwy. 16), North Conway, NH 03860, (603) 356-6381
www.moatmountain.com
Tägl. Lunch und Dinner; der Brew Pub braut Ale und Lager; leger. $$

Überdachte Brücke: Wahrzeichen New Englands

❸ Westliche White Mountains

Von North Conway geht es über Conway auf den **Kancamagus Highway** (State Rte. 112), die einzige große Ost-West-Verbindung durch die White Mountains. Als »National Forest Scenic Byway« ist der Kancamagus Highway deklariert, als Forststraße von außergewöhnlichem landschaftlichem Reiz – eine Auszeichnung, die ihre Berechtigung hat, denn der Kancamagus Highway, der in sanften Kurven dem Swift River Valley folgt, verwöhnt mit vielseitigen Landschaftseindrücken.

Schon seit den 1830er Jahren durchdringt eine Route die White Mountains entlang dem Swift River, doch hätte sich der heutige Reisende womöglich nie dieser einsamen, holprigen Strecke anvertraut. Mitte der 1920er Jahre erhielt die einspurige Straße einen Schotterbelag. Doch vorerst benutzten nur Holzfäller-Trucks die noch immer relativ beschwerliche Straße, die erst 1959 für den öffentlichen Verkehr freigegeben wurde. Seit 1964 ist der Kancamagus Highway vollständig asphaltiert und inzwischen zu einer der beliebtesten Panoramastraßen des Nordostens geworden. Auf einer Strecke von 56 Kilometern begleitet den Reisenden ein Patchwork-Panorama aus Bergen und Wald, mit Picknickplätzen, Wasserfällen, Aussichtspunkten wie Sugarhill und Hancock Overlook sowie zahlreichen Wanderwegen.

Durch die Rocky Gorge Scenic Area geht es zum einstigen Holzfällerdorf **Passaconaway**, das bereits um 1790 gegründet wurde. In dem isolierten, bewaldeten Tal 19 Kilometer westlich von Conway lebten die Siedler während des 19. Jahrhunderts von Landwirtschaft und Holzfällerei. Einziges verbliebenes Gebäude ist das heute als Forest Service Center genutzte, legendenwobene **Russell-Colbath House** von 1831. Hier lebte die alleinstehende Ruth Colbath, deren Mann 1891 aus unerklärlichen Gründen verschwunden war. 39 Jahre lang hatte sie vergeblich auf seine Rückkehr gewartet. Zur Verblüffung von Nachbarn und Freunden tauchte der Totgeglaubte 1933, drei Jahre nach dem Ableben seiner Frau, plötzlich wieder auf und sah das alte Haus an einen neuen Besitzer verkauft; die Gründe seines Verschwindens gab er nie preis.

Gegenüber dem Passaconaway Campground beginnt der **University of New Hampshire Loop Trail**. Wem nicht nach längeren Wanderungen zumute ist, der kann nach nur wenigen Minuten Fußmarsch die malerischen **Sabbaday Falls** erreichen.

Bei Lincoln und seiner Schwesterstadt North Woodstock auf der benachbarten Seite des Pemigewasset River endet der Kancamagus Highway, der hier auf die Nord-Süd-Autobahn Interstate 93 trifft. Parallel zur Autobahn verläuft Highway 3 nordwärts zur **Flume Gorge**, einer 240 Meter langen und bis zu 27 Meter tiefen, pittoresken Schlucht an der Flanke des Mt. Liberty im Süden der Franconia Notch. Ein tosender Bergbach stürzt sich hier in wilden Kaskaden die enge Granitschlucht hinunter. Pools mit klarem Wasser und überdachte Brücken verleihen der wildromantischen Szenerie etwas Ruhiges und Beschauliches. Knapp einen halben Kilometer wandert man auf einem hölzernen Steig durch die Felsschlucht. Das Flume-Informationszentrum beschäftigt sich mit Geologie, Flora und Fauna der Umgebung.

Im Bereich der Flume beginnt der **Franconia Notch State Park** mit dem westlichsten Tal von New Hampshire und einem der interessantesten zugleich: der durch eiszeitliche Gletscherbewegungen geformten Franconia Notch. Spektakuläre Granitfelsen und prächtige Wasserfälle in den Wäldern geben der Schlucht zwischen Franconia und Kinsman Mountain ihr besonderes Gepräge. Auf zwei Spuren reduziert durchquert der Interstate Parkway 93 die Franconia Notch.

Die **Cannon Mountain Aerial Tramway**, eine große Seilbahn, transportiert bis zu 80 Personen zum Gipfel des 1280 Meter hohen Cannon Mountain, der zu den bevorzugten Skigebieten von New Hampshire zählt. Hoch oben breitet sich ein schönes Panorama der Umgebung aus. Mit seinem feinen Sand-

---

Kancamagus Highway
Der Name des Highways erinnert an den Häuptling Kancamagus, der sich, obgleich man ihn den »Furchtlosen« nannte, für das friedliche Zusammenleben von Indianern und Europäern eingesetzt hatte, bevor er von den Engländern eines Besseren belehrt und zu Kriegshandlungen genötigt wurde.

👁 **The Historic Russell-Colbath Homestead**
33 Kancamagus Hwy.
Conway, NH 03818
(603) 447-5448
www.fs.usda.gov/r9
Der Forest Service nutzt das 1831 erbaute Haus als Visitor Center.

Im nördlichen Abschnitt der Franconia Notch grüßte einst 360 Meter oberhalb der Straße das »Old Man of the Mountain« genannte, natürliche, aber durchaus markante Granitprofil eines alten Mannes im Fels. Am 3. Mai 2003 kollabierte der Old Man. Seither trauert New Hampshire um sein einstiges Wahrzeichen, das auch das Staatssiegel zierte.

strand gehört der klare **Echo Lake** am Fuß des Cannon Mountain zu den schönsten Badeseen der Region; hier entspringt der Pemigewasset River.

Über den Connecticut River geht es schließlich in den Nachbarstaat **Vermont**, dessen »Grüne Berge« Samuel de Champlain zu Anfang des 17. Jahrhunderts *les verts monts* taufte. Tradition verpflichtet: Dieser Name bewährte sich und wurde auch auf den Staat übertragen. Aus den grünen Flanken der Berge baute man später erstklassigen Marmor und Granit ab, was Vermont den Beinamen *The Granite State* einbrachte.

In dem 6200 Einwohner zählenden Städtchen **St. Johnsbury** – mit langer Tradition in der Ahornsirup-Industrie – erfanden gewitzte Feinschmecker mit Ahornsirup verfeinerte Tabak-, Gewürz- und Senfsorten.

Über **Montpelier** (7800 Einwohner), die kleine Hauptstadt Vermonts, geht es weiter nach **Stowe** (4400 Einwohner), wo das Gras grüner ist, der Schnee weißer und alles ein bisschen alpiner: Stowe ist nicht nur als Sommerfrische und Herbstziel, als Ausgangspunkt für Wanderungen und Radtouren bekannt, sondern vor allem als einer der beliebtesten Skiorte New Englands. Jede Menge vorzügliche Resorthotels, romantische Restaurants und moderne Skianlagen sowie eine weitreichende, exzellente Infrastruktur machen Stowe zu einem populären Stopp auf dem Weg zurück nach Kanada.

Service & Tipps:

(i) **The Historic Russell-Colbath Homestead**
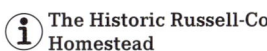 33 Kancamagus Hwy.
Conway, NH 03818
℡ (603) 447-5448
www.fs.usda.gov/r9
Der Forest Service nutzt das 1831 erbaute Haus als Visitor Center.

(i) **Stowe Area Association**
51 Main St.
Stowe, VT 05672
℡ (802) 253-7321 und 1-877-467-8693
www.gostowe.com

(m) **Maple Museum**
Maple Grove Farms of Vermont
1052 Portland St., am Hwy. 2
St. Johnsbury, VT 05819
℡ (802) 748-5141 und 1-800-525-2540
www.maplegrove.com
April–Dez. Mo–Fr 8–17, ab Juni auch Sa/So 9–17 Uhr, Eintritt frei
Museum zum Thema Ahornsirup in Vermont.

Flume Gorge
Franconia Notch Pkwy., am Südeingang des State Park, Ausfahrt 34 A von I-93
Franconia/Lincoln, NH 03580
℡ (603) 745-8391
www.flumegorge.com
Mitte Mai–Mitte Okt. tägl. 9–17 Uhr
Eintritt US-$ 14
240 m lange, pittoreske Schlucht ent-

lang der Flanke des Mt. Liberty im Süden der Franconia Notch.

Ben & Jerry's Ice Cream Factory
1281 Waterbury-Stowe Rd.
Waterbury, VT 05676
℡ (802) 846-1500 und 1-866-258-6877
www.benjerry.com, Juli-Mitte Aug. 9–21, Nov.–Juni 10–18, sonst 9–19 Uhr ganzjährig halbstündige Führungen, US-$ 4, bis 12 J. frei
Die 1978 von Ben Cohen und Jerry Greenfield in einer alten Tankstelle gegründete Speiseeisfabrikation ist heute eine der populärsten Attraktionen von Vermont. Führungen samt Pröbchen, auch Verkauf der vielfältigen Eissorten, von denen ständig neue kreiert werden.

Cold Hollow Cider Mill
3600 Waterbury-Stowe Rd.,
6 km südl. von Stowe
Waterbury Center, VT 05677
℡ 1-800-327-7537
www.coldhollow.com, tägl. 8–18 Uhr
Country Store mit kaltgepresstem *Vermont cider* (alkoholfrei!), knackigen Äpfeln und anderen Produkten frisch vom Land. Tour zur Obstpresse.

Cannon Mountain Aerial Tramway
260 Tramway Dr.
Franconia Notch State Park
An Park-Nordeingang, Ausfahrt 34 C von I-93

REGION 12
New England

Ahornsirup schmeckt übrigens am besten pur mit frisch gebackenen, mit Butter bestrichenen Pancakes oder Muffins!

Boulder Loop Trail
Der viereinhalb Kilometer lange Wanderweg ist einer der schönsten im westlichen Teil der White Mountains. Er nimmt seinen Anfang östlich der Bear Notch Road unweit der historischen Albany Covered Bridge und des Campground auf der Nordseite des Kancamagus Highway. Unterwegs bieten die vorstehenden Felsklippen am Rundwanderweg prächtige Fernsichten auf den Mt. Chocorua und ins Swift River Valley.

Beliebte Ski-Adresse: die White und die Green Mountains

Franconia, NH 03580
✆ (603) 823-8800
www.cannonmt.com
Ende Mai–Mitte Okt. tägl. 9–17 Uhr
Ticket US-$ 16/13 (6–12 J.)
Siebenminütige Seilbahnfahrt auf
den Gipfel des 1280 m hohen Cannon
Mountain. Oben Aussichtsplattform
und Cafeteria.

 Gondola Skyride
5781 Mountain Rd., 12 km
nordwestl. von Stowe
Stowe,VT 05672
✆ (802) 253-3500 und
1-888-253-484
www.stowe.com, Mitte Juni–Mitte
Okt. tägl. 10–16.30 Uhr, US-$ 24/16
Schöne Gondelfahrt auf den 1339 m
hohen Mt. Mansfield. Wunderbare
Aussicht, Restaurant und Wanderwege im Stowe Mountain Resort.

 Golden Eagle Resort
511 Mountain Rd.
Stowe, VT 05672
✆ (802) 253-4811 und
1-800-626-1010
www.goldeneagleresort.com
Familienrestaurant im Resorthotel,
das viele Freizeitaktivitäten anbietet.
$$–$$$

 **Woodstock Inn, Station &
Brewery**
135 Main St., I-93, Ausfahrt 32
North Woodstock, NH 03262
✆ (603) 745-3951 und
1-800-321-3985
www.woodstockinnnh.com
Dank Hausbrauerei, zwei Restaurants, zwei Bars und Live-Entertainment (Do–Sa) ein beliebtes Ziel.
33 Zimmer in fünf kleinen Pensio-
nen. $$

*Farm in den Green
Mountains, Vermont*

VISTA POINT Routen durch Ost-Kanada

Leuchtturm einmal anders: Touristeninformation in Grande-Anse

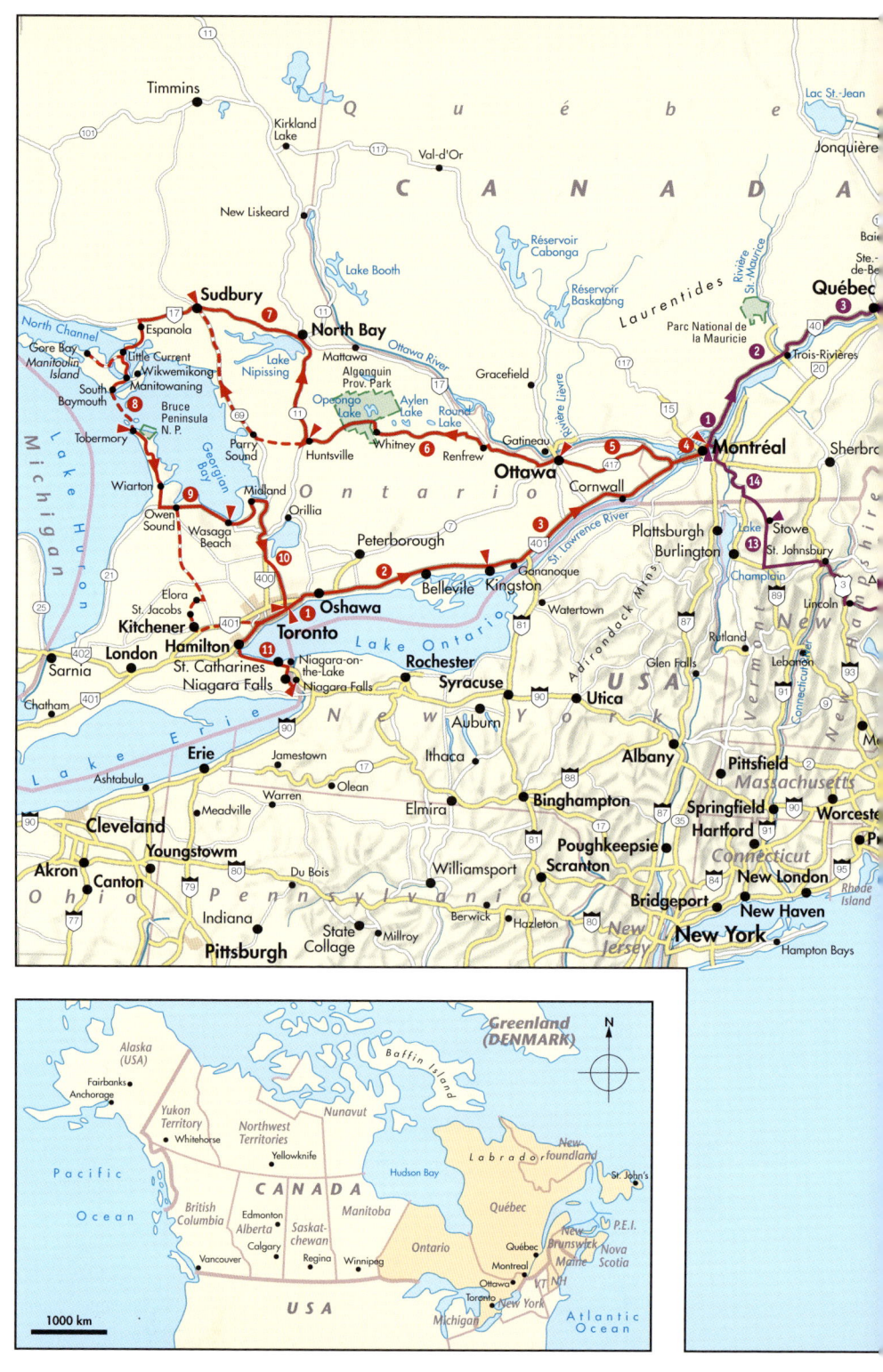

Vista Point Routen durch Ost-Kanada

Die vier beschriebenen Routen teilen das Reiseland Ost-Kanada in sinnvolle Etappen auf. Jede bietet ein abwechslungsreiches, aber stets tagesfüllendes Programm. Die Zeit- und Kilometerangaben beziehen sich auf die direkteste Fahrtstrecke mit Aufenthalt an allen Höhepunkten entlang der Route. Sie dienen als Orientierungshilfe zur optimalen Etappeneinteilung. Natürlich müssen wegen der erheblichen Größe Kanadas pro Tag etliche Kilometer gefahren werden. Um den Urlaub nicht in einer anstrengenden »Kilometerfresserei« enden zu lassen, sollte man unterwegs einige Pausentage für längere Wanderungen in Naturparks, ausgedehntere Stadtaufenthalte, Bootstouren, Ausritte oder genüssliche Badepausen einlegen. Abstecher, Rundfahrten durch Städte oder Zufahrten zu abseitigen Hotels, Campgrounds und Geschäften verlängern erfahrungsgemäß die Fahrtroute um bis zu 15 Prozent.

Ideale Ausgangspunkte für Touren durch Ost-Kanada sind der Pearson International Airport in Toronto (Ontario, Kanadas größter Flughafen mit vielen Non-Stop-Flügen aus Europa) und der Flughafen Montréal-Trudeau (Zielpunkt aller Transatlantikflüge in die Provinz Québec). Route 1 »Ontario und Québec« und Route 2 »Québec, New Brunswick und New England« lassen sich am Schnittpunkt Montréal zu einer großen achtförmigen Rundfahrt kombinieren.

Wichtigster Flughafen in den Atlantikprovinzen ist der Halifax International Airport in Nova Scotia, der nonstop aus Europa bedient wird. Über die Etappe von Moncton nach Saint John, dem gemeinsamen Schnittpunkt der Route 2 und der Route 3, können beide Routen zu einer achtförmigen Rundreise kombiniert werden.

*Ballett der Geweihe:
Karibuherde unterwegs*

Die beste Anfahrt nach Newfoundland zur Route 4 ist die mehrmals täglich verkehrende Fähre von North Sydney auf Cape Breton Island nach Channel-Port-aux-Basques im Westen der Insel. Quer durch Newfoundland verläuft lediglich der 905 Kilometer lange Trans-Canada Highway. Wer diese Rückfahrt vermeiden möchte, muss die nur zweimal wöchentlich verkehrende Fähre von Argentia von Newfoundlands Ostküste nach North Sydney nehmen und die Tourdaten im voraus exakt festlegen.

Route 1 Ontario und Québec

Toronto – Kingston – Montréal (Anschluss an Route 2) – Ottawa – Sudbury – Toronto – Niagara Falls (1883 km)

❶ Toronto

Ein Spaziergang durch die Metropole

Vormittags: Ausgangspunkt ist der **St. Lawrence Market** an der Front St. E. Die Front St. E. stadteinwärts; eingefasst von Front St. E. und Wellington St. E. liegt das dreieckige **Gooderham Building**, an der Front St. E./Ecke Yonge St. die **Hockey Hall of Fame**. Die Galleria im **Brookfield Place** durchqueren und rechts auf die Bay St. abzweigen. Links an der Bay St./Ecke King St. liegt das **First Canadian Place Shopping Centre**.
Rechts auf die King St., links auf die Yonge St. und auf dieser zum **Eaton Centre**. Über Queen St. W. zum **Nathan Phillips Square**, zur **Osgoode Hall** und zum **Campbell House**. Weiter der Queen St. W. folgen. Rechts auf die McCaul St.; links an der Ecke Dundas St. W. liegt die **Art Gallery of Ontario**. Weiter auf der Dundas St. W. bis Spadina Ave. in **Chinatown**. Lunchpause.

Die postmoderne New Toronto City Hall am Nathan Phillips Square

Nachmittags: Weiter auf der Dundas St. W., rechts abbiegen auf die Kensington Ave. und zum **Kensington Market**, wieder rechts abbiegen und auf der Baldwin St. zurück zur Spadina Ave. Links abzweigen, dann rechts auf die College St., vorbei an der University of Toronto zum **Ontario Legislative Building**. Nördlich des Parlaments liegt das **Royal Ontario Museum**. Weiter nördlich entlang Queen's Park und Avenue Rd., rechts auf die Bloor St., links auf die Old York Lane, rechts auf die Yorkville Ave. und rechts über Bellair St. zurück zur Bloor St. und dieser folgen bis zur Yonge St. Ab der Haltestelle Yonge/Bloor Sts. mit der U-Bahn stadteinwärts fahren (Yonge Line) zur Union Station.

Einen Stadtplan von Toronto und die Beschreibung des Spaziergangs finden Sie auf S. 25 ff., Service-Informationen S. 31 ff.

❷ Kingston
Die schönste Altstadt Ontarios

Route: Toronto – Kingston (263 km)

km	Zeit	Route
0	8.30 Uhr	Ab **Toronto** via Gardiner Expwy. und Don Valley Pkwy. auf Hwy. 401 (McDonald Cartier Fwy.). Über
56		**Oshawa**,
122		**Cobourg** und **Brighton** nach
263	11.30 Uhr	**Kingston**; Militärparade im **Fort Henry**. Anschließend Spaziergang entlang Kingstons historischer **Waterfront** längs der Ontario St. von der **City Hall** bis zum **Marine Museum of the Great Lakes**.

Einen Stadtplan von Kingston finden Sie auf S. 61.

Parkwood, The R.S. McLaughlin Estate
270 Simcoe St. N. Oshawa, Ont. L1G 4T5
✆ (905) 433-4311
www.parkwoodestate.com
Juni-Aug. tägl. 10.30–17, sonst Di-So 10.30–16 Uhr, Eintritt $ 10/7

Entlang dem Highway 401 ziehen sich noch auf über 50 Kilometer endlose Gewerbegebiete, Bürokomplexe und Wohnblöcke des Großraums Toronto dahin. Am Ostende dieses großstädtischen Ballungsraums zählt **Oshawa** mit den Werken des Automobil-Giganten General Motors zu einem Zentrum der kanadischen Automobilindustrie. In das weltweite GM-Imperium wurden auch die McLaughlin Carriage Works integriert. Deren vermögender Inhaber Sam McLaughlin ist Gründer von General Motors in Kanada und residierte standesgemäß in **Parkwood**, einem 1915–17 erbauten, luxuriösen 55-Zimmer-Herrenhaus mit reizvollen ornamentalen Gärten.

Der Highway 401 zieht sich durch die leicht hügelige Landschaft parallel zum Lake Ontario nach Nordosten. Nach der US-Unabhängigkeit von Großbritannien wurde diese ländliche Idylle zur zweiten Heimat britischer Loyalisten aus den 13 ehemaligen Kolonien.

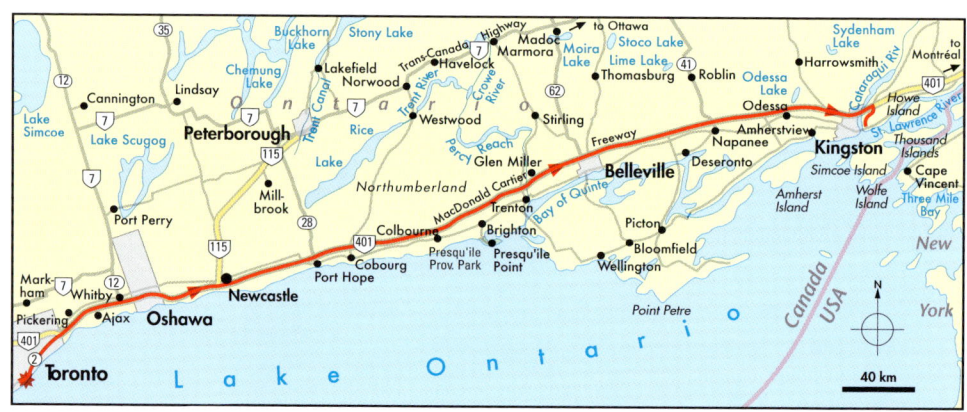

Gegen Ende des 18. Jahrhunderts gründeten sie kleine Städte wie **Cobourg**. Hier geben während der zweitägigen Cobourg Highland Games Ende Juli (www. cobourg highlandgames.ca) die Dudelsackpfeifen den Ton an.

Das ebenfalls von Loyalisten gegründete **Brighton** liegt inmitten einer der fruchtbarsten Obstanbaugebiete der Provinz. Südlich des Ortes schiebt sich die bewaldete Halbinsel des **Presqu'ile Provincial Park** weit in den Lake

Ontario hinein. Der Park lädt mit Marsch- und Dünenlandschaften sowie einem zwei Kilometer langen, seichten Sandstrand zu Spaziergängen ein.

Am Nordostende des Lake Ontario, dort wo der Sankt-Lorenz-Stroms beginnt, liegt **Kingston** (s. S. 61 ff.), das über die Mündung des Cataraqui River und den Rideau Canal mit Ottawa verbunden ist. Der Nachmittag eignet sich für einen Stadtbummel durch die schöne Altstadt.

❸ Upper Canada Village
Lebendige Vergangenheit

Route: Kingston – Gananoque – Montréal (286 km)

km	Zeit	Route
0	8.30 Uhr	Ab **Kingston** auf dem Hwy. 2 nach
33		**Gananoque** (Thousand Islands); auf dem Thousand Islands Pkwy. nach
63	11.00 Uhr	**Mallorytown Landing** (Saint Lawrence Islands National Park); weiter Thousand Islands Pkwy. bis zur Auffahrt 685 des Hwy. 401.

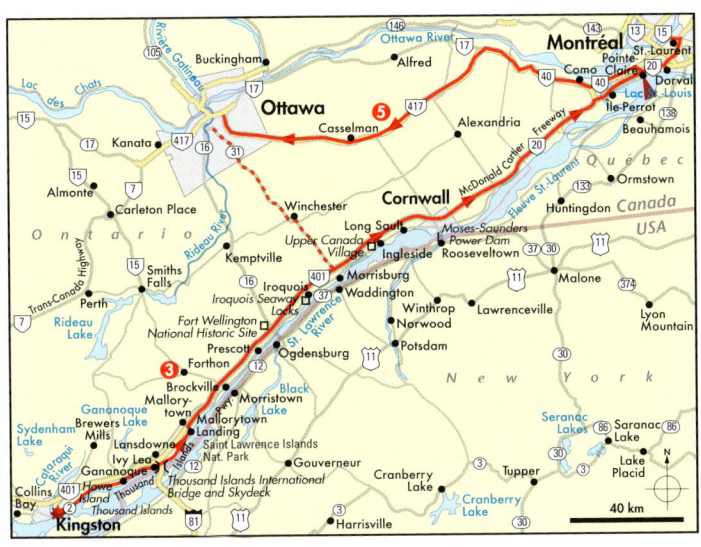

104		**Fort Wellington National Historic Site** (Ausfahrt 716 des Hwy. 401).
123		**Iroquois Seaway Locks** (Ausfahrt 738 des Hwy. 401).
146		**Upper Canada Village** (Ausfahrt 758 des Hwy. 401).
215	17.00 Uhr	An der Grenze Ontario/Québec wird die Autobahn 401 zur Rte. 20; auf dieser nach
286	18.00 Uhr	**Montréal**.

Ab Kingston führen die ersten knapp 70 Kilometer der Etappe über den Highway 2 und den Thousand Islands Parkway als Landstraße am Ufer des Sankt-Lorenz-Stroms entlang. Auf der Weiterfahrt bis Montréal (über eine Autobahn abseits des Flusses) ist das Freilichtmuseum **Upper Canada Village** (s. S. 69) die größte Attraktion. Östlich von **Cornwall** (s. S. 60) passiert man mit der Provinzgrenze Ontario/

Québec den Übergang vom anglophonen in den frankophonen Teil Kanadas. Wie in Europa ändern sich von einem auf den anderen Kilometer Kultur und Sprache.

Alternativ gelangt man auf direktem Weg (d. h. ohne Umweg über Montréal) nach **Ottawa**, wenn man vom Upper Canada Village zurück zum Highway 401 fährt und ab Ausfahrt 750 bei Morrisburg den Hwys. 31 und 27 bis zur kanadischen Bundeshauptstadt folgt.

❹ Montréal

Ein Streifzug durch das Zentrum der französischen Metropole Kanadas

Einen Stadtplan von Montréal und die Beschreibung des Spaziergangs finden Sie auf S. 77 ff., Service-Informationen S. 83 ff.

Da den meisten ein Museumsbesuch pro Tag genügt, sind die genannten Museen jeweils als Alternative gedacht.

Vormittags:

Am nördlichen Ende der Pl. Jacques-Cartier rechts auf die Rue Notre-Dame, vorbei an Hôtel de Ville (Rathaus) und **Musée Château de Ramezay**. Rechts auf die Rue Saint-Claude, dann links zur Rue Saint-Paul E. und an der silbernen Kuppel des **Marché Bonsecours** vorbei. Rechts halten und zum **Vieux-Port**, zum Stadtpark an der alten Hafenfront. Wanderung entlang der Promenade du Vieux-Port. Kurze Überfahrt mit den »Navettes Vieux-Port-Les Îles« zur **Île Sainte-Hélène**. Zurück zum Vieux-Port: Gegenüber dem Quai Alexandra liegt das **Pointe-à-Callière Musée d'Archéologie et d'Histoire de Montréal**. Stadteinwärts über die Rue Saint-Sulpice zur **Basilique Notre-Dame-de-Montréal**. Lunchpause.

Nachmittags:

Weiter stadteinwärts entlang der Rue Saint-Sulpice, die in die Rue Saint-Urbain übergeht. Kurzer Abstecher ins **Quartier Chinois** (chinesisches Viertel) an der Rue de La Gauchetière E. zwischen Rue Clark und Rue Saint-Urbain. Durch den **Complexe Guy-**

Favreau und links über den Boul. René-Lévesque O. in das moderne Geschäftszentrum an der **Place Ville-Marie** und am Gare Centrale (Hauptbahnhof). **Église anglicaine Saint-George** an der Pl. du Canada (Rue Peel/Ecke Rue de La Gauchetière E.), die **Cathédrale Marie-Reine-du-Monde** am Boul. René-Lévesque O./Ecke Rue Mansfield vor dem Wolkenkratzer Le 1000 de La Gauchetière.

Über die Rue University zum Musée McCord d'Histoire canadienne an der Rue Sherbrooke neben der Université McGill. 800 m weiter auf der Rue Sherbrooke O. zum **Musée des beaux-arts de Montréal**. Links auf die populäre Einkaufs- und Restaurantmeile Rue Crescent.

Abends: Bummel auf der **Rue Sainte-Catherine**, am interessantesten zwischen Rue Saint-Hubert und Rue Peel; Abstecher zum Studentenviertel **Quartier Latin** auf der Rue Saint-Denis. Die beiden großen Einkaufszentren, **Centre Eaton de Montréal** und **La Baie**, liegen an der Rue Sainte-Catherine beiderseits der Rue University.

❺ Von Montréal nach Ottawa
In die Hauptstadt Kanadas

Route: Montréal – Ottawa (193 km)

Die Route finden Sie in der Karte S. 199.

km	Zeit	Route
0	8.30 Uhr	**Montréal** über Rte. 40 (in Ontario Hwy. 417) nach
193	10.30 Uhr	**Ottawa**.
	12.00 Uhr	**Parc de la Gatineau**, **Musée Canadien de l'Histoire**,
	18.00 Uhr	**ByWard-Market-Viertel**.

Weiter geht es nach **Ottawa** (s. S. 38 ff.), der kanadischen Bundeshauptstadt in Ontario. Es rauschen die von kleinen Orten gespickten, welligen Farmlandschaften der Region zwischen Ottawa River und St.-Lorenz-Strom vorbei. Bald schon führt der Highway durch die Vororte Ottawas, die mit ihren Einkaufszentren und Geschäftsstraßen so typisch nordamerikanisch wirken. Aber Ottawa bleibt an diesem Tag links liegen, der Mittag eignet sich wunderbar, im herrlich weitläufigen **Parc de la Gatineau** auf Québecker Seite jenseits des Ottawa River zu wandern, Rad zu fahren oder ein Picknick zu machen.

Am Nachmittag bietet sich ein Besuch des hübsch am Ottawa River gelegenen **Musée Canadien de l'Histoire** an, das nicht nur mit interessanten Ausstellungen, sondern auch einer schönen Aussicht auf das am anderen Ufer gelegene Ottawa aufwartet.

Wer abends noch gut zu Fuß ist, erkundet das Nachtleben in den zahlreichen Restaurants und Kneipen rund um den Byward Market.

❻ Ottawa
Kanadas reizvolle Hauptstadt

Route 1

Einen Stadtplan von Ottawa und eine Beschreibung des Spaziergangs finden Sie auf S. 41 ff., Service-Informationen S. 44 ff.

Vormittags: Ausgangspunkt sind die **Parliament Buildings** an der Wellington St. Der Weg führt flussabwärts zum **Supreme Court of Canada**, dem Obersten Gerichtshof. Über Bay St. und entlang der Sparks Street Mall zum **Confederation Square** und weiter zum **Rideau Canal**, Spaziergang zu den acht Schleusen der **Ottawa Locks** vor der Flussmündung des Kanals, mit deren Hilfe der Höhenunterschied von 25 Metern überwunden wird. Auf der östlichen Seite erhebt sich das Château Laurier, eines der Paradepferde der großen kanadischen Eisenbahnhotels.

Mittags: Lunchpause **ByWard-Market-Viertel**.

Nachmittags: Über York St. am Sussex Dr. rechts, rechter Hand die Zwillingstürme der **Cathedral-Basilica of Notre-Dame**, gegenüber die National Gallery of Canada. Weiter zur Royal Canadian Mint, dahinter liegt Nepean Point.

Abends: »Sound and Light Show on Parliament Hill« am Parlament.

❼ Algonquin Provincial Park
Traumhaftes Kanurevier

Route: Ottawa – Algonquin Provincial Park – Huntsville (347 km)

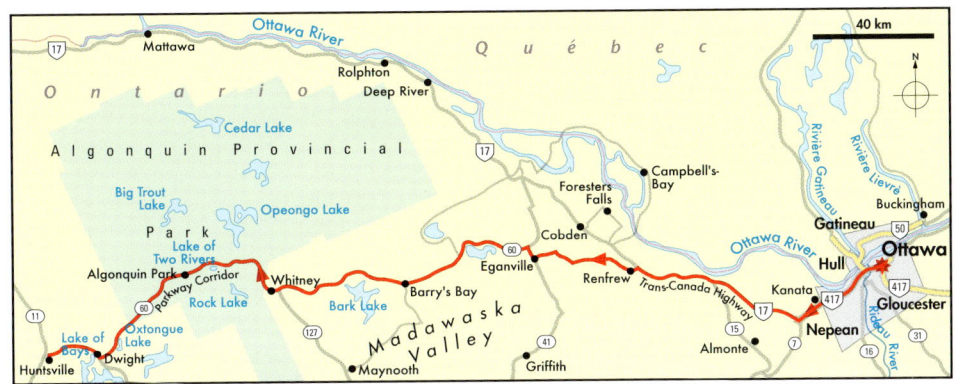

km	Zeit	Route
0	8.30 Uhr	Ab **Ottawa** auf Hwy. 417, an dessen Ende auf den Trans-Canada Hwy. 17; Abzweigung auf Hwy. 60, über **Renfrew** nach
237	11.45 Uhr	**Whitney**, dem Osteingang des **Algonquin Provincial Park**. Auf dem Hwy. 60 (Parkway Corridor) durch den Park nach
347	18.00 Uhr	**Huntsville**.

Über den weitgehend autobahnmäßig ausgebauten Trans-Canada Highway 417/17 verlässt man im Tal des Ottawa River schnell Kanadas Bundeshauptstadt. Etwas flussaufwärts von **Renfrew** versprechen wilde Stromschnellen ein spannendes Whitewater-Rafting-Abenteuer.

Über den Highway 60 gelangt man weiter nach **Whitney**, dem Tor zum **Algonquin Provincial Park** (s. S. 54 ff.). Algonquin, das Land der Elche und Wölfe, ist das bedeutendste Kanurevier Kanadas mit einer riesigen Auswahl an Leihkanus. Besucher sollten spontan zumindest einen Halbtagesausflug per Boot unternehmen. Die Kanurouten auf den zahlreichen Seen sind absolut anfängertauglich, und lediglich für Mehrtagestouren kann im Hochsommer eine Reservierung sinnvoll sein.

Im Park selbst gibt es viele Campgrounds, aber nur wenige (teure) Hotelbetten. Auch in **Whitney** ist das Beherbergungsangebot eher bescheiden, wogegen **Huntsville** als Westtor zum Park zahlreiche Hotel-/Motelquartiere aufweisen kann.

Beliebtes Freizeitvergnügen: Kanu fahren im Algonquin Provincial Park

❽ Sudbury

Exzellente Museen

Route: Huntsville – North Bay – Sudbury (238 km)

km	Zeit	Route
0	8.30 Uhr	Ab **Huntsville** auf den Hwy. 11 bis zum Stadtzentrum von
73	10.00 Uhr	**North Bay**. Weiter über den Trans-Canada Hwy. 17 nach
238	12.30 Uhr	**Sudbury**, Science North's Science Centre, Dynamic Earth.

»Island Queen« Cruise
9 Bay St., Parry Sound, Ont. P2A 1S4
℡ (705) 746-2311,
1-800-506-2628
www.islandqueen
cruise.com
Juli/Aug. tägl. 10 Uhr
zweistündige Tour,
$ 28/14
Juni–Mitte Okt. tägl.
13 Uhr dreistündige
Tour, $ 38/19
Das Dock liegt an der
Einmündung des Segu-
in River in die Georgian
Bay

Ab **Huntsville** führt der Highway 11 nordwärts. Beiderseits der gut ausgebauten Straße erstrecken sich weitläufige Wald- und Seengebiete. Bis zur nächstgrößeren Stadt, **North Bay** am lang gestreckten Lake Nipissing, liegen nur vereinzelte Ortschaften am Wegesrand. Dasselbe gilt im weiteren Etappenverlauf für den Trans-Canada Highway 17 nach **Sudbury** (s. S. 72 f.). Die fast schnurgerade Straße zwischen beiden Städten markiert die (fiktive) Grenzlinie zwischen südlichem und nördlichem Ontario.

Alternativ verlangt die von Huntsville aus etwa gleichlange Routenkombination aus Highway 3 bis Parry Sound und Highway 69 bis Sudbury etwas mehr Fahrzeit.

Populärstes Ziel unterwegs ist dabei eine dreistündige Kreuzfahrt ab dem Ferienort **Parry Sound** (5800 Einwohner) an der gleichnamigen, tief eingeschnittenen Bucht. Zwischen den zahlreichen, aus Granit geformten Inseln der **30 000 Islands** schippert die 550 Personen fassende »Island Queen« durch enge Kanäle und seichtes Gewässer.

❾ Manitoulin Island

Größte Insel in einem Süßwassersee

Die Route finden Sie in der Karte S. 205.

Route: Sudbury – Little Current – South Baymouth – Fähre nach Tobermory (196 km)

km	Zeit	Route
0	8.30 Uhr	Ab **Sudbury** via Hwy. 17 und Hwy. 6 bis
74	9.30 Uhr	**Espanola**. Weiter auf dem Hwy. 6 nach **Manitoulin Island**, über **Little Current** und **Manitowaning** nach
196		**South Baymouth**; Fährpassage (1 Std. 45 Min.) nach **Tobermory**.

Der attraktive kurvenreiche Highway 6 schlängelt sich ab **Espanola** über die Granitfelsen des Kanadischen Schildes, über Flüsse, Buchten und bewaldete Inseln. Aussichtspunkte laden immer wieder zu Pausen ein. Über die zum historischen Denkmal erklärte Drehbrücke von 1913, die zu jeder vollen Stunde Boote passieren lässt, gelangt man nach **Little Current** auf **Manitoulin Island** (s. S. 65 ff.). Gleich hinter der Brücke befindet sich ein Information Centre. Mit rund 1500 Einwohnern ist Little Current die größte Ansiedlung auf der Insel. Die Hauptstraße des netten, gediegenen Ortes verläuft entlang der Waterfront, wo an Sommerabenden gepflegte weiße Segel- und Motorboote im Wasser dümpeln.

Whitefish Lake Annual Traditional Gathering in Sudbury

Bei genügend Zeit lohnt sich eine Rundfahrt über Manitoulin Island auf dem Highway 540 entlang der Nordküste – zumindest bis **Gore Bay**, vielleicht sogar bis zum **Mississagi Lighthouse**. Unterwegs führen Wanderwege wie der schöne Cup and Saucer Trail das **Niagara Escarpment** hinauf, bei **Kagawong** stürzen sich die schleierartigen **Bridal Veil Falls** in die Tiefe. Am Fähranleger zum Festland fällt im unauffälligen **South Baymouth** an der felsigen Südspitze von Manitoulin Island einzig und allein der hübsche rot-weiß gestreifte Leuchtturm auf.

Route 1

🔴 Tobermory
Bootstouren über Schiffwracks

Route: Tobermory – Fathom Five – Bruce Peninsula National Park – Wasaga Beach (199 km)

Die Route finden Sie in der Karte S. 205.

km	Zeit	Route
0	8.30 Uhr	In Tobermory zum **Fathom Five National Marine Park**. Weiter auf dem Hwy. 6 bis zum
9	11.30 Uhr	**Cyprus Lake** im Bruce Peninsula National Park. Über **Wiarton** und **Hepworth** bis
116		**Owen Sound**; Hwy. 26 und Hwy. 92 bis
199	18.00 Uhr	**Wasaga Beach**.

Im Zentrum der lang gestreckten **Bruce Peninsula** (s. S. 59) prägen Sümpfe und Wälder die Landschaft. An der **Georgian Bay** im Osten markieren die steilen Klippen des **Niagara Escarpment** den Küstenverlauf. Auf der Westseite, am **Lake Huron**, ein vollkommen anderes Bild: Oftmals dominieren flache Sandstrände mit Marschland, Dünen und zahlreichen Buchten.

Westlich von **Wasaga Beach** lockt der **Blue Mountain** bei Collingwood zahlreiche Bretterlfans in das größte Skigebiet Ontarios bzw. im Sommer zum Wandern und Mountainbiking. Meistbesuchte Sommerattraktion sind die **Scenic Caves**. Der Naturpark am Blue Mountain besitzt ein Labyrinth aus Höhlen und Schluchten sowie Ontarios längste Hängebrücke (126 m).

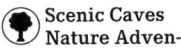 **Scenic Caves Nature Adventures**
260/280 Scenic Caves Rd.
Blue Mountains, Ont.
L9Y 0P2
✆ (705) 446-0256
www.sceniccaves.com
Mai–Okt., Juli/Aug.
9–20, sonst 9–17 Uhr
Eintritt ab $ 23/19

Farmer's Market in St. Jacobs

Alternativroute: Ab **Owen Sound**, dem Tor zur Halbinsel, startet eine attraktive Alternativroute in das einst deutschsprachige Herz von Ontario. Auf den Hwy. 6 südwärts bis Arthur, sowie via Hwy. 12, Hwy. 86 und Hwy. 85 erreicht man zunächst das Mennonitenstädtchen **St. Jacobs** (s. S. 72), danach **Kitchener** (s. S. 65), wo das größte Oktoberfest Nordamerikas gefeiert wird, und zum Abschluss per Hwy. 401 Toronto.

⑪ Midland

Sehenswertes Huronendorf

Die Route finden Sie in der Karte S. 205.

Route: Wasaga Beach – Midland – Sainte-Marie – Toronto (196 km)

km	Zeit	Route
0	8.30 Uhr	Ab **Wasaga Beach** via Hwys. 92, 6, 25 nach
39	11.00 Uhr	**Midland**. Bootstour. **Sainte-Marie**, Hwy. 93 bis
67		Auffahrt 121 des Hwy. 400, via Hwys. 400, 401, 427, Gardiner Expwy. nach
196	18.00 Uhr	**Toronto**.

Wye Marsh, Midland

Die **Georgian Bay** weist im Gegensatz zur Felsenküste an der Bruce Peninsula oftmals exzellente Sandstrände entlang der weitläufigen **Nottawasaga Bay** auf. Insbesondere der im Hochsommer viel besuchte **Wasaga Beach** besitzt einen der längsten und schönsten Strände Ontarios.

Sowohl **Midland** als auch **Penetanguishene** sind populäre Ausgangspunkte für Kreuzfahrten durch die **30 000 Islands**. Ebenfalls zu dem Inselgewirr zählt der benachbarte **Georgian Bay Islands National Park**. Seine 59, insgesamt zwölf Quadratkilometer großen Inseln liegen an der zerklüfteten äußersten Südostküste der Georgian Bay. Der Zugang erfolgt ausschließlich per Boot, z. B. bei einer Tour ab **Honey Harbour** mit Day Tripper (✆ 705-526-8907, $ 16/12) mit Aufenthalt auf der größten Nationalparkinsel **Beausoleil Island**, wo man nach 15 Minuten Überfahrt in Cedar Spring bzw. Chimney Bay anlandet.

Service & Tipps:

🌳 **Georgian Bay Islands National Park**
901 Wye Valley Rd.
Midland, Ont. L4R 4K6
✆ (705) 527-7200, www.pc.gc.ca/gbi

⑫ Niagara Falls

Von Toronto um den Lake Ontario nach Niagara Falls

Route 1

Route: Toronto – Niagara Falls (145 km)

km	Zeit	Route
0	9.00 Uhr	Von **Toronto** auf dem Queen Elizabeth Way (QEW) am Ufer des **Lake Ontario** entlang bis
145	11.00 Uhr	**Niagara Falls**.

Vormittags: Spaziergang am **Niagara River** zwischen **Horseshoe Falls** und **Rainbow Bridge**; **Table Rock House**, Bootstour **»Maid of the Mist«**.

Nachmittags: Per Auto oder **People Mover Bus** entlang **Niagara River** flussabwärts zum **White Water Walk** und **Whirlpool Aero Car**. Stadteinwärts über Victoria Ave. (wird in Innenstadt zur Ferry St.). Links in Buchanan Ave. zu **Skylon Tower** und **IMAX Theatre**.

Abends: **Illumination** der Fälle vom **Table Rock House**. ❖

Einen Stadtplan von Niagara Falls und eine Beschreibung des Spaziergangs finden Sie auf S. 49 f., Service-Informationen S. 51 ff.

»Maid of the Mist« im Einsatz an den Niagara-fällen

Route 2

Stadtpläne von Mont-réal und die Beschrei-bung des Spaziergangs und der Ausflüge fin-den Sie S. 76 ff., Ser-vice-Informationen S. 83 ff.

Route 2 Québec, New Brunswick und New England

Montréal (Anschluss an Route 1) – Québec – Gaspé-Halbinsel – Cara-quet – Moncton (Anschluss an Route 3) – Saint John (Anschluss an Route 3) – Acadia Park – White and Green Mountains – Montréal (2910 km) (Die komplette Route finden Sie S. 194/195.)

❶ Montréal

Spaziergang durch Vieux-Mont-réal, Ausflüge zum Parc olym-pique und auf den Mont-Royal (s. auch S. 202).

❷ Sankt-Lorenz-Strom
Die Lebensader Québecs

Route: Montréal – Trois-Rivières – Québec (268 km)

km	Zeit	Route
0	8.30 Uhr	Ab **Montréal** auf der Rte. 40 am Nordufer des Sankt-Lorenz-Stroms nach
133	10.00 Uhr	**Trois-Rivières**. Weiter Rte. 40, vor Québec über Rte. 540 und Rte. 73 auf die Südseite des Sankt-Lorenz-Stroms zur Rte. 20.
263	17.00 Uhr	Ausfahrt 325 der Rte. 20; Rte. 173 nach **Lévis**, zehn-minütige Fährpassage nach
268	18.00 Uhr	**Québec**.

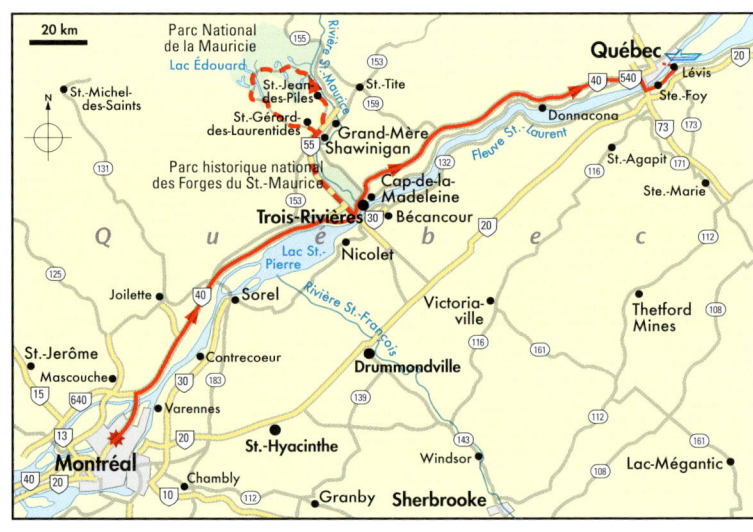

Gut erhalten: die Altstadt von Trois-Rivières

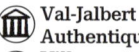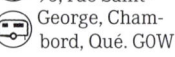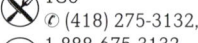

Val-Jalbert Authentique Village
95, rue Saint-George, Chambord, Qué. G0W 1G0
℃ (418) 275-3132, 1-888-675-3132
www.valjalbert.com, tägl. Juni–Mitte Okt. 10–17, Juli/Aug. 9–18 Uhr, $ 24/12
Das tolle lebende Museum um eine Papierfabrik von 1901 liegt zu Füßen des 72 m hohen, mächtigen Wasserfalls Chute Ouiatchouan; mit Seilbahn und Wanderweg zum kleineren Chute Maligne (49 m). mit Campground, Gästezimmern, Ferienwohnungen, Restaurant.

Im Herbst besonders schön: die Wälder der Laurentides

Die Route 40 folgt dem von sanft hügeligem Wald- und Farmland geprägten Nordufer des Sankt-Lorenz-Stroms, der wie eine pulsierende Lebensader die beiden Metropolen Montréal und Québec verbindet. Auf der wenig abwechslungsreichen Route lohnt sich ein Zwischenstopp in der Stadt **Trois-Rivières** (s. S. 113).

Schönstes Ausflugziel ist der **Parc National de la Mauricie** (s. S. 107) in den hügeligen Laurentides, ab/bis Trois-Rivières eine insgesamt 164 Kilometer lange Tour über Saint-Jean-des-Piles, die Route de la Promenade (die Parkstraße durch den Nationalpark) und Saint-Gérard-des-Laurentides zurück zum Ausgangspunkt.

Abstecher: Eine kurze, aber attraktive Rundfahrt durch die **Provinz Québec** (ohne Gaspé-Halbinsel) beginnt in Trois-Rivières: Zunächst folgt man der Route 55/155 entlang dem Rivière Saint-Maurice bis zum Lac Saint-Jean (290 km), dann dem Rivière Saguenay bis Tadoussac (230 km) und auf dem Rückweg dem Sankt Lorenz bis Trois-Rivières (340 km). Höhepunkt auf der Route ist östlich von Roberval (Nähe Lac Saint-Jean) das **Val-Jalbert Authentique Village**.

❸ Québec

Spaziergang durch die Altstadt, Bootsfahrt nach Lévis, Musée de la Civilisation, Parc de la Chute-Montmorency.

Einen Stadtplan von Québec finden Sie auf S. 90, die Beschreibung des Spaziergangs und der Ausflüge auf S. 89 ff. bzw. S. 93 und Service-Informationen S. 94 ff.

Château Frontenac, Québec

---

❹ Tadoussac
Belugawale en masse

Route: Québec – Tadoussac (207 km)

km	Zeit	Route
0	8.30 Uhr	Ab **Québec** auf die Rte. 440, die in die Rte. 138 übergeht, den Sankt-Lorenz-Strom flussaufwärts bis
45		**Sainte-Anne-de-Beaupré**. Weiter Rte. 138 nach
91	11.00 Uhr	**Baie-Saint-Paul**; auf der Küstenstraße Rte. 362 über Saint-Joseph-de-la-Rive nach
139		**La Malbaie**; Rte. 138 bis **Baie-Sainte-Catherine**, zehnminütige Fährpassage nach
207	15.00 Uhr	**Tadoussac**, Walbeobachtungsfahrt.

Réserve Nationale de Faune du Cap-Tourmente
570 chemin du Cap-Tourmente Saint-Joachim-de-Montmorency, Qué.
G0A 3X0
✆ (418) 827-4591
www.ec.gc.ca/ap-pa
Tägl. 8.30–17 Uhr
Eintritt $ 6

Kleinere Dörfer prägen das schmale Nordufer des Sankt-Lorenz-Stroms am Fuß der Laurentides-Berge. Einen Kontrast zu der offenen Flusslandschaft bilden im Hinterland bewaldete Gebirgszüge mit tiefen Schluchten, über eine Landstufe stürzen Flüsse mit zahlreichen Wasserfällen talwärts.

Zehn Kilometer nordöstlich von Sainte-Anne-de-Beaupré bietet die 24 Quadratkilometer große **Réserve Nationale de Faune du Cap-Tourmente** eine Heimat für Graueulen, Wanderfalken und – speziell im Frühjahr – Zehntausende von Schneegänsen. In dem Feuchtgebiet am Sankt-Lorenz-Strom verbindet ein 20 Kilometer langes Wanderwegenetz die Beobachtungspunkte.

Zwischen **Baie-Saint-Paul** und **La Malbaie**, den beiden einzigen größeren Orten bis Tadoussac, verlässt man die Route 138 und folgt

der parallelen, deutlich attraktiveren Küstenstraße Route 362. Auf der malerischen Strecke schieben sich bewaldete Berge mit flachen Plateaus bis nah an das Flussufer heran. Der Name des Ortes **Les Éboulements** bedeutet »Erdrutsch« – und ein solcher wurde im Jahr 1663 durch ein kräftiges Erdbeben ausgelöst. Historische Häuser und eine Steinkirche prägen das Dorfbild, am 30 Meter hohen Wasserfall des Rivière du Moulin steht eine Mühle von 1790.

Hübsche Ferienhäuser bestimmen die Umgebung von **Pointe-au-Pic**, einem seit dem 18. Jahrhundert etablierten Sommerferienort, von dessen Felsen aus man einen fabelhaften Blick über den Sankt-Lorenz-Strom hat. Kurz danach, am Endpunkt der Route 362 lief 1608 das Schiff des Kanada-Erforschers Samuel de Champlain auf Grund. Missgelaunt verpasste er der

großen Mündung den Namen »mal baie«, Unglücksbucht. Heute ist **La Malbaie** ein hübsches Touristenstädtchen mit Galerien, Kunsthandwerksläden und sehenswerten Schluchten des Rivière Malbaie im gebirgigen Hinterland. Im eingemeindeten **Saint-Fidèle-de-Mont-Murray** auf einem Plateau hoch über dem Sankt-Lorenz-Strom kann man die für ihre exzellenten Milchprodukte bekannte Käserei »Saint-Fidèle« (www.fromageriest fidele.net) besuchen.

Kurz vor dem Fähranleger in Baie-Sainte-Catherine bietet das **Centre d'Interprétation et d'Observation de Pointe-Noire** (s. S. 112) ein wunderschönes Panorama auf die Mündung des Rivière Saguenay. Von den Aussichtsplattformen kann man Belugas beobachten. Es folgt eine zehnminütige Fährfahrt nach **Tadoussac** (s. S. 111 f.), das etwas abseits der Route 138 liegt.

*Einer der vielen Leucht-
türme: La Martre auf der
Gaspé-Halbinsel*

❺ Gaspé-Halbinsel

Idyllische Küstenstraße

**Route: Tadoussac – Forestville – Fähre nach Rimouski – Mata-
ne – Sainte-Anne-des-Monts (280 km)**

km	Zeit	Route
0	10.30 Uhr	Ab **Tadoussac** auf Rte. 138 bis
97	12.15 Uhr	**Forestville** (saisonal wechselnde Abfahrzeiten, keine Camper), 55-minütige Fährpassage nach
	13.10 Uhr	**Rimouski**. Ab hier stets Rte. 132 folgen,
107	13.30 Uhr	**Pointe-au-Père**. Über **Sainte-Flavie**, **Grand-Métis** nach
192		**Matane**, über **Cap-Chat** nach
280	19.00 Uhr	**Sainte-Anne-des-Monts**.

Da die Route 138 von Tadoussac nach Forestville eine hübsche Streckenführung aufweist, bietet sich als Anschluss die Fährfahrt von **Forestville** über den Sankt-Lorenz-Strom nach **Rimouski** an. Fast wie ein Ozean wirkt der Fluss bereits hier, wo er nicht einmal annähernd seine endgültige Mündungsbreite erreicht hat.

Aber auch der Küstenstreifen von **Les Éscoumins** nach **Trois-Pistoles** (3500-Einwohner-Ort mit drei markanten Kirchtürmen) besitzt seine Vorzüge. Auf der Route 132 am Südufer des Sankt-Lorenz fährt man an kleinen, landwirtschaftlich geprägten Gemeinden vorbei, die sich zu beliebten Sommerferienorten entwickelt haben. Kurz vor Rimouski erweist sich der **Parc du Bic** mit Inseln und Sandbänken direkt am Flussufer als lohnenswerter Stopp. Ein Netz von Wanderwegen durchzieht dieses wunderschöne

Fleckchen Erde. Routen führen in unmittelbarer Flussnähe auf über 250 Meter hohe Berge sowie zu Buchten wie **Anse à l'Original**, wo man mit ein wenig Glück Robben erblicken kann.

Rimouski, mit 42 000 Einwohnern die größte Stadt im Umkreis, hat sich zum wirtschaftlichen und kulturellen Zentrum am unteren Sankt-Lorenz-Strom entwickelt. Touristisch gesehen sind allerdings das benachbarte **Pointe-au-Père** (s. S. 109) sowie **Grand-Métis** (s. S. 105) die wichtigeren Anlaufpunkte.

Im Windenergiepark auf einem Hügel bei **Cap-Chat** werden die zahllosen konventionellen Windkraftanlagen (mit horinzontaler Achse) von der mächtigen Windturbine »Éole Cap Chat« (www.eolecapchat.com) überragt. Das 110 Meter hohe Monstrum mit vertikaler Achse zählt zu den größten und produk-

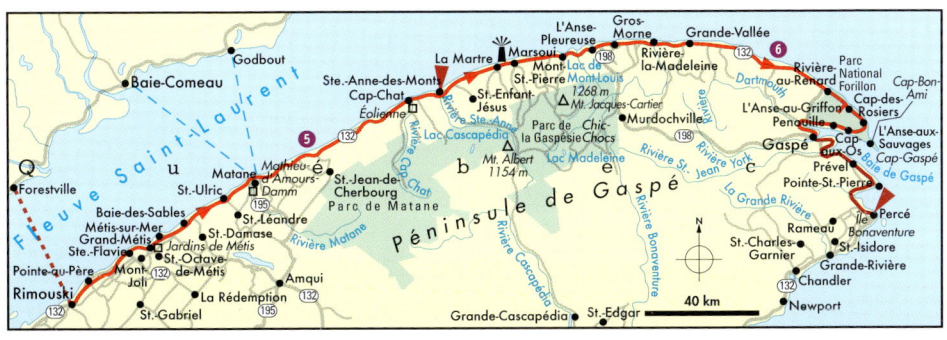

tivsten Windkraftanlagen der Welt. Auf Führungen werden Funktionsweise und technische Details der innovativen *éole* erläutert.

Östlich von Cap-Chat liegt **Sainte-Anne-des-Monts** an der Mündung des Rivière Sainte-Anne du Nord, der im Inneren der Gaspé-Halbinsel entspringt und besonders Lachsang-lern ein Begriff ist. Einige der hübschen Häuser der 6800-Einwohner-Stadt wurden im frühen 20. Jahrhundert von weit gereisten Kapitänen und wohlhabenden Industriellen errichtet. Für Touren in den **Parc National de la Gaspésie** (s. S. 106) ist Sainte-Anne-des-Monts der beste Ausgangsort.

❻ Parc National Forillon
Zur äußersten Landspitze

Route: Sainte-Anne-des-Monts – Parc National Forillon – Gaspé – Percé (319 km)

km	Zeit	Route
0	8.30 Uhr	Ab **Sainte-Anne-des-Monts** stets Rte. 132 folgen; über **La Martre** und **Grande-Vallée** zum
180	12.00 Uhr	**Parc National Forillon**.
242	16.00 Uhr	**Gaspé**, Weiterfahrt nach
319	18.00 Uhr	**Percé**.

Das von hohen Bergen eingerahmte und in einer flachen Bucht liegende kleine Fischerdorf **Mont-Saint-Pierre** gilt als eine Hochburg der Drachenflieger im kanadischen Osten. Startpunkt ist der 430 Meter hohe Hausberg nordöstlich der Stadt.

Bei **L'Anse-Pleureuse** zweigt die Route 198 zur einstigen Minenstadt **Murdochville** im Landesinneren ab, wo bis 1999 bedeutende Kupfervorkommen abgebaut wurden. Wenig später fällt der stillgelegte Leuchtturm **Sainte-Madeleine-de-la-Rivière-Madeleine** mit benachbartem Internet-Café auf. Ab jetzt ist die Route 132 besonders reizvoll. Immer felsiger und schroffer wird das Ufer. Hinauf zu windumtosten Kaps schwingt sich die Straße, um sich gleich darauf wieder zu einer der zahlreichen kleinen Buchten mit ebenso kleinen Küstendörfern hinunterzuwinden.

Steile Passagen weisen bis zu 17 Prozent Gefälle auf. Beim Picknick auf einem der gepflegten Rastplätze lässt sich von der Uferstraße aus sogar mit bloßem Auge das Blas der Wale beobachten. Erster Blickfang hinter Sainte-Madeleine ist das Städtchen **Grande-Vallée** (1200 Einwohner) mit der einnehmenden Silhouette der markant auf einer Felsenklippe thronenden Kirche.

Zwei Höhepunkte auf der Route sind unzweifelhaft der **Parc National Forillon** (s. S. 106), wo man zumindest den kurzen Spaziergang zum Aussichtspunkt am Cap-Bon-Ami unternehmen sollte, sowie **Gaspé** (s. S. 103 f.), die größte Stadt auf der Halbinsel mit der Cathédrale de Gaspé. Vor der einzigen aus Holz erbauten Kathedrale Kanadas erinnert ein Granitkreuz an den Entdecker Jacques Cartier.

Erst kurz vor Percé erblickt man ab **Pointe-Saint-Pierre** in der Ferne den Felsen **Rocher Percé** (s. S. 108). Die Straße windet sich dorthin zunächst um eine Bucht und über eine Bergkuppe.

❼ Le Rocher Percé
Der berühmteste Felsen Ost-Kanadas

Route: Percé – Carleton (194 km)

km	Zeit	Route
0	8.30 Uhr	In **Percé** zum **Rocher Percé** und zur **Île Bonaventure**. Ab Percé stets Rte. 132 folgen; über **Grande-Rivière**, **Chandler**, nach
134	17.00 Uhr	**Bonaventure**; über **New-Richmond** nach
194	18.00 Uhr	**Carleton**, Auffahrt zum **Oratoire Notre-Dame-du-Mont-Saint-Joseph**.

Die Route 132 durchquert in ihrem Verlauf Fischerdörfer mit fischverarbeitenden Betrieben wie das nach dem gleichnamigen »großen Fluss« benannte **Grande-Rivière**. Das benachbarte **Chandler**, mit 8000 Einwohnern größter Ort an der südlichen Gaspé-Halbinsel, wurde nach dem Industriellen Percy M. Chandler aus Philadelphia benannt. Der Namensgeber hatte 1913 die erste Zellstofffabrik auf der Gaspé-Halbinsel errichtet.

Allmählich gelangt die Küstenstraße an den Uferbereich der geschützten **Baie des Chaleurs**. Paspébiac profitierte stets von seinem Naturhafen, an dem sich schon früh Fischer niederließen. Von geschäftigeren Zeiten künden die 1845–50 errichteten Gebäude der bedeutenden Fischfanggesellschaften »La Robin« und »Le Boutillier« von der britischen Kanalinsel Jersey. Heute locken die restaurierten Häuser und Schuppen, Werkstätten und Kaianlagen mitsamt den hier vorgeführten Handwerksdemonstrationen statt arbeitsuchender Fischer vergnügungsuchende Touristen an.

Neben Französisch ist in **New Richmond** auch Englisch Umgangssprache, denn viele Bewohner sind Nachfahren königstreuer britischer Loyalisten, die nach der Unabhängigkeit der USA nach Kanada flohen. Westlich der Stadt, an der Mündung des Rivière Cascapédia, steht in der Gemeinde **Gesgapegiag** der Mi'kmaq-Indianer eine Kirche in der Form eines Wigwams. Im Ort gibt es hübsche geflochtene Körbe und weitere indianische Mitbringsel.

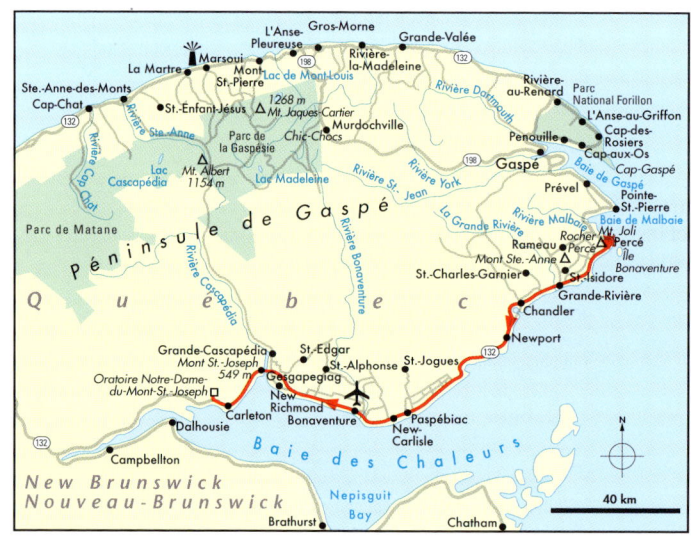

❽ Von Carleton nach Caraquet

Akadische Impressionen an der Baie des Chaleurs

Route 2

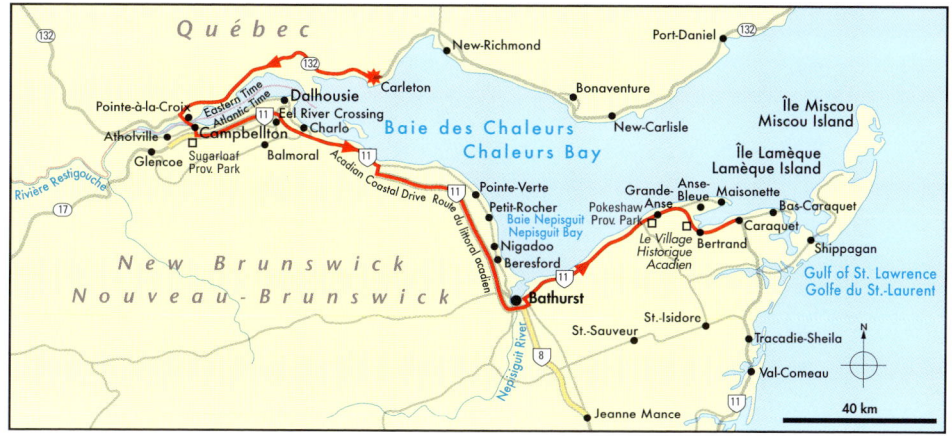

Route: Carleton – Campbellton – Caraquet (235 km)

km	Zeit	Route
0	9.00 Uhr	Abfahrt in **Carleton** auf der Rte. 132; in **Pointe-à-la-Croix** über die Brücke nach New Brunswick. **Zeitzonengrenze**: Stellen Sie Ihre Uhr um eine Stunde vor!
57	11.00 Uhr	Auf dem Acadian Coastal Drive/Route du Littoral Acadien (Hwy. 134, später Hwy. 11) nach
168	13.00 Uhr	**Bathurst**, weiter auf Hwy. 11 über **Grande-Anse** und den **Pokeshaw Provincial Park** zum
225	14.00 Uhr	**Village Historique Acadien**.
235	18.00 Uhr	**Caraquet**.

Ab **Carleton** verengt sich die meeresähnliche **Baie des Chaleurs** zunehmend und zieht sich tief ins Land hinein, wo sie in die Mündung des Rivière Restigouche übergeht. In **Pointe-à-la-Croix** verlässt die Route die Provinz Québec und führt über eine Brücke nach New Brunswick.

Mit der Provinzgrenze wechselt nicht nur die Zeitzone von Eastern zu Atlantic Time, sondern in dieser Region von New Brunswick machen auch die frankokanadi-

schen Gefilde zunächst anglokanadischen Dörfern und Städten Platz.

Ab **Campbellton** zieht sich der Acadian Coastal Drive (Hwy. 134/11) längs der Küste nach **Bathurst**. Mit ihrer Papier- und Bergbauindustrie ist die mit 12 700 Einwohnern größte Stadt im Nordosten New Brunswicks industrieller Mittelpunkt einer weitläufigen Region und für die Bewohner der umliegenden Dörfer zugleich Handels- und

Dienstleistungszentrum. Ruhig verläuft der Acadian Coastal Drive weiter über die zwischen der Baie des Chaleurs und der Baie Miramichi gelegene flache, landwirtschaftlich geprägte akadische Landzunge.

Einen kurzen Stopp verlangt der **Pokeshaw Provincial Park** mit seinem treibholzübersäten, wilden Sandstrand. Angezogen wird der Blick von einer ungewöhnlichen, hohen Felsinsel, die wie ein Geisterschiff vor der Küste ankert. Auf den bizarren, abgestorbenen Bäumen des kargen Eilandes nisten Tausende von Vögeln.

Während von Bathurst bis etwa Pokeshaw die Bevölkerung noch weitgehend von englischsprachigen Fischern und Farmern des 19. Jahrhunderts abstammt, beginnt ab **Grande-Anse** wieder ein anderer Einflussbereich. Hier kehrt der Reisende zurück in eine französisch geprägte Welt. Ortsnamen wie Anse-Bleue und Maisonette sind hierfür ein Indiz, die stillen, liebevoll gepflegten Friedhöfe ein anderes. Auch der Acadian Coastal Drive heißt jetzt »Route du Littoral Acadien«. Bald schon gelangt man nach **Caraquet** (s. S. 116), einem der Hauptorte der akadischen Kultur.

⑨ Von Caraquet nach Moncton

Zu den schönsten Sandstränden New Brunswicks

Route: Caraquet – Kouchibouguac National Park – Moncton (258 km)

km	Zeit	Route
0	9.00 Uhr	Abfahrt in **Caraquet**; auf dem Acadian Coastal Drive/Route du Littoral Acadien (Hwy. 11) über **Tracadie-Sheila** nach
117	10.30 Uhr	**Miramichi** (Newcastle/Chatham); weiter auf Hwy. 11 zum
169	11.00 Uhr	**Kouchibouguac National Park**; auf Hwy. 11 weiter, über
211	16.00 Uhr	**Bouctouche** nach **Shediac** und hier auf den Hwy. 15 bis
258	18.00 Uhr	**Moncton**.

Pays de la Sagouine
57 rue Acadie (Route 11, Exit 32A-B)
Bouctouche, NB E4S 2T7
✆ (506) 743-1400 und 1-800-561-9188
www.sagouine.com
Ende Juni–Aug. tägl. 9–17.30 Uhr
Eintritt $ 20/12
Brunch $ 31 bzw. Lunch Buffet oder Dinner Theatre $ 70
Erlebnispark rund um Antonine Maillets Romanfigur La Sagouine. Akadische Musik, Theater, Tanz und andere künstlerische Darbietungen vor der Kulisse eines malerisch auf einer Insel gelegenen akadischen Dorfs.

Ab **Caraquet** geht es auf dem Highway 11 durch eine Reihe von Dörfern und Kleinstädten nach **Tracadie-Sheila**, dem zweiten Zentrum der akadischen Halbinsel. Parallel zur Küste zieht sich im Golf von Sankt Lorenz eine lockere Kette von Nehrungsinseln nach Süden; Provinzparks wie Val-Comeau oder Neguac markieren die schönsten Stellen an der **Baie Miramichi**. Zumindest im Hochsommer verlocken die Wassertemperaturen durchaus zum Baden.

Schnell bleibt das beiderseits der Mündung des Miramichi River gelegene und **Miramichi** genannte städtische Zentrum Newcastle/Chatham zurück und die Route folgt dem Highway 11 in Richtung Süden. An der zentralen Ostküste von New Brunswick erstreckt sich auf einer Länge von etwa 25 Kilometern der **Kouchibouguac National Park** (s. S.124).

Weiter geht es den Highway 11 entlang. Das Städtchen **Bouctouche** an der Northumberland Strait ist Geburtsort der Schriftstellerin Antonine Maillet. Aus ihrer Feder stammt die Geschichte der weisen akadischen Waschfrau »La Sagouine« (1971), die nach Henry Wadsworth Longfellows »Evangeline« aus dem 19. Jahrhundert endlich einen neuen akadischen Frauentypus repräsentierte. La Sagouine ist eine erfrischend einfache Frau, die in der Sprache des Volkes einfühlsam und allgemeinverständlich über Belange spricht, die sie und ihre Zeitgenossen bewegen.

Auf einer Insel im Bouctouche Harbour stellt der Erlebnispark **Pays de la Sagouine** – ein akadisches Dorf der Jahrhundertwende – Szenen aus dem Leben der Sagouine nach. Ein malerischer Holzsteg verbindet das kleine Eiland mit dem Ufer. Auch der Industrielle und Milliardär K.C. Irving, Gründer einer der größten Tankstellenketten in Kanada, erblickte in Bouctouche das Licht der Welt.

Ein überlebensgroßer Hummer verleiht dem Titel »Lobster Capital of the World« (Welthauptstadt des Hummers), den **Shediac** für sich in Anspruch nimmt, Nachdruck. Entsprechend servieren unzählige Restaurants die Tierchen in großem Stil, und in der zweiten Juliwoche feiert sich Shediac ausgiebig beim fünftägigen Lobster Festival (www.shediaclobsterfestival.ca). Zweifelsohne machen die touristische Infrastruktur und die Umgebung Shediac zum Anziehungs-

punkt für Urlauber. Schwimmen, Sonnenbaden, Bootfahren und vor allem das warme Wasser der Shediac Bay locken in den nahen **Parlee Beach Provincial Park**. Vom Verkehrsknotenpunkt Shediac geht es in Richtung Prince Edward Island, Nova Scotia und ins Landesinnere via Moncton und Fredericton.

Zügig führt der Highway 15 schließlich landeinwärts nach **Moncton** (s. S. 124), wo man abends noch einen Spaziergang am Magnetic Hill unternehmen kann.

⑩ Fundy National Park

Die extremsten Gezeitenunterschiede der Welt

Die Route finden Sie in der Karte S. 219.

Route: Moncton – Hopewell Cape – Fundy National Park – Saint John (222 km)

km	Zeit	Route
0	9.00 Uhr	Von **Moncton** geht es auf dem Hwy. 114, dem Fundy Coastal Drive, zum
45	9.30 Uhr	**Hopewell Cape** und zu den **Hopewell Rocks**. Hinter Riverside-Albert links abbiegen auf Hwy. 915, über **Mary's Point**, **Waterside** und **Alma** zum
94	12.00 Uhr	**Fundy National Park**.
	16.30 Uhr	Weiter auf Hwy. 114 nach Penobsquis am Hwy. 2, diesem 14 km folgen, dann weiter auf Hwy. 1 nach
222	18.00 Uhr	**Saint John**.

Wahrzeichen: »Covered Bridge« im Fundy National Park

Von **Moncton** geht es hinüber auf die andere Seite des **Petitcodiac River** zum **Fundy Coastal Drive** (Highway 114), der entlang dem Fluss und über Hillsborough in eine völlig andere Landschaft führt. Keine flachen Badestrände verstecken sich mehr hinter lang gestreckten Dünen wie im Kouchibouguac National Park. Hier reichen Felsen und Berge bis an den Meeresrand, spielen Ebbe und Flut ihre Rollen in einem spektakulären Naturschauspiel, bei dem die Flüsse aufwärts fließen und Boote zweimal täglich auf dem Trockenen liegen. Eine besonders eindrucksvolle Präsentation des Gezeitenwechsels liefern die **Hopewell Rocks** (s. S. 122).

In Richtung **Fundy National Park** (s. S. 120 ff.) empfiehlt sich der Highway 915 als ruhige Nebenstrecke des Highway 114. Erster Anlaufpunkt ist **Mary's Point**, Nistrevier und Refugium für Scharen von Zugvögeln, die man am besten in Juli und August beobachten kann. Weiter westlich wacht ein einsamer Leuchtturm am oft sturmumtosten **Cape Enrage** hoch über der Bay of Fundy.

Westlich von Waterside trennt der **Red Head**, ein Landvorsprung mit leuchtend roten Felsen, die Badestrände von Waterside Beach und Dennis Beach voneinander. Bei Ebbe lädt der Strand zu einem Entdeckungsspaziergang ein. Auf dem »amphibischen« Land staksen Seevögel mit dünnen Beinen am Strand umher und in Felsritzen mit Gezeitentümpeln überdauern Seesterne und Muscheln geduldig die täglichen extremen Wechsel.

Reichlich skurrile Anblicke bieten sich, wenn im Hafen der kleinen Stadt **Alma** am südöstlichen Rand des Fundy National Park bei Ebbe die Schiffe auf dem schlammigen Boden des entleerten Hafenbeckens liegen – wie bunte Spielzeugboote in einem Bassin, aus dem jemand den Stöpsel herausgezogen hat.

Den Fundy National Park verlässt man auf dem Highway 114 in nordwestlicher Richtung und westwärts auf dem Highway 2 (später Highway 1) in Richtung **Saint John** (s. S. 126 f.).

Eindrucksvoller Gezeitenwechsel: Hopewell Rocks im Fundy National Park

⑪ Von Saint John zum Acadia National Park

Ein Abstecher in die USA

Route: Saint John – Grenze Kanada/USA – Acadia National Park – Bar Harbor (321 km)

km	Zeit	Route
	Morgens	**Saint John:** Old City Market, Fort Howe Lookout und Reversing Falls.
0	11.00 Uhr	Von Saint John auf Hwy. 1 über **St. George** nach **St. Stephen**; **Grenze Kanada/USA** und **Zeitzonengrenze:** Stellen Sie Ihre Uhr um eine Stunde zurück!
109		**Calais.** Auf Hwy. 1 über **Machias** nach
247	13.30 Uhr	**Cherryfield**; Abkürzung über Hwy. 182, dann wieder auf Hwy. 1. Kurz vor
292	14.00 Uhr	**Ellsworth** Abzweigung auf Hwy. 3 zum
321		**Acadia National Park**; hier auf der **Park Loop Road** durch den Park und zurück nach **Bar Harbor**.

Einen Stadtplan und Service-Informationen zu Saint John finden Sie auf S. 126 f., eine Karte und Service-Informationen zum Acadia National Park S. 181 ff.

Auf dem Highway 1 geht die Reise von **Saint John** (s. S. 126 f.) entlang der Bay of Fundy. Gegen Ende des 19. Jahrhunderts machte sich das Städtchen **St. George** mit Granitabbau einen Namen. Verwendet wurde der Granit für die prächtigen Parlamentsgebäude von Ottawa, für Kathedralen und andere bedeutende Gebäude Kanadas und der USA.

Bekannter noch als St. George ist das an der Passamaquoddy Bay gelegene Örtchen **St. Andrews**, eine elegante Sommerfrische mit vornehmen Hotels. Einige der weißen Schindelhäuser stammen aus dem Maine des späten 18. Jahrhunderts, hatten doch die aus den amerikanischen Kolonien geflüchteten Loyalisten ihre Häuser per Schiff einfach mitgenommen. Auch in St. Andrews ist der Einfluss der mächtigen Gezeitenwechsel in der Bay of Fundy noch spürbar; bis zu acht Meter differiert der Pegelstand zwischen Ebbe und Flut.

Um die Passamaquoddy Bay herum führt die Route, die am St. Croix River bei St. Stephen (New Brunswick), und Calais (Maine) die Grenze zu den USA überquert und damit auch die Zeitzonengrenze zwischen *Atlantic Time* und *Eastern Time*. Die raue Schönheit Maines offenbart sich am ehesten entlang der über 5600 Kilometer langen, zerklüfteten Küste. Ein Abstecher vom Highway 1 führt über Highway 189 nach **Lubec** (1400 Einwohner), der östlichsten Gemeinde der USA. Nur einen Katzensprung ist es von dort nach **West Quoddy Head** (www.westquoddy.com), der östlichsten Landspitze der USA, wo ein Leuchtturm aus dem Jahr 1858 emporragt. Zwar wurde er 1988 automatisiert, geleitet aber bis heute mit seinem Licht die Schiffe längs der Küste. 25 Meter hoch über dem Meer können Frühaufsteher hier als Erste in den USA die Sonne aufgehen sehen.

Größter Ort an der Strecke in Maine ist das 2200-Einwohner-Städtchen **Machias** (2300 Einwohner) dessen Wirtschaft sich auf Fischfang und Fischverarbeitung, auf Holzfällerei und Holzprodukte stützt. Machias blickt auf eine (relativ) lange Geschichte zurück: 1775 wurde in der Machias Bay eine der frühen Schlachten des Amerikanischen Unabhängigkeitskriegs geschlagen.

Vor Ellsworth zweigt man ab auf den Highway 3 zum **Acadia National Park** (s. S. 181 ff.), dem auf Mount Desert Island gelegenen einzigen Nationalpark der US-Ostküste.

West Quoddy Head Lighthouse
973 South Lubec Rd. Quoddy Head State Park, Lubec, ME 04652
✆ (207) 733-2180
www.maine.gov/doc/parks
Mitte Mai–Mitte Okt. tägl. 10–16 Uhr
Eintritt $ 3
Markant anzusehen ist der rot-weiß geringelte Leuchtturm im Quoddy Head State Park.

Im Haus des ehemaligen Leuchtturmwärters gibt es ein Visitor Center und Ausstellungen lokaler Künstler. Bisweilen sind in der Bucht Wale zu beobachten.

Alte Schule. Segeltörn auf der »Margaret Todd« mit »Downeast Windjammer Cruises« (vgl. S. 185)

⑫ Von Maines Küste zu den Bergen von New Hampshire

Route: Bar Harbor – Bangor – Mt. Washington – North Conway (396 km)

km	Zeit	Route
0	8.00 Uhr	Von **Bar Harbor** nach **Ellsworth**; auf dem Hwy. 1A nach
76	9.00 Uhr	**Bangor**; südl. Stadtumgehung auf der I-395; I-95 bis zur
116	9.30 Uhr	Ausfahrt 40; Abzweigung auf Hwy. 2 und über **Bethel** nach
319	12.30 Uhr	**Gorham**. Abbiegen auf S.R. 16 und durch die **Pinkham Notch**; in **Glen House** rechts auf die Gipfelstraße zum
344	14.00 Uhr	**Mt. Washington**; zurück zur S.R.16. An **Heritage New Hampshire** und **Storyland** vorbei, auf Hwy. 302 und Abstecher nach **Bartlett**.
396	18.00 Uhr	**North Conway**.
	Abends	Fahrt mit der **Conway Scenic Railroad**.

Ab **Bar Harbor** führt die Etappe via **Ellsworth** bis **Bangor** am Penobscot River, dem 33 000 Einwohner zählenden Verkehrsknotenpunkt am Interstate Highway 95 und kommerziellen Zentrum des östlichen und nördlichen Maine. Mit einer Auswahl relativ preiswerter Hotels und Motels in passabler Entfernung zum Acadia

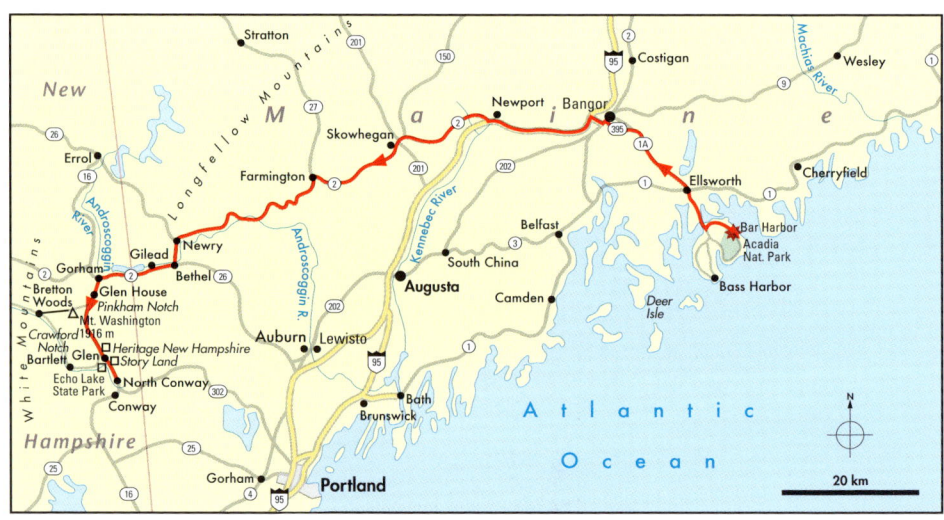

National Park eignet sich Bangor auch gut als Übernachtungsort vor oder nach einem Besuch im Park.

Der Highway 2 verlässt Bangor westwärts in Richtung New Hampshire. In **Skowhegan** (8600 Einwohner), einem von Maines größten Orten abseits des Interstate Highway 95, erinnert eine knapp 19 Meter hohe Holzskulptur an die Abenaki-Indianer, die in den Stromschnellen und Wasserfällen des Kennebec River nach Lachsen fischten.

Holz war bis vor wenigen Jahren das wirtschaftliche Standbein der Stadt. Auf dem Kennebec River, den der Highway 2 hier überquert, wurden einst Tausende von Holzstämmen zu den Sägemühlen Skowhegans geflößt.

Über Bethel und Gorham (New Hampshire) geht es in die **White Mountains** (s. S. 186 ff. und 190 ff.), wo **Mt. Washington** und andere Naturattraktionen sowie zahlreiche Aktivitäten warten. **North Conway** ist das touristische Zentrum im Osten der White Mountains.

Route 2

Farmer mit Straßenstand in Vermont

Die Mount Washington Railway in den White Mountains, im Hintergrund der Mount Washington (New Hampshire)

225

⑬ Von den White Mountains in die Green Mountains

Route: North Conway – St. Johnsbury – Stowe (231 km)

km	Zeit	Route
0	9.00 Uhr	Abfahrt in **North Conway** auf S.R. 16 Richtung Conway; Abzweigung auf den Kancamagus Highway (S.R. 112). Über **Passaconaway** weiter bis zur
64	12.00 Uhr	Einmündung in die I-93.
138	15.30 Uhr	In **St. Johnsbury** zum **Maple Museum**. Über **Montpelier** weiter nach
231	17.30 Uhr	**Stowe**.

Bei einer Fahrt auf dem **Kancamagus Highway** (SR 112, s. S. 190) – liebevoll auch »The Kanc« genannt – bieten sich zahlreiche schöne Stopps zum Wandern, zum Genießen der Aussichten, zum Campen, Picknicken und Fotografieren. In den Schwesterstädten **Lincoln** und **North Woodstock**, den Zentren im westlichen Teil der White

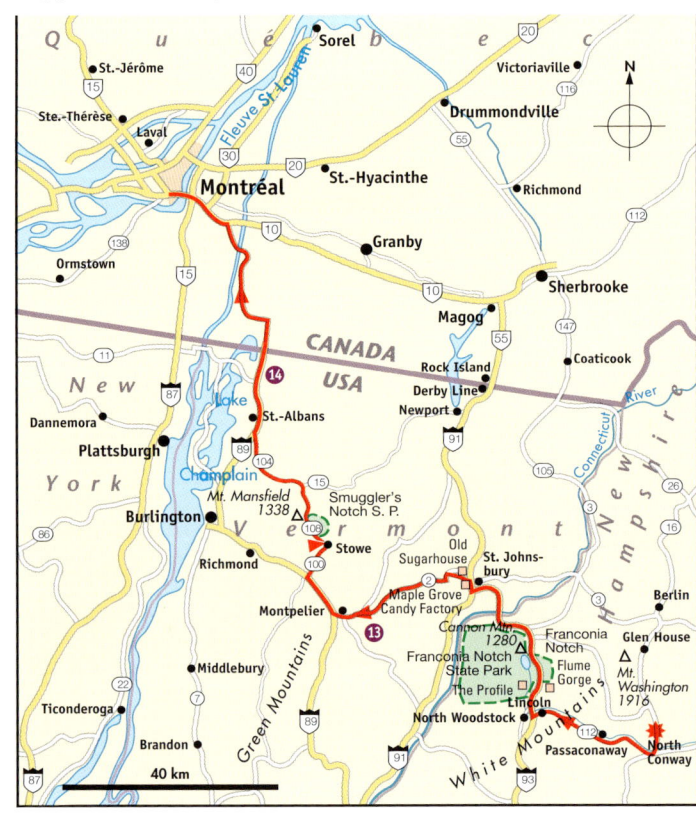

Mountains, findet das Touristen-
herz alles, was es begehrt (s. S.
190 ff.).

Eine wildromantische Schlucht
kann man in der **Flume Gorge** er-
wandern, und auch der **Franconia
Notch State Park** eignet sich wie
kaum ein anderer für Wanderfreu-
dige. Oder man nimmt die **Cannon Mountain Aerial Tramway**
und genießt beim Auf- und Abglei-
ten die Aussicht über die Berge.

Vom Städtchen **St. Johnsbury**
geht es weiter auf dem Highway 2
über Vermonts Hauptstadt Montpelier, dann auf der I-89 bis Waterbury, bevor man der SR 100 zu
Vermonts beliebtesten Ferienort
Stowe (s. S. 191) folgt.

*Himmelstürmend: Kirche
in St. Johnsbury*

⑭ Von Vermont nach Kanada

*Die Route finden Sie in
der Karte S. 226.*

Route: Stowe – Montréal (179 km)

km	Zeit	Route
	Morgens	In **Stowe** zum **Mount Mansfield**.
0	15.30 Uhr	Abfahrt in Stowe.
94	17.00 Uhr	**Grenze USA-Kanada**
179	18.00 Uhr	**Montréal**.

Wenn der Himmel klar ist, sollte
man eine Visite zum Gipfel des
Mount Mansfield einplanen, dem
mit 1339 Metern höchsten Berg
von Vermont. Wer gut zu Fuß ist,
wandert gleich am frühen Morgen
auf gut markierten Wegen hinauf,
wer schneller voran kommen
möchte, steigt in die Gondel (s. u.).

Ein populärer Gipfelanstieg ist
der **Long Trail** ab Smuggler's
Notch, ein Abschnitt des bekannten Fernwanderweges durch Vermont. Steil geht's bergan, Konditi-
on wird benötigt für die insgesamt
siebeneinhalb Kilometer hin und

zurück, es werden dabei jeweils
rund 1000 Höhenmeter bewältigt.
An klaren Tagen schweift der
Blick vom Gipfel westwärts bis hin
zu den Adirondack Mountains jen-
seits des Lake Champlain, und im
Osten lässt sich dann gar Mount
Washington erspähen.

Von **Stowe** führt die SR 108
zunächst durch die bewaldete
Schlucht von **Smuggler's Notch**
nordwärts, folgt im weiteren
Verlauf SR 15, SR 104, I-89, hinter dem Grenzübergang Highway 133 und Autobahn 10 nach
Montréal. ❖

Route 3 Nova Scotia, New Brunswick, Prince Edward Island

Halifax – Lunenburg – Saint John (Anschluss an Route 2) – Moncton (Anschluss an Route 2) – Prince Edward Island – Pictou – Cape Breton Island – Sherbrooke – Halifax (2557 km)

❶ Halifax
Traditioneller Kanonenböller

Einen Stadtplan, Beschreibung und Service-Infomationen zu Halifax finden Sie auf S. 148 ff.

Vormittags:	Mit der **Halifax–Dartmouth Ferry** hin und zurück wegen des schönen Blicks auf Downtown und die Waterfront. Spaziergang zur **Halifax Citadel National Historic Site**, vorbei am 1818 fertig gestellten **Province House**, dem Sitz der Provinzregierung, und an der **City Hall**.
Nachmittags:	Zurück zur Waterfront und den **Historic Properties**, weiter entlang dem Harbour Walk zum **Maritime Museum of the Atlantic**, und am Endpunkt des **Harbour Walk** zum Museum am **Pier 21**.

❷ Lunenburg
Große Schiffbautradition

Route: Halifax – Peggy's Cove – Lunenburg (142 km)

km	Zeit	Route
0	8.30 Uhr	Ab **Halifax** auf Hwy. 103, über Hwy. 333 (Lighthouse Trail) nach
48	9.30 Uhr	**Peggy's Cove**; weiter auf Hwy. 333 bis Auffahrt 5 des Hwy. 103. Von Ausfahrt 10/Hwy. 3 über **Mahone Bay** nach
142	13.00 Uhr	**Lunenburg**, Museumsbesuch, Bootstour.

Seehunde im Gulf of Saint Lawrence

Peggy's Cove (s. S. 156) zählt völlig zu Recht zu den Top-Attraktionen von Nova Scotia. Leider raubt das enorme Touristenaufkommen dem bildhübsch auf einem Granitfelsen aufragenden Leuchtturm viel von seiner Faszination. Morgens zum Sonnenaufgang oder abends zum Sonnenuntergang kehrt aber beschauliche Ruhe an diesem prachtvollen Flecken Erde ein. Wegen der relativ kurzen Anfahrt ab Halifax bietet sich ein abendlicher Abstecher nach Peggy's Cove auch als Abschluss der Etappe 1 (Halifax) oder 13 (Sherbrooke–Halifax) an.

Das 1754 gegründete **Mahone Bay** liegt kurz vor Lunenburg (s. S. 154 f.) und verdankt seine Popularität den drei sehenswerten Kirchen, die sich am Kopfende des Hafens Seite an Seite im Wasser der Bucht spiegeln. Segeln und Kajakfahren sind populäre Aktivitäten im Ort der Bootsbauer und Fischer, deren Erbe sich noch heute in Veranstaltungen wie dem alljährlichen Mahone Bay Pirate Festival & Regatta manifestiert.

③ Kejimkujik National Park

Kanuparadies

Die Route finden Sie in der Karte S. 229.

Route: Lunenburg – Kejimkujik National Park – Port-Royal – Digby (189 km)

km	Zeit	Route
0	8.30 Uhr	**Lunenburg**. Auf Hwy. 3 bis **Bridgewater**, via Hwy. 325 und Hwy. 208 bis **South Brookfield**, auf Hwy. 8 zum
87	10.00 Uhr	**Kejimkujik National Park**, dort Kanutour. Weiter Hwy. 8 bis **Annapolis Royal**; Hwy. 1 bis **Granville Ferry**, links abbiegen. Nach 11 km
145	16.00 Uhr	**Port-Royal National Historic Site**; zurück bis **Annapolis Royal**, Hwy. 101 bis
189	18.00 Uhr	**Digby**.

Upper Clements Park
2931 Hwy. 1
Annapolis Royal,
N.S. B0S 1A0
℡ (902) 532-7557,
1-888-248-4567
www.upperclements
park.com
Ende Juni–Ende Aug.
tägl. 11–19 Uhr
Vergnügungspark $ 30,
alles inklusive

North Hills Museum
5065 Granville Rd.
Granville Ferry,
N.S. B0S 1K0
℡ (902) 532-2168
http://northhills.nova
scotia.ca
Juni–Anfang Okt.
Mo–Sa 9.30–17.30, So
13–17.30 Uhr, Eintritt
frei

Grand Pré National Historic Site of Canada
Grand Pré, N.S. B0P
1M0
℡ (902) 542-3631
www.pc.gc.ca/grandpre
Mitte Mai–Ende Juni
Di–Sa, Ende Juni–Mitte
Okt. tägl. 9–17 Uhr
Eintritt $ 8/4

Der **Kejimkujik Lake** (s. S. 151 f.) ist das Dorado für Kanuten in Nova Scotia und an Sommerwochenenden leider stark von Kurzurlaubern frequentiert. Selbst Anfänger (auch Kinder) kommen auf dem See bestens zurecht und genießen ihr Pausenpicknick auf Inseln oder in entlegenen Buchten. Dank zahlreicher durchnummerierter Bojen bereitet die Orientierung auf dem ausgedehnten See keine Probleme.

In unmittelbarer Nähe von **Annapolis Royal** bieten sich zwei Abstecher an. Sieben Kilometer westlich des Ortes (über Hwy. 1) liegt in **Upper Clements** der größte Vergnügungspark der Atlantikprovinzen (u. a. mit Achterbahn, Ziplines, Wasserrutschen, Riesenrad).

Nördlich von Annapolis Royal passiert man in **Granville Ferry** das **North Hills Museum**. Das 1764 erbaute Farmgebäude zählt zu den ältesten Holzhäusern in Nova Scotia und ist mit Antiquitäten sowie Möbeln aus dem 18. und 19. Jahrhundert ausstaffiert.

110 Kilometer östlich von Annapolis Royal (Ausfahrt 10 von Autobahn 101) entstand der **Grand Pré National Historic Site** (mit multimedialer Parkinfo) in Erinnerung an die Vertreibung der Akadier 1755 aus Nova Scotia. In einer ehemaligen (vermutlichen) akadischen Siedlung wurde im 20. Jahrhundert eine Gedenkkirche (Ausstellungen im Innenraum) mit Statue der »Evangeline« errichtet. Die (fiktive) akadische Heldin ist Protagonistin der berühmten gleichnamigen Ballade von Henry Wadsworth Longfellow.

»Waiting for the Tide«: Fischerboote an der Bay of Fundy

4 Brier Island
Wale und Leuchttürme

Route 3

Die Route finden Sie in der Karte S. 229.

Route: Digby – Brier Island – Digby – Fähre nach Saint John (146 km)

km	Zeit	Route
0	7.30 Uhr	Ab **Digby** auf Hwy. 217 bis
55	9.30 Uhr	ab **East Ferry** Fährpassage (5 Min.) nach **Tiverton** auf **Long Island**
73	10.00 Uhr	ab **Freeport** Fährpassage (10 Min.) nach **Westport** auf **Brier Island**
	16.30 Uhr	ab **Westport** Fährpassage nach **Freeport**
91	17.00 Uhr	ab **Tiverton** Fährpassage nach **East Ferry**
146	20.45 Uhr	ab **Digby** (N.S.) Fährpassage (2 Std. 45 Min.) nach
	19.30 Uhr	**Saint John** (N.B.).

Für die Anfahrt von **Digby** (s. S. 148) nach **Westport** auf **Brier Island** müssen knapp zwei Stunden veranschlagt werden. Die beiden kleinen Fähren (je 5 bzw. 10 Min., rund 20 Autos Fassungsvermögen) verkehren stündlich, für den Weg zwischen den beiden Fährterminals auf **Long Island** benötigt man eine Viertelstunde.

Die entlegene Insel **Brier Island** (s. S. 144) mit dem Touristenörtchen **Westport** verzeichnet relativ wenige Übernachtungsgäste. Tagesgäste kommen vornehmlich zu Walbeobachtungstouren, zudem wandern viele Besucher kurz zu den Leuchttürmen oder durch ein Vogelschutzgebiet.

Die knapp dreistündige Fährfahrt von Digby nach Saint John (s. S. 148) erspart ganze 580 Kilometer Autostrecke um die lang gestreckte **Bay of Fundy**.

5 Bay of Fundy
Die extremsten Gezeitenunterschiede der Welt

Route: Saint John – Fundy National Park – Hopewell Cape – Moncton (222 km)

km	Zeit	Route
0	9.00 Uhr	Von **Saint John** auf Hwy. 1 nach Penobsquis, von dort weiter auf Hwy. 114 zum
128	10.30 Uhr	**Fundy National Park**.
	15.00 Uhr	Weiter ab **Alma** östlich des Parks via Hwy. 915 über **Waterside** und **Mary's Point**, dann ab Riverside-Albert auf Hwy. 114 zum
177	16.00 Uhr	**Hopewell Cape**.
	17.30 Uhr	Fortsetzung der Fahrt auf Hwy. 114, dem **Fundy Coastal Drive**, längs des **Peticodiac River** nach
222	18.00 Uhr	**Moncton**.

Routenplan und Beschreibung (in umgekehrter Richtung) finden Sie auf S. 219 f.

❻ Der Westen von Prince Edward Island

Idyllische Inselfahrt

Route: Moncton – Borden – Carleton – North Cape – West Point (303 km)

km	Zeit	Route
0	9.00 Uhr	Ab **Moncton** auf Hwy. 15 über **Shediac** nach **Port Elgin**; Trans-Canada Hwy. 16 nach
102	10.30 Uhr	**Cape Tormentine**. Über die 13 km lange **Confederation Bridge** nach **Borden-Carleton**. Fortsetzung der Fahrt via Hwy. 1 und Hwy. 1A, ab Traveller's Rest Hwy. 2, der ab hier **Lady Slipper Drive** heißt, bis **Miscouche**. Von dort aus dem Routenverlauf des **Lady Slipper Drive** folgen, der in dieser Region weitgehend mit dem Hwy. 12 identisch ist. Stopps im **Jacques Cartier Provincial Park** und in **Tignish Shore**. Weiter zum
235	14.30 Uhr	**North Cape**. Auf Hwy. 12 und Hwy. 161 zurück zum **Lady Slipper Drive**, der an dieser Küste die Bezeichnung Hwy. 14 trägt. Südwärts entlang der Westküste über **Miminegash** zum
303	16.45 Uhr	**West Point Lighthouse** und zum **Cedar Dunes Provincial Park**.

Im gut ausgestatteten Fremdenverkehrsbüro (s. S. 131) am Nordende der Confederation Bridge, an der Fährstation in **Borden-Carleton** auf Prince Edward Island, gibt es Landkarten und Informationen, mit denen einer Erkundung der Insel nichts mehr im Wege steht. In Richtung Nordwesten folgt man dem Highway 1A, dem nach dem Blaureiher benannten Blue Heron Drive und dem Lady Slipper Drive, dessen Taufpatin eine in den Feuchtgebieten der Insel wachsende Orchideenart ist.

Der Westen von Prince Edward Island (s. S. 130 ff.) bietet abwechslungsreiche Aktivitäten und Stopps. Eine ausgedehnte Pause am Badestrand des **Jacques Cartier Provincial Park** (s. S. 130) empfiehlt sich bei entsprechendem Wetter. Fotogen ist das Fischerdorf **Tignish Shore**, das man nach kurzer Fahrt auf dem Lady Slipper Drive erreicht. An exponierter Stelle befindet sich am **North Cape** die **Atlantic Wind Test Site**.

Weiter geht es auf dem jetzt als Highway 14 bezeichneten Lady Slipper Drive nach **Miminegash** zum Besuch des **Irish Moss Interpretive Centre** (s. S. 131). Gemächlich windet sich Highway 14 an der Küste entlang zum schmucken **West Point Lighthouse** mit dem angrenzenden **Cedar Dunes Provincial Park** (s. S. 131).

❼ Prince Edward Island National Park
Naturerlebnisse pur

Route: West Point Lighthouse – Prince Edward Island National Park – Charlottetown (145 km)

km	Zeit	Route
0	9.00 Uhr	Vom **West Point Lighthouse** weiter auf Hwy. 14. Rechts auf den Hwy. 2, ab **Kensington** Hwy. 6. Über **New London** nach
106	10.15 Uhr	**Cavendish** und zum
	12.00 Uhr	**Prince Edward Island National Park**. Weiter auf Hwy. 6 über **North Rustico** und schließlich nach
145	16.30 Uhr	**Charlottetown**.
	Abends	Spaziergang durch Charlottetown, u.a. zur **St. Dunstan's Basilica** und zum **Province House**.

Der Highway 2 und weiter der Highway 6 führen auf schnellstem Weg in Richtung Prince Edward Island National Park. Südlich des Highway 2 erstreckt sich akadisches Land, auf dem noch heute Nachfahren der frühen französischen Siedler leben.

Diese Etappe gibt ausreichend Zeit für eine Erkundung des **Prince Edward Island National Park** (s. S. 132 f.), bevor es weiter geht zur Provinzhauptstadt **Charlottetown** (s. S. 134 f.) und dem Ostteil der Insel (s. S. 136 f.).

Warnschild vor starker Strömung an einem Strand von Prince Edward Island

233

⑧ Pictou
Erste schottische Siedlung

Route: Charlottetown – East Point – Wood Islands – Fähre nach Caribou – Pictou (209 km)

*Informationen über
Pictou finden Sie auf
S. 157.*

km	Zeit	Route
0	8.30 Uhr	Ab **Charlottetown** via Hwy. 2 und Hwy. 16 bis
106	11.30 Uhr	**East Point**; Hwy. 16, Hwy. 2 und Hwy. 4 nach
201	14.30 Uhr	**Wood Islands** (P.E.I.), 75-minütige Fährpassage nach
		Caribou (N.S.), auf dem Trans-Canada Hwy. 106 nach
209	16.00 Uhr	**Pictou**.

Sehenswerte Ziele auf der attraktiven Rundtour über die Osthälfte von Prince Edward Island sind u. a. das Fischerstädtchen **St. Peters**, das **East Point Lighthouse** (s. S. 136 f.), die entzückende Kleinstadt **Souris** sowie der **Brudenell River Provincial Park** (s. S. 136 f.) inmitten einer ruhigen Flusslandschaft.

Als schnelle Alternative bietet sich die gut ausgebaute Direktroute Charlottetown–Wood Islands über den Trans-Canada Highway Nr. 1 mit nur 61 Fahrtkilometern an. Zur

Hochsaison muss man bei der Fähre **Wood Islands–Caribou** (s. S. 137) am Freitag- bzw. Sonntagnachmittag Wartezeiten einkalkulieren.

Die Küste an der **Northumberland Strait**, der Meeresstraße zwischen Prince Edward Island und Nova Scotia, präsentiert sich als sanft gewelltes Agrarland mit stellenweise industrieller Vergangenheit. Verglichen mit der nahen Bay of Fundy verzeichnen die Strände nur bescheidene Gezeitenunterschiede.

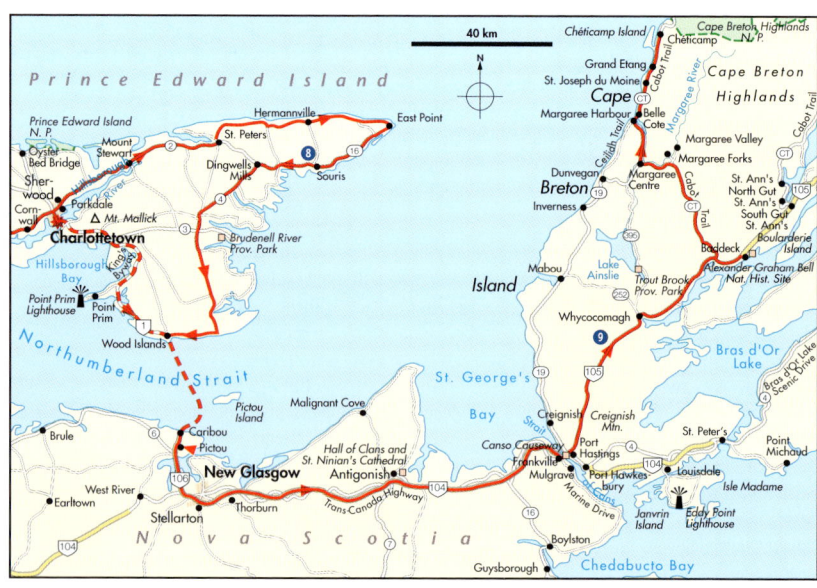

⑨ Chéticamp
Kleinod an rauer Küste

Route: Pictou – Antigonish – Port Hastings – Baddeck – Chéticamp (296 km)

km	Zeit	Route
0	8.30 Uhr	Ab **Pictou** Hwy. 106 nach **New Glasgow**, via Trans-Canada Hwy. 104 nach
127	10.30 Uhr	**Antigonish**, Hwy. 104 nach **Port Hastings**, Trans-Canada Hwy. 105 nach
211	12.00 Uhr	**Baddeck**; Hwy. 105 8 km zurück, auf Cabot Trail nach
296	17.00 Uhr	**Chéticamp**, dort Walbeobachtungsfahrt.

Bei **New Glasgow** endet ein kurzer Abstecher (ab Ausfahrt 24 vom Trans-Canada Hwy. 104) am **Museum of Industry**, dem größten Museum der Atlantikprovinzen. Interaktive Ausstellungen beschäftigen sich mit der Industriegeschichte von Nova Scotia, zu den Höhepunkten zählt Kanadas älteste Lokomotive »Samson«.

Als einziger Straßenzugang auf die Insel **Cape Breton** ist das Nest **Port Hastings** (s. S. 157) ein wichtiger Verkehrsknotenpunkt. (Bei einem Schlechtwettertag könnte man in umgekehrter Routenrichtung – Etappenfolge 12/11/10/9 – zunächst Louisbourg ansteuern und anschließend den Cape Breton Highlands National Park.)

Ab Port Hastings geht es über den Trans-Canada Highway 105 bis **Whycocomagh**. Das Städtchen liegt an der gleichnamigen Bucht am Nordwestzipfel der Seenplatte **Bras d'Or Lake**, einem bis auf eine schmale Öffnung ganz von Land umgebenen, 930 Quadratkilometer großen Meeresarm. Der buchtenreiche Salzwassersee, ein beliebtes Segel- und Motorbootrevier, teilt Cape Breton Island in ein nordwestliches Hochland und eine östliche Küstenlandschaft. Wohltemperiertes Badewasser findet man abseits des Bras d'Or Lake am Highway 395 im **Trout Brook Provincial Park**. Den beliebten Sandstrand am Lake Ainslie erreicht man als Abstecher ab Whycocomag.

Nach Besuch des **Alexander Graham Bell National Historic Site** in **Baddeck** (s. S. 142) wendet sich die Route über den Trans-Canada Highway 105 wieder zurück nach Westen, wo acht Kilometer außerhalb des Ortes der **Cabot Trail** (s. S. 145) abzweigt. Die schönste Rundfahrt Ost-Kanadas führt in den entlegensten Inselteil, in dem französischsprachige Akadier oder Gälisch sprechende Schotten ihre Kultur über Jahrhunderte hinweg bewahren konnten. Der Cabot Trail folgt zunächst dem malerischen Tal des **Margaree River** und verläuft ab dem kleinen **Margaree Harbour** (mit Lachsmuseum und Badestrand) bis zum **Cape Breton Highlands National Park** (s. S. 144 ff.) entlang der Meeresküste.

🏛 **Museum of Industry**
147 North Foord St.
Stellarton, N.S. B0K 1S0
✆ (902) 755-5425
http://museumofindustry.novascotia.ca
Mai-Okt. Mo-Sa 9–17, Juli-Okt. auch So 10–17, Nov.–April Mo-Fr 9–17 Uhr
Eintritt $ 9/4

Cape Breton

⑩ Cape Breton Highlands National Park

Schönste Rundfahrt Ost-Kanadas

Route: Chéticamp – Cape Breton Highlands National Park – Ingonish Beach (163 km)

km	Zeit	Route
0	8.30 Uhr	Ab **Chéticamp** auf dem Cabot Trail durch den **Cape Breton Highlands National Park**,
73	14.00 Uhr	**Cape North**. Abstecher über **Bay St. Lawrence** nach **Meat Cove**. Wieder zurück nach
119	16.00 Uhr	**Cape North**, auf dem Cabot Trail weiter über **Neil's Harbour** nach
163	18.00 Uhr	**Ingonish Beach.**

Whale Interpretive Centre
104 Harbour Rd.
Pleasant Bay, N.S. B0E 2P0
✆ (902) 224-1411
www.pleasantbay.ca
Juni-Mitte Okt. tägl.
9–17 Uhr
Eintritt $ 5/4
Ausstellungen über Wale.

Der **Cape Breton Highlands National Park** (s. S. 144 ff.) ist abseits des Cabot Trail völlig unerschlossen. Kurze Stichstraßen erreichen allenfalls Campgrounds und Picknickplätze, in das Hinterland führen ausschließlich Wanderwege. Die meisten Badestrände liegen an der Ostküste, insbesondere **Ingonish Beach** ragt heraus (langer feiner Sandstrand am Meer, Süßwasserbadestrand am Freshwater Lake), aber auch **Black Brook Beach** und (knapp außerhalb des Parks) **Dingwall** an der Aspy Bay besitzen attraktive Sandstrände.

1981 wurden in Chéticamp von einem Veranstalter die ersten Walbeobachtungstouren in Nova Scotia angeboten, heute tummeln sich über 50 in der Provinz. Ironie der Geschichte: Nach der Fast-Ausrottung der riesigen Meeressäuger hat sich die Beobachtung der verbliebenen Exemplare zum einträglichen Geschäft entwickelt.

⑪ Louisbourg
Französische Festung

Route: Ingonish Beach – Sydney – Louisbourg – Sydney (222 km)

km	Zeit	Route
0	8.30 Uhr	Von **Ingonish Beach** nach
77		**South Gut St. Ann's**; weiter Trans-Canada Hwy. 105, kurz vor **North Sydney** auf Hwy. 125 bis
142		**Sydney**, auf Hwy. 22 nach Louisbourg zum
182	14.00 Uhr	**Fortress of Louisbourg**. Auf Hwy. 22 zurück nach
222	18.00 Uhr	**Sydney**.

Stadt und Museum Louisbourg: der »havenside district«

237

Außerhalb der Nationalparkgrenzen windet sich der Cabot Trail ab **Ingonish Beach** (s. S. 146) spektakulär zum **Cape Smokey** (365 m) empor. An den Rastplätzen sättigt ein Picknick vor fantastischem Atlantikpanorama hungrige Mägen. An der Auffahrt zum Cape Smokey, 13 Kilometer südlich von Ingonish Beach, beginnt im **Cape Smokey Provincial Park** einer der schönsten Wanderwege weit und breit.

Die fünf Kilometer lange Route schlängelt sich auf bis zu 280 Meter hohen Granitklippen mit zahlreichen Aussichtspunkten entlang. Nach zwei Stunden werden Wanderer am Endpunkt mit einem exzellenten Panorama auf die South Ingo-

nish Bay mit der Halbinsel Middle Head im Cape Breton Highlands National Park belohnt.

Mit Blick auf eine großartige Landschaft windet sich der serpentinenreiche Cabot Trail vom Cape Smokey nach **Wreck Cove** hinunter. Am Endpunkt dieser unvergleichlichen Straße folgt man ab **South Gut St. Ann's** (s. S. 159) dem Trans-Canada Highway 105 zügig zu den Ufern des tief eingeschnittenen **Sydney Harbour**. Auf der Weiterfahrt nach Louisbourg liegt bei **Albert Bridge** der schöne **Mira River Provincial Park**, wo der seeähnlich verbreiterte Mira River Gelegenheit zum Schwimmen, Kanufahren und Campen bietet.

⑫ Marine Drive
Die romantische Ostküste

Route: Sydney – Port Hastings – Sherbrooke (295 km)

km	Zeit	Route
0	8.30 Uhr	Ab **Sydney** auf Hwy. 4 (Bras d'Or Lake Drive), hinter **St. Peter's** weiter auf Hwy. 104 bis

141	12.00 Uhr	**Port Hastings**; Abzweigung auf Hwy. 344 (Marine Drive); hinter **Guysborough** zweite Hauptstraße rechts über **Lundy** nach **Larry's River**; rechts auf den Hwy. 316 nach
257	17.00 Uhr	**Isaac's Harbour**, kurze Fährpassage (Juli–Sept. alle 30 Min, jede volle Stunde ab Ostseite, zur halben Stunde ab Westseite.) über den **Country Harbour**. Weiter via Hwy. 211 und Hwy. 7 nach
295	18.00 Uhr	**Sherbrooke**.

Auf dem Highway 4, dem **Bras d'Or Lake Drive**, geht es zügig, doch mit kaum Seezugang am Südostufer des **Bras d'Or Lake** entlang. Das 1521–25 als San Pedro von portugiesischen Fischern gegründete und ab 1650 als Saint Pierre von Franzosen besiedelte Städtchen **St. Peter's** wurde zusammen mit Louisbourg 1758 von den Briten erobert. Das »Tor zum Bras d'Or Lake« liegt auf einem schmalen Landstreifen zwischen Atlantik und Seenplatte, durch den bereits seit der zweiten Hälfte des 19. Jahrhunderts der St. Peter's Canal verläuft.

Westlich des Canso Causeway beginnt auf dem Festland von Nova Scotia mit dem **Marine Drive** eine ziemlich ruhige Strecke. Sie passiert am Scheitelpunkt zwischen Strait of Canso und Chedabucto Bay den Leuchtturm **Eddy Point Lighthouse**. Eine kleine Lagune und gebleichtes Treibholz verleihen dem Strand dort eine besondere Note.

Acht Kilometer südlich von **Larry's River**, wo 1875 die erste direkte transatlantische Telegrafenleitung nordamerikanisches Festland erreicht hatte, lädt heute im **Tor Bay Provincial Park** ein breiter Sandstrand zum Badeurlaub ein. Sein Picknickplatz begeistert besonders durch eine gute Sicht auf die Küste. Schöne Trails, zum Teil über Holzstege, führen in die Umgebung. Wenig

später – nach kurzer Fährfahrt über den tief eingeschnittenen Meeresarm Country Harbour – schlängelt sich der kurvenreiche Marine Drive an malerischen Buchten und pittoresken Fischerdörfern vorbei bis nach **Sherbrooke** (s. S. 158).

Hummerkörbe und Fischernetze zieren zu-hauf den Marine Drive

⑬ Sherbrooke
Idyllisches Freilichtmuseum

Route: Sherbrooke – Halifax (225 km)

km	Zeit	Route
0	8.30 Uhr	**Sherbrooke Village**. Ab **Sherbrooke** auf Hwy. 7 (Marine Drive) nach
169	13.30 Uhr	**Musquodoboit Harbour**, 11 km lange Stichstraße zum **Martinique Beach Provincial Park**. Hwy. 107 weiter nach **Dartmouth**; auf Hwy. 111 nach
225	15.30 Uhr	**Halifax**.

Der malerische **Marine Drive** schlängelt sich – kurvenreich und zum Schnellfahren ungeeignet – südwestlich nach Halifax entlang einer tief eingeschnittenen, zerklüfteten Küste. Die ruhigen, größeren und kleineren Fischerdörfer sind die eigentlichen, eher verborgenen Höhepunkte der Fahrt. Heute ankern in vielen Fischereihäfen wochen-

tags neben von Wind und Wetter gezeichneten Fischerbooten auch schnittige weiße Segel- und Motorjachten, die am Wochenende wieder mit ihren Skippern über das Wasser kreuzen.

1860 erscholl der Lockruf des Goldes in **Tangier**, wo die ersten Goldminen von Nova Scotia in Betrieb genommen wurden. Während des 30 Jahre andauern-

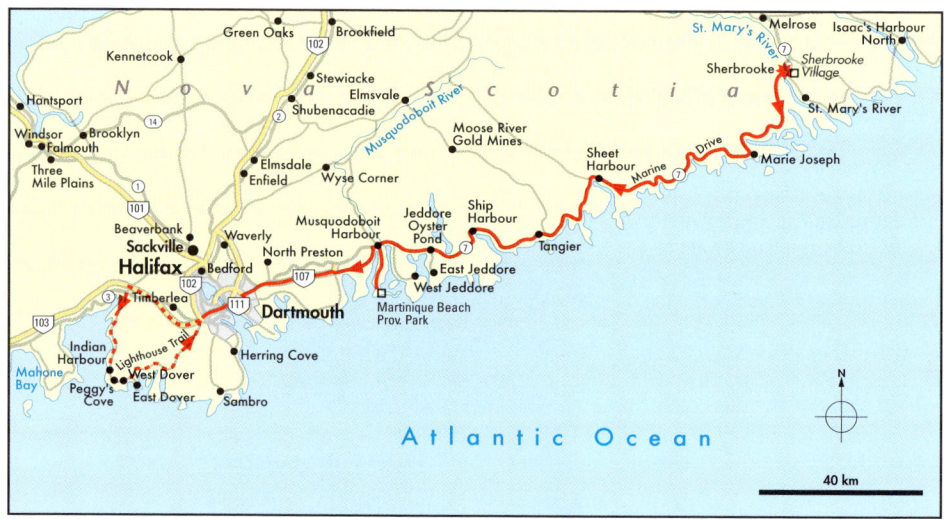

den Goldabbaus versetzte ein Gold Rush die Umgebung in helle Aufregung und sorgte für ein kräftiges Bevölkerungswachstum.

In der benachbarten langen Hafenbucht von **Ship Harbour** markieren Tausende von Bojen die Leinen einer der größten Muschelfarmen Nordamerikas. Sie sind das unübersehbare Kennzeichen einer neuen, aufstrebenden Industrie in Nova Scotia.

In **Musquodoboit Harbour** zweigt eine Stichstraße vom Highway 7 zum **Martinique Beach Provincial Park** ab. Über fünf Kilometer erstreckt sich hier der längste Sandstrand Nova Scotias. Strandwandern, Schwimmen, Sonnenbaden und Spaziergänge durch die Sanddünen gehören zu den weit gefächerten Aktivitäten. Im angrenzenden Marschland brüten seltene Zugvogelarten, die man wunderbar beobachten kann. ✸

Wunderbare Farbspiele: Sonnenuntergang über einem See in Nova Scotia

241

Route 4 Newfoundland

North Sydney – Rocky Harbour – St. Anthony – Twillingate – Cape Buenavista – Avalon Peninsula (2306 km)

❶ Auf dem Trans-Canada Highway

Willkommen in Newfoundland

Route: Fähre North Sydney/Channel-Port-aux-Basques – Deer Lake – Rocky Harbour (439 km)

km	Zeit	Route
0	7.00 Uhr	Nach über sechs Stunden Überfahrt von **North Sydney** Ankunft in **Channel-Port-aux-Basques**; **Zeitzonengrenze:** Uhren um 30 Minuten von *Atlantic Time* auf *Newfoundland Time* (MEZ – 4 1/2 Stunden) vorstellen. Den Trans-Canada Hwy. 1 bis
218	9.30 Uhr	**Corner Brook**; Blick auf den Humber River. Weiter Hwy. 1 nach **Deer Lake**; via Hwy. 430 (Viking Trail) bis **Wiltondale** und über Hwy. 431 nach
350	13.00 Uhr	**Trout River**; auf Hwy. 431 zurück nach **Wiltondale**. Abzweigung auf Hwy. 430; im **Gros Morne National Park** zunächst zum Visitor Centre.
439	18.00 Uhr	**Rocky Harbour**.

Fischer bei der Reparatur der Hummerkörbe

❷ Gros Morne National Park
Tiefe Fjorde und hohe Tafelberge

Die Route finden Sie in der Karte S. 242.

Route: Rocky Harbour – Western Brook Pond – Cow Head – Rocky Harbour (70 km)

km	Zeit	Route
0	8.30 Uhr	Ab **Rocky Harbour** auf dem Viking Trail (Hwy. 430) über **Sally's Cove**, **Broom Point** und **St. Pauls** nach
35	11.00 Uhr	**Cow Head**. Zurück Hwy. 430 bis
43	12.00 Uhr	Fußweg zum **Western Brook Pond**
	13.00 Uhr	**Bootstour**. Weiter auf dem Viking Trail bis
70	17.00 Uhr	**Rocky Harbour**, zum **Lobster Cove Lighthouse** (s. S. 170) und auf dem Lobster Cove Head Trail zum **Strand**.

Newfoundland Seashore: der Gros Morne National Park

❸ L'Anse aux Meadows
Auf den Spuren der Wikinger

Die Route finden Sie in der Karte S. 242.

Route: Rocky Harbour – The Arches Provincial Park – L'Anse aux Meadows – St. Anthony (418 km)

km	Zeit	Route
0	8.30 Uhr	Ab **Rocky Harbour** via Viking Trail (Hwy. 430) zum
68	9.30 Uhr	**Arches Provincial Park**, weiter bis zur Abzweigung auf den Hwy. 436, Stichstraße bis
370	14.00 Uhr	**L'Anse aux Meadows** (s. S. 171), anschließend Hwy. 436 zurück und Hwy. 430 nach
418	18.00 Uhr	**St. Anthony** (s. S. 172 f.).

④ Iceberg Alley
Wo die Eisberge vorbeiziehen

Route 4

Route: St. Anthony – Deer Lake (443 km)

km	Zeit	Route
0	9.00 Uhr	Bootstour in **St. Anthony**. Anschließend über Viking Trail zurück nach
443	18.00 Uhr	**Deer Lake**.

Die Route finden Sie in der Karte S. 242.

⑤ Twillingate
Traumhafte Insel

Route: Deer Lake – Grand Falls-Windsor – Twillingate (350 km)

km	Zeit	Route
0	8.30 Uhr	Ab **Deer Lake** auf den Trans-Canada Hwy. 1 und über **Badger** nach
208	11.00 Uhr	**Grand Falls-Windsor** (s. S. 167). Weiter auf Hwy. 1, ab **Notre Dame Junction** Hwy. 340 bis auf **South Twillingate Island** folgen. In
350	16.00 Uhr	**Twillingate** (s. S. 178 f.) Bootstour.

Die Route finden Sie in der Karte S. 242.

… und dann und wann ein Eisberg, Twillingate

⑥ Terra Nova National Park
Charmante Dörfer und unendliche Wälder

Die Route finden Sie in der Karte S. 242.

Route: Twillingate – Gander – Salvage – Terra Nova National Park – Bonavista (415 km)

km	Zeit	Route
0	8.30 Uhr	Ab **Twillingate** über Hwy. 340 zurück, weiter Hwy. 331; in **Gander Bay** auf Hwy. 330 bis
102	10.00 Uhr	**Gander** (s. S. 167); weiter über Trans-Canada Hwy. 1 und Hwy. 310 östlich bis
218	12.00 Uhr	**Salvage** (s. S. 176). Zurück über Hwy. 310, auf Hwy. 1 zum
321	14.30 Uhr	**Terra Nova National Park** (s. S. 176 f.); dort zum **Malady Head Lookout** und **Ochre Hill Lookout**. Weiter auf Trans-Canada Hwy. 1 nach **Port Blandford**, via Hwy. 233, Hwy. 230 und Hwy. 235 bis
415	18.00 Uhr	**Bonavista** (s. S. 164).

⑦ Bonavista Peninsula
Leuchttürme und Fischersiedlungen

Die Route finden Sie in der Karte S. 242.

Route: Bonavista – Trinity – St. John's (321 km)

km	Zeit	Route
0	8.30 Uhr	**Cape Bonavista Lighthouse**. Zurück über Hwy. 230 und **Port Union** nach
45	12.00 Uhr	**Trinity** (s. S. 177). Nach Ortsrundgang via Hwy. 230 und 230A nach **Clarenville**. Auf Trans-Canada Hwy. 1 nach
321	18.00 Uhr	**St. John's**.

Einen Stadtplan, Beschreibung und Service-Informationen zu St. John finden Sie auf S. 173 ff.

⑧ St. John's
Östlichste Stadt Nordamerikas

Die Route finden Sie in der Karte S. 242.

Route: St. John's – Cape Spear – St. John's (25 km)

km	Zeit	Route
0	8.30 Uhr	Auf der Water Street am **St. John's Harbour** entlang

3	11.00 Uhr	**Signal Hill Road** über **Johnson Geo Centre** zu **Signal Hill** und **Cabot Tower**; danach westlich von St. John's vom Hwy. 11 abbiegen zum
14	16.00 Uhr	**Cape Spear Lighthouse National Historic Site** (s. S. 175). Anschließend zurück nach
25	18.00 Uhr	**St. John's**.

Route 4

Cape St. Mary's – die größte Seevogelkolonie von Nordamerika ▷

❾ Avalon Peninsula
Von Vögeln und Walen

Route: St. John's – Cape St. Mary's – Placentia (268 km)

Die Route finden Sie in der Karte S. 242.

km	Zeit	Route
0	8.30 Uhr	Ab **St. John's** auf Hwy. 10 bis
31	9.30 Uhr	**Bay Bulls** (s. S. 162 f.); Bootstour zur **Witless Bay**. Danach südlich von Bay Bulls auf Hwy. 13 abbiegen, via Hwy. 90 bis zur Abzweigung des Hwy. 91, dann Hwy. 92, der in Hwy. 100 übergeht; Stichstraße zum
201	15.00 Uhr	**Cape St. Mary's** (s. S. 164 f.). Zurück zum Hwy. 100, über **St. Bride's** und **Patrick's Cove** nach
268	18.00 Uhr	**Placentia** (s. S. 172).

Vogelparadies Cape St. Mary's

Unterkünfte
Hotels, Motels, Bed & Breakfast Inns, Campgrounds

Alle überregionalen Hotel- und Motelketten haben kundenfreundliche, für den Anrufer gebührenfreie Telefonnummern für Buchungen und Informationen. Die jeweils erste der nachfolgenden Nummern gilt für Anrufe aus Deutschland, die zweite innerhalb Nordamerikas.

Best Western
✆ +800 212 58 88 und 1-800-780-7234
www.bestwestern.com

Choice Hotels
(Clarion, Comfort, Econo, Mainstay, Quality, Rodeway, Sleep)
✆ +800 185 55 22 und 1-800-424-6423
www.choicehotels.com

Country Inn & Suites
✆ +800 182 54 35 und 1-888-201-1746
www.countryinns.com

Days Inn
✆ 1-800-329-7466
www.daysinn.com

Fairmont
✆ +800 04 41 14 14 und 1-800-257-7544
www.fairmont.com

Hilton
✆ +800 88 84 48 88 und 1-800-445-8667
www.hilton.com

Holiday Inn
✆ +800 80 80 08 00 und 1-800-465-4329
www.holidayinn.com

Howard Johnson
✆ 1-800-446-4656
www.hojo.com

Hyatt
✆ +800 973 1234 und 1-800-233-1234
www.hyatt.com

Marriott, Courtyard, Fairfield, Residence
✆ +800 185 44 22 und 1-888-236-2427
www.marriott.com

Radisson
✆ +800 181 44 42 und 1-800-333-3333
www.radisson.com

Ramada
✆ +800 181 90 98 und 1-800-272-6232
www.ramada.com

Sheraton, Four Points
✆ +800 32 53 53 53 und 1-800-325-3535
www.sheraton.com

TraveLodge
✆ 1-800-578-7878
www.travelodge.com

Westin
✆ +800 325-95959 und 1-800-937-8461
www.westin.com

Die Preisspanne von den günstigen Ketten (u.a. TraveLodge) bis zu den Luxushotels (z.B. Fairmont) ist erheblich. Qualitativ hochwertigen, verlässlichen Service bieten schon die Hotelketten im mittleren Preisbereich. Eine interessante Alternative sind die Bed & Breakfasts (B & Bs), die teils in historischen Häusern eingerichtet sind. Oft kümmern sich die Besitzer hier persönlich um das Wohlergehen ihrer Gäste.

Weekend specials machen auch Nobel- und Konferenzhotels für Urlauber erschwinglich. An Wochenenden, wenn die Geschäftsreisenden längst wieder daheim sind, locken Sheraton-, Westin- und große Downtown-Hotels mit günstigen Preisen, die rund 25 Prozent unter dem Normaltarif liegen.

Die bei den Hoteladressen angegebenen $-Symbole kennzeichnen die folgenden Preiskategorien für ein Doppelzimmer pro Nacht:

$	–	bis 50 Can. Dollar
$$	–	50 bis 100 Can. Dollar
$$$	–	100 bis 160 Can. Dollar
$$$$	–	über 160 Can. Dollar

Die Unterkünfte sind alphabetisch nach Provinzen und darunter nach Orten sortiert.

NEW BRUNSWICK

Bathurst

Atlantic Host Hotel
1450 Vanier Blvd., Bathurst, N.B. E2A 4H7
✆ (506) 548-3335 und 1-800-898-9292
www.atlantichost.com
Angenehmes, ruhiges Hotel mit 101 Zimmern. Exzellente Fischgerichte im hauseigenen Restaurant. $$

Caraquet

Auberge de la Baie
139, boul. St.-Pierre O., Caraquet, N.B. E1W 1B6
✆ (506) 727-3485
Gemütliches Hotel (54 Zimmer) mit Restaurant und Meeresblick. An der Waterfront im Herzen von Caraquet. $$–$$$

Hôtel Paulin
143, boul. St.-Pierre O., Caraquet, N.B. E1W 1B6
✆ (506) 727-9981 und 1-866-727-9981
www.hotelpaulin.com

Hotelpension mit zwölf Zimmern, seit 1891 im Besitz der Familie Paulin. Im Restaurant fabelhafte Fischgerichte *à l'acadienne*. $$$

La Maison Touristique Dugas B & B
683, boul. St.-Pierre O.
Caraquet, N.B. E1W 1A1
✆ (506) 727-3195 und 1-866-727-3195
www.maisontouristiquedugas.ca
Akadische Frühstückspension von 1926 mit zwei Häusern, elf Zimmer. Auch Campinghütten und Campingplätze für Zelte und Wohnmobile. $$

Camping Caraquet
619, boul. St.-Pierre O.
Caraquet, N.B. E1W 1A2
✆ (506) 726-2696, www.campingcaraquet.com
Campingplatz mit Picknickplätzen und Bademöglichkeiten im Meer. 120 Stellplätze. $

Fredericton

The Carriage House Inn
230 University Ave.
Fredericton, N.B. E3B 4H7
✆ (506) 452-9924 und 1-800-267-6068
www.carriagehouse-inn.net
Frühstückspension von 1875 mit zehn Zimmern in der prächtigen Villa eines Holzbarons. Zentrale Lage. $$$

Algonquin Resort in St. Andrews by-the-Sea, New Brunswick

Fundy National Park

Vista Ridge
41 Foster Rd., Alma, N.B. E4H 1G9
℡ (506) 887-2808 und 1-877-887-2808
www.fundyparkchalets.com
Ferienwohnungen kurz vor der Zufahrt in den Nationalpark. $$

Chignecto North Campground
8822 Hwy. 114
℡ 1-877-737-3783, www.reservation.pc.gc.ca
Camping in freier Natur mit 248 Stellplätzen; Strom- und Wasseranschlüsse vorhanden. Reservierungen möglich. $

Kouchibouguac National Park

South Kouchibouguac Campground
℡ 1-877-737-3783, www.reservation.pc.gc.ca
Camping mit Meeresrauschen. 311 Stellplätze; Reservierungen möglich. $

Moncton

Delta Beauséjour
750 Main St., Moncton, N.B. E1C 1E6
℡ (506) 854-4344 und 1-888-890-3222
www.deltabeausejour.com
Exzellentes Hotel mit 310 komfortablen Zimmern. Mit dem **Windjammer Dining Room**, einem der besten Restaurants der Atlantikprovinzen. $$$

Travelodge Suites Moncton
2475 Mountain Rd., Moncton, N.B. E1G 2J5
℡ (506) 852-7000, www.travelodge.com
Hotelübernachtung inklusive Kontinentalfrühstück. 77 Zimmer. $$$

Hotel Moncton
2779 Mountain Rd.
Moncton, N.B. E1G 2W5
℡ (506) 384-3554 und 1-888-457-2489
www.monctonhotel.ca
Das 81-Zimmer-Hotel mit Restaurant ($$) liegt in der Nähe des Freizeitparks Magnetic Hill und Magic Mountain Park. $$

Camper's City
138 Queens Way Dr. (Ausfahrt 454 des Trans-Canada Hwy.)
Moncton, N.B. E1G 2L2
℡ (506) 384-7867 und 1-877-512-7868
www.killamleisureliving.com
Von Wald umgebener Campingplatz auf offenem Wiesengelände mit 220 Stellplätzen und Pool. $

St. Andrews

Algonquin Resort – Marriott Autograph Collection Hotels
184 Adolphus St.

St. Andrews by-the-Sea, N.B. E5B 1T7
℡ (506) 529-8823 und 1-855-529-8693
www.algonquinresort.com
Im türmchenbesetzten Tudorstil erbautes, nobles Resorthotel oberhalb der Passamaquoddy Bay. 234 Zimmer und Suiten. Mit Restaurant ($$–$$$). $$$–$$$$

St. John

Saint John Hilton
1 Market Sq., Saint John, N.B. E2L 4Z6
℡ (506) 693-8484
www.hilton.com
Elegantes Hotel mit 198 Zimmern und Suiten sowie Restaurants. Direkt neben Market Square, einem restaurierten Restaurant- und Geschäftskomplex an der Waterfront. $$$$

The Chipman Hill Suites
76 Union St.
Saint John, N.B. E2L 1A1
℡ (506) 693-1171, 1-877-859-3919
www.chipmanhill.com
Mit zehn Suiten. In elf weiteren historischen Gebäuden in Saint John 110 zusätzliche Zimmer, Suiten und Apartments der Chipman Hill Suites. $$–$$$

Rockwood Park Campground
142 Lake Dr. S.
Saint John, N.B. E2K 5S2
℡ (506) 652-4050
www.rockwoodparkcampground.com
Stadtnaher, gut ausgestatteter Campingplatz im Rockwood Park. $

St. Stephen

St. Stephen Inn
99 King St.
St. Stephen, N.B. E3L 2C6
℡ (506) 466-1814 und 1-800-565-3088
www.ststepheninn.com
Freundliches Hotel in St. Stephen vor der US-Grenze mit 51 Zimmern und Familienrestaurant. $–$$

Val-Comeau Provincial Park

Val-Comeau Provincial Park
504 ch. du Parc Val-Comeau
Val-Comeau, N.B. E1X 1H1
℡ (506) 393-7150 und 1-866-393-7150
www.sn2000.nb.ca./comp/camping-valcomeau
Campingplatz 8 km südlich von Tracadie mit 190 Stellplätzen, Picknick- und Bademöglichkeiten. $

NEWFOUNDLAND

Deer Lake

 Deer Lake Motel
15 Trans-Canada Hwy.
Deer Lake, Nfld. A8A 2E5
✆ (709) 635-2108 und 1-800-563-2144
www.deerlakemotel.com
Hotel mit 54 Zimmern, Café und Restaurant, beide
servieren vom Frühstück bis zum späten Abendessen eine gute Auswahl neufundländischer Gerichte ($).
　　Verkehrsgünstige Lage 2 km östlich des Ortes an
der Kreuzung von Trans-Canada Hwy. 1 und Hwy.
430. $$–$$$

Grand Falls-Windsor

Carriage House Inn
181 Grenfell Heights
Grand Falls-Windsor, Nfld. A2A 2J2
✆ (709) 489-7185 und 1-800-563-7133
www.carriagehouseinn.ca

*Lobster Cove Lighthouse im Gros Morne National Park
(Newfoundland)*

Gemütliches, gutes Country Inn mit zwölf Zimmern,
Übernachtung inkl. Frühstück. $$$–$$$$

 Mount Peyton Hotel
214 Lincoln Rd.
Grand Falls-Windsor, Nfld. A2A 1P8
✆ (709) 489-2251 und 1-800-563-4894
www.mountpeyton.com
Direkt beiderseits des Trans-Canada Hwy. 1 liegt ein
Komplex aus Hotel und Motel mit insgesamt 149
Zimmern. Fabelhafte Steaks, Salate sowie Lachs und
andere Fischgerichte gehören zu den Spezialitäten
des Restaurants. $$$–$$$$

Gros Morne

Aunt Jane's Place
1 Water St., Woody Point, Nfld. A0K 1P0
✆ (709) 453-2485 und 1-866-453-2485
www.grosmorne.com/victorianmanor
Viktorianische Frühstückspension am Südostufer
der Bonne Bay unweit der Tablelands, fünf Zimmer
in hübsch restauriertem Wohnhaus aus dem frühen
20. Jahrhundert. $$

 Ocean View Hotel
38 Main St.
Rocky Harbour, Nfld. A0K 4N0
✆ (709) 458-2730 und 1-800-563-9887
www.oceanviewmotel.ca
Zentral gelegenes Hotel mit 53 Zimmern und Restaurant. Hier Reservierungen für die »Western Brook
Pond Tour«. $$

 Fisherman's Landing Inn
Rocky Harbour, Nfld., A0K 4N0
✆ (709) 458-2711 und 1-866-458-2711
www.fishermanslandinginn.com
42 Zimmer in zentraler Nationalparklage,
Restaurant serviert lokale Küche, Andenkenge-
schäft. $$$

 Berry Hill Campground
Hwy. 430, Gros Morne National Park
✆ 1-877-737-3783
www.reservation.pc.gc.ca
Großer Campground mit 69 Stellplätzen, 4 km nördlich von Rocky Harbour und fünf Minuten vom
Lobster Cove Lighthouse entfernt. $

 Gros Morne/Norris Point KOA
5 Shearakin Lane, an der Norris Point Access
Rd., Rocky Habour, Nfld. A0K 4N0
✆ (709) 458-2229 und 1-800-562-3441
www.grosmorne.com/koa
Komfortabler Campground (66 Stellplätze). $

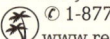 **Shallow Bay Campground**
Hwy. 430, Gros Morne National Park
✆ 1-877-737-3783
www.reservation.pc.gc.ca
Der nördlichste der Park-Campingplätze (62 Stell-

Der Hafen von Neufundlands Provinzhauptstadt St. John's

plätze) liegt 50 km nördlich von Rocky Harbour bei Cow Head nahe einem Sandstrand. $

Placentia

Harold Hotel
142 Main St., Route 100
Placentia, Nfld. A0B 2Y0
℗ (709) 227-2107 und 1-877-227-2107
www.haroldhotel.com
5 km vom Fährterminal gelegenes Hotel mit 18 Zimmern und dem nostalgischen Flair von 45 Jahren Gästeservice. Mit Restaurant. $$–$$$

Rosedale Manor
40 Orcan Dr., Placentia, Nfld. A0B 2Y0
℗ (709) 227-3613, 1-877-999-3613
www.rosedalemanor.ca
Sechs Zimmer in einer 1893 erbauten, hübschen Frühstückspension. $$$

St. John's

Sheraton Hotel Newfoundland
115 Cavendish Sq.
St. John's, Nfld. A1C 3K2
℗ (709) 726-4980
www.sheraton.com
Am Fort William im Stadtzentrum, mit Blick auf Hafen, Stadt und Signal Hill. Elegantes Hotel mit 301 Zimmern und exzellentem Restaurant. $$$$

Banberry House
116 Military Rd., St. John's, Nfld. A1C 2C9
℗ (709) 579-8006 und 1-877-579-8226
www.banberryhouse.com
Viktorianische Frühstückspension von 1892 im Stadtzentrum mit sechs Zimmern. $$$

Leaside Suites
39 Topsail Rd., St. John's, Nfld. A1E 2A6
℗ (709) 722-0387 und 1-877-807-7245
www.leasidemanor.com
1921 im Tudor-Stil erbaute luxuriöse Frühstückspension in der Nähe des Stadtzentrums, zwölf Apartments. $$$

The Battery Hotel & Conference Centre
100 Signal Hill Rd.
St. John's, Nfld. A1A 1B3
℗ (709) 576-0040 und 1-800-563-8181
www.batteryhotel.com
Oberhalb von St. John's. 128 Zimmer, exzellenter Blick auf den Hafen, mit Hallenbad, Restaurant, Bar. $$$

Quality Hotel Harbourview
2 Hill O'Chips, St. John's, Nfld., A1C 6B1
℗ (709) 754-7788
www.stjohnsqualityhotel.com
Gutes Hotel mit 160 Zimmern zwischen Downtown und Signal Hill mit prachtvollem Hafenpanorama, mit Restaurant Rumpelstiltskin's, ℗ (709) 579-6000. $$$

Fairfield Inn & Suites by Marriott
199 Kenmount Rd.
St. John's, Nfld. A1B 3P9
✆ (709) 722-5540 und 1-855-823-6346
Komfortables Hotel 5 km westlich der Stadt. 88 Zimmer. $$$

 Pippy Park Campgrounds & Trailer Park
70 Nagles Pl.
St. John's, Nfld. A1B 3T2
✆ (709) 737-3669 und 1-877-477-3655
www.pippypark.com
Die 216 Stellplätze befinden sich in einem weitläufigen Stadtpark nordwestlich von St. John's Stadtmitte. $$$

Terra Nova National Park

 Terra Nova Resort & Golf Community
5-9 Muddy Brock Rd.
Trans-Canada Hwy. 1
Port Blandford, Nfld. A0C 2G0
✆ (709) 543-2525 und 1-877-546-2525
www.terranovagolf.com
83 komfortable Zimmer, mit Restaurant, Swimmingpool und einem der besten kanadischen Golfplätze ($$-$$$) am südlichen Rand, knapp außerhalb des Nationalparks. $$$

The Lilac Inn B & B
13 Pinetree Rd.
Glovertown, Nfld. A0G 2L0
✆ (709) 533-6038 und 1-877-733-6038
www.lilacbandb.com
Komfortable Frühstückspension nördlich des Nationalparks mit drei Zimmern in einem viktorianischen Haus. $$$

 Newman Sound Campground
Trans-Canada Hwy. 1
Terra Nova National Park
Glovertown, Nfld. A0G 2L0
✆ 1-877-737-3783, www.reservation.pc.gc.ca
Großer Campingplatz mit 343 Stellplätzen am Trans-Canada Hwy. 1, 24 km südlich von Glovertown; keine Anschlüsse für Wohnmobile. $

Trinity

 The Eriksen Premises
Trinity, Nfld., A0C 2S0
✆ 1-877-464-3698 oder (709)-464-3698
www.trinityexperience.com
Sieben Zimmer in einem Ende des 19. Jh. erbauten Geschäft und Teehaus. Ein hervorragendes Restaurant. $$$

NOVA SCOTIA

Annapolis

 The Garrison House Inn
350 St. George St.
Annapolis Royal, N.S. B0S 1A0
✆ (902) 532-5750 und 1-866-532-5750
www.garrisonhouse.ca
Attraktiver Landgasthof von 1854 mit sieben Zimmern, das Restaurant serviert gute abwechslungsreiche regionale Küche. $$$

HI-Raven Haven
2239 Virginia Rd.
West Springhill, N.S. B0S 1A0
✆ (902) 532-7320, www.hihostels.ca
Jugendherberge (5 Betten, nur Mitte Juni–Aug.) am Sandy Bottom Lake, jeweils 25 km bis Annapolis Royal und Kejimkujik National Park. $

Brier Island

 Brier Island Lodge & Restaurant
557 Water St.
Westport, N.S. B0V 1H0
✆ (902) 839-2300 und 1-800-662-8355
www.brierisland.com
Exzellente Lage auf panoramareicher Klippe, in der Nähe des Fähranlegers. 40 Zimmer, teils mit Whirlpool, gutes Restaurant. $$-$$$$

Cape Breton Highlands National Park

 Broad Cove Campground
Cape Breton Highlands National Park
35479 Cabot Trail
Ingonish Beach, N.S. B0C 1L0
✆ 1-877-737-3783
www.reservation.pc.gc.ca
194 Stellplätze, teils mit *hookup* in Ingonish. $

 Chéticamp Campground
Cape Breton Highlands National Park
16719 Cabot Trail
Chéticamp, N.S. B0E 1H0
✆ 1-877-737-3783, www.reservation.pc.gc.ca
Ruhiger, bewaldeter Platz, 5 km nördlich von Chéticamp (114 Stellplätze), teils mit *hookup*. $

Chéticamp

 Laurie's Inn
15456 Laurie Rd.
Chéticamp, N.S. B0E 1H0
✆ (902) 224-2400 und 1-800-959-4253
www.lauries.com
Attraktives Hotel, 7 km vom Cape Breton Highlands National Park entfernt, mit Restaurant. $$-$$$

 L'Auberge Doucet Inn
14758 Cabot Trail

Chéticamp, N.S. B0E 1H0
℡ (902) 224-3438 und 1-800-646-8668
www.aubergedoucetinn.com
Ruhiges B & B in fotogenem Rot, 1 km südlich von
Chéticamp. Besonders schön ist der Blick auf Chéti-
camp Island bei Sonnenuntergang; mit Restaurant
(Spezialität: Fischgerichte). 13 Zimmer. $$$–$$$$

Digby

 Digby Pines Golf Resort and Spa
103 Shore Rd.
Digby, N.S. B0V 1A0
℡ (902) 245-2511 und 1-800-667-4637
www.digbypines.ca
Das luxuriöse Resorthotel (85 Zimmer und 31 Fe-
rienwohnungen) mit Blick über die Bay of Fundy
besitzt einen bekannten Golfplatz und mit The
Annapolis Dining Room ($$$) ein empfehlenswertes
Restaurant. $$$$

Dingwall

 Markland Beach Cottages
802 Dingwall Rd.,
Dingwall, N.S. B0C 1G0
℡ (902) 383-2246 und 1-855-872-6048
www.themarkland.com
25 Zimmer- und Ferienwohnungen am Meer,
Sandstrand, beheizter Pool. Das Restaurant
serviert regionale Fisch- und Lammgerichte. $$$$

Halifax

 The Halliburton
5184 Morris St.
Halifax, N.S. B3J 1B3
℡ (902) 420-0658 und 1-888-512-3344
www.thehalliburton.com
In den 1890er Jahren erbautes Hotel im Herzen von
Halifax. 29 romantische, mit Antiquitäten ausgestattete Zimmer, einige davon mit Kamin. Übernachtung
inklusive Frühstück; mit gutem Restaurant (Dinner
$$$). $$$–$$$$

 Prince George Hotel
1725 Market St.
Halifax, N.S. B3J 3N9
℡ (902) 425-1986 und 1-800-565-1567
www.princegeorgehotel.com
Elegantes Hotel im Herzen der Stadt am World Trade
Centre zwischen Zitadelle und Hafen, 203 Zimmer,
Restaurant. $$$$

Hostelling International (HI)
Halifax Heritage House Hostel
1253 Barrington St.
Halifax, N.S. B3J 1Y3
℡ (902) 422-3863
www.hihostels.ca
Die Jugendherberge (75 Betten) liegt zentral in
Downtown. $

 Halifax West KOA
3070 Hwy. 1
Upper Sackville, N.S. B4E 3C9
℡ (902) 865-4342 und 1-888-562-4705
www.koa.com/campgrounds/halifax
Exzellenter Komfort-Campground (91 Stellplätze) ca.
30 km nördlich von Halifax. $

 Woodhaven RV Park
1757 Hammonds Plains Rd.
Am Hwy. 213, 6 km westlich des Hwy. 102
Hammonds Plains, N.S. B4B 1P5
℡ (902) 835-2271
www.woodhavenrvpark.com
Großer, schön gelegener Wohnmobil-Campingplatz,
ca. 20 km nordwestlich von Downtown Halifax.
200 Stellplätze auf offenem und bewaldetem Ge-
lände. $

Ingonish

 Glenghorm Beach Resort
36743 Cabot Trail,
Ingonish, N.S. B0C 1K0
℡ (902) 285-2049 und 1-855-285-4631
www.glenghormbeachresort.com
92 Hotelzimmer und Ferienwohnungen mit Blick
aufs Meer, gutes Preis-Leistungs-Verhältnis, mit
Restaurant. $$$–$$$$

 Keltic Lodge Resort and Spa
383 Keltic Inn Rd.
Ingonish Beach, N.S. B0C 1L0
℡ (902) 285-2880 und 1-800-565-0444
www.kelticlodge.ca
Resort-Hotel in fantastischer Lage im Cape
Breton Highlands National Park auf der Halbinsel
Middle Head Peninsula mit fabelhafter Aussicht auf
Ingonish Beach und North Bay. Restaurant, Pool, 105
Zimmer und zehn Ferienwohnungen. $$$

Lunenburg

Boscawen Inn
150 Cumberland St.
Lunenburg, N.S. B0J 2C0
℡ (902) 634-3325 und 1-800-354-5009
www.boscawen.ca
In einer viktorianischen Villa von 1888 oberhalb des
Hafens. Übernachtung im eleganten Bed & Breakfast, 16 Zimmer. $$$$

 1880 Kaulbach House
75 Pelham St.
Lunenburg, N.S. B0J 2C0
℡ (902) 634-8818 und 1-800-568-8818

www.kaulbachhouse.com
Top restaurierte Frühstückpension von 1880 mit
sechs gemütlichen Zimmer im Ortszentrum, nur
zwei Querstraßen vom Fisheries Museum entfernt.
Kerzenlichtdinner. $$$–$$$$

Mabou

Mabou River Inn
19 Southwest Ridge Rd.
Mabou, N.S. B0E 1X0
✆ (902) 945-2356 und 1-888-627-9744
www.mabouriverinn.com
Angenehmes Ambiente, in der Nähe des tief einge-
schnittenen Mabou Harbour. $$

Minas Basin

The Lighthouse on Cape d'Or
Advocate Harbour, N.S. B0M 1A0
 ✆ (902) 670-0534
www.capedor.ca
Vier einfache Zimmer in exzellenter Lage am
Lighthouse on Cape d'Or im ehemaligen
Leuchtturmwärterhaus. Das Restaurant serviert
gute Fischgerichte. $$

Peggy's Cove

Peggy's Cove Bed and Breakfast
17 Church Rd.
Peggy's Cove, N.S. B3Z 3R7
✆ (902) 823-2265 und 1-877-725-8732
www.peggyscovebb.com
Oberhalb der pittoresken Peggy's Cove. Fünf gemüt-
liche Zimmer, teils mit Blick auf die Bucht. $$$

Pictou

Auberge Walker Inn
78 Coleraine St.
Pictou, N.S. B0K 1H0
✆ (902) 485-1433 und 1-800-370-5553
www.walkerinn.com
Hübsche Frühstückspension von 1865 in der Alt-
stadt, zehn Zimmer. $$$

Port Hastings

Maritime Inn Port Hawkesbury
717 Reeves St., (am Hwy. 104, 8 km südl. von
Port Hastings)
Port Hawkesbury, N.S. B9A 2S2
✆ (902) 625-0320 und 1-888-662-7484
www.maritimeinns.com
Gutes Hotel mit 73 Zimmern, Hallenbad, Sauna, Pool,

Fitnessraum und einem gemütlichem Restaurant.
$$$–$$$$

Sherbrooke

 Liscombe Lodge Resort
2884 Hwy. 7
Liscomb Mills, N.S. B0J 2A0
✆ (902) 779-2307 und 1-800-665-6343
www.liscombelodge.ca
Mitte Mai–Mitte Okt.
68 Ferienwohnungen und Hotelzimmer mit char-
mant-rustikaler Atmosphäre am Liscombe River, 24
km südwestlich von Sherbrooke. Mit Fitnesscenter,
Indoor-Pool, Boots- und Fahrradverleih.
   Das Restaurant serviert typische Gerichte der
Region, Spezialität des Hauses: gegrillter Lachs
($$$). Hotel $$$$

Sherbrooke Village Inn & Cabins
7975 Hwy. 7
Sherbrooke, N.S. B0J 3C0
✆ (902) 522-2235
www.sherbrookevillageinn.ca
Kleines Langasthaus (15 Zimmer) mit Restaurant,
Spezialität: Fischgerichte; Aufenthaltsraum mit
Kamin. $$$

St. Mary's River Lodge
21 Main St., Sherbrooke, N.S. B0J 3C0
✆ (902) 522-2177
www.riverlodge.ca
Gemütliche Frühstückspension am Sherbrooke
Village unter Schweizer Leitung, sieben Zimmer.
$$–$$$

Riverside Campground
3987 Sonora Rd.
Sherbrooke, N.S. B0J 3C0
✆ (902) 522-2913
www.riversidecampground.ca
Kleiner Campingplatz (26 Stellplätze) mit beheiztem
Swimmingpool, zehn Gehminuten vom Sherbrooke
Village. $

Sydney

 Holiday Inn Sydney Waterfront
300 Esplanade St.
Sydney, N.S. B1P 1A7
✆ (902) 562-7500 und 1-888-890-3222
www.holidayinn.com
Luxushotel (154 Zimmer) am Hafen mit schönen,
großen Zimmern und Blick auf Hafen und Promenade. Hallenbad mit Wasserrutsche.
$$$–$$$$

 Cambridge Suites Hotel
380 Esplanade St.
Sydney, N.S. B1P 1B1
✆ (902) 562-6500 und 1-800-565-9466
www.cambridgesuitessydney.com

Hotel am Hafen mit 147 großen, komfortablen
Suiten, mit Fitnessraum und Restaurant. $$$

⛺ Mira River Provincial Park
439 Brickyard Rd., Hwy. 22
Albert Bridge, N.S. B1K 2R9
✆ (902) 563-3373 und 1-888-544-3434
www.novascotiaparks.ca
Campingplatz (180 Stellplätze) 22 km südlich von
Sydney (Zufahrt über Hwy. 22) am schönen Mira
River, 3 km östlich von Albert Bridge; keine *hook-
ups*. $

⛺ North Sydney/Cabot Trail KOA
3779 New Harris Rd., New Harris, N.S. B1X 1T1
✆ (902) 674-2145 und 1-800-562-7452
www.koansct.com
Familienfreundlicher Komfort-Campground (158
Stellplätze) ca. 20 km westlich des Fährterminals
North Sydney. Angelmöglichkeiten, Wanderwege,
WiFi. $

Wentworth

Hostelling International (HI) Wentworth
249 Wentworth Station Rd.

Wentworth, N.S. B0M 1Z0
✆ (902) 548-2379
www.hihostels.ca
Die Jugendherberge (24 Betten) liegt 40 km nord-
westlich von Truro. $

ONTARIO

Algonquin Provincial Park

⊗ Arowhon Pines Lodge
Arowhon Rd.
Algonquin Provincial Park
Huntsville, Ont. P1H 2G5
✆ (705) 633-5661 und 1-866-633-5661
www.arowhonpines.ca
13 Ferienhäuser idyllisch am Ufer des Little Joe
Lake gelegen, 8 km nördlich des Hwy. 60. Attrakti-

Relaxen im Algonquin Provincial Park

ves Restaurant im Landhausstil mit guter Speise-karte und exzellenten Buffets. $$$$

 Killarney Lodge
Hwy. 60
Algonquin Provincial Park, Ont. P1H 2G9
✆ (705) 633-5551 und 1-866-473-5551
www.killarneylodge.com
Übernachtung in Holzhäusern direkt am Ufer des
Lake of Two Rivers, passend dazu Restaurant im
rustikalen Ambiente, neben dem Arowhon Pines das
einzige Hotel mit Straßenanschluss im Park. $$$$

**Hostelling International (HI)
Maynooth/South Algonquin**
32990 Hwy. 62 N
Maynooth, Ont. K0L 2S0
✆ (613) 338-2080 und 1-800-595-8064
www.hihostels.ca
Jugendherberge mit 23 Betten, 40 km südlich des
Algonquin Provincial Park. $

 Canisbay Campground
Am Canisbay Lake
Algonquin Provincial Park, Ont. K0J 2M0
✆ 1-888-668-7275
www.ontarioparks.com
Weitläufiger Campingplatz: 242 Stellplätze mit Elek-troanschlüssen und schönem Badestrand. Entlang
dem Parkway Corridor (Hwy. 60) liegen insgesamt
acht Campingplätze. $

Bruce Peninsula National Park

 Cyprus Lake Campground
Bruce Peninsula National Park, Ont. N0H 2R0
✆ 1-877-737-3783
www.reservation.pc.gc.ca
232 Stellplätze am schönen Cyprus Lake, Bade-strand. $

Huntsville

 Deerhurst Resort
1235 Deerhurst Dr.
Huntsville, Ont. P1H 2E8
✆ (705) 789-6411 und 1-855-461-4393
www.deerhurstresort.com
Überaus großzügig angelegtes Luxusresort mit 400
Zimmern und Suiten. Zwei Golfplätze, viele Sport-anlagen, Spa. $$$$

Comfort Inn Huntsville
86 King William St., Huntsville, Ont. P1H 1E4
✆ (705) 789-1701
www.choicehotels.ca/cn269

73-Zimmer-Motel östlich von Huntsville (Abzweig
Hwy. 60). $$$

Kingston

Hochelaga Inn
24 Sydenham St., Kingston, Ont. K7L 3G9
✆ (613) 549-5534 und 1-877-933-9433
www.hochelagainn.com
Markantes dreigeschossiges viktorianisches Haus
von 1879 mit 23 eleganten Zimmern, darunter eines
im Turm, einschließlich Frühstücksbuffet. $$$$

 Holiday Inn Kingston – Waterfront
2 Princess St.
Kingston, Ont. K7L 1A2
✆ (613) 549-8400 und 1-877-660-8550
www.hikingstonwaterfront.com
Zentrale Lage direkt am Hafen, 197 Zimmer,
Hallenbad, Pool, Sauna, Fitnessraum, Restaurant mit
gutem Panorama im obersten Stockwerk. $$$

 Comfort Inn Kingston
55 Warne Crescent, Hwy. 401
Kingston, Ont. K7K 6Z5
✆ (613) 546-9500
www.choicehotels.ca/cn273
94-Zimmer-Motel in verkehrsgünstiger Lage an der
Abfahrt 617 des Hwy. 401. $$$

 The Queen's Inn
125 Brock St.
Kingston, Ont. K7L 1S1
✆ (613) 546-0429 und 1-866-689-9177
www.queensinn.ca
Das Hotel von 1839 in guter Downtown-Lage verfügt
über 17 Standardzimmer, dazu Restaurant und Bar.
$$$

 1000 Islands Kingston KOA
2039 Cordukes Rd., R.R. 8
Kingston, Ont. K7L 4V4
✆ (613) 546-6140 und 1-800-562-9178
www.kingstonkoa.com
Komfortabler Campground mit 83 Stellplätzen,
2 km nördlich der Ausfahrt 611 des Hwy. 401. $

Manitoulin Island

 Silver Birches Resort
110 Bay St.
Little Current, Ont. P0P 1K0
✆ (705) 368-2669
www.silverbirchesresort.com
18 Häuschen auf einem ruhigen, idyllischen Wald-grundstück am North Channel, 22 km westlich von
Little Current (Abzweigung vom Hwy. 540). Mit
beheiztem Schwimmbad, einfachem Restaurant,
Bootsverleih. $$$–$$$$

Hawberry Motel
36 Meredith St., Little Current, Ont. P0P 1K0

℡ (705) 368-3388 und 1-800-769-7963
www.hawberrymotel.ca
22-Zimmer-Motel am Nordeingang von Little Current. $$

 Batman's Cottages & Campground
11408 Hwy. 6
 Sheguiandah, Ont. P0P 1W0
℡ (705) 368-2180 und 1-877-368-2180
www.batmanscamping.com
Exzellenter Campground (142 Stellplätze) mit Badestrand und Bootsverleih, 13 km südlich von Little Current. $

 Mississagi Lighthouse Heritage Park
Mississagi Rd.
 Meldrum Bay, Ont. P0P 1R0
www.themississagilighthouse.com
Kein Telefon-Anschluss
Einfacher Campground mit 35 Stellplätzen in wunderschöner Lage am Westzipfel der Insel am Leuchtturm von 1873. $

Niagara Falls

 Best Western Cairn Croft Hotel
6400 Lundy's Lane
Niagara Falls, Ont. L2G 1T6
℡ (905) 356-1161 und 1-800-263-2551
www.cairncroft.com
Angenehmes Hotel am Hotel- und Motel-Strip von Niagara Falls mit 165 Zimmern, Restaurant, tropischer Indoor-Poollandschaft und Fitnesscenter. $$$–$$$$

Michael's Inn Fallsview Hotel
5599 River Rd.
Niagara Falls, Ont. L2E 3H3
℡ (905) 354-2727 und 1-800-263-9390
www.michaelsinn.com
An der Rainbow Bridge gelegenes Hotel. Für Frischvermählte gibt es Suiten mit herzförmigen Badewannen; alle Attraktionen der Stadt sind gut zu Fuß erreichbar. $$–$$$$

Holiday Inn by The Falls
5339 Murray St. (am Skylon Tower)
Niagara Falls, Ont. L2G 2J3
℡ (905) 356-1333 und 1-800-263-9393
www.holidayinnniagarafalls.com
Modernes Hotel, knapp 200 m von den Fällen entfernt. $$–$$$$

Fallsview Casino Resort
6380 Fallsview Blvd.
Niagara Falls, Ont. L2G 7X5
℡ (905) 358-3255 und 1-888-325-5788
 www.fallsviewcasinoresort.com
Eines der neuesten Hotels der Stadt: mit 368 Zimmern und Suiten im neuen Kasinokomplex auf dem Murray Hill, einer Klippe über den Horseshoe Falls. Dazu gehören das rund um die Uhr geöff-

nete Kasino, ein Einkaufszentrum, zehn Restaurants, Fitnessclub und Bäder. $$$

 Ramada Plaza Niagara Falls
7389 Lundy's Lane
Niagara Falls, Ont. L2H 2W9
℡ (905) 356-6116 und 1-888-668-6116
www.ramadaplazaniagara.com
Komfortables Hotel mit 130 Zimmern und Suiten nahe den Restaurants und Attraktionen. Mit drei Pools. Spezielle Hochzeitssuiten mit Badewannen in Herzform. $$–$$$

Hostelling International (HI) – Niagara Falls
4549 Cataract Ave.
Niagara Falls, Ont. L2E 3M2
℡ (905) 357-0770 und 1-888-749-0058
www.hostellingniagara.com
Jugendherberge in der Nähe des Bahnhofs. 48 Betten. $–$$

 Niagara Falls KOA
8625 Lundy's Lane
Niagara Falls, Ont. L2H 1H5
℡ (905) 356-2267 und 1-800-562-6478
www.niagarakoa.com
Komfortabler Campingplatz (268 Stellplätze), 3 km von den Wasserfällen. $

 Yogi Bear's Jellystone Park
8676 Oakwood Dr.
Niagara Falls, Ont. L2E 6S5
℡ (905) 354-1432 und 1-800-558-2954
www.jellystoneniagara.ca
Großer Campingplatz (221 Stellplätze) mit Freizeitangeboten wie z. B. Heuwagenfahrten. $

Niagara-on-the-Lake

 The Prince of Wales Hotel
6 Picton St.
Niagara-on-the-Lake, Ont. L0S 1J0
℡ (905) 468-3246 und 1-888-669-5566
www.vintage-hotels.com/princeofwales
Viktorianisches Traditionshotel von 1864 mit über 100 geschmackvoll eingerichteten Zimmern. Zwei edle Restaurants und eine Bar. $$$$

Ottawa

 The Westin Ottawa
11 Colonel Colonel By Dr.
Ottawa, Ont. K1N 9H4
℡ (613) 560-7000 und 1-888-627-8528
www.thewestinottawa.com

Elegantes Hotel am Rideau Centre Complex. Zugang zum Einkaufszentrum. Mit zwei Restaurants. 487 Zimmer und Suiten. $$$$

Fairmont Château Laurier
1 Rideau St.
Ottawa, Ont. K1N 8S7
✆ (613) 241-1414 und 1-866-540-4410
www.fairmont.com/laurier
Luxuriöses Traditionshotel am Rideau Canal; eines der schönsten Gebäude der Stadt. 429 elegante Zimmer und Suiten; Spezialangebote außerhalb der Saison ($$$). $$$$

Swiss Hotel
89 Daly Ave.
Ottawa, Ont. K1N 6E6
✆ (613) 237-0335 und 1-888-663-0000
www.swisshotel.ca
Stilvoll Übernachten in gehobenem Ambiente in Zentrumsnähe. Schweizer Leitung, traditionelles Schweizer Frühstücksbuffet. 22 Zimmer. $$$$

Lord Elgin Hotel
100 Elgin St.
Ottawa, Ont. K1P 5K8
✆ (613) 235-3333 und 1-800-267-4298
www.lordelginhotel.ca
In einem beeindruckenden Gebäude aus den 1940er Jahren. Zentral gelegen gegenüber dem National Arts Centre. 357 Zimmer und Suiten. $$$$

McGee's Inn
185 Daly Ave., Ottawa, Ont. K1N 6E8
✆ (613) 237-6089 und 1-800-262-4337
www.mcgeesinn.com
Geschmackvoll eingerichteter B & B in einer 1886 erbauten viktorianischen Villa (14 Zimmer). Im Sandy-Hill-Distrikt südlich der Rideau Street gelegen. $$$$

Hostelling International (HI) Ottawa Jail Hostel
75 Nicholas St., Ottawa, Ont. K1N 7B9
✆ (613) 235-2595 und 1-866-299-1478
www.hihostels.ca
Im ersten Gefängnis der Stadt aus dem Jahr 1860 befindet sich heute die preiswerteste Übernachtungsmöglichkeit in Ottawa: die sympathische Jugendherberge. Nordwestlich der Mackenzie King Bridge. 118 Betten. $

Wesley Clover Parks
411 Corkstown Rd. (Ausfahrt 34 von Hwy. 417) Ottawa, Ont. K2K 0J5
✆ (613) 271-5452, www.wesleycloverparks.com
176 Stellplätze, 15 Minuten bis Downtown.

Ottawa River

Wilderness Tours Adventure Resort
503 Rafting Rd.
 Foresters Falls, Ont. K0J 1V0
✆ (613) 646-2291 und 1-888-723-8669
www.wildernesstours.com
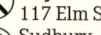 Übernachtung in Ferienwohnungen beim Whitewater-Rafting-Veranstalter. $$

Sudbury

Days Inn
117 Elm St.
Sudbury, Ont. P3C 1T3
✆ (705) 674-7517 und 1-800-461-6717
www.daysinnsudbury.ca
Das Mittelklassehotel mit 103 Zimmern, Pool, Sauna, Restaurant liegt 4 km von Science North entfernt. $$$

Toronto

The Fairmont Royal York
100 Front St. W.
Toronto, Ont. M5J 1E3
✆ (416) 368-2511 und 1-866-540-4489
www.fairmont.com/royalyork
Das große Traditionshotel von Toronto – sehenswerte Architektur aus dem Jahr 1929 gegenüber der Union Station, mit 1365 Zimmern und 170 Suiten sowie fünf Restaurants (Frühstück $). $$$$

Hyatt Regency Toronto
370 King St. W.
Toronto, Ont. M5V 1J9
✆ (416) 343-1234
www.torontoregency.hyatt.com
Modernes Hotel in der Innenstadt mit 394 Zimmern. Aus den oberen der 20 Stockwerke schöner Panoramablick über die Stadt. $$$$

Omni King Edward
37 King St. E.
Toronto, Ont. M5C 1E9
✆ (416) 863-9700
www.omnihotels.com
Das 1903 erbaute »King Eddy« ist das älteste Luxushotel der Stadt. Es verfügt über 301 Zimmer und Suiten, Fitnessraum, Spa und ein elegantes Restaurant. Die »Grande Dame« unter Torontos Hotels beherbergte Stars und Sternchen, u. a. John Lennon und Yoko Ono zu ihrem öffentlichen »Bed-in for Peace«. $$$$

Quality Suites Toronto Airport
262 Carlingview Dr.
Toronto, Ont. M9W 5G1
✆ (416) 674-8442
www.choicehotels.ca/cn309
Verkehrsgünstige Lage in der Nähe des Pearson International Airport; 254 Zwei-Zimmer-Suiten,

Restaurant, Fitnessraum. Übernachtung inklusive *continental breakfast*. $$$$

Renaissance Toronto Hotel Downtown
1 Blue Jays Way
Toronto, Ont. M5V 1J4
✆ (416) 341-7100
www.renaissancetoronto.com
In den Stadionkomplex des Rogers Centre integriertes Hotel mit 348 Zimmern, davon 70 mit Blick auf das Spielfeld; mit Restaurant Arriba. $$$$

Clarion Hotel & Suites Selby
592 Sherbourne St.
Toronto, Ont. M4X 1L4
✆ (416) 921-3142 und 1-800-387-4788
www.clarionhotelselby.com
Preiswertes viktorianisches Hotel aus den 1880er Jahren, 82 Zimmer, nordöstlich von Downtown, Nähe Yorkville. $$$–$$$$

The Westin Harbour Castle
1 Harbour Sq.
Toronto, Ont. M5J 1A6
✆ (416) 869 1600 und 1-888-627-8559
www.westinharbourcastletoronto.com
Edles Hotel am Toronto-Island-Fähranleger mit Restaurant und Bar im 38. Stockwerk. $$$

Beverley Place B & B
226 Beverley St.
Toronto, Ont. M5T 1Z3
✆ (416) 977-0077
www.bbcanada.com/504.html
Bed & Breakfast südlich der Universität in einem 1887 erbauten viktorianischen Haus; mit sechs Zimmern ohne TV und Telefon. $$–$$$

Hostelling International (HI) Toronto
76 Church St.
Toronto, Ont. M5C 2G1
✆ (416) 971-4440 und 1-877-848-8737
www.hostellingtoronto.com
Die Jugendherberge (149 Betten) bietet eine preiswerte Übernachtung direkt im Herzen von Downtown in der Nähe des Eaton Centre. $

Glen Rouge Campground
7450 Kingston Rd.
Toronto, Ont. M1B 5S3
www.trca.on.ca/GlenRouge
Schöne Lage im Glen Rouge Park am östlichen Stadtrand, einziger Campground innerhalb Torontos Stadtgrenzen, 125 Stellplätze. $

Indian Line Campground
7625 Finch Ave. W.
Brampton, Ont. L4T 3P7
✆ (416) 678-1233 und 1-855-811-0111
www.reservations.trca.on.ca
Stadtnächster Campingplatz nördlich des Pearson International Airport, 247 Stellplätze. $

Toronto North/Cookstown KOA
139 Reive Blvd. (nordöstl. der Ausfahrt 75 des Hwy. 400)
Cookstown, Ont. L0L 1L0
✆ (705) 458-2267 und 1-800-562-2691
www.torontonorthkoa.com
Exzellenter Komfort-Campground mit 106 Stellplätzen nördlich von Toronto. $

Toronto West KOA
9301 Second Line (nordwestl. der Ausfahrt 312 des Hwy. 401)
Nassagaweya, RR 1
Campbellville, Ont. L0P 1B0
✆ (905) 854-2495 und 1-800-562-1523
www.torontowestkoa.on.ca
Campground mit 152 Stellplätzen westlich von Toronto. $

The Westin Harbour Castle, Toronto

PRINCE EDWARD ISLAND

Brudenell River

   Rodd Brudenell River
Brudenell River Provincial Park
283 Budenell Island Blvd.
Georgetown Royalty, P.E.I. C0A 1G0
℡ (902) 652-2332 und 1-800-565-7633
www.roddvacations.com/rodd-brudenell-river
Mitte Mai–Mitte Okt.
Edles Resorthotel mit 99 Zimmern und 32 Cottages
im Provinzpark. Restaurant, Indoor- und Outdoor-
Pool, Fitnesscenter, Golfplatz. $$$$

 **Brudenell River Provincial Park
Campground**
283 Brudenell Island Blvd.
Georgetown Royalty, P.E.I. C0A 1G0
www.tourismpei.com/pei-provincial-parks
Komfortabler Campground im Provinzpark.

Charlottetown

 The Delta Prince Edward Hotel
18 Queen St.
Charlottetown, P.E.I. C1A 4A1
℡ (902) 566-2222 und 1-888-890-3222
www.deltaprinceedward.com
Elegantes, modernes Hotel im Hafen von Charlottetown mit 211 Zimmern und drei Restaurants, Fitnesscenter. $$$$

Fitzroy Hall
45 Fitzroy St.
Charlottetown, P.E.I. C1A 1R4
℡ (902) 368-2077 und 1-866-627-9766
www.fitzroyhall.com
1872 erbaute Frühstückspension in Downtown verfügt über acht stilvoll dekorierte Zimmer. $$$$

 Rodd Charlottetown Hotel
75 Kent St.
Charlottetown, P.E.I. C1A 7K4
℡ (902) 894-7371 und 1-800-565-7633
www.roddcharlottetown.com
1931 von der CN Railway erbaut. Eleganz, Komfort
und historischer Charme im Herzen der Stadt. 115
Zimmer und Suiten. Restaurant »Chambers« ($$$).
$$$$

Cornwall

 Cornwall/Charlottetown KOA
208 Ferry Rd.
Cornwall, P.E.I. C0A 1H0

℡ (902) 566-2421 und 1-800-562-4194
www.koa.com/campgrounds/cornwall
Campingplatz (263 Stellplätze), 12 km westlich von
Charlottetown, 2 km südlich des Trans-Canada Hwy.
am Elliott West River. $

Kildare Capes

 Jacques Cartier Provincial Park
16448 Rte. 12, Kildare Capes, P.E.I. C0B 1B0
℡ (902) 853-8632
Ruhiger Campingplatz (75 Stellplätze) in einem
Strandpark 5 km nordöstlich von Alberton. $

Marshfield

Woodmere Bed & Breakfast
98 Linden Rd.
Marshfield, P.E.I. C1C 0J8
℡ (902) 628-1783 und 1-800-747-1783
www.bbcanada.com/725.html
Gemütlich und klein: B & B mit drei Zimmern. 6 km
östlich von Charlottetown. $$

Prince Edward Island National Park

 Cavendish und Stanhope Campgrounds
357 Graham's Lane, Cavendish
983 Gulf Shore Pkwy., Stanhope
℡ 1-877-737-3783
www.reservation.pc.gc.ca
Mitte Juni–Mitte Sept.
Die beiden einzigen Campgrounds im Prince Edward
Island National Park. Cavendish hat 200, Stanhope
über 100 Stellplätze.

West Point

 West Point Lighthouse Inn
364 Cedar Dunes Park Rd.
West Point, P.E.I. C0B 1V0
℡ (902) 859-3605 und 1-800-764-6854
www.westpointharmony.com
Das einzige Hotel auf Prince Edward Island in einem
historischen, aber noch aktiven Leuchtturm; mit
Restaurant (Lunch $) und Museum. 13 Zimmer. $$$–
$$$$

QUÉBEC (PROVINZ)

Carleton-sur-Mer

 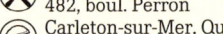 **Hostellerie Baie Bleue**
482, boul. Perron
Carleton-sur-Mer, Qué. G0C 1J0
℡ (418) 364-3355 und 1-800-463-9099
www.baiebleue.com
Hotel mit beheiztem Pool, Tennisplatz, Sand-
strand am Meer. 90 Zimmer, vorzügliches Restau-
rant mit romantischem Ambiente. $$$–$$$$

Le Manoir Belle Plage
474, boul. Perron
Carleton-sur-Mer, Qué. G0C 1J0
✆ (418) 364-3388 und 1-800-463-0780
www.manoirbelleplage.com
Kleines, attraktives Hotel mit 24 Zimmern und gutem Restaurant. $$–$$$

Auberge du Château Bahia
152, boul. Perron
Pointe-à-la-Garde, Qué. G0C 2M0
✆ (418) 788-2048
www.chateaubahia.com
Zwölf Zimmer in einem Schlösschen, 34 km westlich von Carleton. $

 Camping Municipal de Carleton-sur-Mer
Ave. du phare
Carleton-sur-Mer, Qué. G0C 1J0
✆ (418) 364-3992
www.carletonsurmer.com
301 Wiesen-Stellplätze in brillanter Lage auf einer lang gestreckten Landzunge.

Forillon

Auberge Internationale Forillon
2095, boul. Grande-Grève
Cap-aux-Os, Qué. G4X 6L7
✆ (418) 892-5153 und 1-877-892-5153
www.aubergeforillon.com
Die Jugendherberge (42 Betten und vier Zimmer) ist Juni–Okt. geöffnet. $

 Camping Cap-Bon-Ami
Parc National Forillon, Qué. G4X 1A9
✆ 1-877-737-3783
Kleiner Campingplatz in bester Lage mit 41 Stellplätzen. $

 Camping Baie de Gaspé
2107, route 132
Cap-aux-Os, Qué. G4X 6L7
✆ (418) 892-5503 und 1-877-892-5152
www.campingbaiedegaspe.com
Komfortabler Platz mit 100 Stellplätzen in schöner Lage, knapp südlich des Parc National Forillon. $

Gaspé

 Auberge du Fort Prével
2053, boul. Douglas
Saint-Georges-de-Malbaie, Qué. G0C 2X0
✆ (418) 368-2281 und 1-888-377-3835
www.sepaq.com/ct/pre
Hotel (70 Zimmer und Ferienwohnungen) mit Tennisanlagen, Golfplatz und Campingplatz. Luxuriöses Restaurant südlich von Gaspé mit frischem Fisch und guter Weinkarte. $$$–$$$$

Motel Adams
20, rue Adams, Gaspé, Qué. G4X 2R8

✆ (418) 368-2244 und 1-800-463-4242
www.moteladams.com
Weitläufiges Hotel mit 96 Zimmern an der Ecke Rue Adams und Rue Jacques-Cartier. Das familienfreundliche Restaurant serviert Fischgerichte. $$$–$$$$

Lac Saint-Jean

 Auberge Île du Repos
105, chemin de l'Île-du-Repos
Péribonka, Qué. G0W 2E0
✆ (418) 347-5649
www.iledurepos.com
Campingplatz und Ferienhäuser auf einer Insel im Lac Saint-Jean. $–$$

Mantane

Riôtel Matane
250, av. du Phare E.
Matane, Qué. G4W 3N4
✆ (418) 566-2651 und 1-877-566-2651
www.riotel.com
Gutes Hotel am Sankt-Lorenz-Strom mit 96 Zimmern, Bar, Sauna, Strandzugang. Das Restaurant serviert lokale Spezialitäten. $$$

Mauricie

 Wapizagonke Campground
Parc National de la Mauricie, Qué. G9N 6T9
✆ 1-877-737-3783
219 großzügige Stellplätze, Badestrand am Lac Wapizagonke. $

Montréal

Auberge Les Passants du Sans Soucy
171, rue Saint-Paul O.
Montréal, Qué. H2Y 1Z5
✆ (514) 842-2634 und 1-877-841-2634
www.lesanssoucy.com
Hervorragende Pension mit exzellentem Frühstück in einem 1723 erbauten Warenhaus in der Altstadt, neun Zimmer. $$$$

 Loews Hôtel Vogue
1425, rue de la Montagne
Montréal, Qué. H3G 1Z3
✆ (514) 285-5555 und 1-800-465-6654
www.loewshotels.com/montreal-hotel
Elegantes Boutiquehotel mit exquisitem Restaurant. 142 Zimmer, Gartenterrasse und Spa-Einrichtung im Herzen von Downtown, Nähe Rue Sainte-Catherines. $$$$

Unterkünfte

Best Western Ville-Marie Hotel & Suites
3407, rue Peel
Montréal, Qué. H3A 1W7
℗ (514) 288-4141 und 1-800-361-7791
www.hotelvillemarie.com
171 geräumige Zimmer am Fuß des Mont-Royal,
Ecke Rue Sherbrooke, mit Restaurant, Cafeteria,
Fitnessraum. $$$

Hôtel Gouverneur Place Dupuis
1415, rue Saint-Hubert
Montréal, Qué. H2L 3Y9
℗ (514) 842-4881 und 1-888-910-1111
www.gouverneur.com
Sehr komfortables 352-Zimmer-Hotel mit
Restaurant, Sauna, Pool, Fitnessraum und wunder-
schöner Aussicht von den oberen Stockwerken;
Ecke Rue Sainte-Catherine, Nähe Quartier Latin.
$$$–$$$$

Manoir Ambrose
3422, rue Stanley, Montréal, Qué. H3A 1R8
℗ (514) 288-6922 und 1-888-688-6922
www.manoirambrose.com
22 Zimmer und Suiten in viktorianischer Villa aus
dem 19. Jh. am Fuß des Mont-Royal; mit Frühstück.
$$$

Hostelling International (HI) Montréal
Auberge de Jeunesse de Montréal
1030, rue Mackay
Montréal, Qué. H3G 2H1
℗ (514) 843-3317 und 1-866-843-3317
www.hostellingmontreal.com
Gut ausgestattete Jugendherberge mit 231 Betten in
einem ehemaligen Innenstadthotel. $

Camping Alouette
3449, rue de l'Industrie (Ausfahrt 105 der
Rte. 20)
Saint-Mathieu-de-Beloeil, Qué. J3G 4S5
℗ (450) 464-1661 und 1-888-464-7829
www.campingalouette.com
Exzellente Anlage mit 404 Stellplätzen am Südufer
des Sankt-Lorenz-Stroms. $

KOA Montreal Ouest
171 Rte. 338 (südl. der Ausfahrt 14 der Rte. 20)
Coteau Du Lac, Qué. J0P 1B0
℗ (450) 763-5625 und 1-800-562-9395
www.koa.com/campgrounds/montreal-west
Campground (102 Stellplätze) westlich von Montréal. $

KOA Montréal Sud
130, boul. Monette (östl. der Ausfahrt 38 der

Rte. 15)
Saint-Philippe-de-Laprairie, Qué. J0L 2K0
℗ (450) 659-8626 und 1-800-562-8636
www.koamontreal.com
Komfortabler Campground mit 175 Stellplätzen. $

Percé

Hôtel le Manoir de Percé
212, Rte. 132
Percé, Qué. G0C 2L0
℗ (418) 782-2022 und 1-800-463-0858
www.manoirdeperce.com
40 Zimmer, traditionelles Restaurant, schönes Mee-
respanorama. $$$–$$$$

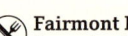 Camping de la Baie-de-Percé
Attraktiver Platz mit 178 Stellplätzen, Nähe
Ortszentrum. $

Québec (Stadt)

Auberge La Goéliche
22, chemin du Quai, Sainte-Pétronille
Île d'Orléans, Qué. G0A 4C0
℗ (418) 828-2248 und 1-888-511-2248
www.goeliche.ca
Gemütliches Hotel von 1895, tolle Lage an der west-
lichen Inselspitze mit Panoramablick auf Québec.
14 Zimmer, gutes Restaurant. $$$$

Fairmont Le Château Frontenac
1, rue des Carrières
Québec, Qué. G1R 4P5
℗ (418) 692-3861 und 1-866-540-4460
www.fairmont.com/frontenac
Wahrzeichen der Stadt Québec: ein imposantes
Schlosshotel aus dem ausgehenden 19. Jh. in exqui-
siter Lage auf den Klippen oberhalb des Sankt-
Lorenz-Stroms. 611 Zimmer und Suiten, drei Restau-
rants. $$$$

Hôtel Manoir Victoria
44, côte du Palais
Québec, Qué. G1R 4H8
℗ (418) 692-1030 und 1-800-463-6283
www.manoir-victoria.com
Nobles Altstadthotel von 1929 mit 149 Zimmern
und Suiten, zwei Restaurants, Pool, Sauna, Spa,
Fitnessraum. $$$$

L'Hôtel du Vieux-Québec
1190, rue Saint-Jean
Québec, Qué. G1R 1S6
℗ (418) 692-1850 und 1-800-361-7787
www.hvq.com
Gutes Mittelklassehotel in der Altstadt hinter histo-
rischer Fassade, mit 47 Zimmern und Restaurant.
$$$$

B & B Chez Hubert
66, rue Sainte-Ursule

Québec, Qué. G1R 4E6
℡ (418) 692-0958
www.chezhubert.com
Frühstückspension mit drei Zimmern im Herzen der Altstadt, reichhaltiges Frühstück. $$$

Château Laurier
1220, pl. George V O.
Québec, Qué. G1R 5B8
℡ (418) 522-8108 und 1-877-522-8108
www.hotelchateaulaurier.com
Elegantes Stadthotel in historischem Gemäuer; 162 Zimmer am Parlament vor den Toren der Altstadt. $$$

Hostelling International (HI) Québec
Auberge Internationale de Québec
19, rue Sainte-Ursule
Québec, Qué. G1R 4E1
℡ (418) 694-0755 und 1-866-694-0950
www.hihostels.ca
Zentral gelegene Jugendherberge (277 Betten) in der Altstadt. $

Camping Municipal de Beauport
95, rue de la Sérénité (Ausfahrt 321 der Rte. 40)
Beauport, Qué. G1R 4S9
℡ (418) 641-6112 und 1-877-641-6113
www.campingbeauport.qc.ca
Hervorragender kommunaler Campingplatz mit 137 Stellplätzen ganz in der Nähe des Rivière Montmorency. $

Québec KOA
684, chemin Olivier (nördl. der Ausfahrt 311 der Rte. 20)
Lévis, Qué. G7A 2N6
℡ (418) 831-18 13 und 1-800-562-3644
www.koaquebec.com
Gepflegte, komfortable Campinganlage (201 Stellplätze) 25 km von Vieux-Québec. $

Rimouski

Comfort Inn Rimouski
455, boul. Saint-Germain O., Rimouski, Qué. G5L 3P2
℡ (418) 724-2500
www.choicehotels.ca/cn340
81-Zimmer-Motel inklusive kontinentalem Frühstück, 2 km westlich von Rimouski. $$$

Hôtel Rimouski
225, boul. René-Lepage E.
Rimouski, Qué. G5L 1P2
℡ (418) 725-5000 und 1-800-463-0755
www.hotelrimouski.com
Komfortables Hotel mit Blick auf den Sankt-Lorenz-Strom; 185 Zimmer, mit Restaurant, Swimmingpool, Fitnessraum, Spa. $$$

Parc national du Bic
3382 Rte. 132

℡ (418) 736-5035 und 1-800-665-6527
www.sepaq.com/bic
Campingplatz (196 Stellplätze) in einem populären Naturpark am Ufer des Sankt-Lorenz-Stroms, 2 km östlich von Bic; mit Wander-, Radwegen und Radverleih. $

Rivière-du-Loup

Hostelling International (HI) Rivière-du-Loup
Auberge de Rivière-du-Loup
46, rue Hôtel-de-ville
Rivière-du-Loup, Qué. G5R 1L5
℡ (418) 862-7566 und 1-877-345-7757
www.hihostels.ca
Jugendherberge (55 Betten) im Stadtzentrum. $

Sainte-Anne-des-Monts

Gîte du Mont-Albert
2001, rte. du Parc
Sainte-Anne-des-Monts, Qué. G4V 2E4
℡ (418) 763-2288 und 1-866-727-2427
www.sepaq.com/gite
Exquisites Hotel (60 Zimmer, 20 Ferienhäuschen) in Nähe der Parkinfo mit Restaurant und Sauna in prachtvoller Lage, 42 km südöstlich von Sainte-Anne-des-Monts. $$$

Tadoussac

Hotel Tadoussac
165, rue Bord de l'Eau
Tadoussac, Qué. G0T 2A0
℡ (418) 235-4421 und 1-800-561-0718
www.hoteltadoussac.com
Mondänes Hotel mit markantem roten Dach am Kai, 149 Zimmer, Restaurant, Spa. $$$$

Auberge internationale de Tadoussac
158, rue du Bateau-Passeur
Tadoussac, Qué. G0T 2A0
℡ (418) 235-4372, www.ajtadou.com
Jugendherberge in Tadoussac. $

Trois-Rivières

Hostelling International (HI) Trois-Rivières
Auberge Internationale de Trois-Rivières
497, rue Radisson
Trois-Rivières, Qué. G9A 2C7
℡ (819) 378-8010 und 1-877-378-8010
www.hihostels.ca
Die Jugendherberge mit 32 Betten befindet sich im Stadtzentrum. $

USA – NEWENGLAND/MAINE

Acadia National Park

 Blackwoods Campground
Am Hwy. 3
 ✆ 1-877-444-6777
www.recreation.gov
306 bewaldete Stellplätze, 8 km südlich von Bar Harbor. Meist schon morgens schnell wieder belegt; keine *hookups* für Campmobile. Ca. zehn Minuten Fußweg zum Meer. $

Seawall Campground
Am Hwy. 102A
241 Stellplätze am Meer. 6 km südlich von Southwest Harbor. Keine *hookups* für Campmobile. Keine Reservierungen. $

Bangor

Fairfield Inn by Marriott
300 Odlin Rd. (Ausfahrt 187 der I-95)
Bangor, ME 04401
✆ (207) 990-0001 und 1-877-389-0430
www.marriott.com
Hübsches Hotel mit großen Zimmern. Der Übernachtungspreis gilt einschließlich *continental breakfast*. $$$–$$$$

Hampton Inn
261 Haskell Rd.
Bangor, ME 04401
✆ (207) 990-4400 und 1-800-998-7829
www.bangorhamptoninn.com
Nettes Hotel mit 115 geräumigen Zimmern, *continental breakfast* inklusive. $$

Bar Harbor

Balance Rock Inn
21 Albert Meadow
Bar Harbor, ME 04609
✆ (207) 288-2610 und 1-800-753-0494
www.balancerockinn.com
Zum Verwöhnenlassen: luxuriöses Hotel mit viel Charme und schönem Blick auf die Bucht. 23 Zimmer und vier Suiten. $$$$

Castlemaine Inn
39 Holland Ave. (Downtown)
Bar Harbor, ME 04609
✆ (207) 288-4563 und 1-800-338-4563
www.castlemaineinn.com
1886 erbautes B & B. 17 elegante Zimmer ohne Telefon; mit Frühstücksbuffet. $$–$$$$

The Cromwell Harbor Motel
359 Main St.
Bar Harbor, ME 04609
✆ (207) 288-3201 und 1-800-544-3201
www.cromwellharbor.com
Motel mit 23 Zimmern knapp 1 km östlich von Downtown; preiswert und gut. $$$

NEW HAMPSHIRE

Bretton Woods

 Omni Mount Washington Resort
310 Mt. Washington Hotel Rd.
 Bretton Woods, NH 03575
✆ (603) 278-1000
www.omnihotels.com
Historisches Grandhotel 1902 erbaut. 1944 Tagungsort der ersten internationalen Finanz- und Währungskonferenz. Heute renommiertes Golfhotel vor der Kulisse des Mount Washington. $$$–$$$$

Conway

The White Mountains Hostel
36 Washington St.
Conway, NH 03818
✆ (603) 447-1001
www.whitemountainshostel.com
Zentral im Conway Village gelegene Jugendherberge. $

Gorham

 Dolly Copp Campground
SR 16, Gorham, NH 03581
✆ (603) 466-2713 und 1-877-444-6777
www.recreation.gov
Weitläufiger Campingplatz (194 Stellplätze) des National Forest Service. 9 km südlich von Gorham. Gelegenheit für ein zünftiges Lagerfeuer. $

 Joe Dodge Lodge
361 SR 16, Gorham, NH 03581
✆ (603) 466-2721
www.pinkhamnotchnh.com
Einfache Zwei-, Drei- und Vierbettzimmer in schöner Umgebung. Übernachtung auch für Nicht-Mitglieder des »Appalachian Mountain Club«. Am Pinkham Notch Visitor Center, 16 km südlich von Gorham. $$

Hart's Location

 Notchland Inn
2 Morey Rd.
Hart's Location, NH 03812
✆ (603) 374-6131 und 1-800-866-6131
www.notchland.com
Herrliche Landidylle zwischen Bretton Woods und

North Conway mit romantischem Dinner in einer 15-Zimmer-Pension aus den 1920er Jahren. $$$$

Jackson

 The Inn at Thorn Hill
40 Thorn Hill Rd.
Jackson, NH 03846
℃ (603) 383-4242 und 1-800-289-8990
www.innatthornhill.com
Romantisches Bed & Breakfast. Der Clou: bei Kerzenschein in viktorianischem Ambiente dinieren. Neben den 25 Zimmern gibt es ein Carriage House und Cottages. $$$$

Lincoln

 Indian Head Resort
664 US Hwy. 3 (Ausfahrt 33 der I-93)
Lincoln, NH 03251
℃ (603) 745-8000 und 1-800-343-8000
www.indianheadresort.com
Großes Resorthotel mit komfortablen Zimmern, Ferienhäuschen und Bungalows sowie zahlreichen Freizeitmöglichkeiten. $$$–$$$$

North Conway

Cranmore Mountain Lodge B & B
859 Kearsarge Rd.
North Conway, NH 03860
℃ (603) 356-2044 und 1-800-356-3596
www.cml1.com
Idyllisch gelegenes Bed & Breakfast in historischem Farmhaus (20 Zimmer). Viele Freizeitmöglichkeiten. $$$–$$$$

Eastman Inn
2331 Main St. (südl. von North Conway an der SR 16)
North Conway, NH 03860
℃ (603) 356-6707 und 1-800-626-5855
www.eastmaninn.com
Vornehme Eleganz: B & B aus dem späten 18. Jh. Zwölf Zimmer ohne Telefon. $$$–$$$$

 Stonehurst Manor
3351 S.R. 16
North Conway, NH 03860
℃ (603) 356-3113 und 1-800-525-9100
www.stonehurstmanor.com
Urlaub wie in alten Zeiten: B & B in der Sommerresidenz des ehemaligen britischen Botschafters. 26 Zimmer. $$$–$$$$

The Beach Camping Area
776 White Mountain Hwy. (SR 16)
North Conway, NH 03860
℃ (603) 447-2723
www.thebeachcampingarea.com
Schattige Plätze und ein Sandstrand am Saco River. Im glasklaren Fluss kann man schwimmen und angeln. 120 Stellplätze. $

North Woodstock

 Woodstock Inn, Station & Brewery
 135 Main St.
North Woodstock, NH 03262
℃ (603) 745-3951 und 1-800-321-3985
www.woodstockinnnh.com
www.woodstockinnbrewery.com
Mit Hausbrauerei Woodstock Inn Brewery, Restaurant, zwei Bars, Livekonzerte von Donnerstag bis Samstag, 34 Zimmer in fünf Pensionen, davon sechs Zimmer im Haupthaus Woodstock Inn. $$$

VERMONT

Stowe

 Stoweflake Mountain Resort
1746 Mountain Rd.
Stowe, VT 05672
℃ (802) 253-7355 und 1-800-253-2232
www.stoweflake.com
Luxusresort mit vielen Freizeitmöglichkeiten. Golfplatz, großer Spa-Bereich, fabelhafte Restaurants (200 Zimmer). $$$$

 Trapp Family Lodge
700 Trapp Hill Rd.
Stowe, VT 05672
℃ (802) 253-8511 und 1-800-826-7000
www.trappfamily.com
Resorthotel im europäischen Stil, im Besitz der aus Österreich stammenden Künstlerfamilie von Trapp.
Hervorragende Küche in drei Restaurants. Vielfältige Freizeitaktivitäten. 96 Zimmer, 118 Chalets. $$$–$$$$

 Brass Lantern Inn
717 Maple St.
Stowe, VT 05672
℃ (802) 253-2229 und 1-800-729-2980
www.brasslanterninn.com
Romantisches Bed & Breakfast auf einer Farm von 1810. Neun Zimmer. $$$–$$$$

 Golden Eagle Resort
511 Mountain Rd.
Stowe, VT 05672
℃ (802) 253-4811 und 1-800-626-1010
www.goldeneagleresort.com
Komfortables familienfreundliches Resort mit 89 Zimmern, Pool, Fitnesscenter, Whirlpool, Sauna, Restaurant. $$$

Schroffe Felsküste: Bruce Peninsula National Park

Service von A bis Z

Anreise, Einreise

Zur Einreise nach Kanada ist ein für die Reisezeit gültiger **Reisepass** erforderlich (max. Aufenthaltsdauer sechs Monate). Nach dem 25.10.2005 ausgestellte Reisepässe müssen über ein digitales Foto verfügen, die nach dem 25.10.2006 ausgestellten über einen Chip mit **biometrischen Daten**. Bei der Einreise erkundigt sich der Grenzbeamte *(immigration officer)* nach dem Zweck der Reise *(vacation, holidays)* sowie dem Rückreisetermin und stempelt den Reisepass ab. Gelegentlich werden bei längeren Aufenthalten das Vorzeigen des Flugtickets bzw. Erklärungen zur Finanzierung der Reise verlangt.

Die Einreisebedingungen von Kanada und den USA sind weitgehend gleich. Bei einem Grenzübergang in die USA (Staaten: Maine, New Hampshire, Vermont und New York) wird sowohl von jedem Erwachsenen als auch jedem Kind ein maschinenlesbarer Europapass verlangt, der bei einem Aufenthalt bis zu 90 Tagen für mindestens die Dauer des Aufenthalts gültig ist. Ein Rückreise- oder weiterführendes Ticket sollte vorhanden sein.

Beim **Grenzübergang von Kanada in die USA** auf dem Landweg wird keine ESTA-Genehmigung verlangt. Die Einreisegebühr beträgt US-$ 6 (in Bargeld, keine kanadischen $).

Bei Flügen mit Landung in den USA muss bereits zu Hause spätestens 72 Stunden vor Einreise online die **ESTA-Genehmigung** eingeholt werden (auch für Kinder): https://esta.cbp.dhs.gov/esta/. Die Gebühr von US-$ 14 bezahlt man mit Kreditkarte. ESTA ist die Abkürzung für Electronic System for Travel Authorization.

An der Grenze wird von dem Einreisenden ein **Digitalfoto** aufgenommen und die digitalen **Fingerabdrücke** werden gespeichert.

Ein Visum wird nur verlangt, wenn der Aufenthalt 90 Tage überschreitet oder kein Rückflugticket vorhanden ist. Zusätzlich erhält man Bei der Einreise in die USA den *departure record* in den Reisepass eingeheftet, der bei der Ausreise an der Grenze oder am Flughafen wieder abgegeben werden muss.

Nur **Nonstop-Flüge** halten, was sie versprechen; sie nehmen ohne Zwischenlandung den direkten Weg zum Zielflughafen (acht bis achteinhalb Stunden Frankfurt–Toronto). Da die meisten Flüge aus Europa um die Mittagszeit starten, landen sie bereits am frühen Nachmittag in Kanada (bei sechs Stunden Zeitdifferenz zwischen Toronto und Mitteleuropa). Es bleibt dann genügend Zeit, in Ruhe im Hotel einzuchecken und den Tag mit einem Spaziergang und einem gemütlichen Abendessen ausklingen zu lassen.

Direktflüge legen immer einen Zwischenstopp ein, und manchmal werden die Zielflughäfen nur auf Umwegen angeflogen. Trotz beibehaltener Flugnummer muss man bei manchen Flügen sogar umsteigen. Aber auch ein Flug mit Zwischenstopp hat durchaus seine positiven Seiten. Gegen einen Aufpreis kann man eine längere Unterbrechung *(stop-over)* einlegen und erst Tage bzw. Wochen später weiterfliegen; man erhält also praktisch einen Extraflug zu günstigen Konditionen.

Sonderangebote mit Preisen deutlich unterhalb des offiziellen Standardtarifs beziehen sich nur auf ein beschränktes Kontingent an Sitzplätzen. Gerade hier können die preiswerteren Plätze, insbesondere an Wochenenden und in der Hauptsaison, frühzeitig ausgebucht sein. Preiswert ist es ebenfalls, wenn man Zubringerflüge nach London, Amsterdam oder Paris in Kauf nimmt und ab dort über den »Großen Teich« fliegt. In solchen Fällen beträgt die Flugdauer von Frankfurt nach Toronto im günstigsten Fall elf bis zwölf Stunden, meistens aber deutlich mehr.

In der Nebensaison, d.h. bis Mitte Juni und ab Mitte August, sind die Flugtarife recht günstig. Und gerade die Nachsaison gilt im kanadischen Osten und den Neuenglandstaaten zur Zeit der Blätterfärbung *(fall foliage)* als touristische Hochsaison (vgl. »Klima, Kleidung, Reisezeit«).

Auf dem **Pearson International Airport in Toronto** (www.torontopearson.com, Kürzel YYZ) landen mehr Passagiere als auf allen anderen Flughäfen Ost-Kanadas zusammengenommen. Er ist ein idealer Ausgangspunkt für Touren durch Ost-Kanada. Eine Reise könnte aber genauso gut am **Aéroport Montréal-Trudeau** (www.admtl.com; Kürzel YUL) beginnen, dem Zielpunkt der meisten Transatlantikflüge in die Provinz Québec. Viele Linien- und Charterfluggesellschaften fliegen beide Airports nonstop an.

Eine Nonstop-Verbindung nach Deutschland unterhält auch der **Ottawa International Airport** (www. ottawa-airport.ca; Kürzel YOW).

Wichtigster Flughafen in den Atlantikprovinzen ist der **Halifax Stanfield International Airport** (www.hiaa.ca; Kürzel YHZ) in Nova Scotia, der nonstop aus Deutschland bedient wird. Die Hauptstadt von Newfoundland, St. John's, und andere Flughäfen in Ost-Kanada erreicht man nur nach Umsteigen.

Auskunft

In Deutschland:

Nova Scotia Tourism
c/o TravelMarketing Romberg
Schwarzbachstr. 32
40822 Mettmann
✆ (021 04) 79 74 54
www.novascotia.com
novascotia@travelmarketing.de

Für Ontario
Lieb Management
Hauptstr. 19 A, 83135 Schechen
(089) 689 06 38-0
info@lieb-management.de

Für New England
Discover New England
Get It Across Marketing & PR
Neumarkt 33, 50667 Köln
✆ (02 21) 233 64 09
www.discovernewengland.org/deutsch

In den kanadischen Provinzen:

New Brunswick
670 King St., Fredericton, N.B. E3B 1G1
✆ (506) 444-5205 und 1-800-561-0123
www.tourismnewbrunswick.ca

Newfoundland
Prince Philip Dr., St. John's, Nfld. A1B 4J6
✆ (709) 729-2830 und 1-800-563-6353
www.newfoundlandlabrador.com

Nova Scotia
1660 Hollis St., Halifax, N.S. B3J 3C8
✆ (902) 425-5781 und 1-800-565-0000
www.novascotia.com

Ontario
10 Dundas St., E Suite 900
Toronto, Ont. M7A 2A1
✆ (416) 326-9326 und 1-800-668-2746
www.ontariotravel.net/de

Prince Edward Island
95 Rochford St.
Charlottetown, P.E.I. C1A 7N8
✆ (902) 437-8570 und 1-800-463-4734
www.tourismpei.com/besucher-guide

Québec
900, René-Lévesque E.
Québec, Qué. G1R 2B5
✆ (514) 873-2015 und 1-877-266-5687
www.bonjourquebec.com/de

In New England:

Maine Office of Tourism
59 State House Station, Augusta, ME 04333
✆ 1-888-624-6345 und 1-877-624-6331
www.visitmaine.com/german

New Hampshire Division of Tourism
172 Pembroke Rd., Concord, NH 03302
✆ (603) 271-2665 und 1-800-386-4664
www.visitnh.gov

Vermont Department of Tourism
One National Life Dr., Montpelier, VT 05620
✆ (802) 828-3237 und 1-800-837-6668
www.vermontvacation.com

Erster Anlaufpunkt vor Ort – etwa für Fragen nach Unterkünften, Bootsausflügen oder Fahrradverleih – sind die lokalen **Tourist Information Centres**. Dort gibt es Landkarten, Stadtpläne und Rabattcoupons für Sehenswürdigkeiten; auch bei der Suche nach einem Arzt leisten diese Stellen hilfreiche Dienste.

Auto-/Wohnmobilmiete, Autofahren

Ost-Kanada samt Neuengland ist ein riesiges Gebiet mit ausgezeichnetem Straßennetz, das sich optimal mit Leihwagen oder Wohnmobil bereisen lässt. Bereits zu Hause stellt sich die Frage nach der Fahrzeugwahl: einerseits locken die Vorteile eines **Leihwagens**, der sparsam im Benzinverbrauch, wendig und praktisch im Stadtverkehr und auf schmalen Schotterstraßen ist. (Die Kombination Leihwagen mit Übernachtung in Hotels/Motels ist auf jeden Fall preiswerter als eine Rundfahrt per Wohnmobil.)

Demgegenüber sind die Vorteile des **Campmobils** abzuwägen, das je nach gewünschtem Standard sogar als rollendes Wohnzimmer betrachtet werden kann und an kühlen Tagen selbst am stürmischen Strand ein deutliches Plus an Behaglichkeit beschert.

Bei der Suche nach dem richtigen Gefährt steht man vor allem bezüglich der Größe vor der Qual der Wahl: Je größer das Fahrzeug, umso komfortabler reist man natürlich. Aber bereits ein 26-Fuß-Wohnmobil bringt es auf umgerechnet knappe acht Meter Länge, die in Städten, auf kurvigen Passstraßen oder in engen Stellplätzen sicher bewegt werden wollen. Ein sechs Meter langes 20-Fuß-Gefährt hat in puncto Beweglichkeit erhebliche Vorteile und weist gegenüber größeren Wohnmobilen nur relativ geringe Komforteinbußen auf. Bei Wohnmobilen heißt der Ratschlag: Eine Nummer kleiner bringt ein Plus an Mobilität und sicher auch an Urlaubsfreude.

Ein Wohnmobil zu rangieren ist nicht immer einfach; trotz Spiegel sollte der Beifahrer den Wagen beim Zurücksetzen immer einwinken. Tücken lauern besonders im toten Winkel, und schon so manche Dachklimaanlage hat ihr Leben an überhängenden Ästen ausgehaucht.

Die großen **Vermieter** haben Stationen in Toronto, Montréal und Halifax. Wer in der Hauptsaison das gewünschte Campmobil am gewünschten Abfahrtsort zur gewünschten Zeit übernehmen und dabei auch noch einen einigermaßen passablen Preis realisieren möchte, benötigt eine relativ lange Vorbereitungszeit. Einige Monate vor Reiseantritt sollte die Festbuchung im Reisebüro abgeschlossen sein. In der Nebensaison sind Verfügbarkeit und Preise dagegen deutlich günstiger.

Entsprechendes gilt nicht für Mietwagen. Fast alle Vermieter an den Flughäfen verfügen über einen großen Wagenpark, so dass notfalls auch direkt vor Ort gebucht werden kann. Allerdings ist es deutlich preisgünstiger, Leihwagen und Wohnmobile bereits in Europa zu buchen. Die großen Reiseveranstalter geben den Großabnehmer-Rabatt an ihre Kunden weiter. Für eine Rundreise hat sich ein Fahrzeug mit ausreichenden Freikilometern als die beste Wahl erwiesen.

Bei der **Autoübernahme** benötigt man den Voucher der Vermietfirma, den nationalen Führerschein und eine Kreditkarte, die alle auf denselben Namen lauten müssen. Die Vermietstationen befinden sich in Flughafennähe, so dass man relativ schnell losfahren kann.

Die **Wohnmobilübernahme** verlangt etwas mehr Geduld, sie ist in der Regel nicht am Tag der Anreise aus Europa möglich. Man lässt sich beim Empfang des Fahrzeugs vom Vermieter die Funktionsweise erläutern, überprüft alle Einrichtungen und achtet verstärkt auf bereits vorhandene Schäden und Mängel, sonst kann es sein, dass nach der Reise für Vorschäden gehaftet werden muss. Bei Unklarheiten bezüglich Fahrzeug oder Vertragsbedingungen fragt man so lange nach, bis man alles verstanden hat – schließlich wollen alle Annehmlichkeiten unterwegs auch genossen werden!

Der nationale **Führerschein** reicht i. d. R. in Nordamerika aus. Falls man noch den alten Führerschein (ohne die Aufschrift »Driving licence«) besitzt, kann ein internationaler Führerschein durchaus nützlich sein.

Wer die Verkehrsregeln nicht sehr genau genommen hat, dem folgt die Polizei mit blinkenden Leuchten so lange, bis er rechts an den Straßenrand fährt und anhält; überholt wird man nicht.

Benzin gibt es bleifrei (*no lead/sans plomb*) mit unterschiedlichen Oktanzahlen. Tankstellen sind täglich bis in den späten Abend, in großen Zentren und an Hauptverkehrsstrecken auch rund um die Uhr geöffnet. Lediglich in sehr abgelegenen Regionen kann es nachts Probleme mit der Treibstoffversorgung geben. Getankt wird in Kanada in Litern, in den USA in Gallonen.

Die **Verkehrsregeln** entsprechen im Wesentlichen den unseren; es gilt **Anschnallpflicht** für alle Insassen. Kinder unter vier Jahren brauchen einen speziellen Kindersitz (bei der Wagenmiete mitbestellen).

Einige Besonderheiten sollen kurz erwähnt werden: Das *speed limit*, die **Höchstgeschwindigkeit**, beträgt auf Autobahnen in der Regel 100–110 km/h. **Rechts überholen** ist auf Autobahnen durchaus üblich; also bei jedem Wiedereinscheren ein kurzer Blick zurück, ob nicht gerade innen ein Wagen vorbeifährt!

Das Tempolimit auf Landstraßen beträgt 80–90 km/h. Wegen der relativ geringen Verkehrsdichte und des gut ausgebauten Straßennetzes lässt sich eine Reisegeschwindigkeit von 80 km/h auf Landstraßen gut realisieren.

Innerhalb einer geschlossenen Ortschaft beträgt die Höchstgeschwindigkeit in der Regel 50 km/h.

Vorsicht in der Dämmerung oder bei Nacht: In waldreichen Regionen besteht häufig die Gefahr des **Wildwechsels** (*game crossing*).

Parkbeschränkungen werden durch farbig markierte Bordsteine angezeigt.

Bei Rot darf man an Ampeln rechts abbiegen, nachdem man zu einem vollständigen Stopp gekommen ist.

Schulbusse mit rot blinkenden Signalleuchten und ausgefahrenen Stopp-Zeichen dürfen auf keinen Fall überholt und auch in der Gegenrichtung nicht passiert werden. .

Die **Automobilclubs** Kanadas (CAA, www.caa.ca) sowie der USA (AAA, www.aaa.com) sind mit Büros in allen größeren Städten vertreten. Sie verteilen an Mitglieder europäischer Clubs (z.B. ADAC, Mitgliedsausweis mitnehmen) kostenloses Karten- und Info-Material.

Die wichtigsten Adressen:
– CAA Don Mills, 895 Lawrence Ave. E., Toronto, Ont., M3C 1P7, ✆ (416) 449-9442
– 1180, rue Drummond, Montréal, Qué. H3G 2R7 ✆ (514) 861-5111
Notrufnummer CAA: ✆ 1-800-222-4357
Notrufnummer ADAC: ✆ 1-888-222-1373

Camping

Ost-Kanada ist ein Traumland für einen Campingurlaub. Insbesondere in den National und Provincial Parks erstrecken sich die weitläufige Anlagen für Zelt- und Wohnmobil-Camper an idyllischen Seeufern oder inmitten riesiger Wälder. Die großzügigen Stellplätze (von deren Ausmaßen Europäer meistens nur träumen können) sind stets mit Bänken und Grillrosten bestückt. Das Feuerholz liegt manchmal gratis, zuweilen gegen Entrichtung eines geringen Betrags auf Sammelplätzen bereit, so dass beim abendlichen Lagerfeuer auf jeden Fall Kanada-Feeling aufkommt. Die Kosten betragen pro Nacht $ 12–35.

Vorausbuchungen von Campingplätzen in National oder Provincial Parks sind oft nicht möglich, hier gilt in der Regel das Prinzip *first come, first served* – wer zuerst kommt, darf den Platz belegen. An touristisch stark frequentierten Orten und an Hochsaison-Wochenenden sind viele Park-Campingplätze schnell belegt; bevor weitere Unternehmungen angegangen werden, sollte man sich zuerst um einen Stellplatz kümmern.

Private Campingplätze lassen sich unter Angabe der Kreditkartennummer vorbuchen, z.B. bei der Kette Kampgrounds of America (KOA) unter ✆ 1-888-562-000, www.koa.com. Die Privatplätze liegen generell verkehrsgünstig und weisen darüber hinaus viel Komfort auf. Sie stellen Strom-, Wasser- und Abwasseranschlüsse (*hookups*) für Wohnmobile zur Verfügung, es gibt häufig Spielplätze, Münzwaschsalons, Fernseh- und Videoräume. Für diesen Komfort greift man natürlich etwas tiefer in die Tasche als bei den öffentlichen Plätzen; $ 20 zahlt man hier pro Nacht.

In ländlichen Regionen liegen überall entlang den Reiserouten exzellente Campgrounds, meistens weisen Reklameschilder an den Hauptstraßen auf die Zufahrt hin.

Auch im Umkreis von Montréal, Québec, Toronto, Ottawa und Halifax befinden sich annehmbare Campingplätze, die aber oft längere Anfahrtswege in die Stadtzentren verlangen.

Diplomatische Vertretungen

In Deutschland:

Kanadische Botschaft
Leipziger Platz 17
10117 Berlin
✆ (030) 203 12-0, www.kanada.de

US-Botschaft
Clayallee 170, 14191 Berlin
✆ (030) 83 05-0
http://germany.usembassy.gov

In Österreich:

Kanadische Botschaft
Laurenzerberg 2, A-1010 Wien
✆ (01) 53 13 83-000
www.kanada.at

US-Botschaft
Boltzmanngasse 16, A-1090 Wien
✆ (01) 313 39-0, http://austria.usembassy.gov

In der Schweiz:

Kanadische Botschaft
Kirchenfeldstr. 88, CH-3005 Bern
✆ (031) 357 32-00, www.switzerland.gc.ca

US-Botschaft
Sulgeneckstr. 19, CH-3007 Bern
✆ (031) 3577-011, http://bern.usembassy.gov

In Kanada:

Deutsche Botschaft
1 Waverley St., Ottawa, Ont. K2P 0T8
✆ (613) 232-1101, www.ottawa.diplo.de

Österreichische Botschaft
445 Wilbrod St., Ottawa, Ont. K1N 6M7
✆ (613) 789-1444, www.austro.org

Schweizer Botschaft
5 Marlborough Ave., Ottawa, Ont. K1N 8E6
✆ (613) 235-1837, www.eda.admin.ch/canada

In den USA:

Deutsche Botschaft
4645 Reservoir Rd. NW
Washington, DC 20007
✆ (202) 298-4000, www.germany.info

Österreichische Botschaft
3524 International Court NW
Washington, DC 20008
✆ (202) 895-6700, www.austria.org

Schweizer Botschaft
2900 Cathedral Ave. NW
Washington, DC 20008
✆ (202) 745-7900, www.swissemb.org

Einkaufen

Shopping Malls mit ihrem breitgefächerten Warenangebot inklusive Restaurants, Kinos und großzügigen Parkplätzen sind in den letzten Jahren überall in Kanada wie Pilze aus dem Boden geschossen. Ein Abstecher in diese klimatisierten Einkaufszentren steht auf der Skala der Freizeitbeschäftigungen weit oben. Die größte Shopping-Mall Ost-Kanadas ist das **Eaton Centre** in Toronto. Ohnehin garantieren die Mega-Metropolen Montréal und Toronto selbst bei Wind und Wetter totales Shopping-Vergnügen. Kaufhäuser, Hotels und Bürohochhäuser des Zentrums sind in den oberen Stockwerken teils durch glasumschlossene Übergänge *(skywalks),* zumeist jedoch durch unterirdische Passagen mit vielen Geschäften zwischen den U-Bahn-Haltestellen verbunden.

Gutsortierte **Supermärkte** gibt es fast in jedem Ort, sie sind täglich von ca. 7–22 Uhr, manchmal sogar rund um die Uhr geöffnet. Im ländlichen Raum sorgen allerorten lokale Lebensmittelgeschäfte, *convenience stores,* Läden auf den Campingplätzen und *dépanneurs* für die Deckung des täglichen Bedarfs.

Übrigens: *Dépanneur* leitet sich tatsächlich von *en panne* ab, »in der Patsche sitzen«. Es ist natürlich keine Werkstatt, sondern ein Laden, in dem man schnell das kauft, was einem gerade zum Kochen fehlt – wenn man eben eine unangenehme »Panne« hat, die der *dépanneur* zu beheben hilft. Und zu guter Letzt ermöglichen viele durchgehend geöffnete **Tankstellenmärkte** Shopping zu allen Tages- und Nachtzeiten.

Mit guter Auswahl und passablen Preisen bieten die **Museumshops**, die Geschäfte der Museen und insbesondere der Freilichtmuseen (wie Village Historique Acadien oder Kings Landing Historical Settlement), einen idealen Anlaufpunkt zum Souvenirerwerb. Sie verkaufen Nachbildungen von Kunst- und Gebrauchsgegenständen, Papier- und Schreibwaren, Kleidung, Haushaltswaren, DVDs, Gewürze, Backmischungen etc.

Essen und Trinken

»There is no love sincerer than the love of food«, »Es gibt keine ernsthaftere Liebe als die Liebe zum Essen« – in Kanada entdeckt man die Wahrheit dieses Aphorismus von George Bernard Shaw.

Denn schließlich ist es nicht nur das Land der dicken, saftigen Steaks, sondern auch das des köstlichen Ahornsirups, der zu heißen *pancakes* am besten schmeckt... Auf jeden Fall ist Kanada das Land der kulinarischen Vielfalt; das wird jeder auf seiner Tour erleben, denn zu einer Reise in einem anderen Land gehört auch immer die Entdeckung der Esskultur.

Natürlich geht es auch im kanadischen Osten nicht ohne das typische Fast Food, das heute die Welt in nie gesehener Eintracht verbindet. Die frankokanadische Ausprägung sind *casse-croûtes*, die Imbissstuben, die zum schnellen Snack nach Québecker Landesart einladen. Wie wäre es etwa mit *poutines*, Pommes frites mit Cheddar-Soße?

Im Allgemeinen verbinden sich mit dem Gedanken an die kanadische Küche weniger nationale Gerichte als vielmehr regionale Speisen. Die geographische Lage des kanadischen Ostens prägte die Küche; insbesondere in den Atlantikprovinzen heißt das: **Fisch** und **Meeresfrüchte**. Und so liegt der Reiz vor allem in der Vielfalt und Frische der Meeresfrüchte und Fischsorten, die, gebraten, gebacken, gedünstet oder gekocht, in vielerlei Formen Verwendung finden: Hummer *(lobsters)*, Muscheln *(mussels, clams oder scallops)* und Austern *(oysters)*, z.B. als »Austern Rockefeller«, gehören gewissermaßen in den gesamten Atlantikprovinzen und dem angrenzenden US-Bundesstaat Maine zum täglichen Angebot.

Prince Edward Island – die Kartoffelinsel Kanadas – ist außer für Austern auch für ihre Miesmuscheln *(blue mussels)* aus der St. Peter's Bay bekannt. Ihre Zucht ist ein einträgliches Geschäft, das auf der Insel und auch in Nova Scotia immer mehr den Hummerfang ersetzt. In vielen Hafenorten kann man in den Restaurants große Schüsseln dampfender Muscheln bestellen. Und ein Muscheleintopf *(clam chowder)* – warm und gehaltvoll – wirkt an einem kühlen Nebeltag wahre Wunder.

Newfoundland wartet insbesondere mit Kabeljau *(cod)* und Heilbutt *(halibut)* auf. Und was für Digby in Nova Scotia die Jakobsmuscheln *(Digby scallops)* aus dem Bay of Fundy sind, sind für Matane am St.-Lorenz-Strom in Québec die Garnelen *(crevettes)*.

Eine kulinarische Verbindung von Genüssen der Alten und der Neuen Welt nennt die *cuisine québécoise* ihr Eigen. Typisch sind herzhafte Gerichte aus den Rezeptbüchern der frühen Siedler, die sich mit kalorienreichen, sättigenden Mahlzeiten durch den Winter brachten. Erbseneintopf *(soupe aux pois)*, gebackene Bohnen *(fèves au lard)*, Schinken mit Ahornsirup *(jambon au sirop d'érable)*, Mais- und Maismehlgerichte, Kartoffeln und Schweinefleisch gehören dazu, auf der Gaspé-Halbinsel und an den Atlantikküsten vielleicht eher Lachs *(saumon)* oder Kabeljau *(cabillaud)* statt Fleisch.

Auch die **Desserts** sind immer einen Versuch wert, besonders die Obsttorten *(tartes)*, in denen lokal geerntete Äpfel *(tarte aux pommes)*, Blaubeeren *(tarte aux bleuets)* oder andere Wildfrüchte Verwendung finden. Köstlich sind auch andere Süßigkeiten wie *pancakes* oder *muffins*.

Wildbret *(game)* gibt es nur in sehr wenigen, spezialisierten Restaurants, weil viele Kanadier auf die Jagd gehen und sich selbst versorgen; auch im Supermarkt wird es kaum angeboten. Vor allem in Newfoundland findet man Elch- *(moose)* und Karibufleisch *(caribou)*, das wie Steaks zubereitet wird und auch ähnlich schmeckt. Mit einer Vorspeise aus frittierten Kabeljauzungen *(cod tongues)* und einem Dessert, z.B. Käsekuchen mit Bratapfel und Wildbeerensauce *(cheese cake with baked apple and partridgeberry sauce)* erlebt man die kulinarischen Genüsse der Insel.

Steaks oder andere preiswerte Fleischsorten gibt es dagegen zumeist in großer Auswahl sowohl in Restaurants als auch in Supermärkten. Zubereitet auf dem Gaskocher oder aber über offener Flamme eignen sie sich vorzüglich auch zur Aufwertung der Camping-Mahlzeiten.

Die unter **Service & Tipps** empfohlenen Restaurants sind nach folgenden Preiskategorien für ein Abendessen ohne Getränke und Dessert eingeteilt:

$	– bis 10 Can. Dollar
$$	– 10 bis 20 Can. Dollar
$$$	– 20 bis 30 Can. Dollar
$$$$	– über 30 Can. Dollar

Feiertage, Feste, Veranstaltungen

Offizielle Feiertage:

New Year's Day (1. Januar, Neujahr)
Good Friday (Karfreitag)
Easter Monday (Ostermontag)
Victoria Day (vorletzter Montag im Mai)
Canada Day (1. Juli, Nationalfeiertag)
Civic Holiday (1. Montag im August, Feiertag in vielen Provinzen)
Labour Day (1. Montag im September, Tag der Arbeit)
Thanksgiving Day (2. Montag im Oktober, Erntedankfest)
Remembrance Day (11. November)
Christmas Day (25. Dezember)
Boxing Day (26. Dezember)

Viele offizielle Feiertage fallen auf einen Montag, was der arbeitenden Bevölkerung lange Wochenenden beschert. Öffentliche Anlaufstellen wie Postämter, Banken und Büros sind geschlossen; Parks und Freizeitreviere in der Nähe urbaner Zentren werden dann meistens stark frequentiert. Fast alle Geschäfte haben auch an Feiertagen geöffnet, wenn auch mit leicht verkürzten Zeiten. Am wichtigsten Feiertag, dem Nationalfeiertag **Canada Day**, finden im ganzen Land – selbst in den kleinsten Dörfern – Paraden, Konzerte, Feuerwerke und sonstige Festivitäten statt. Der **Victoria Day**, der die Sommersaison einläutet, und der **Labour Day**, der dieselbe beendet, sind ebenfalls oft mit allerlei Veranstaltungen verbunden.

Was im Einzelnen »los ist«, lässt sich bei den Touristeninformationen der Provinzen, der Regionen oder der einzelnen Orte erfragen. In den Großstädten finden insbesondere an vielen Sommerwochenenden musikalische, sportliche, ethnische oder kulturelle **Veranstaltungen** statt. Aber auch die kleinen, ländlichen Feste versprechen häufig einen Riesenspaß und einen Blick »hinter die Kulissen«. Und irgendwo wird immer irgendetwas gefeiert, sei es das Tulpenfest in Ottawa oder die schottische Musik auf Cape Breton.

Geld, Kreditkarten, Steuern

Als Zahlungsmittel für den täglichen Bedarf nimmt man **Bargeld** in kleinen Banknoten (kanadische Geldschein gibt es im Wert von $ 5, 10, 20, 50 und 100). Banknoten ab $ 50 aufwärts werden abends von Geschäften ungern oder gar nicht akzeptiert, da sich nach Anbruch der Dunkelheit oft nicht genügend Wechselgeld in der Kasse befindet.

US-Dollar in kanadische Dollar zu wechseln ist kein Problem, europäische Währungen hingegen lassen sich nur in Großstadtbanken und internationalen Flughafen-Wechselbüros umtauschen. Dagegen kann man mit EC-Karten an Geldautomaten mit dem »MAESTRO«-Symbol Bargeld abheben.

In Nordamerika lassen sich rund 80–90 % der Aufenthaltskosten bequem und sicher per **Kreditkarte** begleichen. Insbesondere Mastercard und Visa Card werden von fast allen Tankstellen, Hotels, privaten Campgrounds sowie in vielen Supermärkten, Geschäften und Restaurants akzeptiert. Etwas weniger verbreitet ist American Express. Ausdrücklich werden Kreditkarten bei der Fahrzeugübernahme, bei der Reservierung von Hotels und Fähren, beim Arzt etc. verlangt.

Falls EC- oder Kreditkarte verloren gehen, sollte man diese umgehend sperren lassen. Dafür benötigen Sie Ihre Kontonummer und Bankleitzahl sowie die Kartennummer. Erkundigen Sie sich, ob Ihre Karte über den **zentralen Sperrnotruf für Deutschland** ✆ **+49 116 116** (zusätzlich ✆ +49 30 40 50 40 50) gesperrt werden kann. Ansonsten wählt man folgende Nummern:
American Express Credit: ✆ 1-800-668-2639
Mastercard: ✆ 1-800-627-8372
Visa Card: ✆ 1-800-847-2911

Anstelle von Bargeld erweisen sich **Reiseschecks** in Landeswährung als sehr praktisch. Die Traveller's Cheques werden wie Bargeld überall

angenommen, man braucht sie nicht vorher an Banken einzutauschen. Als Wechselgeld gibt es immer Bares zurück.

Nicht verwendete Reiseschecks lassen sich zu Hause wieder einwechseln. Bei Diebstahl oder Verlust wendet man sich an die Notfallnummer von American Express Traveller's Cheques (✆ 1-866-296-5198). Eine Erstattung der Schecks erfolgt, sofern man die Kaufbestätigung noch besitzt und die Ausgabe vorheriger Schecks nachweisen kann.

Noch ein Wort zum **Kleingeld**: Münzen, insbesondere 25-Cent-Münzen *(quarters)*, werden an vielen Automaten (Telefon, Waschsalon etc.) verlangt. Daneben gibt es 1-Cent-Münzen *(pennies)*, 5-Cent-Münzen *(nickels)*, 10-Cent-Münzen *(dimes)*, $-1-Münzen *(loonie)* und $-2-Münzen *(toonie)*. In allen öffentlichen Verkehrsmitteln muss man mit passendem Kleingeld bezahlen.

In den USA werden Pennies noch akzeptiert, in Kanada wird beim pennylosen Zahlen gerundet.

In Kanada sind alle Preise (außer Benzin) netto ausgezeichnet. Hinzu kommt die *Goods and Services Tax* (G.S.T., in Québec T.P.S.) von 5 % und die je nach Provinz unterschiedliche *Provincial Sales Tax* (P.S.T., in Québec T.V.Q.), die jeweils zum Preis aller Waren, Hotelübernachtungen, Restaurantbesuche, Dienstleistungen etc. hinzukommen.

Die P.S.T. beträgt in New Brunswick, Newfoundland und Ontario 8 %, in Québec 9,975 %, in Prince Edward Island 9 % und Nova Scotia 10 %. Zur Vereinfachung wird in New Brunswick, Newfoundland und Ontario die *Harmonized Sales Tax* (H.S.T.) von 13 %, in Prince Edward Island von 14 %, in Nova Scotia von 15 % und in Québec die *La taxe de vente harmonisée* (T.V.H.) von 14,975 % erhoben. Der US-Bundesstaat Maine verlangt 5,5 %, Vermont 6 %, während New Hampshire keine Sales Tax erhebt.

Hinweise für Menschen mit Behinderungen

Ost-Kanada ist weithin gut auf Behinderte *(mobility impaired traveller)* eingestellt. Sehr viele Eingänge zu Museen, Supermärkten, Hotels, Restaurants, Toiletten besitzen mit entsprechendem Symbol versehene Rollstuhlrampen *(handicapped accessible)*. Es gibt Wohnmobil- und Autovermieter, die behindertengerecht ausgestattete Fahrzeuge anbieten, der Standard ist aber nicht unbedingt derselbe wie in Deutschland.

Vorbildlich sind die National und Provincial Parks, die häufig mit Rampen und rollstuhlgerechten Wegen auch Behinderten den Zugang in die Natur ermöglichen. Informationen findet man bei **Active Living Alliance for Canadians with Disability**, www.ala.ca.

Internet

Die Versorgung mit Internetzugang ist in Ost-Kanada in der Regel ausgezeichnet, lediglich im Norden gibt es abseits des Ortschaften entlang einsamer Straßen weder Mobilfunkempfang noch Internetzugang. Die öffentlichen Bibliotheken, www.cla.ca, bieten Besuchern kostenlosen Internetzugang. Viele Hotels/Motels, aber auch Restaurants und Cafés werben mit freien WlAN.

Empfehlenswert: Die kanadische Traditionsimbisskette Tim Hortons, teils mit gemütlichen Couch-Ecken, bietet durchgehend kostenlosen WLAN-Zugang, www.timhortons.com.

Klima, Reisezeit

Durchschnittliche Sommer-Lufttemperaturen in Grad Celsius (min./max.):

	Juni	Juli	Aug.	Sept.
Toronto	14/24	17/27	17/26	13/21
Ottawa	12/24	15/26	14/25	9/20
Montréal	13/24	16/26	14/25	10/20
Québec	10/22	13/25	12/23	7/18
Saint John	8/19	12/22	11/22	8/18
Halifax	10/19	14/23	14/23	12/20
Charlottetown	10/20	14/23	14/23	10/18
St. John's	7/17	11/21	12/20	8/17

Im **Hochsommer** ist es in Kanada angenehm warm, in der Region zwischen den Großen Seen und dem St.-Lorenz-Strom sogar schwülwarm mit täglichen Höchsttemperaturen nahe 30 Grad Celsius. Leider werden die Stechmücken mit steigenden Temperaturen auch immer aktiver.

Das lange Wochenende mit dem **Labour Day** am ersten Montag im September beschließt die Sommersaison. Danach sind Öffnungszeiten von Museen und Attraktionen schlagartig verkürzt, finden Bootstouren seltener statt, kurzum, es reisen deutlich weniger Urlauber durch das Land.

Zu den schönsten Reisezeiten gehören **September und Oktober** mit ihren oft sonnig-warmen Tagen, sternklaren, kühlen Nächten und der großartigen Laubfärbung *(fall foliage)*. In der letzten Septemberwoche erreicht die atemberaubende Färbung der Ahornbäume i.d.R. ihren glühendroten Höhepunkt, die Krönung eines kunterbunten Blätterspektakels, das sich mit dem Gelb der Espen, Lärchen und Eichen bis in den Oktober fortsetzt. Ende September/Anfang Oktober herrscht in den White Mountains in New Hampshire (USA) und Green Mountains in Vermont (USA) Hochsaison, und die Hotels dort sind wegen der blättergucken-den *leaf peepers* restlos ausgebucht.

Offiziell läutet der **Victoria Day** am vorletzten Montag im Mai die **Sommersaison** ein. Aber bis Mitte Juni hält sich der Touristenstrom noch in erträglichen Grenzen; die Urlaubsregionen präsentieren sich eher von ihrer ruhigen Seite, und die Sehenswürdigkeiten haben meist noch verkürzte Öffnungszeiten. Sind nicht gerade Veranstaltungen oder Feste am Übernachtungsort im Gange, braucht man in der Regel nicht mit belegten Campingplätzen oder ausgebuchten Hotels zu rechnen.

Die **Hauptsaison** liegt zwischen Mitte Juni und Anfang September; im Kernbereich zwischen Mitte Juli und Mitte August sichert bei populären Ausflugszielen nur die rechtzeitige Ankunft auf Campingplätzen einen Stellplatz bzw. die telefonische Hotelreservierung ein Zimmer.

Die Bergspitzen auf der Gaspé-Halbinsel oder auf Newfoundland kann man nur in der **Vorsaison** schneebedeckt bewundern, ab Mitte Juli sind die Gipfel Ost-Kanadas allesamt schneefrei. Wasserfälle stürzen sich bis in den Frühsommer mit voller Wucht in die Tiefe, während im Herbst dieselben Fälle gelegentlich unspektakulär den Abhang hinabplätschern.

Maße und Gewichte

In Kanada gilt seit Anfang der 1970er Jahre offiziell das metrische System. Dennoch begegnet man den ehemaligen Maßeinheiten noch im Alltag, Getränkedosen sind oft in *ounces* (1 *fluid ounce* = 29,6 ml) abgefüllt, Frischwaren werden meist in *pound* (1 lb = 454 g) gewogen.

Medizinische Versorgung

Für europäische Touristen ist die ärztliche Versorgung in Nordamerika ausgezeichnet, aber auch kostspielig. Ohne eine **Reisekrankenversicherung** bleibt man leicht auf immensen Kosten sitzen, an denen sich die gesetzlichen Krankenkassen nicht beteiligen. Daher sollte man diese unbedingt vor Reiseantritt abschließen.

Bei Vorerkrankungen oder Langzeittherapien werden die Kosten auch von den Reisekrankenversicherungen oft nicht übernommen; das Kleingedruckte in den Versicherungsbedingungen gibt hierüber genaue Auskunft.

Bei regelmäßiger Medikamenteneinnahme sollte man ausreichend Arzneimittel und für den Fall der Fälle ein Rezept mitnehmen. **Medikamente** für leichte Erkrankungen wie Erkältung, Kopfschmerzen, Durchfall etc. sind in Supermärkten frei erhältlich; verschreibungspflichtige Arzneien gibt es in Supermärkten und Drugstores mit dem Zusatz *pharmacy*.

Mit Kindern in Ost-Kanada

Nach dem langen Flug, dessen Strapazen Kinder oft besser wegstecken als so mancher Erwachsene, nachdem das Auto übernommen und das Quartier bezogen ist, sollte man es ruhig angehen lassen. Eltern tun sich und ihren Kindern damit den größten Gefallen.

Ideal für die Familie auf Reise ist ein Campmobil, das für die Urlaubstage das Zuhause ersetzt. Autoverleihfirmen statten das Wohnmobil oder den PKW auf Wunsch mit (leider oft ramponierten) Kindersitzen aus. Am besten nimmt man den eigenen von zu Hause mit.

Camping gehört zu den schönsten Reiseformen mit Kindern, insbesondere da die Plätze im Vergleich zu den europäischen mit Picknick im Wald, Holzsammeln und Lagerfeuer ein deutliches Mehr an »Abenteuer« bieten. Kontakte zu Mit-Campern sind sehr leicht zu knüpfen, Erwachsene sollten es in dieser Beziehung ihren Kindern nachmachen.

In **Hotels** und **Motels** erfolgt meistens eine kostenlose Unterbringung im Zimmer der Eltern, oft wird auch ein Kinderbett aufgestellt. Etwas schwieriger gestalten sich Bed-&-Breakfast-Aufenthalte in einigen historischen Anwesen, die ein Mindestalter voraussetzen. Höhepunkte sind sicher Ferientage auf einer **Farm**.

In **Restaurants** gibt es für Kinder oft spezielle Stühle und Kindermenüs. Die Bedienung kümmert sich im Allgemeinen freundlich um das Kind, es erhält oft ein Spielzeug oder eine kleine Beigabe zum Essen.

Die **Tagesetappen** sollten nicht zu lang sein und immer wieder mit Stopps aufgelockert werden. Neben Vergnügungsparks und besonders populären historischen Freilichtmuseen, wo Kindern immer etwas geboten wird, kann auch ein Picknick und Spielnachmittag am Wildbach unterwegs oder in einem Naturpark ein großer Ferienspaß sein.

Museen und **Sehenswürdigkeiten** kommen Familien preislich entgegen; Kinder von sechs bis zwölf Jahren zahlen im Allgemeinen weniger als die Hälfte und auch für Jugendliche, Studenten und ältere Menschen gibt es Ermäßigungen. Nicht schulpflichtige Kinder zahlen – außer bei speziellen Kindervergnügungen – oft gar nichts.

Die angegebenen Preise in diesem Buch beziehen sich i. d. R. auf den Preis für Erwachsene und den ermäßigten Preis für Kinder.

Nationalparks

Nationalparks sind die Juwelen des Naturschutzes; das Visitor Centre ist hier stets der erste Anlaufpunkt. Wie lang sind die Wanderwege, wo gibt es geführte Wanderungen, wo kann man Tiere am besten beobachten, wo sind Aussichtspunkte, Bademöglichkeiten, Toiletten, Picknickplätze? Alles Fragen, die dort beantwortet werden.

Dazu vermitteln Filme, Ausstellungen und Literatur einen guten Überblick. Große Provincial Parks, etwa der Algonquin oder der Arches Provincial Park, unterscheiden sich kaum von Nationalparks. Der einzige Unterschied: In Provincial Parks gibt es eine ökonomische Nutzung, etwa durch die Forstwirtschaft.

Notfälle, wichtige Rufnummern

Fast überall kann direkt die **Notfallnummer 911** gewählt werden. Ansonsten wählt man die »0« und lässt sich vom Operator mit Polizei oder Rettungsdienst verbinden.

Bei Verlust von **Ausweispapieren** hilft die Botschaft (vgl. »Diplomatische Vertretungen«). Zu Verlust von **Kreditkarten**, vgl. »Geld, Kreditkarten«.

Leihwagen- und Wohnmobilfahrer wenden sich in Notfällen zunächst immer an ihren Vermieter. Unter der Nummer ✆ 1-800-222-4357 bieten die Automobilclubs CAA und AAA rund um die Uhr Hilfe bei **Unfällen** an (vgl. »Autofahren«). Unter ✆ 1-888-222-1373 erreicht man die deutschsprachige ADAC-Notrufstation USA/Kanada.

Vor der Reise sollte man
– Reisepass, Führerschein und Flugtickets kopieren,
– die Nummern der Kreditkarten und EC-Karten sowie die Notfallnummern für Kartensperrung notieren,
– Auflistung und Kaufquittungen der Reiseschecks mitnehmen, die ausgegebenen Schecks und die Notfallnummer für deren Ersatz notieren,
– Telefon- und Faxnummer der Reisekrankenversicherung notieren.

Öffnungszeiten

Gesetzlich geregelte Ladenschlusszeiten gibt es in Kanada nicht. **Supermärkte** haben täglich mindestens von 8 bis 20 Uhr, teilweise sogar 24 Stunden geöffnet.

Postämter haben Montag bis Samstag von 9 bis 17 Uhr, **Banken** Montag bis Freitag von 10 bis 16 Uhr geöffnet. In kleinen Orten sind Post und Bank oft über Mittag geschlossen.

Hauptmahlzeit ist in Kanada das abendliche Dinner, deshalb sind **Restaurants** in der Regel abends täglich geöffnet (oft montags geschlossen), Lunch, Mittagessen, wird nicht von jedem Restaurant serviert, entsprechend bleibt eine nicht unbeträchtliche Anzahl von Restaurants mittags geschlossen.

Post, Briefmarken

Postämter *(post office)*, www.canadapost.ca, gibt es in allen Ortschaften, Minipostämter und -schalter selbst in winzigen Ansiedlungen. Per Luftpost *(air mail)* sind Sendungen nach Europa rund eine Woche unterwegs. Eine Postkarte kostet $ 2.50.

Presse

Die drei auflagenstärksten kanadischen **Zeitungen** sind in dieser Reihenfolge *Toronto Star*, www.thestar.com, *Globe and Mail*, www.theglobe andmail.com, beide jeweils in Toronto in Englisch, sowie *Le Journal de Montréal*, www.journaldemon treal.com, in Montréal in Französisch.

Die **Canadian Broadcasting Corporation**, www.cbc.ca, mit Tochter Radio Canada, www. radio-canada.ca, sind der nationale staatliche Fernseh- bzw. Radiosender mit Programmen in Englisch und Französisch. Die einstündige The National (22 Uhr) www.cbc.ca/thenational, ist die bekannteste Abend-Nachrichtensendung.

Rauchen

Auch in Kanada herrscht in öffentlichen Gebäuden, Verkehrsmitteln und Restaurants Rauchverbot. Auch Mietfahrzeuge sind grundsätzlich Nichtraucherfahrzeuge. In der freien Natur und auf Campingplätzen sollte man an die Waldbrandgefahr denken und keine Zigarettenreste achtlos wegwerfen. Weitere konkrete Beschränkungen unterliegen den einzelnen Provinzen. In Nova Scotia ist es beispielsweise verboten, im eigenen Auto zu rauchen, wenn Minderjährige darin sitzen.

Sicherheit

Obwohl das weitläufig besiedelte Land nur wenige Ballungsräume mit sozialen Brennpunkten kennt, sollte man in Städten – wie in den kaum besiedelten Regionen des Nordens nicht unüblich – mit dem Wohnmobil nicht außerhalb der Campgrounds übernachten. Ansonsten gilt wie überall, dass man auf Wertgegenstände achten und nicht im geparkten Wagen zurücklassen sollte.

Sport und Erholung

Mit Ost-Kanada verbindet man weite Natur, denkt an Aktivitäten wie Wildwasserschlauchboot- und Kanutouren, Heliskiing, Hundeschlitten- und Snowmobil-Exkursionen. Das Land erfüllt diese Erwartungen in vollem Umfange, entsprechend lassen sich bei einer Vielzahl von lokalen Outfittern Halbtages- oder Tagesausflüge vor Ort buchen, z. B. mit dem Wasserflugzeug zum Fischen und Jagen in die Wildnis oder Ausritte mit Übernachtungen im Hinterland.

Das in National und Provincial Parks ausgezeichnete Netz an **Wanderwegen** *(hiking trails)* umfasst sowohl kurze Naturlehrpfade *(nature trails)* als auch Wege per Rucksack *(backpacking)* ins Hinterland. Vielerorts werden Wanderungen mit Packpferdebegleitung u. Ä. angeboten.

Das **Radwegenetz** für Tourenradler ist eher spärlich ausgebaut. Dagegen hat im Sommer Mountainbiking in einigen Alpinskigebieten auf speziellen Pfaden mit unterschiedlichen Schwierigkeitsgraden einen rasanten Aufschwung erlebt. Vermietstationen gibt es an Touristenzielen wie Blue Mountain in Ontario, www.bluemountain.ca.

In **Skigebieten** wie www.skiontario.ca/alpine locken im Winter neben Alpinskilauf und Snowboardfahren vor allem Heliskiing, Ski- und Schneeschuhwandern, Hundeschlitten- und Snowmobil-Fahrten durch die endlosen Weiten Kanadas.

Kanutouren auf den ausgedehnten Seen und Flüssen gehören zu den beliebtesten Freizeitaktivitäten in Ostkanada. Weltbekannte Kanugebiete wie der Algonquin Provincial Park in Ontario oder der Kejimkujik National Park in Nova Scotia bieten auch Anfängern jederzeit Gelegenheit zu exzellenten Halbtagesausflügen oder anspruchsvollen Mehrtagetrips. Outfitter statten die Boote von Verpflegung bis Ausrüstung komplett aus, z. B. Algonquin Outfitters, www.algonquinoutfitters.com, im Algonquin Park, Whynot Adventure, www.why notadventure.ca im Kejimkujik National Park.

Hingegen garantieren auf stromschnellenreichen Flüssen **Whitewater Rafting** mit dem Schlauchboot spritzendes Vergnügen und nasse Kleidung, z. B. Wilderness Tours, www.wilderness tours.com, auf dem Ottawa River auf der Grenze zwischen Ontario und Québec. Gemächlich und mit vieen Badepausen verläuft ein **Bootsurlaub** auf den zahlreichen Flüssen, Seen und Kanälen wie dem Rideau Canal ab Ottawa in Ontario.

Zum **Schwimmen und Baden** laden im Süden von Ontario, wo im Sommer schwülwarmes Klima dominiert, warme Seen ein. Dagegen weisen die Seen in den anderen Regionen Ost-Kanadas – bedingt durch den langen Winter – eher badeunfreundliche Temperaturen auf. **Segeln, Tauchen und Windsurfen** zählen darüber hinaus zu den populärsten Wassersportarten vor der Küste.

Zum **Angeln** wird eine von den einzelnen Provinzen autorisierte tage- bzw. wochenweise gültige Lizenz benötigt. Nationalparks stellen eine eigene separate Lizenz aus, d. h. Besucher müssen in einer Provinz ggf. zwei getrennte Lizenzen erwerben.

Golf ist Breitensport in Kanada und vielerorts gibt es großzügige Anlagen, auf denen jedermann ohne Clubmitgliedschaft putten darf.

Strom

Nordamerikas Stromnetz verfügt über ein 120 V/60-Hertz. Unsere Elektrogeräte (Rasierapparat, Akkuladegerät, Fön etc.) arbeiten dort einwandfrei, wenn sie einen Spannungsumschalter von 220 Volt auf 110 Volt besitzen. Zusätzlich braucht man einen passenden Adapter für die nordamerikanischen Steckdosen, den es als »Amerika-Stecker« in vielen Elektrogeschäften gibt.

Telefonieren

In Nordamerika gilt ein einheitliches Nummernsystem aus dreistelliger Vorwahl *(area code)* und siebenstelliger Rufnummer. Bei Ferngesprächen muss stets die »1« vorgewählt werden. Nummern mit den Vorwahlen 1-800, 1-855, 1-866, 1-877 und 1-888, sogenannte *toll-free numbers*, sind gebührenfrei. Der unter der »0« erreichbare **Operator** hilft bei Problemen weiter.

Die **Vorwahlen** lauten nach Deutschland ✆ 011 49, in die Schweiz ✆ 011 41 und nach Österreich ✆ 011 43.

Am preiswertesten telefoniert man innerhalb von Kanada mit *Prepaid phonecards*, vorausbezahlten Telefonkarten, die es für $ 10–20 in vielen Geschäften und an Tankstellen gibt. Über die auf der Karte angegebene Servicenummer wählt man sich beim Kartennetzbetreiber ein, dann folgen die Kartennummer, Landes- und Ortsvorwahl (ohne

Null) plus die gewünschte Rufnummer. Auslandstelefonate damit können recht kostspielig werden.

Leider ist das **Mobil-Telefonieren** weniger einfach, es gibt immer wieder Funklöcher, weil Netze längst nicht alle Regionen abdecken. Zu Hause werden Frequenzen von 900 bzw. 1800 MHz, in Nordamerika von 850 bzw. 1900 MHz genutzt. Fast alle modernen Smartphones funktionieren als Quadband-Handys auf allen vier obigen GSM Frequenzen, LTE-Handys arbeiten auf völlig anderen Frequenzen. Das Angebot an preiswerten Smartphones ist in Kanada groß, allerdings eine Kostenfalle bei nicht weltweiter Garantie bzw. ohne Freischaltungsmöglichkeit der heimischen SIM-Karte.

Sehr umständlich und dazu auch noch kostspielig sind Ferngespräche nach Übersee aus öffentlichen **Münztelefonzellen**. Man braucht einen immensen Vorrat an Münzen und die Hilfe des Operators. Am einfachsten und leider oft auch am teuersten geht es aus dem Hotelzimmer.

In Nordamerika stehen über den Ziffern 2–9 auf dem Tastentelefon jeweils **Buchstaben:** 2 ABC, 3 DEF, 4 GHI, 5 JKL, 6 MNO, 7 PQRS, 8 TUV, 9 WXYZ, die anstelle von Ziffern oft in Telefonnummern verwendet werden. Damit lassen sich elegante, leicht einprägsame Buchstabenkombinationen erstellen; es gibt z. B. unter folgender gebührenfreier Nummer Infos über die Provinz Ontario: ✆ 1-800-ONTARIO (= 1-800-668-2746).

Trinkgeld

In **Hotels** bekommen Zimmermädchen, Gepäckträger, Bedienstete, die das Auto aus dem Parkhaus holen *(valet parking)* und jeder andere Hotelangestellte, der für den Gast einen Service leistet, ein Trinkgeld von etwa $ 1–2 pro Übernachtung bzw. pro Koffer oder Tasche. Das Gleiche gilt für Bedienstete an **Flughäfen, Bahnhöfen** etc. In **Restaurants** ist es Usus, rund 15–20 % Trinkgeld (von der Netto-Endsumme) zu geben. Das Grundgehalt ist in der Regel so gering, dass die Bedienung auf Trinkgeld angewiesen ist. Man lässt den *tip* entweder auf dem Tisch liegen oder trägt ihn bei Zahlung per Kreditkarte auf dem Vordruck ein.

Unterkunft

Ostkanada ist ein Land der Autofahrer. Entsprechend findet man entlang den wichtigsten Durchgangsstraßen, in Städten, größeren Orten und bei bedeutenden Attraktionen eine ausgezeichnete Auswahl an Hotels und Motels. Diese ist in den Ortschaften im Norden eher klein und abseits der Besiedelung gibt es dort entlang der Straße kaum Quartiere. Leuchtschilder verkünden mit *vacancy/no vacancy*, ob es freie Zimmer gibt. Hilfreich bei der Suche sind auch die Broschüren der Fremdenverkehrsbüros und insbesondere die lokalen Visitor Centres. Ansonsten lassen sich Quartiere problemlos unter Angabe der Kreditkartennummer auch von unterwegs vorbuchen. Dieses garantiert das Zimmer bis zur Ankunft, hat bei Nichterscheinen allerdings zur Folge, dass der Betrag trotzdem abgebucht wird.

Von Europa aus sollten Hotels lediglich bei Großveranstaltungen sowie für die erste und letzte Nacht vorgebucht werden. Ansonsten empfiehlt sich eine langfristige Reservierung nur noch an langen Wochenenden und Feiertagen, insbesondere für Quartiere in populären Ferienregionen oder zur Laubfärbung im Herbst. Die Preise gelten im Allgemeinen für Doppelzimmer, Einzelzimmer zu reduzierten Tarifen gibt es kaum. Dafür sind die Aufpreise für zusätzliche Übernachtungsgäste auch sehr gering. Lediglich bei Bed & Breakfasts findet man öfter Einzelzimmer.

Der offizielle **Jugendherbergsverband**, www.jugendherberge.de, www.hihostels.ca, verfügt im Osten Kanadas über 22 Herbergen. Sie liegen oft sehr zentral.

Verkehrsmittel

Die kanadische Eisenbahnlinie **Via Rail** bedient die wichtigsten Etappenpunkte im Osten des Landes: Niagara Falls, Toronto, Kingston, Ottawa, Montréal, Québec, Campbellton, Percé, Gaspé, Moncton, Truro, Sydney und Halifax. Es ließe sich z. B. folgende Tour realisieren: Anflug aus Europa nach Toronto – Zugfahrt nach Halifax – Rückflug nach Europa (für einen Gabelflug Europa–Toronto und Halifax–Europa wird kein Aufpreis berechnet).

Bei Via Rail besteht Reservierungspflicht für Sitz- oder Schlafwagenplätze, ohne die es keinen Anspruch auf Beförderung gibt. Informationen bei:

Canada Reise Dienst
Stadthausbrücke 1–3, 20355 Hamburg
℡ (040) 30 06 16-0
www.viarail.ca, www.crd.de.
Vor Ort wendet man sich an die Vertretung von Via Rail, ℡ 1-888-842-7245.

Die **Subway** in Toronto besitzt ebenso wie die Métro in Montréal vier Linien. Ansonsten werden im öffentlichen Nahverkehr bis auf wenige Ausnahmen durchgehend Busse eingesetzt. Dabei muss man vorher an den Automaten ein Ticket ziehen bzw. in Ortschaften ohne Automaten mit passendem Geld bezahlen, Wechselgeld gibt es dabei in der Regel nicht zurück.

Taxis sind in den großen Orten meistens reichlich vertreten, der Taxifahrer erwartet 15 % der Rechnungssumme als Trinkgeld.

Zeitzonen

Québec und **Ontario** sowie **Maine, New Hampshire** und **Vermont** liegen in der *Eastern Time Zone*; die Differenz zur mitteleuropäischen Zeit (MEZ) beträgt minus sechs Stunden. In der *Atlantic Time Zone* liegen **New Brunswick, Nova Scotia** und **Prince Edward Island** (MEZ minus fünf Stunden). Einen kleinen Sonderstatus hat **Newfoundland** mit seiner eigenen *Newfoundland Time* (MEZ minus viereinhalb Stunden).

Die **Sommerzeit** (*daylight saving time*, D.S.T.) gilt jeweils vom zweiten Sonntag im März bis zum ersten Sonntag im November.

Zoll

Zollfrei mitbringen kann man bei der Einreise nach Kanada folgendes: Geschenke im Wert von bis zu $ 60, Personen über 18 Jahre (Québec) bzw. 19 Jahre (Ontario, Nova Scotia, New Brunswick, Newfoundland und Prince Edward Island) dürfen 1,14 l Spirituosen oder 1,5 l Wein oder 8,5 l Bier und 200 Zigaretten, 50 Zigarren und 200 g losen Tabak oder 200 Tabakröllchen einführen.

Bei der Einreise in die USA sind es Geschenke im Wert von bis zu $ 100 und für Personen über 21 Jahre 200 Zigaretten oder 50 Zigarren und 2 kg Tabak und 1 l Spirituosen. Für **Frischwaren** wie Obst, Gemüse, Wurst oder andere leicht verderbliche Lebensmittel gelten in Kanada und in den USA besondere Einfuhrbestimmungen bzw. dürfen sie gar nicht eingeführt werden. Der Import von Waffen, Sprengstoffen, pornographischem Material sowie geschützten Tier- und Pflanzenarten ist generell verboten.

Bei der **Rückreise** in die EU dürfen Waren im Gesamtwert von € 430 (Jugendliche unter 15 Jahren € 175) einführen, alles was darüber liegt, muss verzollt werden. Zollfrei sind ab 17 Jahren zusätzlich 200 Zigaretten oder 100 Zigarillos, 50 Zigarren, 250 g Tabak sowie 1 l Alkohol über 22 % und 4 l Wein.

Weitere Fragen beantwortet das Zoll-Infocenter unter ℡ (03 51) 448 34-510 oder www.zoll.de.

Rund ums Auto:

air-condition	– Klimaanlage
brake	– Bremse
bumper	– Stoßstange
engine	– Motor
gasoline, gas	– Benzin
headlight	– Scheinwerfer
jack	– Wagenheber
licence plate	– Nummernschild
muffler	– Auspuff
seat belt	– Sitzgurt
spare tire	– Ersatzreifen
spark plug	– Zündkerze
subcompact	– Kleinwagen
tire	– Reifen
transmission	– Getriebe
trunk	– Kofferraum
windshield	– Windschutzscheibe
wiper	– Scheibenwischer

Unterwegs:

buckle up	– anschnallen
check the oil	– Öl kontrollieren
clearance	– Bodenfreiheit
collision damage waiver	– Vollkaskoversicherung
curb	– Bordstein
customs	– Zoll
dead end, no through road	– Sackgasse
detour	– Umleitung
dip	– Bodenwelle
dirt road	– unbefestigte Straße
emergency	– Notfall
emergency call	– Notruf
fill it up, please	– bitte volltanken
flagman ahead	– Bauarbeiter mit Warnflagge vor einer Baustelle
4-way-Stop	– Stoppschild an allen vier Einfahrten in eine Kreuzung
gas station	– Tankstelle
handicapped parking	– Parkplatz für Behinderte
interchange	– Kreuzung
junction	– Kreuzung, Abzweigung
loading zone	– Ladezone
maximum speed	– Höchstgeschwindigkeit
merge	– einfädeln
no passing zone	– Überholverbot
no turn on red	– Abbiegen bei Rot verboten
one-way street	– Einbahnstraße
parking lot	– Parkplatz
pay cashier first	– vor dem Tanken bezahlen
rental car	– Leihwagen
rest area	– Rastplatz

right of way	– Vorfahrt
road construction	– Straßenarbeiten
slippery when wet	– Rutschgefahr bei Nässe
speed checked by radar	– Geschwindigkeitskontrolle durch Radar
speeding	– zu schnell fahren
speed limit	– Tempolimit
ticket	– Strafzettel
tow away zone	– Abschleppzone
U-turn	– wenden
(un)leaded	– (un)verbleit
valet parking	– Angestellte parken das Auto für den Gast
viewpoint	– Aussichtspunkt
voucher	– Gutschein der Autoverleihfirma
watch for pedestrians	– auf Fußgänger achten
yield	– Vorfahrt achten

Im Restaurant:

all you can eat	– essen, soviel man möchte
appetizer	– Vorspeise
cash or credit	– bar oder per Kredikarte zahlen
catch of the day	– fangfrischer Fisch auf der Tageskarte
coffee shop	– Cafeteria
counter	– Theke
entrée	– Hauptgericht
formal wear	– Abendgarderobe
fried	– fritiert
gratuity	– Trinkgeld
on the side	– extra, als Beilage
please, wait to be seated	– bitte auf die Empfangsdame warten
please, wait in line	– bitte anstellen und warten
refill	– kostenloses Nachschenken von Kaffee
sauteed	– gedünstet
take the order	– die Bestellung aufnehmen
tip	– Trinkgeld
to go	– zum Mitnehmen
washroom	– Toiletten
bacon	– Speck
baked potato	– gebackene Kartoffel
blackberries	– Brombeeren
blueberries	– Blaubeeren
blue mussels	– Miesmuscheln
bun	– süßes Brötchen
caribou	– Karibu
cheese cake	– Käsekuchen
clam chowder	– Muschelsuppe
cod	– Kabeljau
cod tongues	– Kabeljauzungen

Service von A bis Z

cranberries	– Preiselbeeren
cream	– Sahne
danish	– Blätterteiggebäck
donut, doughnut	– Ölgebackenes, eine Art Berliner auf nordamerikanisch
dressing	– Salatsoße
eggs overeasy	– Eier einmal in der Pfanne gewendet
eggs sunny side up	– Spiegeleier
french fries	– Pommes frites
fruit pie	– Obsttorte
game	– Wild
halibut	– Heilbutt
hash browns	– Bratkartoffeln nach Rösti-Art
ice tea	– Eistee
lobster	– Hummer
maple syrup	– Ahornsirup
moose	– Elch
orange juice	– Orangensaft
oysters	– Austern
pancakes	– Pfannkuchen
pie	– Torte, Kuchen
raspberries	– Himbeeren
rye bread	– Roggenbrot
salad bar	– Salatbüffet
salmon	– Lachs
seafood	– Fisch und Meeresfrüchte
scallops	– Muscheln
scrambled eggs	– Rührerei
shrimps	– Krabben
trout	– Forelle
wheat bread	– Weizen(vollkorn)brot

Im Hotel:

air-conditioning	– Klimaanlage
bed & breakfast	– Übernachtung mit Frühstück, zumeist in historischen Häusern
bellboy	– Kofferträger
cancel a reservation	– Reservierung zurücknehmen
complimentary	– gratis
confirmation	– Buchungsbestätigung
cottage	– Ferienhäuschen
doorman	– Türsteher
efficiency	– Zimmer mit Kochnische
elevator	– Aufzug
front desk	– Empfang, Rezeption
incidentals	– Nebenkosten
king-size bed	– übergroßes Doppelbett
lodge	– rustikale Herberge in der Natur
lounge	– Bar

no vacancy	– kein Zimmer frei
rate	– Zimmerpreis
room maid	– Zimmermädchen
rooms available	– Zimmer frei
stairway	– Treppenhaus
twin bed	– Doppelbett
queen-size bed	– großes Doppelbett
vacancy	– Zimmer frei
valet parking	– Parken durch Angestellte
youth hostel	– Jugendherberge

Camping:

campground	– Campingplatz
chemical toilet	– Chemietoilette
coin laundry	– Münzwaschsalon
dump station	– Stelle zum Entsorgen des Abwassers
fee	– Gebühr
full hookup	– Vollanschluss inkl. Strom, Frisch- und Abwasser
hose	– Schlauch
laundromat/laundry	– Waschsalon, Wäscherei
motorhome	– Wohnmobil
propane	– Propangas
RV (recreational vehicle)	– allgemein Campmobil
RV Park	– Campingplatz hauptsächlich für Campmobile
shower	– Dusche
sewage (sewer)	– Abwasser(abfluss)
site	– Stellplatz
waste	– Abfall
tent	– Zelt

Beim Einkaufen:

aisle	– Gang
bargain	– Sonderangebot
bulk food	– nicht abgepackte Lebensmittel
convenience store	– kleines Lebensmittelgeschäft
dairy products	– Milchprodukte
factory outlet	– Direktverkauf der Produzenten
I'm just looking	– Ich schaue mich nur um
mall	– Einkaufszentrum
on sale	– Sonderangebot
pharmacy	– Apotheke
prescription drugs	– verschreibungspflichtige Medikamente
sales tax	– Umsatzsteuer
size	– Größe
two for one, 2-4-1	– zwei für den Preis von einem
vegetables	– Gemüse

Telefonieren:

area code	– Vorwahl
collect call	– R-Gespräch, Gebühren bezahlt der Angerufene

dial	– wählen
dial tone	– Freizeichen
direct-dial phone	– Selbstwähltelefon
please, hold on	– bitte dranbleiben, warten
leave a message	– eine Nachricht hinterlassen
line is busy	– Leitung besetzt
local call	– Ortsgespräch
long-distance call	– Ferngespräch
(overseas) operator	– (Übersee)Vermittlung
pay phone	– Münztelefon
telephone directory	– Telefonbuch
toll-free number	– gebührenfreie Nummer

Sport und Freizeit:

backcountry	– Hinterland
backpacking	– Rucksackwandern
beachcombing	– Strandwandern
boardwalk	– Sumpfsteg
firewood	– Feuerholz
float plane	– Wasserflugzeug
hiking	– Wandern
hiking trail	– Wanderweg
loop trail	– Rundwanderweg
map	– Landkarte
nature trail	– Naturlehrpfad
outfitter	– Wildnisexperte, Ausrüster, verkauft und verleiht Sportgeräte, Zubehör etc.
permit	– Genehmigung
recreation area	– Erholungsgebiet
rent	– leihen
river rafting	– Schlauchbootfahrt
self-guiding trail	– kurzer Wanderpfad
trailhead	– Startpunkt eines Wanderweges
trail riding	– Ausritt
walk-in campground	– Campingplatz für Wanderer
warden	– kanadischer Parkaufseher
white water rafting	– Wildwasserfahrt
woodyard, woodlot	– Feuerholzplatz

Französisch à la québécoise

Allgemeines:

Bienvenue	– Willkommen!
Bonjour	– Guten Tag!
Au revoir!	– Auf Wiedersehen!
Bon soir!	– Guten Abend!
Bonne nuit!	– Gute Nacht!
Salut!	– Hallo! Tschüss!

Unterwegs:

aéroport	– Flughafen
à droite	– rechts
à gauche	– links
arrêt	– Stopp
arrêt interdit	– Halteverbot
autoroute	– Autobahn
avoir un flat	– einen »Platten« haben
chemin	– Weg, Straße
cul-de-sac	– Sackgasse
demi-tour interdit	– Wenden verboten
dépassement interdit	– Überholverbot
déviation	– Umleitung
feu	– Ampel
gare	– Bahnhof
hôpital	– Hospital
rue	– Straße
Sûreté de Québec	– Polizei von Québec
sens unique	– Einbahnstraße
stationnement	– Parken
urgence	– Notfall
vitesse	– Geschwindigkeit

Einkaufen:

boulangerie	– Bäckerei
casse-croûte	– Imbissstube
épicerie	– Kolonialwarenladen
dépanneur	– kleines Lebensmittelgeschäft
fermé	– geschlossen
magasin d'alimentation	– Lebensmittelgeschäft
monnaie	– Geld
ouvert	– offen

Im Hotel:

auberge	– Hotel
auberge de la jeunesse	– Jugendherberge
gîte du passant	– Frühstückspension
l'heure de départ	– Abreisezeit
hôtel	– Hotel

Camping:

bois de chauffage	– Feuerholz
camping complet	– Campingplatz belegt
douche	– Dusche
eau potable	– Trinkwasser
emplacements pour tentes	– Zeltplatz
installations sanitaires	– Sanitäreinrichtungen
lavoir	– Waschsalon
station de vidange	– Abwasserstation
terrain boisé	– bewaldetes Gelände
terrain de camping	– Campingplatz

Service
von A bis Z

roche	– Felsen
sentier de randonnée	– Wanderweg
tourbière	– Sumpf
traversier	– Fähre
vieux	– alt

Natur und Erholung:

baie	– Bucht
baleine	– Wal
bateau	– Boot
belvédère	– Aussichtspunkt
calèche	– Kutsche
centre d'accueil	– Informationszentrum
et renseignements	
château	– Schloss
chute	– Wasserfall
coureur de bois	– Waldläufer
fôret	– Wald
garde de parc	– Parkaufseher
île	– Insel
lac	– See
maison du tourisme	– Touristeninformation
mont, montagne	– Berg
musée	– Museum
oiseau	– Vogel
parc de récreation	– Erholungsgebiet
parc de conservation	– Naturschutzgebiet
pont	– Brücke
plage sablonneuse	– Sandstrand
phare	– Leuchtturm
quartier	– (Stadt-)Viertel
réserve faunique	– Wildschutzgebiet
rivière, fleuve	– Fluss

Im Restaurant:

breuvage	– Getränk
digestif	– Schnaps, Magenbitter
dîner	– Mittagessen
garçon	– Kellner
salle à manger	– Speiseraum
souper	– Abendessen
bière	– Bier
bleuets	– Blaubeeren
crevettes	– Garnelen
eau	– Wasser
fèves au lard	– gebackene Bohnen mit Speck
fruits de mer	– Meeresfrüchte
glace	– Eis
jambon au sirop d'érable	– Schinken mit Ahornsirupkruste
légumes	– Gemüse
petit déjeuner	– Frühstück
pommes	– Äpfel
pommes de terre	– Kartoffeln
poisson	– Fisch
soupe aux pois	– Erbseneintopf
sucre	– Zucker
tarte	– Obsttorte
viande	– Fleisch
vin	– Wein

Blick auf die kanadischen und die US-amerikanischen Niagarafälle

Die *kursiv* gesetzten Begriffe und Seitenzahlen beziehen sich auf den Serviceteil, **fette** Ziffern verweisen auf ausführlichere Erwähnungen.

Verwendete Abkürzungen:

ME – Maine (USA)
N.B. – New Brunswick
N.S. – Nova Scotia
Nfdl. – New Foundland
NH – New Hampshire (USA)
NY – New York (USA)
Ont. – Ontario
P.E.I. – Prince Edward Island
Qué. – Québec
VT – Vermont

DIE WELT ERFAHREN

Foto: Christian Heeb

West-Kanada
Alberta · British Columbia

Campmobil Guide
West-Kanada

Nordwesten
USA
Oregon und Washington

Motorrad Guide
USA – der Westen

Kalifornien
Südwesten USA

Hawai'i

Texas

eckung Nordamerikas

Alaska & Kanadas Yukon

Rocky Mountains

Great Lakes

Route 66

Ost-Kanada

Neuengland

NEW YORK

Ostküste

Südstaaten USA

Florida

Bildnachweis
Impressum

Anne of Green Gables Museum, Cavendish: S. 133
Canadian Tourism Commission: S. 160, 196, 212
Fridmar Damm, Köln: S. 5 o., 7, 26, 48, 69, 82, 88, 91, 98,152, 186/187, 239
Fotolia/Nikola Bilic: S. 284; Tony Campbell: S. 6; Elenathewise: S. 175 o.; JJ: S. 168/169; Maisna: S. 139; Pcphotos: S. 151; Photo4emotion: S. 149
Christian Heeb, Bend, Oregon: S. 75, 78 o., 108, 115, 123, 193, 211 o., 220
iStockphoto/Arpad Benedek: S. 37, 93; Gary Blakeley: S. 34; Natalia Bratslavsky: S. 184; Sandra Calderbank: S. 170; Danix Cher: S. 268; Jeff Chevrier: S. 8/9, 61; Oliver Childs: S. 233; Pierre Chouinard: S. 228; DonFink: S. 252; Alexandra Draghici: S. 221; Elenathewise: S. 257; Eric Ferguson: S. 63; Arthur Kwiatkowski: S. 129; Paul Lemke: S. 51; LesPalenik: S. 166, 253; David P. Lewis: S. 45; Liz Leyden: S. 177; Shaun Lowe: S. 241; Marco Maccarini: S. 244; David Mathies: S. 184/185, 223; Tim McClean Photography: S. 35; Kevin Miller: S. 22/23; Noticelj: S. 4/5, 30; Onepony: S. 132, 136; Robert Rushton: S. 144/145; Brigitte Smith: S. 65, 70; Peter Spiro: S. 32, 197; Denis Jr. Tangney: S. 38/39, 125, 127 u., 130, 192, 225 u.; Tillsonburg: S. 50; Tony Tremblay: S. 83, 113; Nancy Tunison: S. 230; Vladone: S. 78 u., 142/143; Emre Yildiz: S. 76
János Kalmár, Wien: S. 66, 69, 73 o., 204
Kurt Jochen Ohlhoff, Hannover: S. 156 o., 174
Karl-Heinz Raach/Look, München: S. 24, 67 o., 67 u., 80, 92, 94, 95, 97, 104, 121 u., 153, 155, 156 u., 211 u.
VISTA POINT Verlag (Archiv), Potsdam: S. 10, 11, 12, 13, 14, 15, 16, 17, 19 o., 19 u., 21, 26 l., 31, 33 u., 57, 58 u., 71, 73 u., 87, 90, 96, 117, 135, 137 u., 139 o., 147, 150, 158, 176 u., 180, 191, 198, 206, 207, 213, 229, 235, 267
Bernd Wagner, Duisburg: S. 33 o., 40, 43, 53, 55 u., 58 o., 59, 79, 85, 103, 106, 109, 110, 111, 114, 116, 118, 119, 121 o., 127 o., 131, 137 o., 138, 139 u., 146, 162/163, 178/179, 201, 208, 209, 214, 225 o., 237, 245, 247, 248
Wolfgang R. Weber, Darmstadt: S. 176 o.
Wikipedia/Chensiyuan: S. 27; Ad Meskens: S. 74; Sherurcij: S. 36; Skeezix1000: S. 250; (FAL)/Taxiarchos228: S. 261; Wladyslaw: S. 47
Gaby Woijciech, Köln: S. 55 o., 163 u., 165, 171, 175 u., 243
Ernst Wrba, Wiesbaden: S. 183, 189, 227

Titelbild: Peggy's Cove Lighthouse (Nova Scotia), Foto: Bernd Wagner, Duisburg
Vordere Umschlagklappe (innen): Übersichtskarte von Ost-Kanada mit den eingezeichneten Reiseregionen
Schmutztitel (S. 1): Die »befrackten« Papageitaucher oder Atlantic Puffins kann man in New Brunswick oder Newfoundland beobachten, Foto: Fotolia/Johnburk1
Haupttitel (S. 2/3): Indian Summer im Algonquin Provincial Park (Ontario), Foto: Fotolia/Elenathewise
Hintere Umschlagklappe (außen): Schwanzflosse eines Buckelwals in der Witless Bay (Newfoundland), Foto: Gaby Woijciech, Köln
Umschlagrückseite: Parliament Buildings in Ottawa, Foto: iStockphoto/Jeff Chevrier (oben); Peggy's Cove in Nova Scotia, Foto: Fridmar Damm, Köln (unten)

© VISTA POINT Verlag GmbH, Birkenstr. 10, D-14469 Potsdam
5., aktualisierte Ausgabe 2015
Alle Rechte vorbehalten
Reihenkonzeption: Horst Schmidt-Brümmer, Andreas Schulz
Bildredaktion: Andrea Herfurth-Schindler
Lektorat: Kristina Linke
Layout und Herstellung: Sandra Penno-Vesper, Kerstin Hülsebusch-Pfau
Reproduktionen: Henning Rohm, Köln; Noch & Noch, Menden
Kartographie: Berndtson & Berndtson GmbH, Fürstenfeldbruck; Kartographie Huber, München
Anzeigenverkauf: Kommunalverlag GmbH & Co. KG, Ottobrunn
Druckerei: Florjancic, Slowenien

ISBN 978-3-86871-044-1

www.facebook.de/vistapoint